温州文化研究工程（温州学）成果文库
Wenzhou Cultural Research Project

赵构手迹辑存

富晓春◎编著

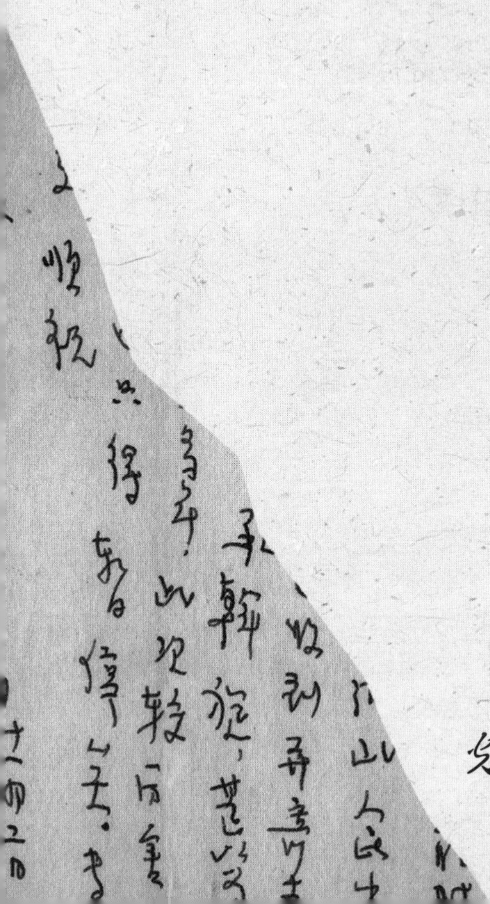

光明日报出版社

图书在版编目（CIP）数据

赵超构手迹辑存 / 富晓春编著 . -- 北京 : 光明日报出版社 , 2025. 4. -- ISBN 978-7-5194-8670-9

Ⅰ . C53

中国国家版本馆 CIP 数据核字第 2025PU0353 号

赵超构手迹辑存

ZHAOCHAOGOU SHOUJI JICUN

编　　著：富晓春

责任编辑：章小可　　　　责任印制：曹　净
封面设计：李彦生　　　　责任校对：房　蓉

出版发行：光明日报出版社
地　　址：北京市西城区永安路 106 号，100050
电　　话：010-63169890（咨询），010-63131930（邮购）
传　　真：010-63131930
网　　址：http://book.gmw.cn
E - mail：gmrbcbs@gmw.cn
法律顾问：北京市兰台律师事务所龚柳方律师

印　　刷：天津画中画印刷有限公司
装　　订：天津画中画印刷有限公司
本书如有破损、缺页、装订错误，请与本社联系调换，电话：010-63131930

开　　本：170mm × 240mm　　　　印　　张：26
字　　数：400 千字
版　　次：2025 年 4 月第 1 版
印　　次：2025 年 4 月第 1 次印刷
书　　号：ISBN 978-7-5194-8670-9

定　　价：98.00 元

谨以此书纪念赵超构先生诞辰115周年

（1910—2025）

赵超构

（1910—1992）

学名景熹，常用笔名有沙、林放等，浙江省文成县人，我国杰出的新闻工作者、著名杂文家和社会活动家。

幼年家乡读私塾，少年温州上中学。1928 年偕友人赴日本游学。1930 年考入中国公学大学部政经系，毕业后受聘于南京《朝报》，并开始撰写新闻评论。1938 年参加重庆《新民报》工作，任主笔兼国际新闻编辑。1944 年参加中外记者西北参观团访问延安，撰有《延安一月》，客观公正地报道了陕甘宁边区革命根据地的真相，周恩来誉之为“中国记者写的《西行漫记》”，毛泽东说“在重庆这个地方发表这样的文章，作者的胆识是可贵的”。1946 年主持上海《新民报》晚刊工作，任总主笔。1949 年 9 月，出席中国人民政治协商会议第一届全体会议，参加中华人民共和国开国大典。一至五届全国人大代表，六至七届全国政协常委，民盟上海六至七届副主委、民盟中央第五届常委等。历任上海新民晚报社社长兼总编辑，上海市政协副主席，中华全国新闻工作者协会副主席，中国晚报工作者协会会长等。

赵超构一生从事新闻工作，勇于新闻改革，为人民说话，笔耕不辍，奋斗不息。率先提出“短、广、软”的办报要求，为复刊后的《新民晚报》制定了“宣传政策，传播知识，移风易俗，丰富生活”十六字办报方针和“飞入寻常百姓家”的办报宗旨。曾先后七次受到毛泽东接见。著有《延安一月》、《未晚谈》（一编、二编、三编）、《世象杂谈》、《林放杂文选》、《中国杂文 · 林放集》等，结集为《赵超构文集》（六卷）。

赵超构在阅读《新民晚报》

赵超构在读书

目录

第二辑 手稿

第三辑　信函

第四辑 其他

序

蓬蓬远春

——《赵超构手迹辑存》序

缪克构

甲辰小满，一场暮春时节的细雨，使得梧溪山中的空气清新极了。晨岚闲适地悠游于窈窕深谷之间，远山滴翠，静水流深，农舍炊烟袅袅升起……

此情此景，使我蓦然想起，整整七十年前，也就是一九五四年的春天，赵超构在写给同事霞光的题签中，抄录的唐代司空图《诗品二十四则·纤秾》中的句子："采采流水，蓬蓬远春。窈窕深谷，时见美人。碧桃满树，风日水滨。柳阴路曲，流莺比邻。"

一百多年前梧溪的清晨定然也是这样的，这样的景致肯定永久地定格在赵超构的脑海中。

赵超构出生在梧溪。这是浙江省文成县西坑镇的一个山村，也是他的外婆家。他的外婆姓富。此地绝大多数人都姓富，说是北宋仁宗庆历年间名相富弼的后代。而赵超构世居文成龙川，赵氏在谱牒上记载，始祖允夫公于南宋理宗嘉熙戊戌年告老东瓯。还有文献记载，他们或为宋太祖赵匡胤长子德昭之后。而赵超构娶妻刘化丁，是刘伯温的后人。如此，他们家作为皇族贵胄，在乡村有说不完的话题。

这是一个开阔的四合院，五开间的正房，两旁厢房也是各五间，当中是明堂。当地政府出资从十几户村民手中完整地租了下来，腾空了这个大院。新民晚报原总编丁法章手书的“赵超构出生地”匾额悬挂在门楼，一副楹联是高式熊九十岁时所书：

健笔神思几夺乾坤秀
清操逸韵长存淡泊心

在赵超构出生半个世纪后，富晓春在梧溪出生。正是这种与生俱来的缘分，儿时富晓春即耳闻不少赵氏旧事，中年后更是几近痴迷于赵超构研究。在完成了《报人赵超构》《赵超构书信往事》两本专著之后，他又捧出了第三本著作《赵超构手迹辑存》。在我甫到新民晚报履新不久，他即嘱我作序。富晓春的手上还有更为宏大的《赵超构年谱》写作计划，目前已经积累了六七十万字的初稿。新民晚报即将迈入百年大报行列，对新民人来说，这些都是巨大的精神财富。

《赵超构手迹辑存》分为四辑：题词、手稿、信函、其他。富晓春凭借一己之力，将散佚于公藏机构、私人藏家、亲属与民间的赵超构手迹搜罗过来，不断地求证、考据、注解，写成了一篇篇过去不为人知的故事，用“上穷碧落下黄泉”来形容，恐怕也一点都不为过。他的这种精神感动了我，也直接启发和促成了我在新民晚报创刊九十五周年之际，举办“林放不老——赵超构手迹暨《延安一月》出版八十周年展览”。在我与策展团队李天扬、吴强、沈琦华等人的进一步“动手动脚找东西”的过程中，赵超构作为报界一代巨子的形象愈加丰满。

赵超构是极为丰富的一位报人。业界与读者大多只知道，他在一九四四年采访过延安，毛泽东与他有过长久的交往；他以笔名“林放”开设的“未晚谈”专栏，曾随新民晚报飞入寻常百姓家，为几代读者送去了精神食粮；他担任过新民（晚）报的主笔、总编辑、社长，是杰出的报人、杂文家和社会活动家，更是社会主义晚报的奠基人、开拓者。

实际上，在近现代以来的新闻史中，没有一个人像赵超构这样，在八十余年的人生中，有半个世纪的时间服务于一家报社，奉献了所有的精力和才华。他的贡献如此显著——

一是有经典著作。一九四四年，赵超构参加中外记者西北参观团赴陕甘宁边区。在延安，他采访了毛泽东等中共领导人、文艺界人士和干部群众，比较客观地报道了中国共产党领导的陕甘宁边区的情况，在重庆、成都《新民报》上连载《延安一月》，并于一九四四年十一月由新民报社出版单行本，被周恩来誉为“中国的《西行漫记》”。一九四五年，毛泽东对这本书做了肯定。他的杂文集《未晚谈》可称是具有文学史意义的杰作。二是有办报思想。从“短、广、软”新闻改革设想与实践，到“宣传政策，传播知识，移风易俗，丰富生活”十六字办报方针，他的系统理念可以说影响了几代报人。三是有成功实践。新民晚报正是在他的办报思想引领下，成为全国晚报的旗帜，新民晚报与上海市民水乳交融的关系延续至今，可以说是中国独特的城市文化现象，新民晚报由此也成为重要的文化品牌。

如果说作为报人的赵超构还是读者所知道的，那么，作为隐身于那些著作、报纸的墨香之后的大写的人，赵超构其实并不为人所熟知。这与他一生淡泊名利有关。他极少保存自己的手稿和师友来信，也反对别人研究他、写他的传记。赵超构手稿手迹存世无多矣。因此，《赵超构手迹辑存》中搜集到的题词、签赠、手稿、书信、笔记以及极少的写在台历上寥寥数语的日记，就显得尤为珍贵。

《赵超构手迹辑存》的第二辑，收入了赵超构晚年以“林放”笔名，发表于《夜光杯》副刊“未晚谈”上的二十一篇三十开手稿。在电脑激光照排出现之前，报纸的出版都要“以火熔铅，以铅铸字，以铅字排版，以版印刷”。记者们写好稿子，编辑们修改后就送到排字房去；校对、编辑们拿着排出来的铅字条校正差错，做进一步修改；然后，版面编辑会画出版样，让排字房的“大师傅”照样排版，先出审样交给编辑、值班领导审阅，等所有的问题解决了，再出清样、交版样。原稿和这几道样子最后会卷在一起，用一根橡皮筋扎好，放置在一个个格子里归档，过了一段时间，再被统一收走、处理。赵超构的这一部分手稿能被幸运地保留下来，可能与当时电脑激光照排开始使用，报社已经意识到其珍贵有关。这些手稿上的修改痕迹，则很能够看出赵超构写稿时的所思所想，具有版本目录学意义。

《赵超构手迹辑存》的第三辑，收录了赵超构手札四十四通，时间从一九三二年五月九日开始，到一九九二年一月十三日为止，延续了六十年的时间。清人何绍基观友人杨铎所藏翁方纲、伊秉绶等诸老尺牍后题跋："古人传帖都是赤牍，有能集存者皆它日寿墨也。"可见尺牍的重要性。这批信札，有写给张乐平、黄佐临、郑逸梅等同时代名家的，也有给关国栋、邹士方等新闻界同行的，但最为重要的则是"家书"。从这些流露真情的字里行间，赵超构袒露了他内心的真实所想，对人生的感悟、对师友和读者情谊的珍视、对孙辈的舐犊之情，皆跃然纸上。

我尤其看重的是本书第一辑的题词与签赠，以及第四辑的"其他"，共六十七件手迹。如果将它们头尾相连结合起来看，不但可以从中窥见赵超构的办报思想和交集的朋友圈，甚至可以读懂他这个人。赵超构的十六字办报方针、"飞入寻常百姓家"的办报理念、与巴金同声相应的"讲真话"之呼，都在这里得以凸显。最为难得的，是其中的五开《关于晚报改革的方案》。那是一九五一年夏，赵超构为改版而组织同仁多次讨论后，结合大家意见而起草的方案。这一年，《新民报》晚刊在上海出版已五年，上海解放也已经两年了，《大报》《亦报》这些旧上海的小报正处于何去何从尚不明朗的关头，《新民报》晚刊本身也处在探寻往何处去的彷徨期，对如何办好社会主义晚报，赵超构有很多思考。报纸办给谁看？赵超构对"目标受众"有很清晰的认识，比如，对"小市民"的理解，列出了十种脾气，可谓入木三分。报纸刊登哪些内容？他提出，"不做日报的尾巴"，增加言论、特写、体育新闻等，"应该转向与小市民生活密切相关的圈子里去""只要没有害处而与大家生活有关的，应放开尺度刊登"。这些，可以说为新民晚报后来的发展，包括一九八二年复刊后的大发展，奠定了基础。

《赵超构手迹辑存》中最扣人心弦的手迹，当数赵超构晚年的绝笔。一九九二年，也就是赵超构人生的最后一年，在文汇报编委全一毛送给他的“文汇养生知识台历·康复专辑”上，一月二十七日他写下“夜 胸闷”。此后两天，家人补记，“一月二十八日：住院 Zinacef（头孢呋辛）二次/日”“一月二十九日：用呼吸器 BIPAP S/T-D ventilatory support system（呼吸支持系统）”。在这本日历的最后一页衬纸上，是赵超构留下的歪歪扭扭的“吵闹得狠”四个字，这是他与人间告别的绝唱！读之，如见弘一法师绝笔“悲欣交集”，如闻雷鸣在耳边炸响，如遭电击，不能自已！

回溯一九五〇年九月，《新民报》创刊二十一周年报庆时，赵超构给天生聋哑的校对霞光题写了“宁静是最大的幸福”；回溯他四年后同样给霞光题写的司空图的诗句，“采采流水，蓬蓬远春……”；回溯他出生的梧溪那一片宁静的山村，可以想见这四个字给我带来的震撼。赵超构自小因得中耳炎患有重听，他对宁静有多么深沉的渴盼，而经历了一生的喧嚣，临终他仍留下了“吵闹得狠”的感慨，谁能懂得其中滋味？

数月来，我一边在读富晓春这部《赵超构手迹辑存》书稿，一边在筹备“林放不老——赵超构手迹暨《延安一月》出版八十周年展览”。我所接触到的史料，已经大大超出了《赵超构手迹辑存》的范围；我所理解的赵超构，也已远远地超出了原先的认定。但是，这丝毫不影响我对富晓春这部新著的欣赏。他所做的基础性的，又有开创性意义的赵超构研究工作，必将为中国新闻史留下浓墨重彩的一笔。

甲辰七月写于沪上“未雨楼”

第一辑 题词

赋诗题词，历来是文人墨客的专有爱好。赵超构喜欢作诗，但不喜欢题词。一是他自称字写得酷似“狗扒田”不好看；二是他一直以为题词有吹捧之嫌，视为“洪水猛兽”。文成老家请他题词，“乡情最是难却”，但最终还是被他婉言谢绝了。

收入本辑的题词，共四十八件（包括其他人的题词）。给《杂文报》、张恨水研究会，还有柳亚子诞辰百年纪念等，诸如此类正式的题词，对赵超构而言，实属难得，且罕见。

有一点必须说明，赵超构正儿八经的题词少之又少；本辑收集的内容，包括了其非正式场合的题签。一类是好友之间的“戏题”，诸如他给张友鸾等老友的“题照诗”；一类是供备查之需的“自题”等。

从这些题词中，人们可以看到一代报人“率真放达、随心而为最真实的一面”。

题霞光[1]兄（二幅）

［原文］

其一：

宁静是最大的幸福！

赵超构

一九五〇年九月十日

其二：

采采流水，蓬蓬远春。窈窕深谷，时见美人。碧桃满树，风日水滨。柳阴路曲，流莺比邻[2]。

一九五〇年为霞光兄题："宁静是最大的幸福。"此种"黄老思想"，我在思想改造中，曾加以深刻的批判，固重题一章，歌颂祖国的春天，以补我过。

一九五四年新春

赵超构

［注释］

①即郑霞光。听障人士，浙江杭州人。生卒年不详。先后担任《东南日报》《新民报》校对员。"文化大革命"后期，曾到上海人民出版社、上海辞书出版社任校对。参与中华书局铅印本、《二十四史》、《辞海》（1979 年版）等大型书籍的校对工作。

②源自唐司空图《诗品二十四则·纤秾》。

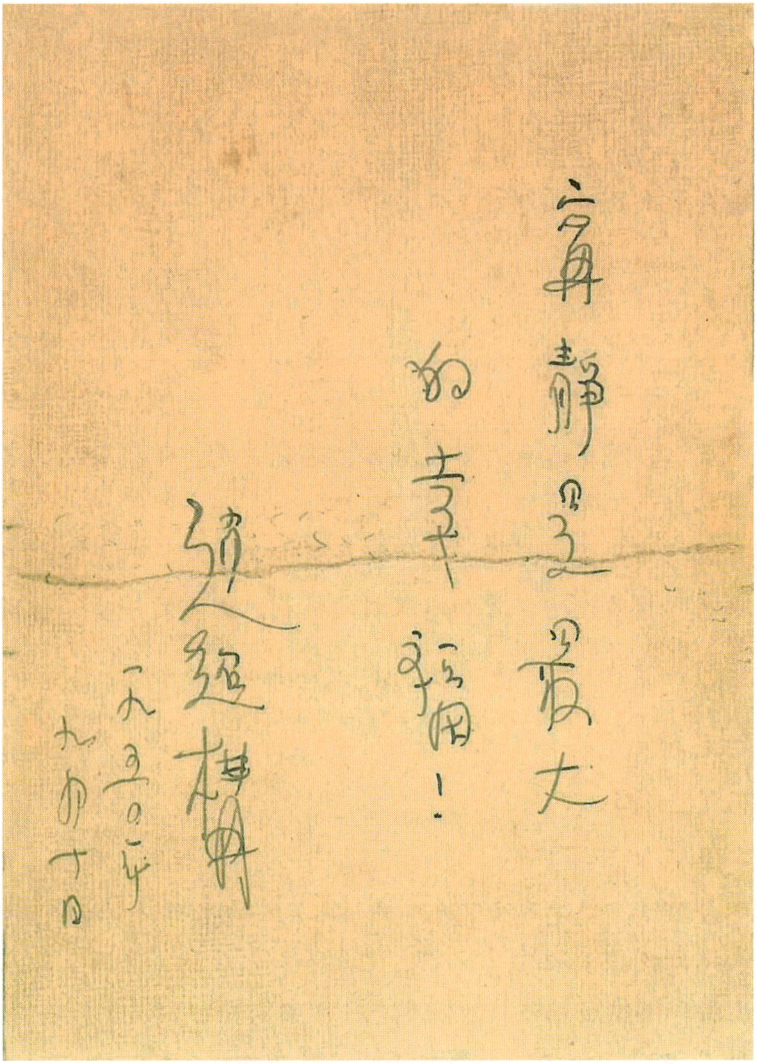

题赠霞光兄（1950） 1–1

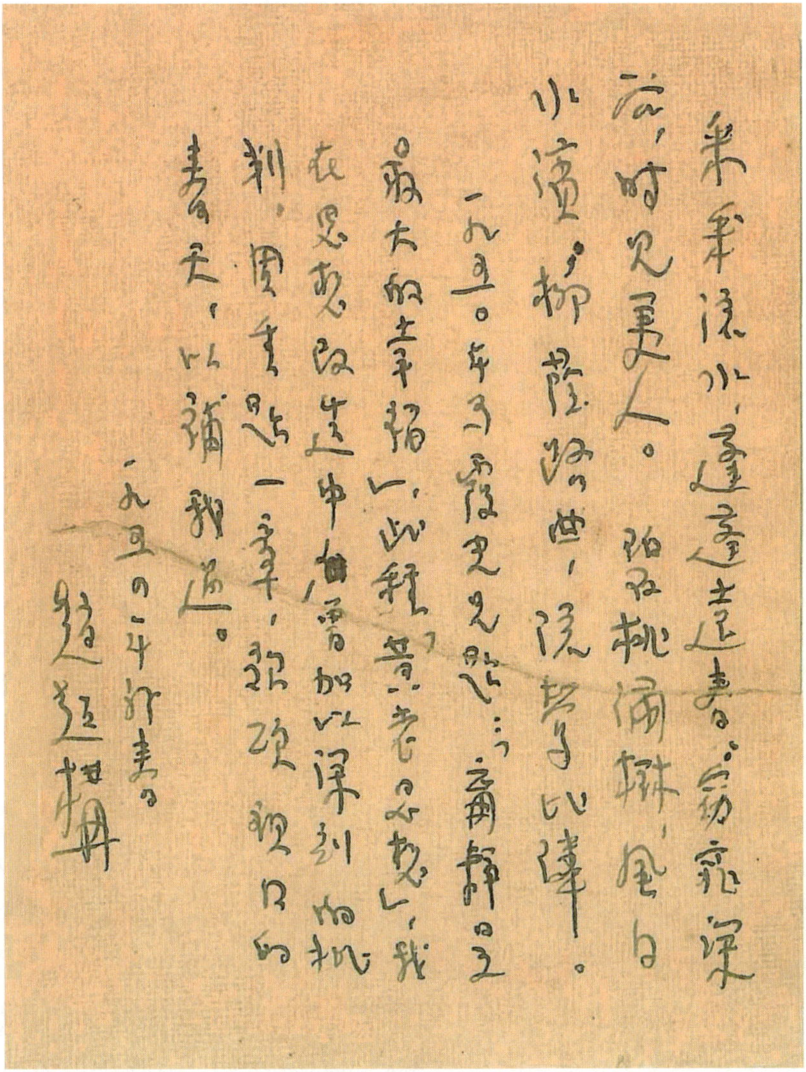

采采流水，蓬蓬远春。窈窕深谷，时见美人。碧桃满树，风日水滨，柳荫路曲，流莺比邻。

一九五〇年为霞光兄题："宁静的生活是最大的幸福"，此种意见是旧的思想，我在思想改造中曾加以深刻的批判，因重题一章，歌颂目前的春天，以补我过。

一九五四年新春

赵起扬

题赠霞光兄（1954） 1–2

延伸解读

上海报人题签本

踏破铁鞋有觅处　得来也要费工夫

二〇〇九年深秋，一个阳光灿烂的午后，我接到一个陌生的电话。对方姓张，说看了我写的有关赵超构的文章，从杂志社要来联络方式找上了我。他称手上有一册六十年前的上海报人题签本，其中有两张是赵老题的，想请我鉴别一下是不是真迹。我对收藏是外行，也少有那个雅兴，可对方提到的赵老的题词，却引起了我极大的兴趣。

在市区一个窗明几净的办公室里，我见到了老张。老张名春校，是一家单位的负责人。他从橱柜里拿出一个用塑料薄膜包裹的本子，小心翼翼地递给我。我打开一看，不禁傻了眼。这本题签本，正是我寻找多年的一件藏品。

大约在三年前，我在网上看到过此件藏品拍卖的信息，因其中有赵老的题词，我便有了收藏之意。但当我正式购买时，却被人抢先一步拍走了。当时我还为此深深地懊悔呢。之后，我曾四处打听寻找它的下落，托各地的文友以及多家网上书店为我留意，还为此专门找过赵老小女儿刘芭姐，可题签本就像是人间蒸发了一样，再也不见踪迹。

不想日思夜想的藏品，突然间出现在我的眼前。我赶紧捧过题签本，禁不住双眼发亮，兴奋不已：“哎呀，你是从哪儿搞到的？”老张说：“是我的一个亲戚，前几年从网上拍到的。”

我来不及细看，试探着问能否将题签本转让给我，老张态度坚决地说现在还不想转掉。当然，我也不能夺人之美，只得忍痛作罢，便提出让我把玩几天，最好能让我复印一份。在我软缠硬磨下，老张终于同意了我的请求，不过他有个先决条件，要我帮他考证。

我将拿到手的题签本复印后，进行了分类，还编了目录，并装订成册。在之后的日子，我将题签复印本随身带上，带着太多的好奇和疑惑，打电话找熟人，泡图书馆查资料，花工夫对其进行考证。

题签本长约十三厘米，宽约十厘米，牛纸板的封面封底，外层脱落。装订已散，无编码，可能有散失。现存的共四十五张，单双面题签不一，共四十二幅。每张半腰均有一道斜撕的裂痕，显然是后来用胶水粘上的。

四十二幅题签，有书法，也有绘画。书法共三十六幅，多为钢笔字，也有毛笔字；字画共六幅，以漫画、写生为主。题签的内容有箴言、寄语，也有旧作选录，还有给主人的戏题。题签时间大部分是一九四九年，也有新中国成立后三五年内的，最迟的是一九八一年。四十一位作者，有的因签名字迹潦草，无法辨认，或难以最后确定。

翻开题签本，似乎打开了近代上海报坛的群英谱。赵超构、陈向平、陈铭德、董天野、冯小秀、钱谷风、乐小英、姚苏凤、程大千、冯英子、陆诒、沈毓刚等报坛宿将均名列其中。

题签本扉页上写着“请赐箴铭，以为弦佩。赐呼：霞光”字样。“弦佩”二字有点生涩，出自《韩非子·观行》“西门豹之性急，故佩韦以缓己；董安于之性缓，故佩弦以自急”，为有益的规劝之意。

霞光，显然是个人名，即题签本的主人。题签者一概以“霞光兄”或“霞光弟”称之。霞光这个名字在近代报界，从来没听说过。那么，题签本的主人“霞光兄”又会是谁呢？

“霞光兄”是何许人　张林岚细揭谜底

那天正值双休日，我略备薄酒，特地邀上三五文友到家相聚。席间，诸文友兴致勃勃，一边小酌一边大发高论，很快就有了“霞光”二说。

一说，“霞光”为新凤霞与吴祖光。新凤霞与吴祖光是一对由老舍牵线搭桥，促成百年好合的文艺界伉俪。当年画家齐白石收新凤霞做干女儿，并教她学画画。齐老为夫妻俩刻一枚印章，印文为“霞光万道锐气千条”，其中“霞”和“光”就是指两人的名字。此后，“霞光”便成了他们夫妇的“借代名”。吴祖光本身与报界有渊源，新凤霞后来改写文章与报界也有往来。因而，此“霞光兄”非他俩莫属。

二说，“霞光”即著名画家、古董鉴赏家吕霞光。吕霞光安徽阜阳人，早年毕业于上海艺术大学，为徐悲鸿得意门生，曾与吴作人一起赴法留学。

对此二说，诸文友说得眉飞色舞，活灵活现。但我仔细看了题签本后，他们的说法都不成立。新凤霞与吴祖光作为知名的评剧演员和戏剧家，不可能收藏此类题签本，即便真的是他们的也不会轻易流失到民间，再说题签本所题内容与他们风马牛不相及，找不到半句有关他们的文字记录。

对于吕霞光之说，那就更离谱了。据我所知，吕霞光自一九四八年应法国驻华总领事邀请，赴法举办画展后就旅居法国，一直到了一九八〇年才第一次回国。此霞光绝非彼霞光也。

我拿书逐个猛敲文友脑袋：“一帮酒囊饭袋，白白浪费了我一桌酒菜。”诸文友连扮鬼脸，齐唱《三国演义》主题曲以示抗议：“一壶浊酒喜相逢，古今多少事，都付笑谈中……”

就在我一筹莫展时，情况在不经意间出现转机。某天，我与赵老女儿刘芭姐通话，随意聊到了“霞光兄”，她说她也不知道“霞光兄”是谁，但她向我推荐一个人，保证对方一定会认识“霞光兄”。

刘芭姐向我推荐的人，就是老报人张林岚先生。张老我认识，好几次因为有关赵老的学术问题求教过他。他与温州“九叶诗人”唐湜是抗日救亡时期的老朋友。一九九八年春，他为写《赵超构传》来过温州，并与唐湜相聚过。唐先生去世后，他还向我打听过他的后人。张老在《新民晚报》供职达半个世纪，曾长期担任副总编辑，一直是赵老的左膀右臂。耄耋之年的他仍在著书立说，笔耕不辍。可以说，他是上海报界的“活报史”了。

我拨通了张老的电话。寒暄问好后，我即切入正题：“张老，霞光是谁？您认识吗？”张老略停顿了一下，慢条斯理地说：“认得，认得的。霞光兄，他是原《新民报》的校对员。他姓郑，是个聋哑的残疾人。”

张老说霞光与他年岁差不多，浙江杭州人，出身贫寒，面容清癯温顺，待人真诚坦直，极富正义感。因霞光好玩，同事们经常拿他开玩笑。他没有上过正规的学校，靠自学进修成大学的水平，平时喜欢读书阅报，逢上喜欢的文章就剪贴到本子上。

霞光与新民晚报社社长赵超构感情甚笃。他们在晚报共事多年，“文化大革命”后期，赵超构被“解放”去了《辞海》编辑室，霞光也跟着过去，参与《辞海》等大型书籍的校对工作。一九九二年二月，赵超构因病逝世，霞光悲痛过度，不久亦卧床不起而病殁。

张老还说，霞光是当年大家公认的模范。对于这一点，我们从题签本中，也能深刻地感受到。一位叫朱绍功的同事在题签本上写下这样的话：“你和人家虽然不多讲话，但你在行动上确能表现出你的工作积极性。”时任《新民报》总编辑程大千则这样评价他：“说话最少，做事最多，不折不扣，是个劳模。”

让我意想不到的是，从张老处不但获知了“霞光兄”，还发现他本人也曾经给霞光题过字。题签本中有一题签：“世界寂寞无声，好像早年电影；除去那个闲话，还有什么可听。”落款：“戏作六言打油诗一首书赠落霞兄　萧叔纳”。

作家唐弢在杂文名篇《“小市民趣味”》中，曾提到过“萧叔纳”，他说“因为有个萧伯纳，于是就出现了萧叔纳”。显然，这一定是某人杜撰的一个化名，我查了老半天也查不出何方人士。一提到“萧叔纳”，张老在电话那头“扑哧”笑将起来，他说：“萧叔纳，就是我啊，是我新中国成立前曾用的笔名，写过一些短篇小品文、讽刺小说，发表于《大公报》《东南日报》，以及《新民报》的副刊上。”

我又问：“人家都称他为霞光兄，您又为何称他为落霞兄呢？”张老说：“此题大约写于反右后期，纯属调侃之作。王勃《滕王阁序》有‘落霞与孤鹜齐飞，秋水共长天一色’句，称之‘落霞’亦属戏言，没有其他寓意。”

一代报人今何在　小小题签留英名

题签本中的四十多位老报人，除了张林岚先生外，似乎再也找不到其他仍健在的当事者了。我将部分题签的复印件寄给张老，请他指点迷津。张老蛮热情，不顾年事已高，逐字逐句进行辨认、考证，并做了简短的批注，对一些他熟悉的老报人，他还做了专门的介绍。有了张老的帮助，我终于弄清了题签本的来龙去脉和题签老报人的大致情况。

霞光在来新民报社之前，是《东南日报》的校对员。一九三七年杭州沦陷后，该报社先后转移至金华、江山、丽水、云和以及福建南平等地出版。抗战胜利后，霞光随报社辗转来到了上海。新中国成立初期，陈虞孙、蒋文杰（虞丹）介绍霞光与一批原在《东南日报》的老报人，陆续进入了《新民报》，开始了全新的职业报人生涯。

题签本就是在这特定的历史时期诞生的。一九四九年五月《东南日报》终刊，与霞光朝夕相处的老报人各奔东西。霞光与他们难舍难分，便请离开的报界同仁题签留念。

从“结束过去所有的忧愁，开辟今后无限的光明（黄□题）”“一叶浮萍飘海去，人生何处不相逢（倪治熊题）”“多年共事亲如兄弟，一旦诀别不胜依依（周大煜题）”“此番一离别，何日再相逢（杨虹郛题）”等赠言，可见当年惜别时的情真意切。

上海报坛耳熟能详的陈铭德、陈向平、冯小秀、钱谷风、姚苏凤、程大千、冯英子、沈毓刚等老报人，都在霞光的题签本上题了词。

一九二九年九月，陈铭德与刘正华、吴竹似在南京创办了《新民报》，报业逐渐发展成为拥有“五社八版”的大报业系统。在新民报成立二十一周年报庆期间，他写下了“少说话，多做事，搞好生产，为劳动大众的模范”的祝愿。

陈向平早在抗战初期，就在浙南山区秘密加入党组织。武侠小说家金庸就是经他推荐到杭州《东南日报》开始新闻生涯的。他是霞光在《东南日报》时的同事，长期担任副刊“笔垒”的主笔、主编。当年他并没有离开上海，只是经组织安排，到市政府从事教育文化工作。与霞光依依惜别时，他用钢笔抄录了一首在南平时期写的旧作：

> 小市张灯入夜初，山家年俗饮屠苏。
> 何人流寓他乡惯，独上江楼度岁除。

新民报冯小秀、钱谷风、姚苏凤等人，都是霞光在《东南日报》的同事。冯小秀离开《东南日报》后，先到唐云旌（大郎）、龚之方创办的《亦报》。一九五三年，他随报社合并到《新民晚报》任体育记者，与霞光再度成为同事。他是当年沪上最著名的体育记者。在《东南日报》时期，他设有“小秀评球”专栏；到了《新民晚报》，又开辟了“场边谈球”等栏目。他为霞光题的欧阳修《秋声赋》书法，与他写的体育报道一样，具体生动，韵味十足。

姚苏凤、钱谷风进《新民报》后，同为报社编委。姚苏凤在副刊辟有“书场中来”专栏，每周发表一文，介绍书坛新人新书，评述新旧书目的优劣得失。他给霞光的题签，便是抄录的近作片段，内有“冬夜我就喜欢身边一炉火，风雪中纵有一切亦无涉于我”之语，是否出自“书场中来”之某篇，无从考究，说得倒颇似读书生活之感想。总编辑出身的钱谷风主编“夜校”副刊，一丝不苟，勤勉有加。但他在给霞光的题签中谦逊地说，他对霞光“努力工作，积极进取”的做法，“很感到兴趣”，他要“取法于”霞光，“革除从前的懒惰习气”。

在霞光的题签本中，我们还看到了董天野、周月泉、乐小英、江栋良、章西厓、钟庸等画家当年为霞光留下的珍贵墨宝。

章西厓是现代装饰画大家，早在一九四七年就出版了中国现代装饰画专集《西厓装饰画集》。他是霞光在《东南日报》的同事，当年章西厓担任该报副刊美术版旬刊主编。他为霞光题了一幅“青春常在”图，寥寥数笔就将一棵挺拔的青松跃然纸上，且带有很强的装饰画的风格。

周月泉、江栋良、钟庸等画家，都有给《新民晚报》投稿的经历，周月泉还做过《新民晚报》的兼职美编。想必他们都是到报社送稿或某个场合与霞光相熟的。周月泉擅长漫画，自幼随父学画，原是上海市文化局艺术处的美术干部，他创作的漫画《朽木上的毛虫》入选小学课本。江栋良，现代漫画家，先后在上海新美术出版社、上海人民美术出版社从事专业创作，画风带有漫画笔意。他们以简练生动的笔触，各为霞光画了一幅漫像。江栋良笔下的霞光正在盖着灯罩的灯泡下执笔埋头苦干，周月泉画的霞光则着墨不多神态却活灵活现。

董天野和乐小英是霞光当年在《新民报》的同事。董天野早年跟从张大千学过国画并擅长插图，乐小英则以政治讽刺漫画见长，他们的画作是当年《新民晚报》的两大品牌。他们在美术组面对面坐一起办公，经常切磋画艺，有时还一起外出写生。“文化大革命”期间，他俩惨遭“造反派”迫害，乐小英被打得鼻青脸肿，全家扫地出门；董天野当场被打掉门牙，后不忍其辱，投江自尽。

在题签本上，乐小英画的是一幅漫画《致敬图》，画面上一位天真烂漫的小女孩正在献花，下方题着一句稚气十足的话：“向为人民新闻事业服务的霞光叔叔致敬。”董天野画了一幅水墨画《超山唐梅图》，并题写了王观诗“若到江南赶上春，千万和春住”，惜春之情溢于言表。董天野是浙江人，杭州超山的唐梅给了他超凡的灵性。可惜的是，当时可能是画得过于仓促，错将诗句中的“赶”字写成了“报”字，成了一幅难得的“错画”。

疑似老舍真手迹　惊动舒乙来鉴定

在这么多题签的字画中，有一幅用钢笔题的字，得到了收藏者张春校的格外珍视，他多次向我推荐说：“从签名来看，这一定是著名作家老舍的手迹。”

我没见过老舍先生的字，不敢妄加评论。但从所题的“休息你的耳朵是有好处的，因为你会加紧训练你的眼睛来听话”，倒颇有老舍那种与生俱来的闪烁着睿智的幽默。此题签时间是在《新民报》成立二十一周年，即一九五〇年。难道，这是老舍到上海出席《新民报》报庆留下的？

说起来，老舍与《新民报》还是有渊源的。抗战时期，老舍携家眷居于重庆北碚，主持中华全国文艺界抗敌协会的工作。当时他正在写《四世同堂》第二部《偷生》。他与郭沫若、巴金等社会名流经常为《新民报》副刊撰稿。

我将字拿给身边的文友看，不想很快形成两派："捧舍派"说胆敢向毛主席保证是老舍的字，"倒舍派"说杀了他的头也不可能。孰是孰非，一时竟难见分晓。

看来，得找个权威人士以定乾坤，此最佳人选非舒乙先生莫属。他既是老舍先生之子，又是研究老舍卓有成就的专家。他写的有关他父亲的作品《老舍散记》《父亲最后的两天》《老舍的关坎和爱好》等，我都很喜欢。可人家大作家，会管这种小事吗？

我抱着试试看的心态，拨通了北京舒乙先生的电话。也许他正好在案头作画吧，电话嘟了两声，就通了。我在电话里说明"来意"，热情爽朗的舒先生操着洪亮的大嗓门，马上就答应了："好的，好的。你将字发到我的邮箱，我来瞧瞧。"

我将字发到舒先生留下的邮箱，不想当天就收到了他的回信。他说，很遗憾，那幅字不是老舍的手迹。他还提了三点理由：一是签名完全不对；二是字体太过潦草；三是丢三落四，很不严谨。

其间，我也找来老舍的手迹核对过，签名、笔法是有点悬殊。老舍的字很规矩，一笔一画，泾渭分明；签名更是一本正经，且带有几分笨拙。舒乙先生所指的"丢三落四，很不严谨"，是指落款日期"一九五〇年"掉了一个"〇"字。可见，换作老舍，是绝对不会"掉〇"的。

那么，此幅疑似为老舍的题字，到底是何人所为呢？我打破砂锅问到底，又将此字捎给张林岚先生。张老经过仔细的辨认后，事情终于有了一个结果。原来，此手迹为上海报人赵戈今所题。

赵为湖北人，新中国成立后在《新民报》《文汇报》任记者、编辑。抗战期间，他曾任夏衍主编的《救亡日报》记者，后又参加郭沫若领导的国民政府三厅所属的演剧队，演过话剧。据说，赵戈今文采很好，但"有点不修边幅，自由散漫的样子"。这就难怪他会"掉〇"，以致让人闹出误将“戈今”的签名当作老舍先生手迹的笑话了。

赵超构连涂二题　个中缘由谁人知

看了赵超构的两幅题词，我简直如获至宝。赵老留下的手迹不多，这是他留下不多的手迹中最完整的两幅。熟悉赵老的人都知道，他一般是不会轻易给人题词的。在霞光的题签本中，他不惜笔墨，一反常态连题了两题，实属罕见。

二十世纪八十年代，我在文成老家办文艺刊物《山花》，每期出刊都寄给上海的赵老。有一次，馆里的同事美术干事李德岳老师到上海华东医院拜访赵老，他见赵老兴致蛮高，便请他给《山花》题写刊名。赵老先是哈哈大笑，继而面露难色。他不无遗憾地说，他的字写得不好，像个“狗扒田”一样，难看死了，确实是难以从命。

有意思的是，不愿题词的赵老也请人题过词。一九四四年，赵老随同中外记者西北参观团到延安采访，途经潼关做短暂停留，遇到了蒋家二公子蒋纬国。他在采访之余，居然递上笔记本，要求蒋纬国题词。当时还是上尉军衔的蒋纬国，信笔直书:“消息灵通是打胜仗的条件之一。”

赵老虽然担任社长，可他与报社同仁——不管是打杂的，还是看门的，都打成一片，大家都习惯叫他“老将”。校对工霞光天生聋哑，而赵老因小时淘气，整天到外婆家屋前的梧溪玩耍，耳朵进了水，自小重听。他们可谓“聋兄哑弟”，两人见面自是别有一番情趣。

一九五〇年九月，正是《新民报》二十一周年报庆时，赵老为霞光题下了“宁静是最大的幸福”八个字。此句似乎不是赵老的原创，而是哪位作家说过的话。用在听障的霞光身上，可谓一语双关，意味深长。同时，也表达了赵老内心深处对生活的一种美好向往。

一九五一年冬全国开展的思想改造运动，是新中国成立以后我党对知识分子发动的第一个政治运动。赵老这一批从旧社会过来的报人，接受了深刻的思想检讨。他作为新中国成立前《新民报》的总主笔，上海社代经理，即所谓的资方代理人，无疑成了这场运动教育的重点对象。

有人揪住他的笔名不放，且大做文章，说“林放”的笔名，就是寓意“放牛归马”。《尚书·武成》载“乃偃武修文，归马于华山之阳，放牛于桃林之野，示天下弗服”，意思是从此不再用兵了。换言之，就是不要阶级斗争，过太平日子了。当他意识到给霞光的题词带有太多的“黄老思想”色彩时，便惶恐不安起来。

专栏作家秦绿枝在接受专题片《赵超构》采访时，这样评价赵超构：“他很胆小，很小心。”难道赵老真的“胆小”吗？我国知识分子的噩梦，大都是从反右派开始的，只不过赵老此前就已经开始心有余悸了。这不是赵老的“胆小”，而是那个特殊年代，留给全体知识分子的共同悲哀。

一九五四年的春天，他抱着“补过”的心态，重新给霞光题写了唐代司空图《诗品二十四则·纤秾》中的句子：“采采流水，蓬蓬远春。窈窕深谷，时见美人。碧桃满树，风日水滨。柳阴路曲，流莺比邻。……”

他在附记中这样诚恳地写道：“一九五〇年为霞光兄题：‘宁静是最大的幸福。’此种‘黄老思想’，我在思想改造中，曾加以深刻的批判，固重题一章，歌颂祖国的春天，以补我过。”

令人不无遗憾的是，赵老给霞光的第二幅题词已不像题词，倒像是一份“深刻的检讨”了，透露了一种政治空气带来的凝重和肃杀，虽说还是朋友之间的那种戏题，但已显得不那么好玩了。

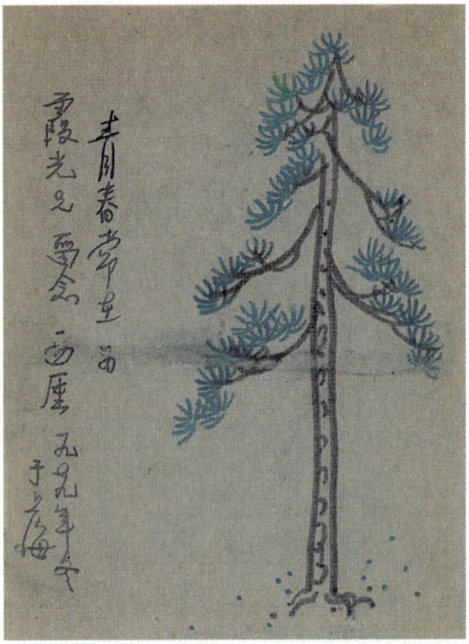

章西厓《青春常在图》 1–3

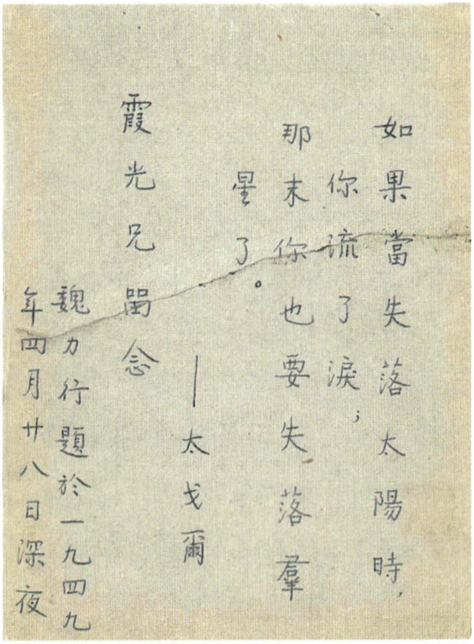

魏力行题泰戈尔诗句 1–4

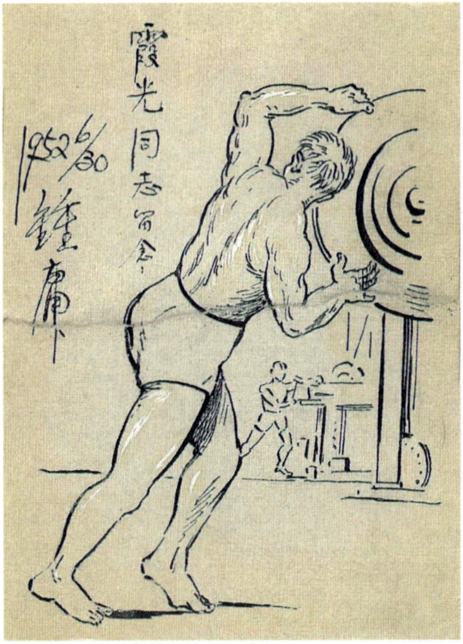

钟庸作的画 1–5

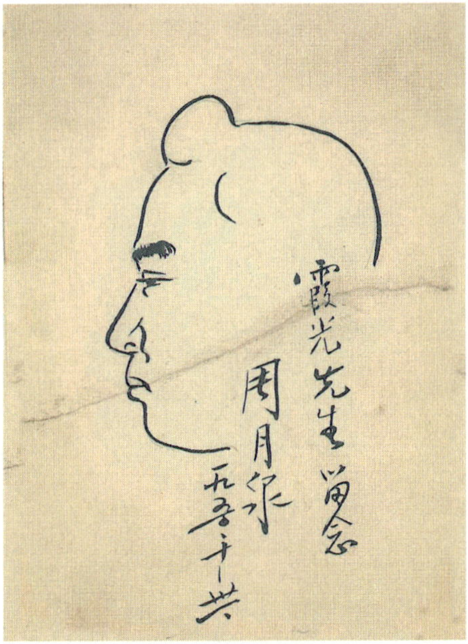

周月泉画霞光头像 1–6

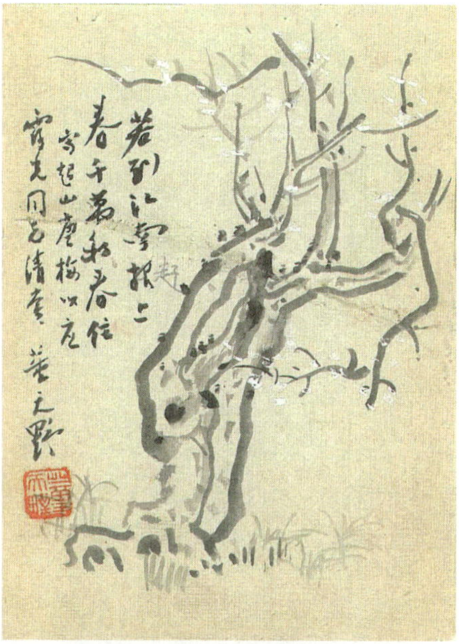

董天野画《超山唐梅图》 1–7

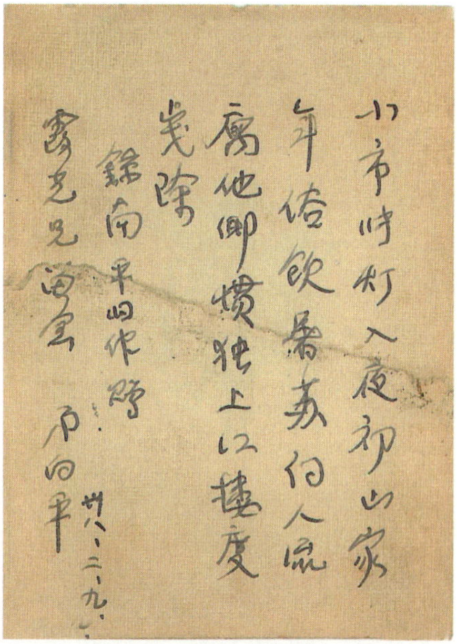

陈向平录南平旧作 1–8

乐小英画《致敬图》 1–9

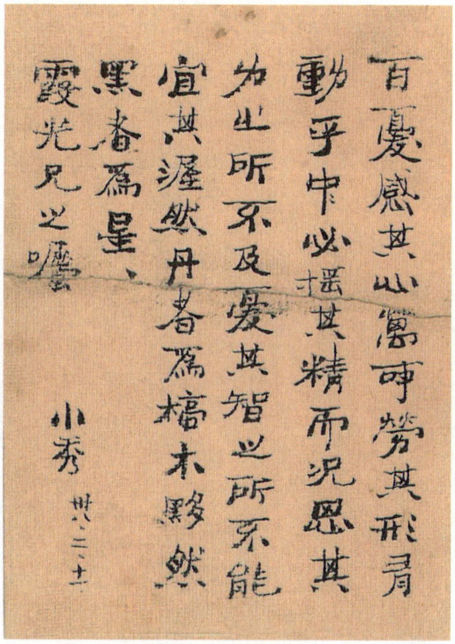

冯小秀题欧阳修《秋声赋》 1–10

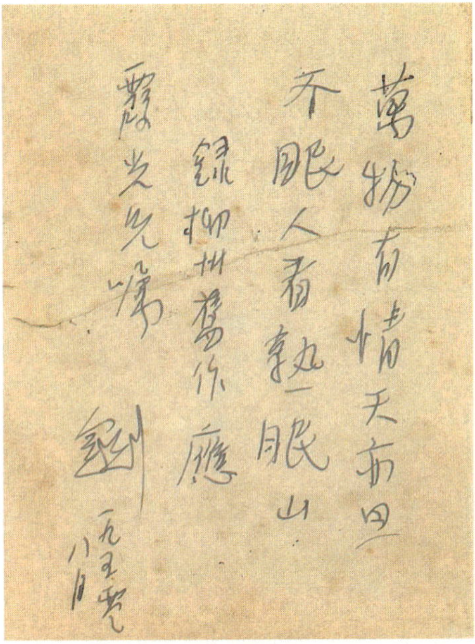
萬物有情天亦回
不眠人看熱眠山
錄柳州舊作 應
霞光兄嘱
劍

张慧剑录柳州旧作 1–11

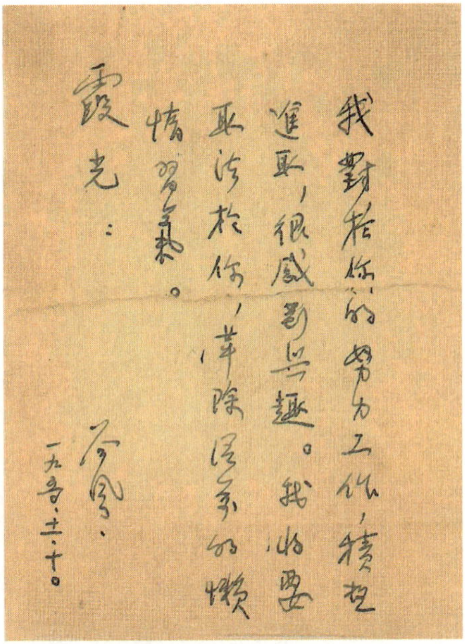
我對於你們的努力工作，積極
進取，很感到興趣。我必要
取法於你，革除過去的懶
惰習氣。
霞光：
谷風
一九五一.十二.十。

钱谷风题词 1–12

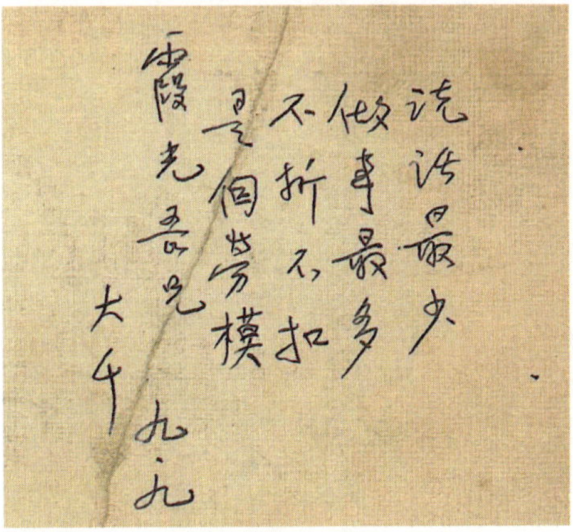
說話最少
做事最多
不折不扣
是個勞模
霞光吾兄
大千 九.九

程大千题词 1–13

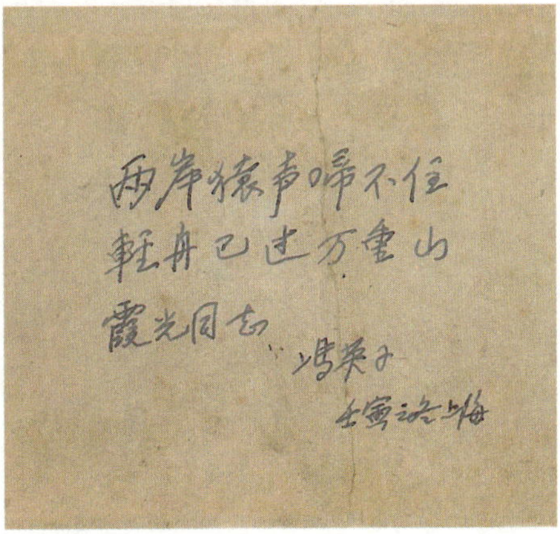
兩岸猿声啼不住
輕舟已过万重山
霞光同志
冯英子
壬寅於上海

冯英子题词 1–14

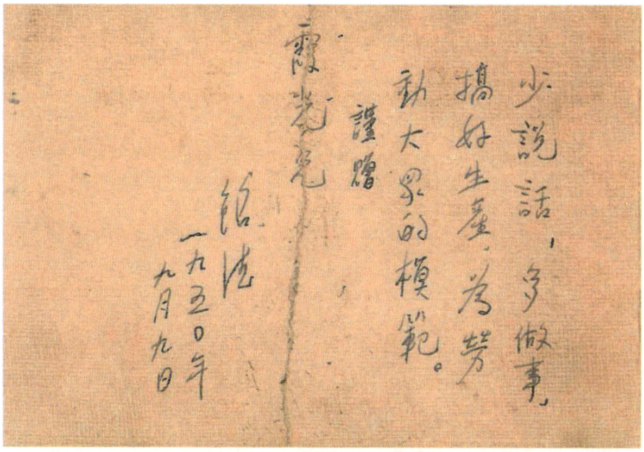

少說話，多做事，搞好生產，為勞動大眾的模範。

謹贈

霞光兄

銘德

一九五〇年九月九日

陈铭德题词　1–15

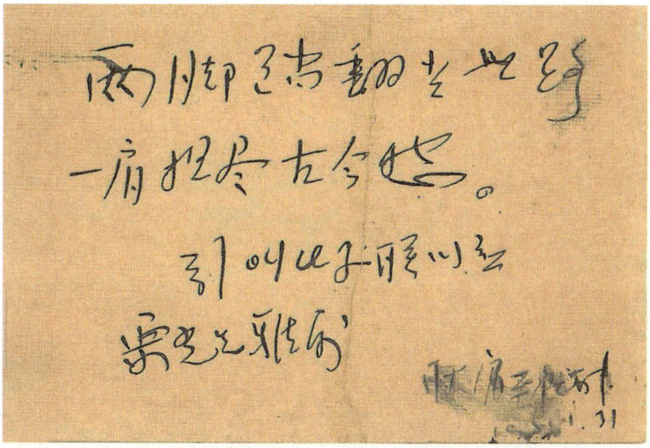

两脚踏翻尘世路

一肩担尽古今愁。

引叫化子联以应

霞光兄雅属

耿庸[illegible] 1.31

耿庸题词　1–16

江栋良笔下的霞光形象　1–17

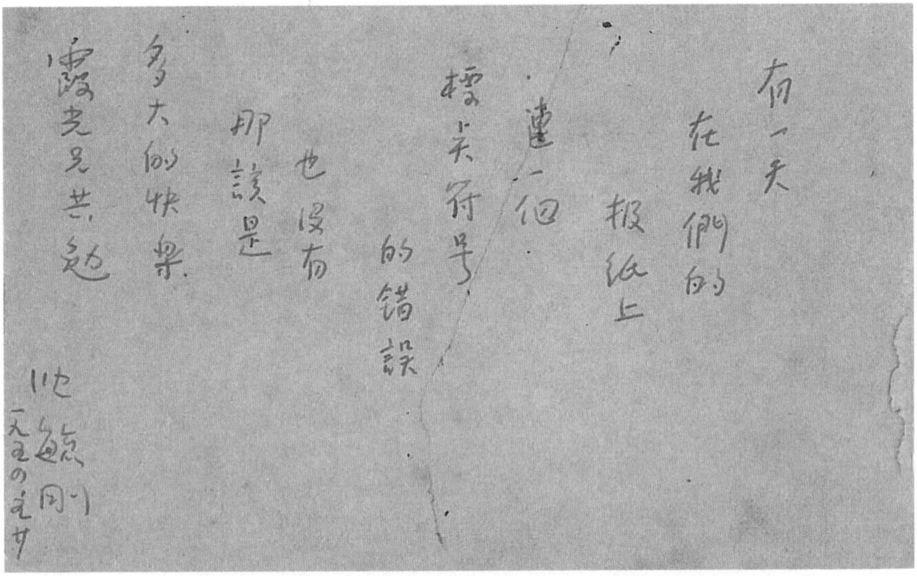
有一天
在我們的
报纸上
連一個
標点符号
的错误
也没有
那該是
多大的快樂
霞光兄共勉
沈毓刚
一九五〇.元.廿

沈毓刚题词　1–18

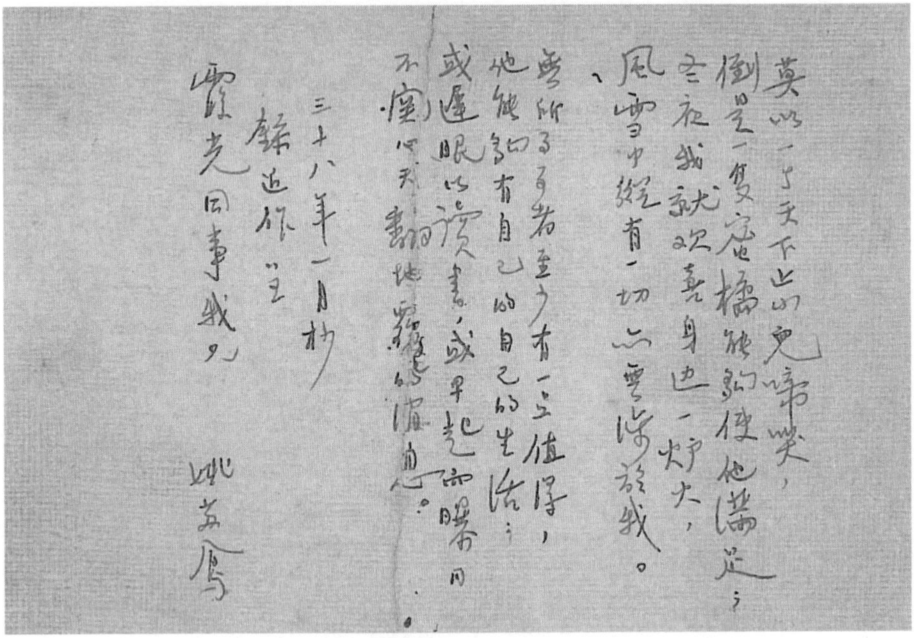
莫以一个天下止的悲啼哭，
倒是一隻富德橋能够使他满足；
冬夜我就欢喜身边一炉火，
風雪中縱有一切也要守護我。
無所為而若至少有一点值得，
他能够有自己的自己的生活；
或還眼的讀書，或早起而晒太阳
不審心天翻地覆的潮流。
三十八年一月抄
録近作以呈
霞光同事哂之
姚苏凤

姚苏凤题词　1–19

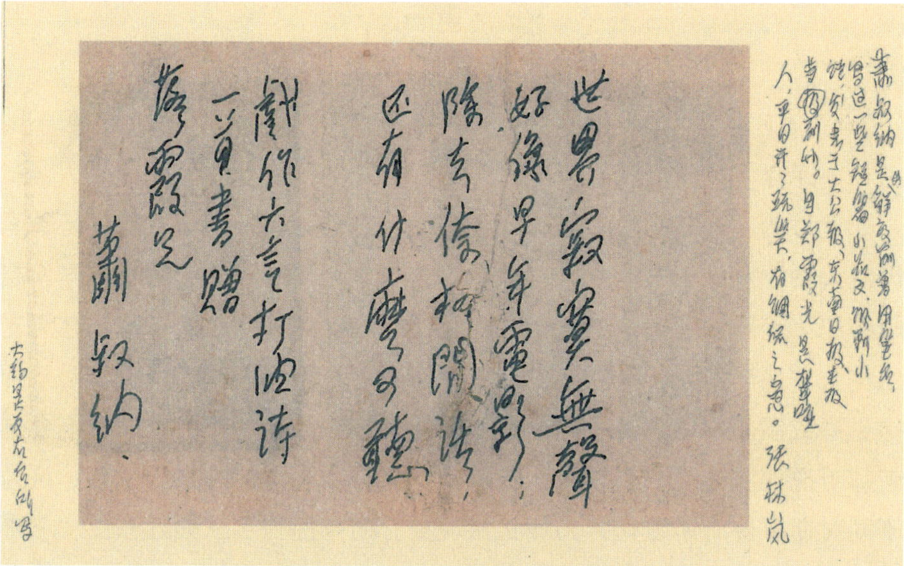

张林岚题词（左右小字为其晚年批注） 1–20

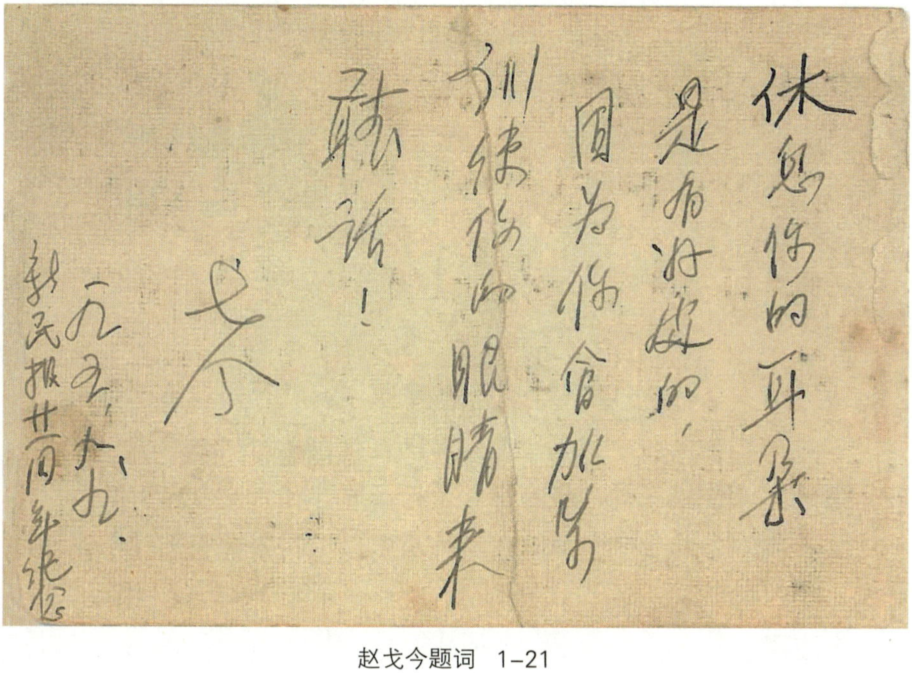

赵戈今题词 1–21

减兰[①]二首

[评介]

此件为赵超构所藏，夹带于《钵水斋近句论诗一百首　附苏诗龚画风流人物无双谱》书中。未落款，字迹与赵超构晚年笔迹稍有差异。赵超构的字迹随性、自然，此幅字却写得中规中矩。赵超构老友张林岚先生称：“此词似为‘大跃进’运动中回乡参观访问期间赠青少年时塾师徐更卿或温州中学老师一类人之作。但字迹、风格都不甚像。会不会是老师听说他衣锦荣归去求见索题呢？”也有人咬定此为赵氏手迹，认为不同时期手迹有所变化，乃属正常现象。词中提到“三面红旗”“三十年如三日近”，可以推断此诗写于一九六〇年五月之后。一九二四年赵超构到温州读书，后肄业于省立第十中学（今温州中学）。据赵超构回忆：“中学老师中，也有好几位是很开通的，如朱自清、夏瞿禅、刘延陵这些名家，老校长金嵘轩，是位老好人，专讲‘道德救国’的。”（《望乡之情》，《温州日报》一九八一年六月七日）从“桃李门墙”“耿耿瓯江”“贤师不老”等词句，可见此词与师生、温州有关。详情待考。

[原文]

减兰二首

春风长在，桃李门墙都是爱。耿耿瓯江，载得弦歌意气扬。
往时患难，说向今朝成一粲。无限前程，三面红旗照眼明。
贤师不老，战斗过来堪自傲。辛苦经营，绛帐青灯忆旧情。
水源木本，三十年如三日近。远望家门，入室升堂一样亲。

[注释]

①“减字木兰花”简称，词牌名。

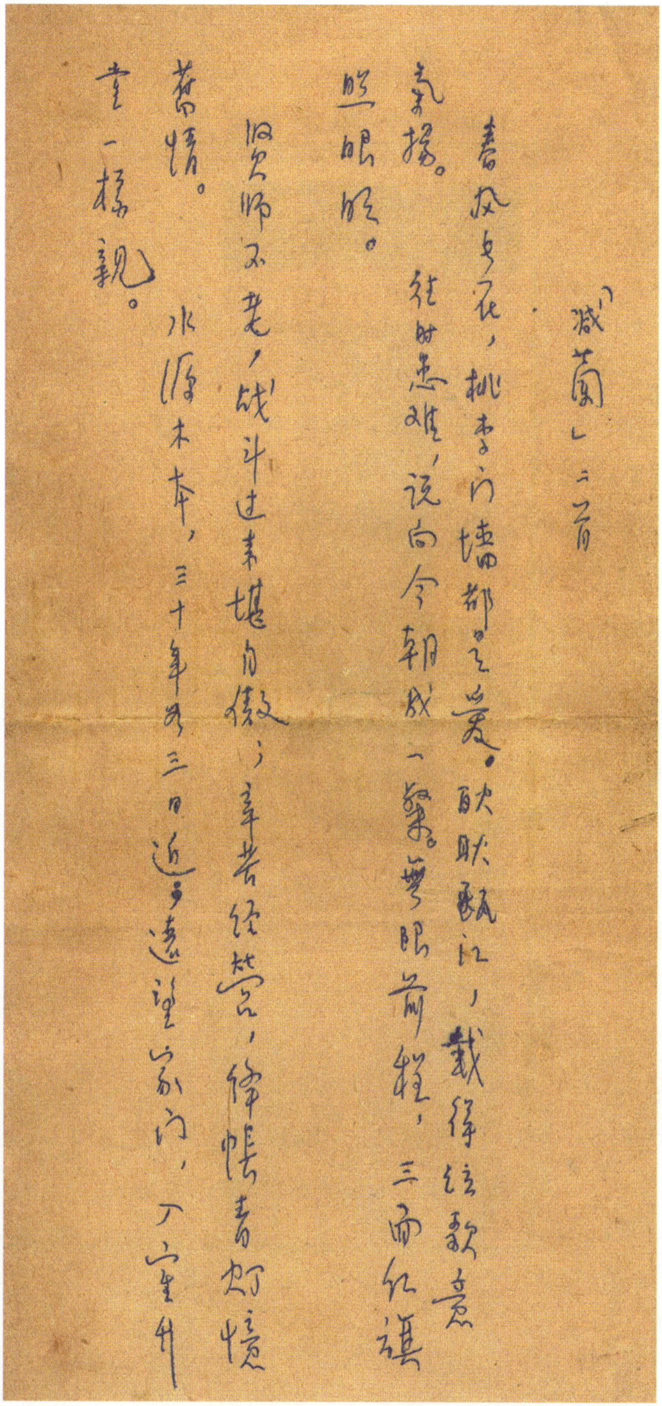

「减兰」二首

春风如花，桃李门墙都是爱。耿耿赣江，载得弦歌意气扬。

往时患难，说向今朝成一笑。无限前程，三面红旗照眼明。

贤师不老，战斗过来堪自傲；辛苦经营，绛帐青灯忆暮情。

水源木本，三十年来三日近，遥望家门，丁宁生什重一样亲。

减兰二首　1–22

题赠金钟鸣[①]同志

[评介]

一九八一年九月，赵超构随上海各界人士参观团赴武昌瞻仰辛亥革命武昌首义遗址、遗迹和“彭刘杨三烈士就义处”。参观团由靖任秋任团长，赵祖康、周谷城任副团长，团员中有参加过辛亥革命的梁烈亚，还有著名战地记者陆诒等；七十岁以上的十六位，年过八旬的五位。时任湖北省委第一书记陈丕显曾主政过上海，到东湖宾馆会见了参观团，与全体团员进行亲切热情的交谈。赵超构和陆诒还应湖北省记协、省新闻学会的邀请，与湖北新闻界部分代表见面并座谈。男高音歌唱家金钟鸣高歌一曲，为旅途助兴；诗词爱好者赵超构、周谷城诗兴大发，留下了诗篇。据同行的章念驰回忆：“赵超构为人严肃。每到一地都会赋诗，也会讲一点很得体的话。”这首诗是赵超构在长江轮上吟成并题赠金钟鸣的。当时全国正处于改革开放初期，百业待兴，全诗表达了时代讴歌者“放开喉咙唱天下，健儿无处不家乡”的豪情壮志。另一首题赠章念驰的诗，也是“极有气魄”“极有寄寓”。诗曰：“溯流朝胜路，飘然过马当。欲寻彭泽宰，小姑迎大江。”

[原文]

大江日夜走东洋，壮志堪将海水量。
放开喉咙唱天下，健儿无处不家乡。

题赠　金钟鸣同志
一九八一年九月长江轮上
赵超构

（新民夜报总编林放[②]）

[注释]

①金钟鸣（1923—2004），湖北天门人。男高音歌唱家、教授。1945 年去重庆“中华剧艺社”实习，参与《大地回春》演出。1954 年转业至第二师范学校任声乐老师，1957 年进入上海乐团，为电影《聂耳传》《李双双》《芦笙恋歌》等演唱主题歌或插曲。

②此系金钟鸣标注。

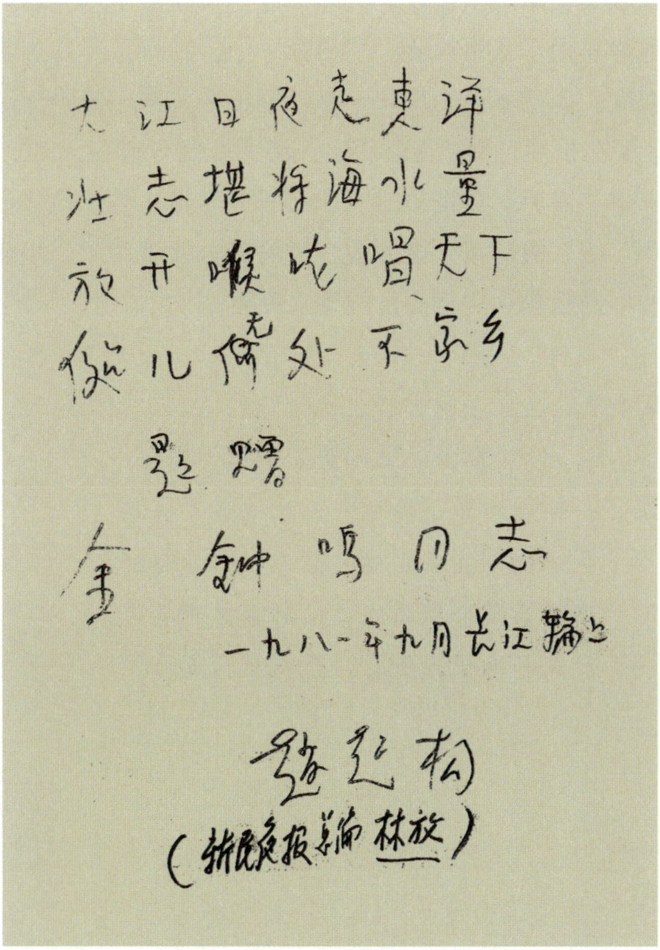

题赠金钟鸣同志（1981） 1–23

为惨庐主人[1]留影戏赠一诗

[评介]

赵超构不喜欢题词，但喜欢写“题照诗”。这纯属知好之间的“戏题”，一般不对外示人。一九八〇年九月，赵超构赴北京城出席第五届全国人民代表大会第三次会议。其间，他与年届七十六岁的张友鸾劫后重逢，特地为其拍了张生活照。“三张”中，唯有张友鸾独健，见面时哥俩甚是欢欣，无话不谈。金秋十月，赵超构将洗印的照片寄张友鸾，性情所至，便在相片背面“为惨庐主人留影戏赠一诗”。此诗对仗工整，寓意深刻，将“惨庐”与扬雄的“子云居”等同，遭受的磨难和打击喻成“翻筋斗”，“酒后茶余描曲线，风前雾里种葫芦”，体现了张友鸾甘耐清贫、不畏强暴、正直高贵的文人品格。

[原文]

为惨庐主人留影戏赠一诗

烽火当年记惨庐，悠然卅载子云居。
屡翻筋斗头皮硬，惯看妖狐骨骼酥。
酒后茶余描曲线，风前雾里种葫芦。
夫人未识此中意，怨煞官人五绺须。

赵超构

八〇年十月

［注释］

①惨庐主人，即张友鸾别号。张友鸾（1904—1990），字悠然，笔名悠悠、牛布衣、草厂等。安徽安庆人，著名报人。先后担任《国民晚报》社长，南京《民生报》《新民报》、上海《立报》和《民报》总编辑，创办《南京早报》《南京人报》等。重庆《新民报》“三张一赵”（张恨水、张友鸾、张慧剑、赵超构）四大主笔之一。著有《不怕鬼的故事》《秦淮粉墨图》《神龛记》《救风尘》等多部。

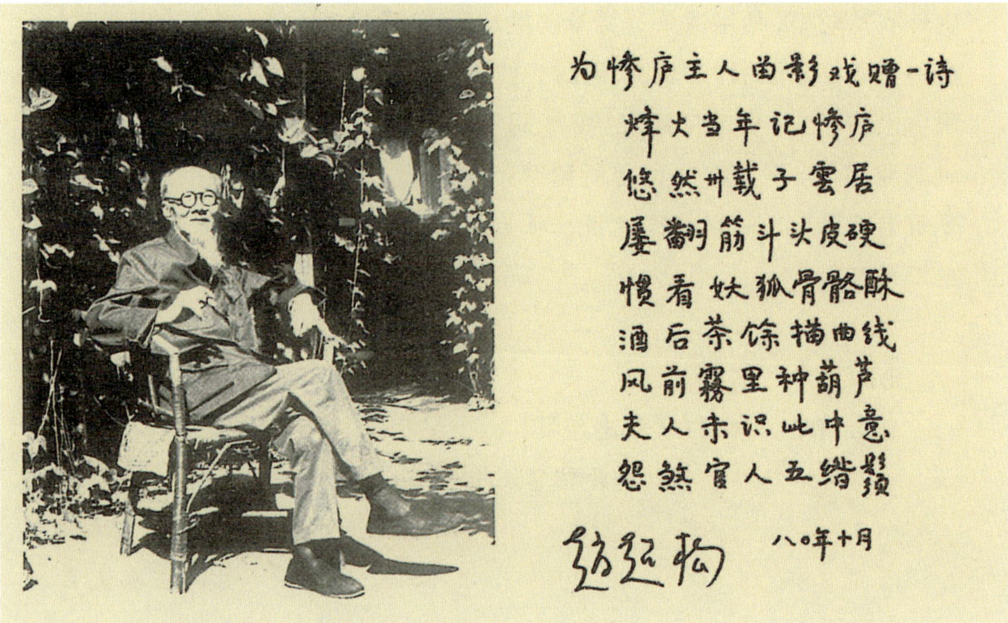

为惨庐主人留影戏赠一诗（1980） 1-24

为《信息汇报》①而题

[评介]

这是一九八五年五月赵超构接受《信息汇报》记者齐建清采访时的题词。青少年时期，赵超构心中的偶像：一是郭沫若，二是邹韬奋。他说："生平最敬佩新闻界前辈邹韬奋先生的文章，他的议论，短小精悍，言之有物。"（陆诒：《一切从实际出发》，《新闻记者》一九九二年第九期）他在上海吴淞中国公学求学时，因受邹韬奋的影响，开始关注国内外政治时事，利用课余写文章向报刊投稿，决心"学着走韬奋的路子"。在接受《信息汇报》记者采访时，他说："一个记者最可贵品质就是热爱自己的职业。要向邹韬奋学习，用手中的笔为人民服务；要坚持真理，讲职业道德，不为物质利益所诱惑；要博览群书，当一个杂家。"（《他，了解老百姓！——访新民晚报社社长赵超构》，一九八五年七月二日《信息汇报》）

[原文]

奋勇前进，向韬奋②同志学习！

为信息汇报而题

林放

八五年五月

[注释]

①《信息汇报》系江西省主办的报纸，创刊于 1984 年。

②邹韬奋（1895—1944），本名恩润。祖籍江西余江，生于福建永安。我国著名的政论家、出版家和记者。担任《生活》周刊主编，成立生活书店，创办《大众生活》《生活日报》等进步报刊。著有《小言论》《萍踪寄语》《萍踪忆语》等，结集《韬奋全集》计 14 卷。

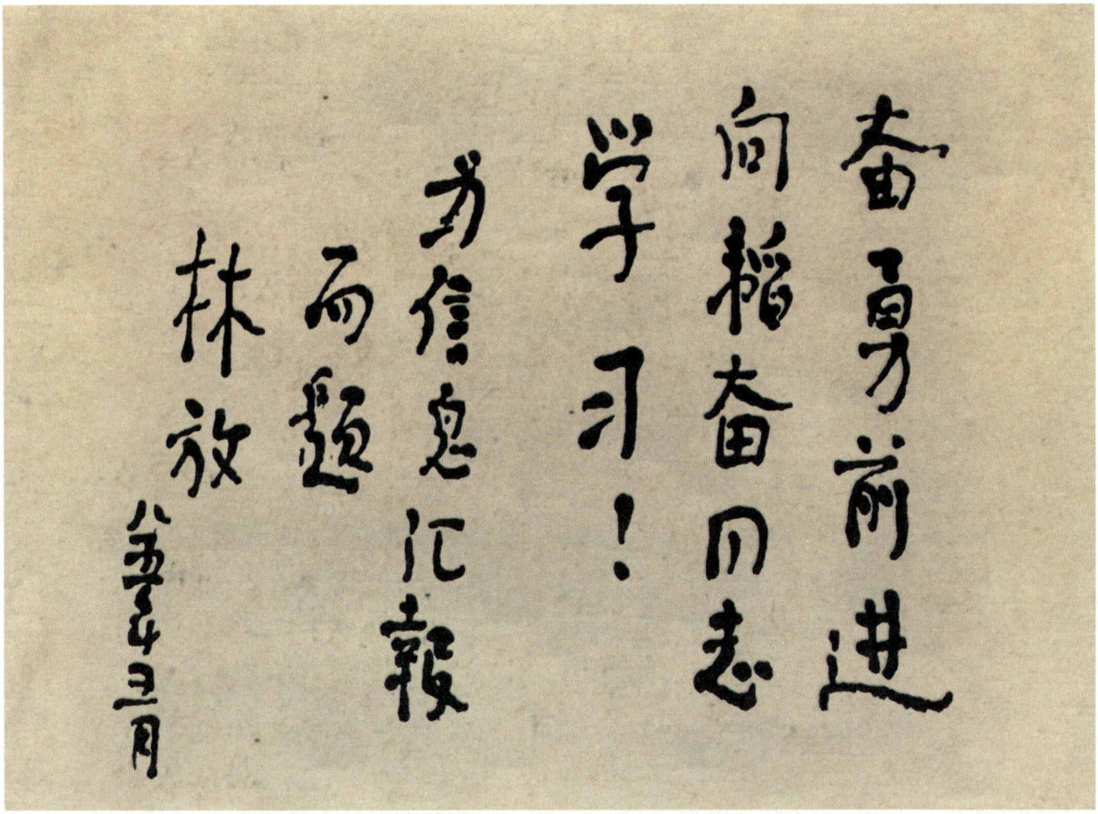
奋勇前进
向稻奋同志
学习！
为信息汇報
而题
林放
八五年三月

为《信息汇报》而题（1985） 1–25

祝《杂文报》[1]创刊题词

[评介]

一九八四年十月河北《杂文报》创刊，赵超构与冯英子、陈虞孙、林文山（牧惠）、徐惟诚（余心言）、徐震（公今度）、曾彦修（严秀）、蒋元明等杂文名家被聘任为顾问。是年九月十二日，赵超构在寓所接受记者施琦民的采访。赵超构根据写杂文的实践，向《杂文报》读者分享了一条经验："初学杂文的同志，得先在专业知识方面下苦功夫，然后在此基础上，再尽可能地扩展自己的知识面，争取做到'广博'。唯有如此，才能够保证使自己所写杂文'杂中有专，专中有杂'，才能够使自己的杂文具有一定的特色。倘若一个人没有专门知识，没有自己的风格特色，是很难成为一个好杂文家的，而其作品也是很难站住脚的。"（施琦民：《杂中有专，专中有杂——访著名杂文家林放》）采访结束后，当记者要求赵超构给《杂文报》题词时，因《杂文报》与他"同坐一只冷板凳"，他实在是推托不了，最后写下了林放式杂文的"十六字口诀"，算是祝贺，也算是对《杂文报》的殷切期望。

[原文]

杂中有专，专中有杂；
九流百家，兼容并包。

祝《杂文报》创刊
赵超构
1984.9.12

[注释]

①《杂文报》，创刊于1984年。由时任河北省委书记高扬主持创办，为当年我国唯一的杂文专业报纸。2014年停刊。

柳亚子①先生百岁纪

[原文]

千秋诗史，一代词宗；
慨当以慷，南社②雄风。

赵超构

[注释]

①柳亚子（1887—1958），原名慰高，后又改名弃疾，字稼轩，号亚子，江苏吴江人。政治家、民主人士、诗人。曾应邀担任孙中山临时大总统府秘书，南社发起人和组织者之一，也是南社主要代表人物。1949年后，历任中央人民政府委员、中央文史馆副馆长等。著有《磨剑室诗词集》《磨剑室文录》《柳亚子诗词选》等。

②南社，文学团体，1909年成立于苏州。其发起人是柳亚子、高旭和陈去病等 。南社受孙中山先生领导的同盟会的影响，取“操南音不忘其旧”之意，1923年因内部分化而停止活动。社员所作诗文，辑为《南社丛刻》。

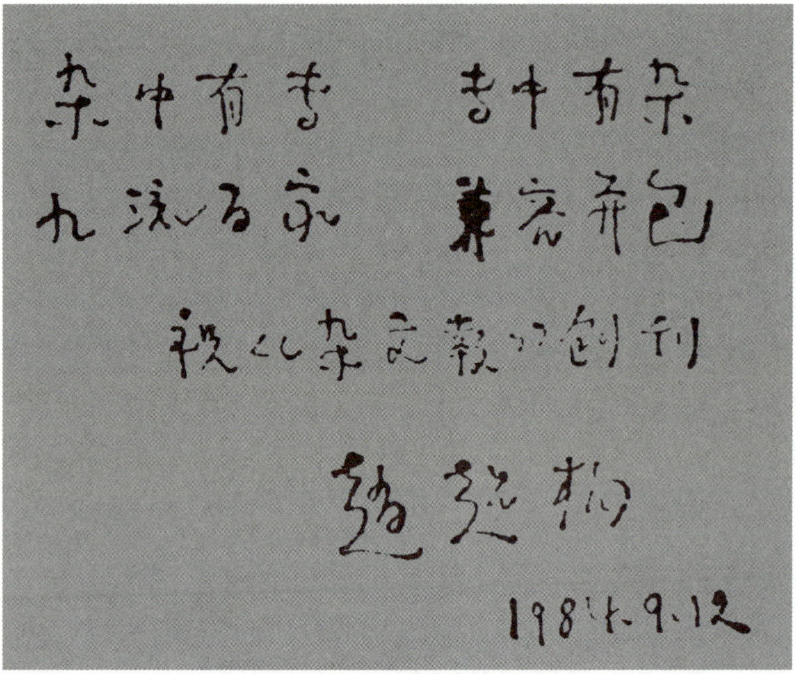

杂中有书　书中有杂
九流百家　兼容并包
祝《杂文报》创刊
赵超构
1984.9.12

祝《杂文报》创刊题词（1984）　1–26

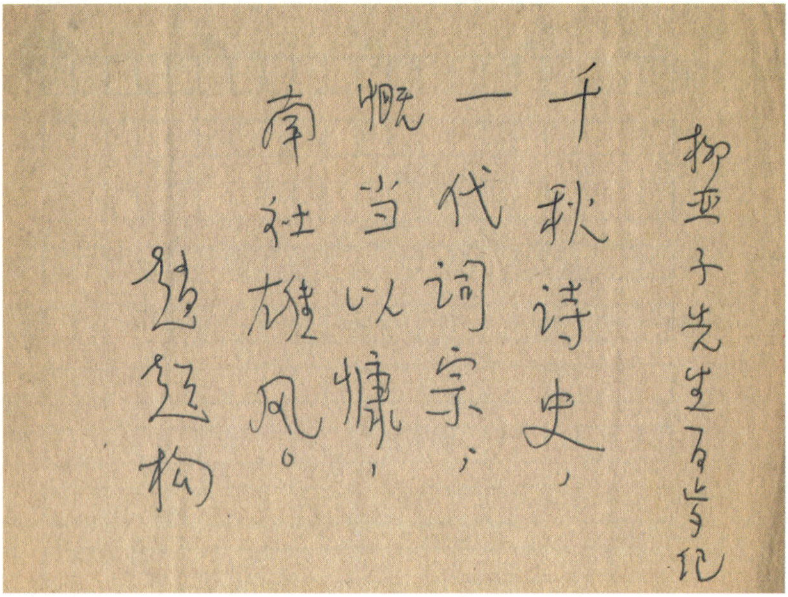

柳亚子先生百岁纪
千秋诗史，
一代词宗；
慨当以慷，
南社雄风。
赵超构

柳亚子先生百岁纪（1987）　1–27

延伸解读

“四大金刚”和“八仙过海”

——赵超构与柳亚子的交往

二〇一四年初夏，我专程赴上海吴兴路赵宅看望病中的刘芭姐。当时她已病入膏肓，临别时她将几本留有她父亲赵超构手迹的藏书塞到我的双肩包，留给我做最后的纪念。从一本书中，我发现了额外的收获——一张对折发黄的正方形小纸片，竟然是“柳亚子先生百岁纪”题词。赵超构读书有个习惯，就是喜欢随手抓取身边诸如书信、请柬、发票等纸质物什当书签，这张小纸片就是这样夹在书中而被完整地保存下来的。

这是目前我发现的赵超构与柳亚子有关联的唯一物件。随着这张罕见而珍贵的手迹的发现，一代报人赵超构和革命诗人柳亚子的一段文苑佳话也逐渐浮出水面……

一

柳亚子出身于书香门第，幼承家教，十岁便能写诗，曾是南社的代表人物之一。赵超构早年读过柳亚子的《乘桴集》和南社诗文集，有些诗词还能背诵；入职《新民报》以后，柳亚子与吴稚晖、曹禺等都是《新民报》的撰稿人。因此，柳亚子一直是他所敬仰的老前辈之一。

一九四九年二月，全国解放指日可待。在香港地下党乔冠华、潘汉年等人的周密安排下，赵超构会同柳亚子、叶圣陶、马寅初、郑振铎等民主人士离港北上，前往北平出席即将召开的中国人民政治协商会议。柳亚子狂放不羁的性格与才情，使他们的会面充满着革命的浪漫主义色彩。

在香港逗留期间，柳亚子“病废经年，郁郁不乐”，“毛主席始召北行，始有生意”。启程当日，他独自登上“华中轮”高高的船艄，凭栏而立，极目远望，口占一绝（《光明初集·二月二十八日启程有作》，《文汇报》一九五〇年十一月十一日）：

六十三龄万里程，前途真喜向光明。
乘风破浪平生意，席卷南溟下北溟。

旅途中，面对即将解放的新中国，各界人士欢聚一堂，不禁喜出望外，畅所欲言。赵超构与他们大都是初次见面，但彼此一见如故，如沐春风。柳亚子是个性情中人，热情奔放，才气横溢，逮着谁都要开个玩笑。他见同船的叶圣陶、宋云彬、郑振铎、徐铸成每餐必饮，嗜酒如命，便戏称他们是“四大酒仙”。他发现赵超构、王芸生、徐铸成、刘尊棋四人，均在报界供职，且年龄相仿，正当年富力强大展宏图之时，便捧称他们为“四大金刚”。柳亚子此说，虽带有一定的戏谑性，但更多的还是对后辈寄予厚望。

一行中数柳亚子、陈叔通、包达三、马寅初四人年事、资历最高，他们六七十岁，赵超构等同船的后辈尊其为“四老”。行程中，他们不分老幼辈分，诗词酬唱，声乐相和，拿柳亚子的话说是“荒唐不成体统”。柳亚子与“四大金刚”更是打成一片，他请刘尊棋帮助收集同船同仁名录，彼此称兄道弟，还俏皮地说“千万拜托，拜托千万”。

二

怀着对新中国的无限向往，柳亚子豪情满怀，一路放歌。逢人逢事，他必即兴赋诗，或“自请讲话”，痛抒欢欣之情。沿途众多中共党政军领导，均喜获柳亚子诗作或墨宝馈赠，其中包括许世友、舒同等。诗酒不分家，因疾戒酒的柳亚子，又开酒禁，他在《北行日记》中称“颇酣畅”。同船共计二十七人，他可谓“来者不拒，童叟无欺”，连同随船的胡绳夫人吴全衡年仅五岁、一岁的儿子，均各赋一阕。有意思的是，他还给自己与夫人郑佩宜也各写了一首诗，其中有句是“半爱江山半美人”。

1948 年，赵超构流亡香港

1949 年 2 月，赴解放区的部分民主人士在轮船上合影。前排左起：方瑞（曹禺夫人）、郑小箴（郑振铎之女）、包启亚（包达三之女）。中排左起：包达三、柳亚子、陈叔通、马寅初。后排左起：傅彬然、沈体兰、宋云彬、张炯伯、郑振铎、叶圣陶、王芸生。温州博物馆提供

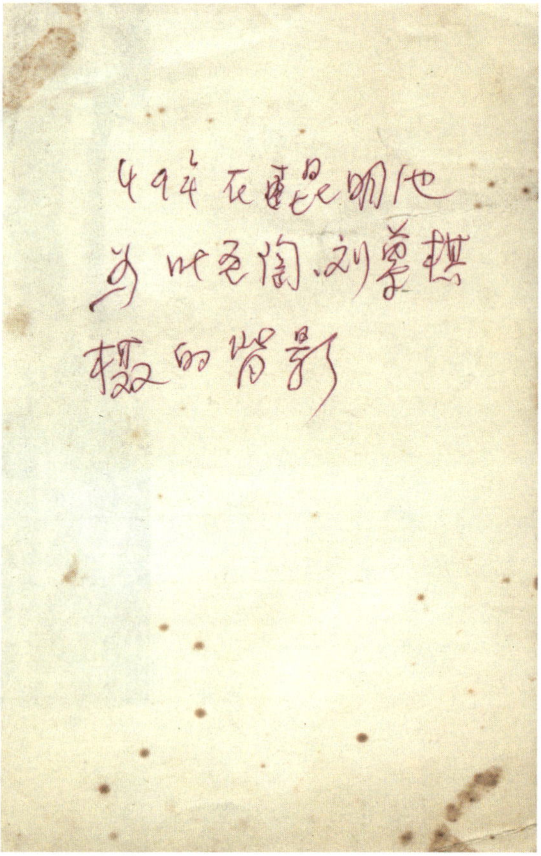

1949 年，赵超构为叶圣陶、刘尊棋摄的背影照及照片背面的题词

柳亚子赠“四大金刚”诗（《光明初集·同舟二十七人，各系一诗，乡党叙齿云尔》，《文汇报》一九五〇年十一月十五日）：

赠瑞安赵超构（年四十）

一月延安纪载余，不胫而走是奇书。
此行更写新游记，纸贵应传解放区。

赠镇海王芸生（年四十九）

天马行空自昔难，王生至竟不凡才。
子冈俊妙杨刚健，大海珊瑚铁网赅。

赠宜兴徐铸成（年四十三）

徐公城北美无伦，旗鼓堂堂壁垒新。
一事老夫心最喜，次公门下此传人。

赠鄂城刘尊棋（年三十九）

英绝刘郎最少年，稍怜玄鬓早华颠。
指挥巨细无遗算，欲铭丰功笔岂宜。

徐铸成后来在回忆录中如是记载：“亚子先生又知我及王（芸生）、刘（尊棋）、赵（超构）诸兄为报人。翌晨即各赋一绝为赠，赠余诗有‘更有一事心最喜，次公已有后来人’。盖吾师沈颖若先生字次公，乃亚老同乡总角好友，南社最早之发起人也。在六十年代，亚子诗选中此诗已被刊落。近年徐文烈昆仲见访，承惠赠亚子诗集，则已补全亦。”（《徐铸成回忆录》，三联书店二〇一八年版）柳亚子《光明集卷一（华中集）》原诗，为“一事老夫心最喜，次公门下此传人”，是徐铸成记错还是两个版本？对此不得而知。

赵超构此次得见柳亚子真人，喜不自禁。他生性不善言谈，与柳亚子的性情可谓迥然不同，一冷一热，如冰雹遇熊熊大火。柳亚子是从阅读《延安一月》开始知道赵超构的。他们都是毛泽东的好朋友，因了这层关系使他们多了一份亲近感。柳亚子深感后生可畏，称赞《延安一月》是“奇书”，对后辈寄予殷切的期望：“此行更写新游记，纸贵应传解放区。”遗憾的是，此番北游，赵超构沉浸于迎接新中国的喜悦中；面对全新的中国，他一时又不知如何表达，最终没能写出“新游记”。

三

赵超构出于职业习惯，外出喜欢带着相机，随时随地拍照。此行香港“避难”，因为走得急忘了带相机。他与同室的章正续便溜达到附近的跳蚤市场，去选购二手相机。他买到的竟是一台还有几成新的劳莱柯达名牌货，回家一摆弄竟然很好使。他们滞留香港无事，除了博览群书——主要是读毛泽东著作外，就是跑到郊外拍照消闲。北上途中，赵超构成了当然的随行摄影记者，一路义务为各位同道照相。

在北京游览颐和园昆明湖时，他为叶圣陶、刘尊棋拍背影照，其在照片背面留言称：“49 年在昆明池为叶圣陶、刘尊棋摄的背影。”南社社友朱少屏烈士之女朱青同年三月二十一日致柳亚子函中，也谈到了赵超构沿途摄影之事。她写道：“上次在济南照的相，有的照坏了，有的还没有洗出来，这里寄二三张。我们在桥上照的相，把柳伯伯照掉了，很可惜！超构先生照的一些相是洗出来了！可否送我一些？”（张明观：《柳亚子史料札记二集》）

逗留济南期间，赵超构、柳亚子巧遇了朱青，他们还同游了大明湖、图书馆、博物馆、千佛山、东北大学等处。赵超构有为他们拍照否？朱青信中语焉不详，但从朱青表述的语句推测，赵超构应该是替大家拍照了，还拍了一些与北上有关的照片。但不知什么原因，赵超构北上途中拍摄的照片，除了叶圣陶、刘尊棋的背影照之外，其余均不知所终。关于北上之行的照片，近年偶有随文流出并见诸报刊，但因时过境迁已很难搞清谁是拍摄者了。

北上之行，柳亚子诗兴大发，简直一发不可收拾。他除了给同船的每人写一首诗外，后来又撰写了《戏赠五号车诸友，得两绝句》。他随手把同车的宋云彬、傅彬然、曹禺、方瑞（曹禺夫人）拉入，将“四大金刚”扩充为“八仙过海”，并将他们一一对号入座，真可谓妙趣横生也。

诗曰：

四大金刚纳一箱，宋公渊雅傅温良。
曹禺剧本雄天下，更喜车头坐小方。
八仙过海浪滔滔，今日沙尘比浪高。
倘向华山寿毛女，拉拉果实胜蟠桃。

“五号车”为旅途乘坐的车号，箱者，乃车厢也。据柳亚子诗中注释称：“四大金刚再加宋、傅、万、方，则扩大而为八仙矣！余等亦有评判，谓吕洞宾为宋公，蓝采和为傅公，张果老为王公，汉钟离为徐公，李铁拐为赵公，韩湘子为刘公，曹国舅为万公，何仙姑为方公云。华山毛女为列仙传中人，影射中共毛主席；两拉拉字均读平声，余最后在华东演讲，譬革命斗争于球赛；中共实任选手，民主人士不过旁观的拉拉队，从旁助威耳！附记于此，以志谐谑不忘国事云尔。”（《光明初集·戏赠五号车厢诸友，得两绝句》，《文汇报》一九五一年一月二十五日）

“事如芳草春长在，人似浮云影不留。”三十八年后，时光定格在一九八七年五月——诗翁一百周年诞辰和南社发起八十周年。入夜，赵超构独坐书房一隅，掩卷而思，思绪如窗外的月光倾泻而下；当他摩挲着应邀出席“柳亚子先生在上海”展览的请柬，默然忆及此事，念及柳公。蓦然间，他缓缓地铺开稿纸，用他写杂文的如椽之笔，写下了十六个字：

千秋诗史，一代词宗；
慨当以慷，南社雄风。

题赠士方[①]同志

[评介]

是年四月。北京。赵超构在京出席全国七届政协会议，《人民政协报》副刊主编邹士方特地赶到驻地与赵超构见面。赵超构与陆诒住在一起。三人见面后，就坐在沙发上喝茶聊天。邹士方爱好摄影，习惯随身带着相机，给身边的名人明星拍照留念。当天，邹士方除了给他们拍照外，还将相机摆放在桌子上，自动拍了一张三人的合影。邹士方掏出笔记本请他们题词。那天赵超构兴致特别好，应允写下了“笔扫千军”四个字。在这次政协会议上，赵超构当选为全国政协常委。

[原文]

笔扫千军

题赠士方同志

赵超构

八八年四月

[注释]

①士方，即邹士方（1949—），作家，辽宁沈阳人。笔名棠明、斯方等。历任《人民政协报》副刊编辑、副主任，《民主》杂志副主编等。著有《宗白华评传》《北大访师记》《国学大师文人情怀》等。

题首日封（二枚）

［评介］

这是赵超构在首日封上的题词。

“集邮不集封，到头一场空”，首日封历来是集邮者的最爱。赵超构爱好广泛，从重庆《新民报》时期他就开始集邮。共集了两大本邮册，而且大都是二十世纪三四十年代的中外邮票，十分珍贵。一九八一年九月，上海集邮协会筹备会拟邀请赵超构参加筹备班子。赵超构因筹备《新民晚报》复刊，分身乏术，遂向筹委会提出“不参加邮协”。（邵林：《上海市集邮协会首届理事会的产生经过》，《上海集邮》二〇〇一年第二期）孙子赵丰上中学时，在爷爷的书房内看到邮册，爱不释手，便向爷爷索讨。赵超构倒是给了，但后来发现赵丰沉湎于集邮，影响功课，便又将其收回。赵丰考上同济大学后，便又写信向爷爷索取。赵超构复函：“说到集邮，又花时间，又费钞票，这些爱好不能说坏，但必须是自已独立生活后来搞。倘使现在分心在这些事上，弄得入迷，就会影响学业。集邮的趣味就在于‘集’，拿人家现成的邮票，算得是什么‘集’邮呢？”（《赵超构书信往事》，文汇出版社二〇二〇年版，第二二三至二二四页）

［原文］

新闻事业应当是真理的声音

飞入寻常百姓家

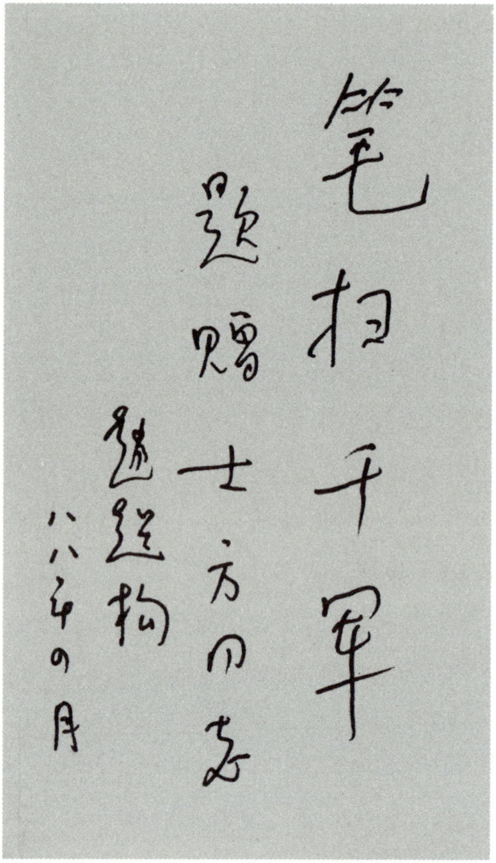

题赠士方同志（1988） 1-28

题首日封（1989） 1-29、1-30

题赠支德裕①“说真话”

［评介］

一九八九年九月，赵超构出席纪念《新民晚报》创刊六十周年南京座谈会，会前应支德裕之请题字“说真话”。据支德裕回忆：“我听说赵老来了，就拿了本《新华日报》的纪念册，当了回不速之客。趁他们尚未开会，闯了进去，直面赵老。我说道：‘赵老，今日得见前辈，您对晚辈有什么教诲？’说着，我递上本子和一支钢笔。赵老站起，与我握了握手，拿起笔来写了六个字，三个字是签名，三个字是教诲——‘说真话’。”（《赵超构为我题字“说真话”》，《扬子晚报》二〇二三年九月七日）《新民晚报》复刊前夕，赵超构约巴金写文章，巴金说写不出应景文章。赵超构说：“你只要说真话就行。”巴金坦言，提倡说真话的，不是他一个人，还有赵超构。赵超构也是说真话的积极倡导者。（林伟平：《巴金与〈新民晚报〉》）赵超构在杂文《读〈说假话者戒〉》中说：“我们反对说假话，就得提倡说真话，保护说真话的人。”《文汇报》“笔会”创刊四十周年请赵超构发表贺词，他的贺词只有三个字：“说真话。”

［原文］

说真话

赵超构

［注释］

① 支德裕（1936—），主任编辑。江苏无锡人。出身贫苦农家，师范学校毕业，当过小学教师、校长。1966 年进入《新华日报》当编辑，担任过老干部科科长；参与创办《扬子晚报》，并担任文体部主任等。

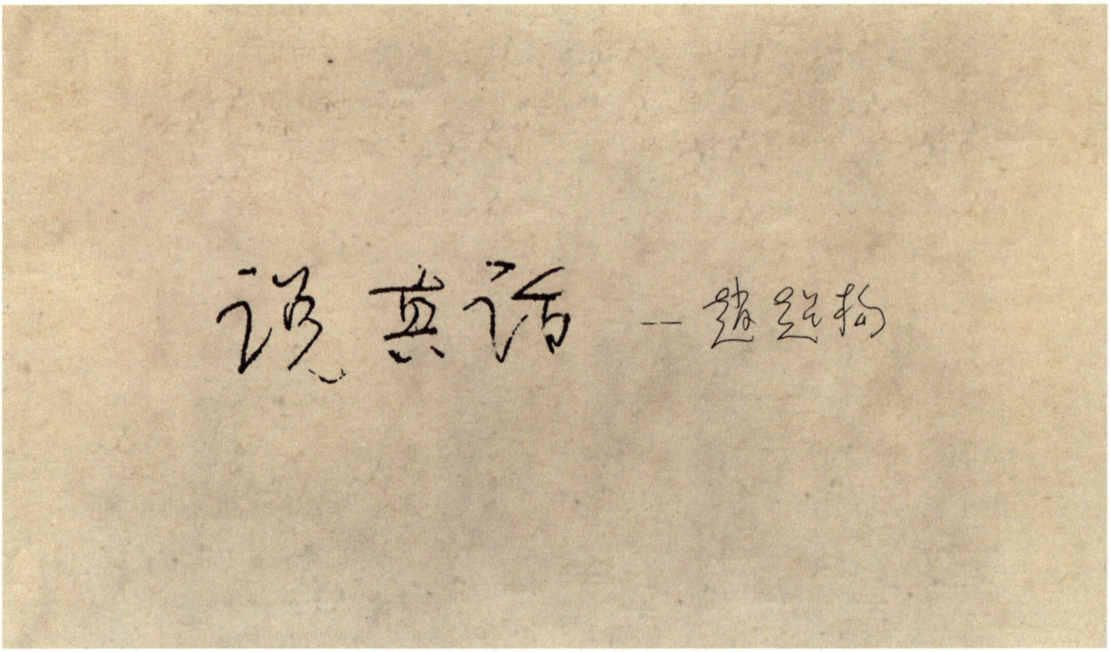

题赠支德裕“说真话”（1989） 1-31

《春城晚报》[1]创刊十周年题词

[评介]

赵超构是中国晚报界的一面旗帜。他创办了新中国第一张晚报《新民晚报》，并取得成功的经验。到了晚年，尤其是当选为中国晚报工作者协会首任会长以后，各地晚报经常请他题词。他尽管不太愿意，但也不好推辞。他曾给《贵阳晚报》写过贺信，给《钱江晚报》《春城晚报》等题过词。本件是从赵超构藏书中发现的，应该是一份底稿。写于一九八九年年底，是他应邀为庆贺《春城晚报》创刊十周年而题。

[原文]

春城无处不飞花

祝春城晚报创刊十周年

赵超构

[注释]

①《春城晚报》创刊于1980年元旦，由《云南日报》主办，是改革开放后全国创办的第一家晚报。

题“飞入寻常百姓家”[1]

[评介]

此为赵超构接受《上海文化年鉴》记者管一明采访时所题。

是年春天，赵超构正在华东医院住院部住院。管一明应约前来拍摄人物照。赵超构换上中式棉袄，头上戴着一顶绒线帽，坐在窗前的藤椅上，摩挲得油亮的手杖倚在膝边；他右手举着一个特制的放大镜，正在看一份隔夜的《新民晚报》。拍摄完毕，管一明递上纸笔，请赵超构留下墨宝。赵超构欣然允诺。因当时写得匆促，竟然犯了一个不应该犯的“错误”——“时光整整倒退了一百年”。后来，《上海采风》月刊刊登王海文章《春天的笔误》一文，予以订正说明。

[原文]

飞入寻常百姓家

赵超构

一八九〇年[2]之春

[注释]

①赵超构办报思想归结的一句话，源自唐代诗人刘禹锡《乌衣巷》，原句为“旧时王谢堂前燕，飞入寻常百姓家”。

②此处系笔误，应为“一九九〇年”。

《春城晚报》创刊十周年题词（1990） 1–32

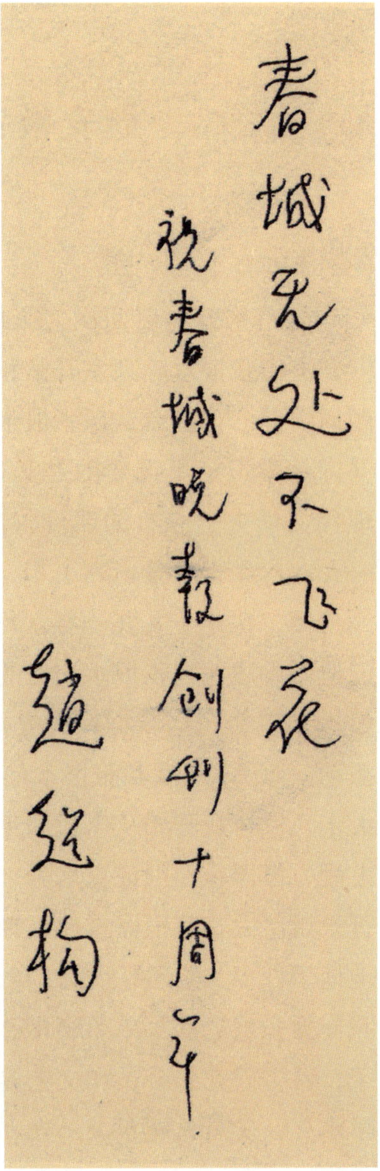
春城无处不飞花
祝春城晚报创刊十周年
赵朴初

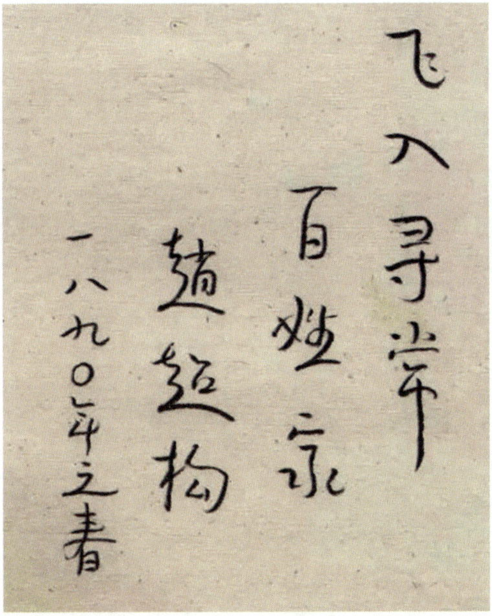
飞入寻常百姓家
赵朴初
一八九〇年之春

题“飞入寻常百姓家”（1990） 1–33

题安徽省张恨水研究会[1]

［评介］

赵超构曾先后两次为张恨水题词。第一次是在一九八八年十月，安徽潜山张恨水陈列室开馆和首次张恨水学术研讨会召开时。赵超构在题词中说："重新认识张恨水先生的勤劳、正直爱国主义活动的一生，并向他学习。更重要的是实事求是地让恨水先生的文学活动得到它在现代文学史上应有的评价与地位。"（《张恨水学术研讨会简报》，一九八八年十月第四期）

第二次是一九九一年六月。他在上海寓所接待张恨水研究会一行，向他们讲述他与张恨水交往的往事，还录了音，并再次应邀为安徽省张恨水研究会题词。据韩久安撰述："谈起挚友张恨水先生，赵超老很激动。他说：'我和张恨水是师友关系，可以说半师半友。他长我半辈，大十几岁，我开始从事新闻工作时，他早就成名了。但他对我们后生很友爱，很器重，很注重培养，一个青年到报社编两天稿子，他就知道能否录用。大家都很器重他，喊他老大哥、张恨老。'那天，赵超老高兴地谈了许多。他还叮嘱说：'你们研究张恨老，承认张恨老，我很佩服。我作为张恨老的小弟弟表示感谢。我年龄老了，一本正经地去研究不行了，希望研究会会员和文艺界同志深入地去研究。'"（《赵超老谈张恨水》，《新民晚报》一九九二年四月三日）

［原文］

张恨水[2]先生画过一幅青松赠送给一位老友[3]，并且附诗一首：

托迹华颠不计年，两三松树老疑仙。
莫教堕入闲樵斧，一束柴薪值几钱。

这自是朋友间互相勉励之作，但也可以说是恨水先生的自我写照。他平生热爱祖国，辛勤笔耕，洁身自爱，砥砺气节，他就是托迹华颠的青松。我们今天进行张恨水的研究工作，就是要发扬这种青松的风格，确认这位小说大师的一百三十多部的作品在现代文学园地中的应有地位，给这个流派的文艺创作以公正的评价，从而消除过去那些旧文坛的门户之见，使得现代文学史的宝库更加丰富多彩。这就不至于让挺拔的青松堕为一束柴薪而湮没了。写此数语以祝张恨水研究工作的顺利开展！

赵超构

一九九一年六月

[注释]

①安徽省张恨水研究会成立于1990年，赵超构为该会名誉会长。

②张恨水（1895—1967），原名张心远，安徽潜山人。中国章回小说家，著名报人。重庆《新民报》“三张一赵”（张恨水、张友鸾、张慧剑、赵超构）四大主笔之一。长期供职于报馆，并在报纸上连载小说。著有《春明外史》《金粉世家》《八十一梦》等百余种。

③即张友鸾，简介见27页注释。

张恨水先生画过一幅青松图送给一位老友，并且附诗一首：

托迹华巅不计年，
两三松树老疑仙。
莫教堕入闲樵斧，
一束柴薪值几钱。

这首诗是朋友间互相鼓励之作，但也可以说是张恨水先生自己的自我写照。他平生勤奋写作，视同生命，一生勤恳笔耕，清贫自守，孜孜不倦。他就是托迹华巅的青松。我们今天进行张恨水的研究工作，就是要发扬这种青松的风格，确认这位通俗大师的一百二十多部的作品在现代文学园地中的应有地位，给这个流派的文艺创作以公正的评价。从而消除过去那些偏见造成的不公正，使得现代文学史的编写更加全面和完整。这就不至于让挺拔的青松堕为一束柴薪而湮没了。写此数语，预祝张恨水研究工作的顺利开展！

赵超构

一九九一年元月

题安徽省张恨水研究会（1991） 1–34

题赠殷之俊[①]同志

[评介]

殷之俊与赵超构见过两次面，都与《上海统一战线》有关。赵超构在该杂志上发表过《关公是个“统战盲”》《说话和听话》等杂文。《说话和听话》发表于他逝世前不久，在剪贴时他对个别字句略做改动。后来，《新民晚报》又作为“遗作”予以重新发表。

这里收集的是应殷之俊之嘱，赵超构题在他笔记本上的字。据殷之俊回忆：“一九八九年十二月，因《上海统一战线》要刊登赵超老的小传，我专程到华东医院去探望他。走进静悄悄的病房，但见赵超老戴着眼镜正聚精会神地在看报纸。他热情地招呼我坐下来，请我谈谈见闻。当时正发生东欧剧变，我说：国内有人看到东欧一些国家原先拥护执政党领导的一些小党倒戈，便说我国统一战线中的同盟者不可信，这简直是胡说八道。赵超老仔细地听着，点头表示同意我的看法。”（《赵超构写〈关公是个“统战盲”〉》，《世纪》杂志二〇一四年第五期）

[原文]

万众一心，团结奋斗，为振兴中华做好团结人的工作。

祝殷之俊同志奋勇前进

赵超构

八九年冬

[注释]

①殷之俊（1948—），浙江定海人。当过工人、企业宣传干部，1988年开始从事统战工作。曾任上海市委统战部办公室主任、上海市统一战线理论研究会理事、副秘书长等。

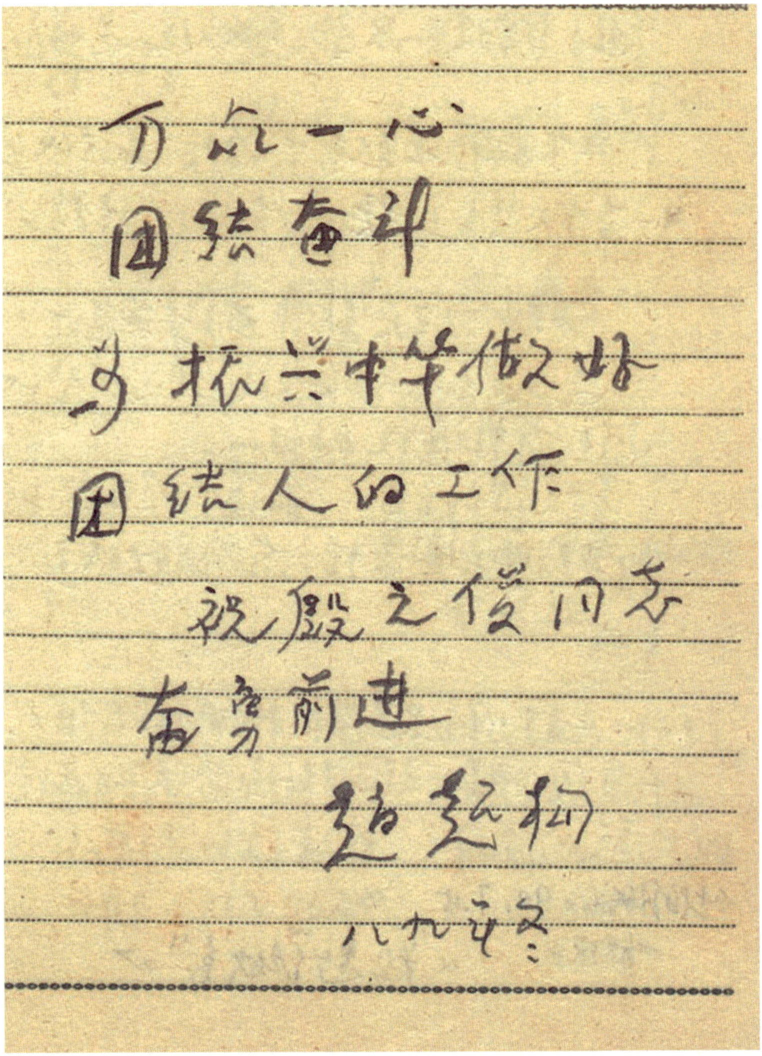

万众一心
团结奋斗
为振兴中华做好
团结人的工作
祝殷之俊同志
奋勇前进
赵超构
八九年冬

题赠殷之俊同志（1989） 1–35

应江坪[①]嘱题《钱江晚报》创刊五周年

[评介]

这是赵超构应江坪之嘱，为《钱江晚报》创刊五周年题词。

据江坪回忆："一九八六年秋，我受浙江日报编委会委托，筹办钱江晚报……全国晚报联谊会(**中国晚报工作者协会——编著者注,下同**)在福州召开，邀请正在筹办晚报的浙江日报参加，会议主持者就是联谊会会长、我国新闻界前辈赵超构。会议期间，我专门拜访赵老，向他求教。赵老给我的第一个印象，是平易近人，话语不多。他看到我十分高兴，操着带有温州乡音的普通话说：'我是文成人，我们是浙江老乡，知道故乡要办晚报，我盼望已久了。'说到请教，他连连摆手：'不敢当，不敢当。'接着，他简要地向我解说新民晚报'飞入寻常百姓家'和'短些，短些，再短些；广些，广些，再广些；软些，软些，再软些'的办报理念。他认为，飞入，不是闯入，不是强入，而是像可爱的燕子那样，被千家万户的主人欣然接纳。赵老言简意赅的介绍，使我进一步明确了办报的真谛：心中要有读者。……"一九九一年《钱江晚报》创刊五周年，江坪请赵超构题词，"赵老不仅对进一步办好报纸提出指导性的意见，而且对报纸提出了'风行全国'的更大期望"。（《息息相通赵超构》，《生活的果实：记者日记选》，红旗出版社二〇二二年版）

[原文]

宣传政策，传播知识，
移风易俗，丰富生活。[②]
祝钱江晚报风行全国

赵超构
九一年六月

［注释］

①江坪（1934—2023），笔名黎健，浙江镇海人。历任浙江日报总编辑，浙江省新闻工作者协会主席、名誉主席。著有新闻论文集《心向读者，情系万家》、通讯集《记者看天下》、散文集《我们的圣人》，与华君武合作《文画缘》等。

②赵超构提出的《新民晚报》16 字办报方针。1981 年 11 月 5 日《新民晚报》复刊前夕，赵超构在全社职工大会上作题为《我们应当怎样办晚报？——兼谈〈新民晚报〉是怎样一张报纸》的讲话，对 16 字办报方针进行详尽的阐述。

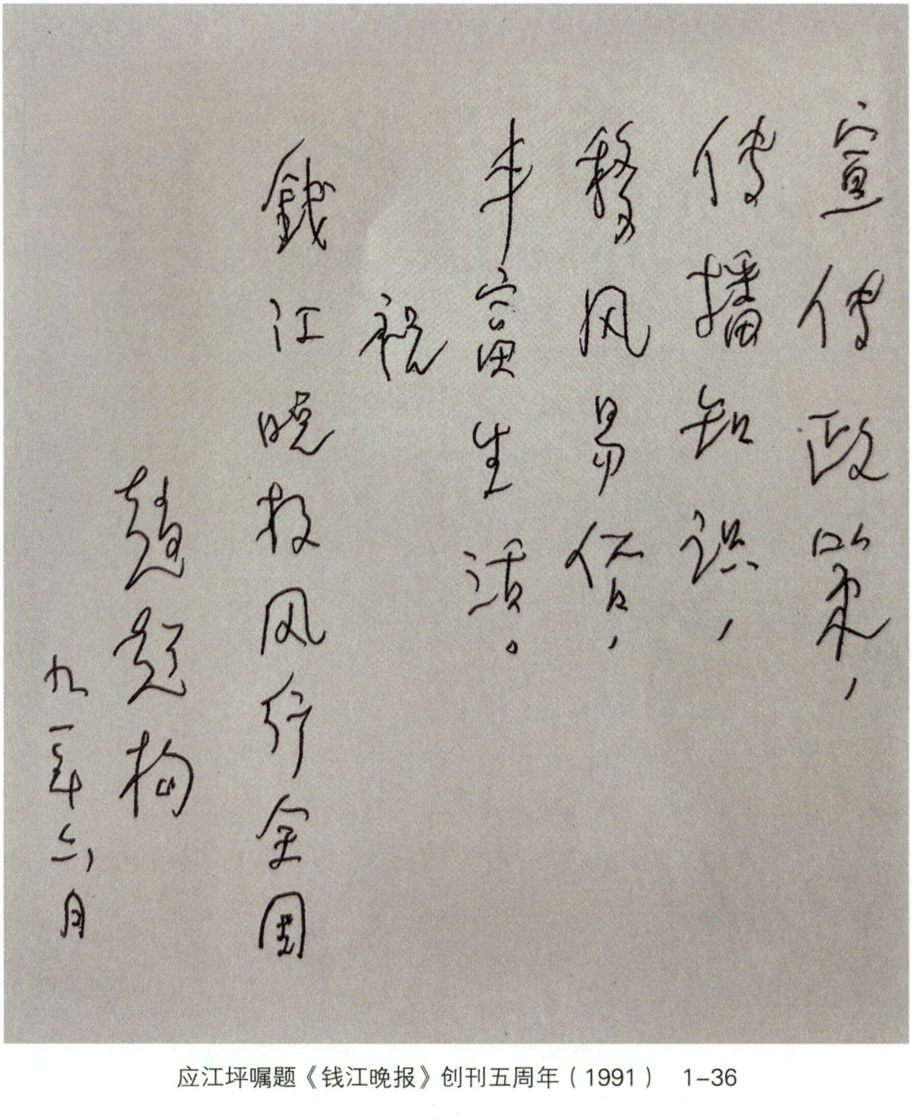
宣传政策，
传播知识，
移风易俗，
丰富生活。
祝
钱江晚报风行全国
赵超构
九一年六月

应江坪嘱题《钱江晚报》创刊五周年（1991） 1-36

题《毛泽东选集》

[评介]

藏书出现破损，赵超构喜欢用牛皮纸重新包，有时也请身边爱好文史的女婿陈舜胜代劳，但书名大都由他亲题。这里收集的，是赵超构藏书中发现的几本（套）非正式的书名题签。重新包封的书，都是赵超构喜欢或经常读的书，譬如《韩非子集释》《荀子简注》写杂文能用到，《开明英文法》则是学英文的必备书。

赵超构一生七次与毛泽东会面，成为老人家的“座上宾”。他较早接触毛泽东著作，认真学习红色革命理论书籍。毛泽东著作成了他的床头书。这本硬精装的《毛泽东选集》出版于“文化大革命”前，衬页有“赵超构学习”和题词“学习，学习，再学习”；这套四卷本的《毛泽东选集》，出版于二十世纪五六十年代，跟随赵超构身边数十年，单封面就包了好几茬。

题《毛泽东选集》第一至第四卷　1–37

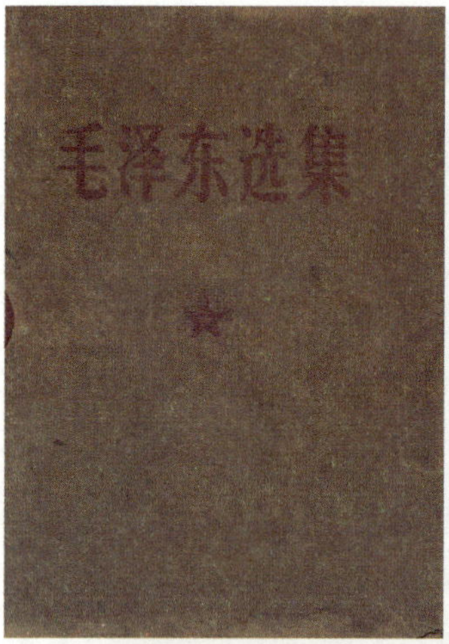

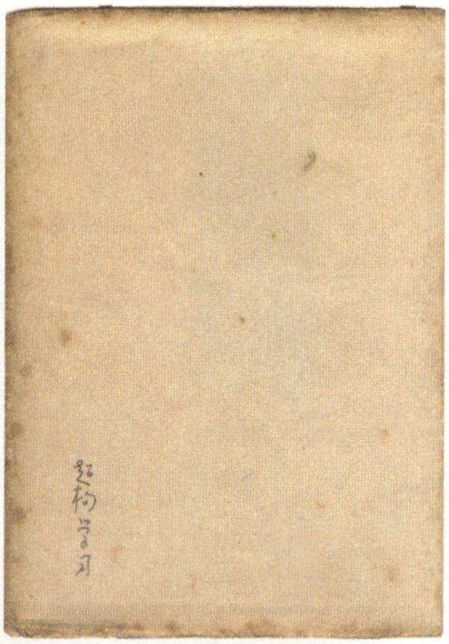

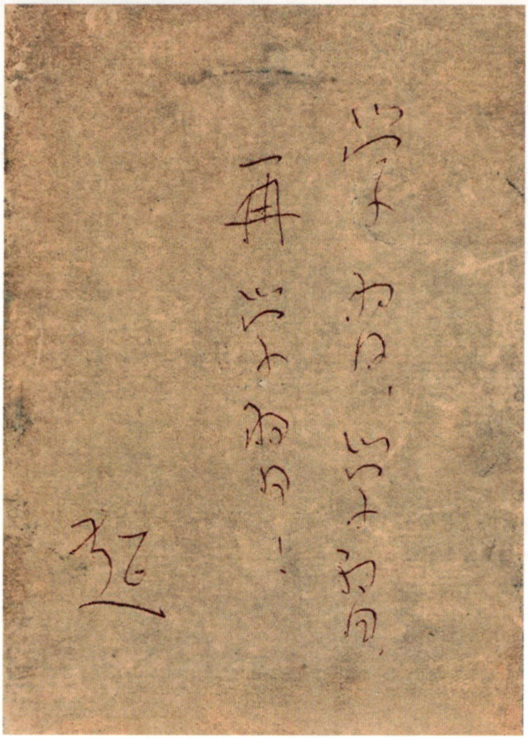

题《毛泽东选集》 1–38

赠书题签

——致毓刚①、纫秋②、荣魁③、谢云④、可成⑤

[评介]

“秀才人情书（纸）一本（张）。”受书赠书在文人之间是最常见的事。赵超构一向不喜题签，碍于面子即使题了，也是“留念”“指正”那种最简单的，绝不在这方面多花笔墨。也有例外。据沈毓刚回忆：“那是粉碎‘四人帮’以后。我和林放又有较多往来。……有一次谈到书的遭遇。他的藏书不算多，而且都是些旧书，却是他所珍爱的，不免流露一些惋惜之情。我对他说，我的书倒没人抄去，却也散失不少，《延安一月》就没有了。他说真巧，他刚从旧书店得到两本《延安一月》，就送了一本给我。我说这可有意思，你写几个字吧。”（《林放赠书——贺〈延安一月〉重印出版》，《新民晚报》一九九二年十一月十五日）赵超构为此在书上题写了这一段话。

[原文]

曩曾保留旧作《延安一月》一册，以作自我解剖之用。久已散失，近又搜得二册，以其一赠毓刚兄留念。

超构

七八年六·廿九日

[注释]

①沈毓刚（1920—1999），笔名其佩、方晓蓝，浙江宁波人。知名报人。1949年后参与创办《亦报》并任副总编辑。《亦报》并入《新民报》后，历任编辑组长、编委、副总编辑；长期主管副刊，开辟“十日谈”等一系列读者喜爱的栏目。著作有《其佩文存》。

②束纫秋（1919—2009），笔名越薪、微言，江苏丹阳人。新民老报人。历任上海市出版局副局长、上海辞书出版社社长兼总编辑，《新民晚报》党组书记、总编辑、顾问。著有小说集《蹄下小景》，杂文集《一笑之余》《悚然失敬》《长话短说》等。

③任荣魁（1932—2014），山东肥城人。主任编辑。为著名配音演员李梓丈夫，曾担任《大众电影》杂志编辑部主任。1966 年援藏任《西藏日报》副总编辑。1981 年参加《新民晚报》复刊工作，任副总编辑。

④谢云（1925—2013），笔名张明东，江苏南通人。作家、杂文家。1944 年开始发表作品。曾任人民出版社副总编辑，《人物》杂志主编、编审。著有《当代杂文选粹·谢云之卷》《五味集》等。

⑤许可成（1930—），江苏高邮人，赵超构重庆《新民报》时期的学生。原名许福官，赵超构改其名为“可成”。

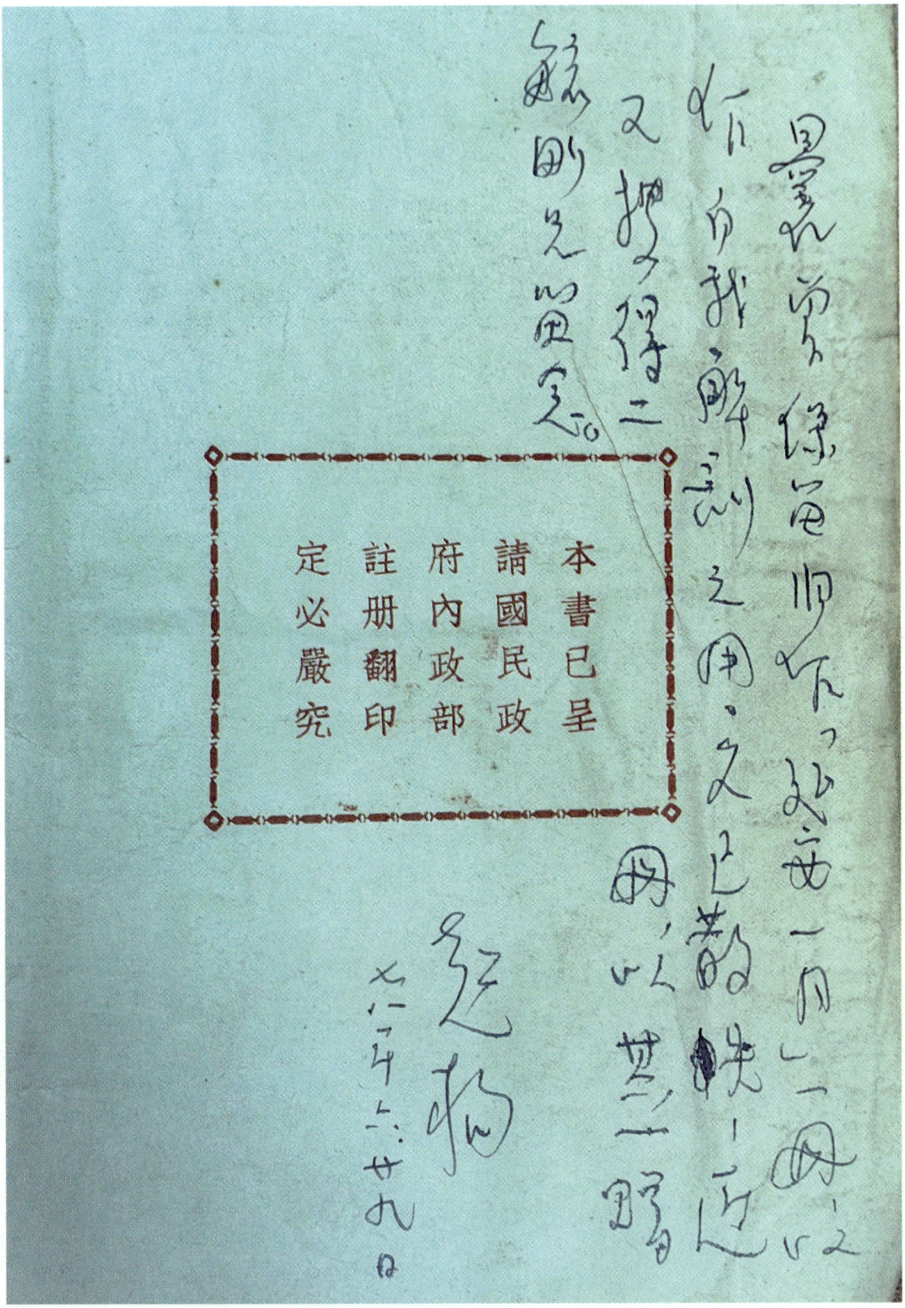
本書已呈
請國民政
府內政部
註册翻印
定必嚴究

赠书题签沈毓刚（1978） 1–39

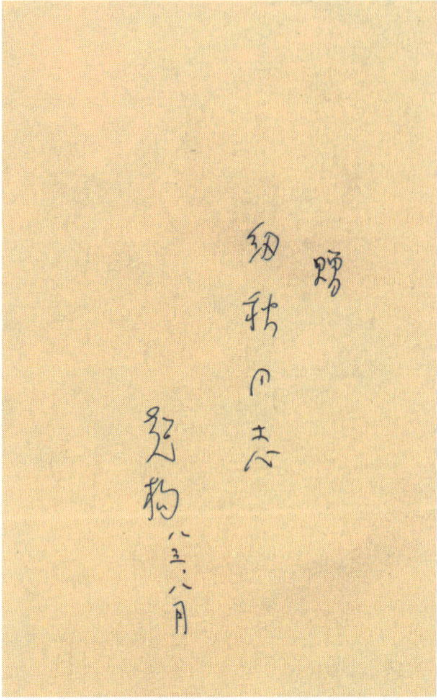

赠书题签束幼秋（1983）　1-40

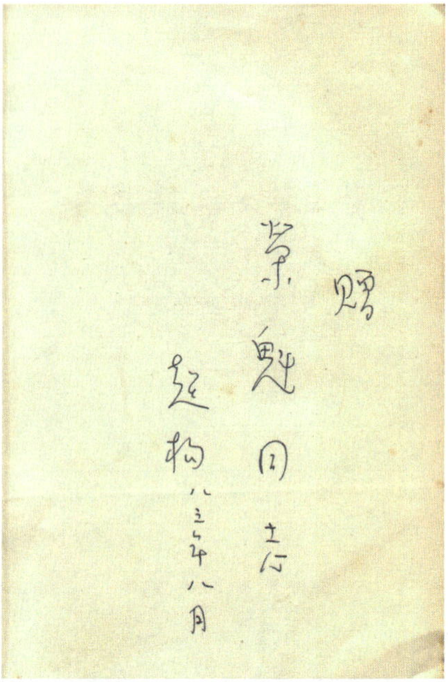

赠书题签任荣魁（1983）　1-41

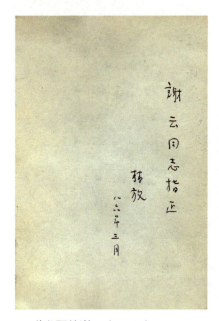

赠书题签谢云（1986）　1-42

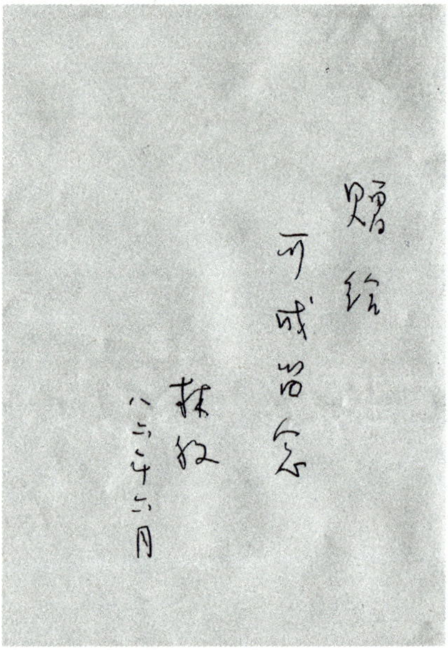

赠书题签许可成（1986）　1-43

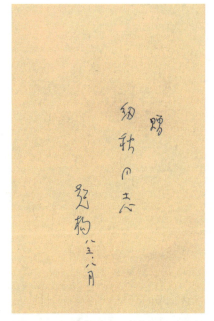

题延安合影和一届政协纪念照

[评介]

有两件事，值得赵超构一生引以为荣：一是一九四四年访问延安，写出了媲美埃德加·斯诺《西行漫记》的《延安一月》；二是一九四九年参加中华人民共和国开国大典，成为新中国诞生的历史见证者。从延安，他带回了几张中外记者西北参观团与毛泽东、朱德、周恩来等中共领导人的合影。参加中华人民共和国开国大典时，他也带回了几张照片，那是毛泽东、朱德在一届政协大会上讲话和大会开幕式的场景画面。这些照片，赵超构小心地收藏着，在照片的背面他还写下了文字说明。这些看似不经意写下的文字，随着时光的流逝，显得尤为重要。它记录下了赵超构记者生涯中最神圣的时刻——一个国家新旧时代的交替和一个崭新的世界的到来。

[原文1]

延安合影文字说明

其一：1944 年访问延安　二排右起第二人为赵超构；毛主席同中外记者团中方全体成员合影　摄影前曾与记者会谈，答复记者的问题　侯波[①]摄影

其二：周恩来、朱德同志会见中外记者团　前排坐者：右一林彪　右二贺龙　右三周恩来　右五李鼎铭　右六朱德　左二王震　第二排：右一杨尚昆　其余不列名的是中外记者团成员　一九四四年六月十日　朱总司令接见中外记者团

其三：1944 年访问延安　毛主席、朱德总司令接见中外记者团　朱德后面是赵超构

毛主席、朱德同志等（1944 年在延安）接见中外记者团时的留影

后排（立者）右一聂荣臻 右二吴玉章 前排：左二徐特立（1944年）

[注释]

①侯波（1924—2017），山西夏县人。现当代女摄影家。1938年参加革命，曾长期担任毛泽东和党中央领导同志专职摄影师，人称“红墙摄影师”。2018年获首届中华艺术金马奖终身摄影成就奖。著有《历程：徐肖冰、侯波镜头下的峥嵘岁月》。

[原文2]

一届政协纪念照文字说明

其一：1949 一届全国政协开幕式

其二：1949年9月 第一届全国政协毛主席致开幕词 由政协分送给代表们的纪念照片

其三：1949年 全国政协朱总致词 大会分送给代表的纪念照

题延安合影

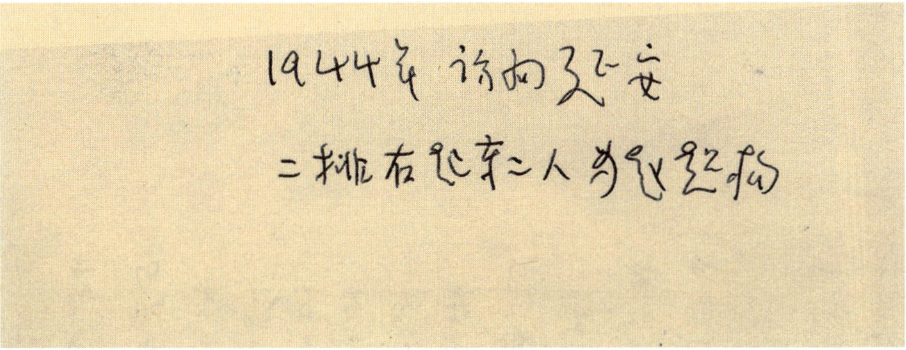

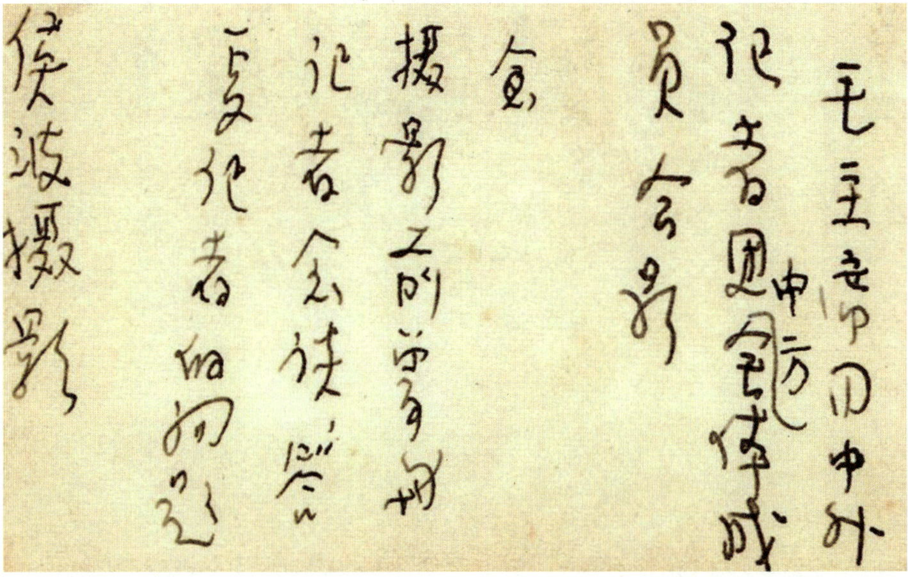

延安合影（1944）　1-44-1、1-44-2

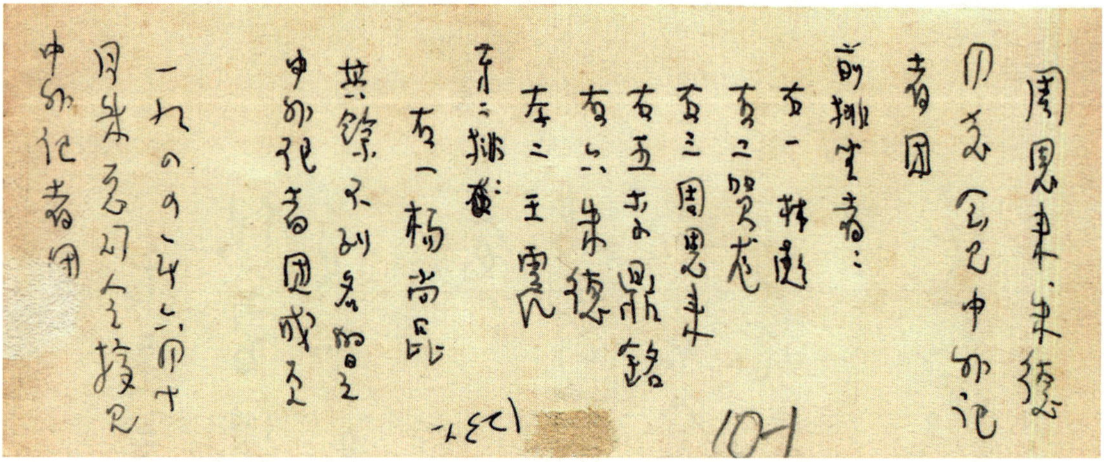

周恩来、朱德
同志在中外记
者团
前排坐者：
左一 林彪
左二 贺龙
左三 周恩来
左五 [illegible]鼎铭
左六 朱德
左二 王震
后二排：
左一 杨尚昆
其余不列名留之
中外记者团成员
一九四四年六月十
日来延安之接见
中外记者团

延安合影（1944） 1–45

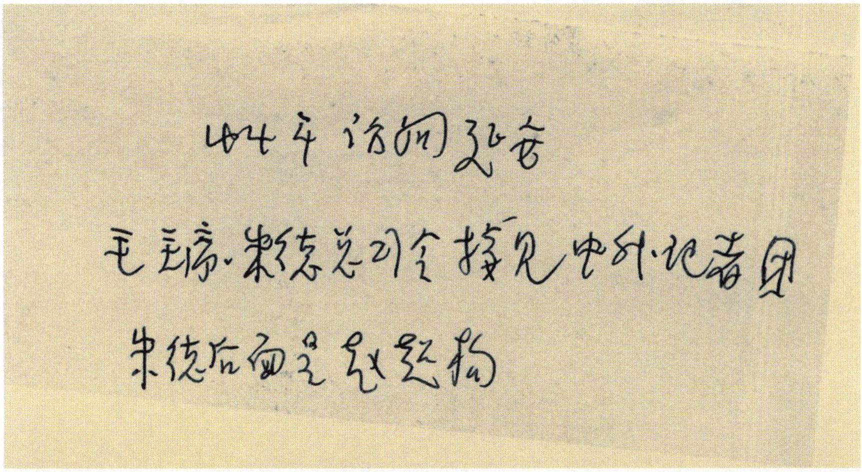
44年访问延安
毛主席、朱德总司令接见中外记者团
朱德后面是赵超构

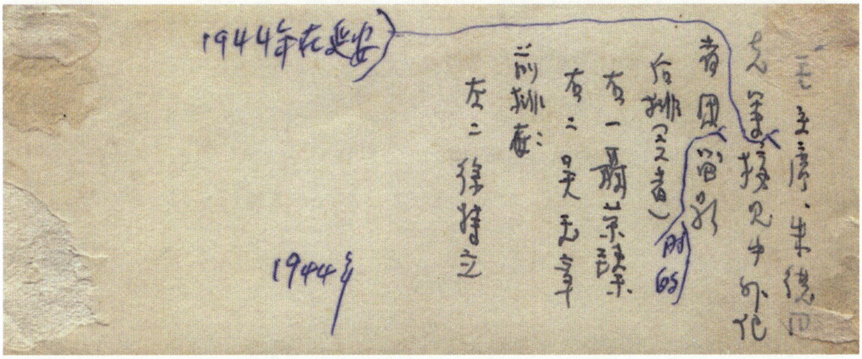
毛主席、朱德
总等接见中外记
者团留影
后排（又青）
左一 聂荣臻
左二 吴玉章
前排左：
左二 徐特立
1944年在延安
附65
1944

延安合影（1944） 1-46-1、1-46-2

题一届政协纪念照

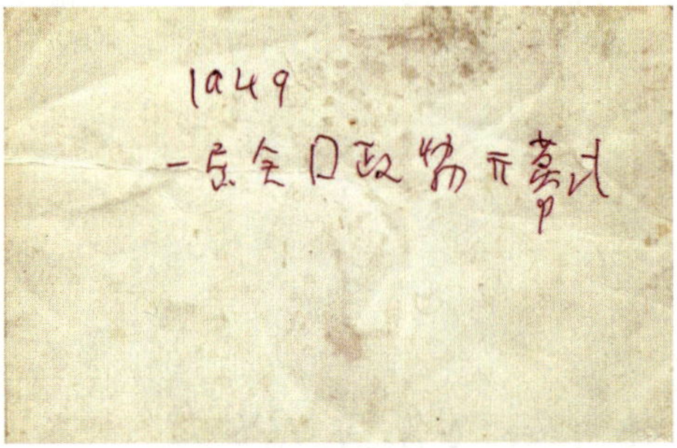
1949
一届全国政协开幕式

一届政协纪念照　1-47-1

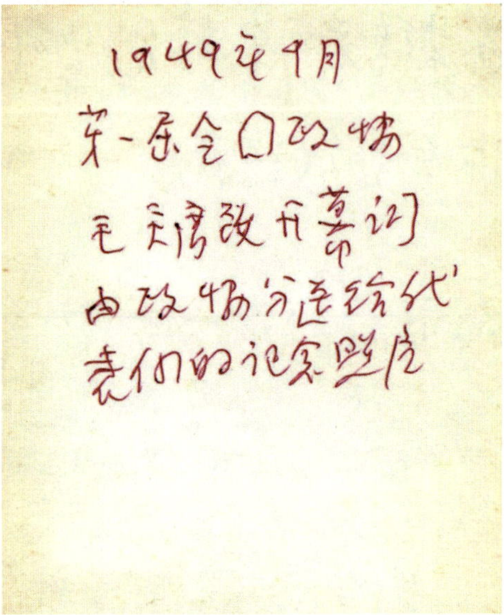
1949年9月
第一届全国政协
毛主席致开幕词
由政协分送给代
表们的纪念照片

一届政协纪念照　1-47-2

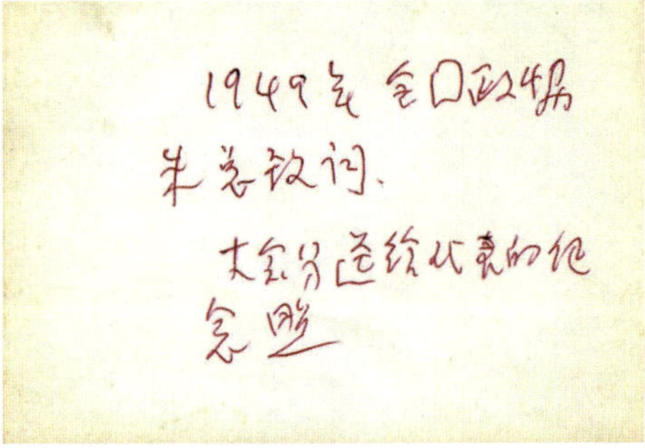
1949年全国政协
朱总致词.
大会分送给代表的纪
念照

一届政协纪念照　1-47-3

题摄影作品

[评介]

人们只知道赵超构是杂文家，却很少有人知道他还是一位摄影家。他生前是中国摄影家协会的首批会员，曾是上海摄影家协会的创建者和奠基人，还长期担任上海市老年摄影学会顾问。一九七九年全国第四次文代会，他就是以摄影家的身份出席的。在赵超构近六十年的新闻生涯中，他肩挎相机，走南闯北，拍下了无数的摄影作品，真实地记录了当时的生活现实和历史风貌。在赵超构的摄影作品中，最出彩的是风景照。在他百年诞辰时，“赵超构摄影作品展”首次在文成出生地故居展出。作为摄影家，他并没有给后人留下惊人的传世之作，但他对摄影的热爱和执着，却给新中国的摄影事业带来了无尽的活力和生机。

[原文]

其一：

白云山头云欲立（二）

作者　赵超构

摄于庐山　上午十一时

F// 百分之一秒　加淡黄镜头

双镜头反光镜箱（禄莱可得）

其二：

东风伴我作山行（三）

作者　赵超构

双镜头反光镜箱（禄莱可得）

摄于庐山五老峰下　上午十一时

F// 百分之一秒　加淡黄镜头

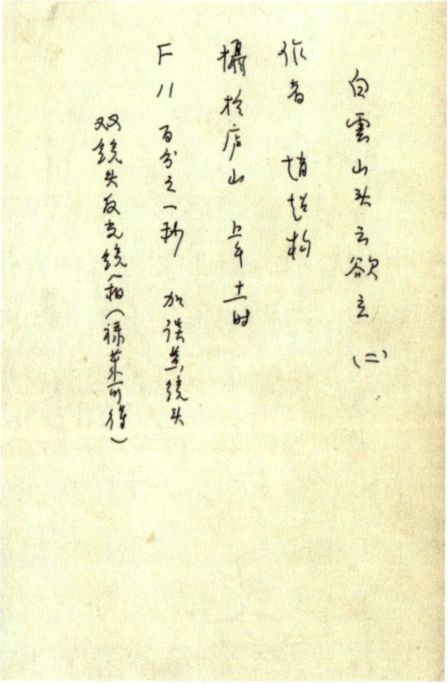

白雲山头云欲立（二）

作者 赵超构

摄於庐山 上午十时

F11 百分之一秒 加淡黄镜头

双镜头反光镜（箱）（禄莱可得）

摄影作品 1-48-1

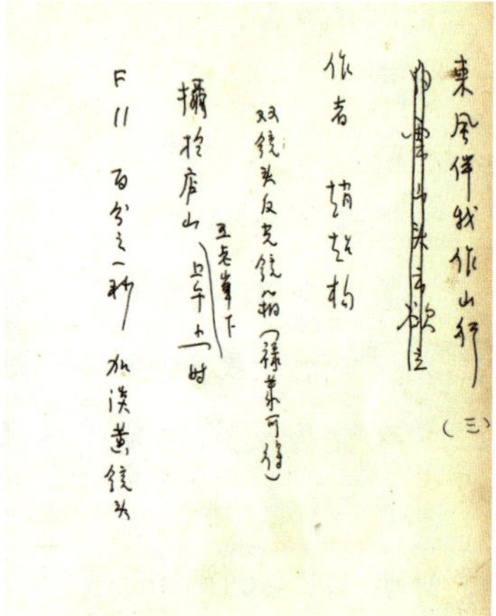

東風伴我作山行（三）

~~白雲山头云欲立~~

作者 赵超构

双镜头反光镜（箱）（禄莱可得）

摄於庐山 五老峰下 上午九时

F11 百分之一秒 加淡黄镜头

摄影作品 1-48-2

第二辑 手稿

赵超构六十年间手不停笔，作新闻性杂文万余篇。如果将他的手稿堆积在一起，那个体量可够庞大的了。

手稿是一个作家的脸孔。从修改或涂改处，可以看到作家推敲的痕迹，窥见隐藏于笔底的不为人知的秘密。国内外的一些高校，还专门成立了手稿研究中心，将手稿作为文学史料进行专题研究。

本辑辑录手稿共二十一篇，源自上海档案馆和新民晚报社，为赵超构晚年发表于《夜光杯》副刊“未晚谈”的部分手稿。这些手稿是如何保存下来的？这种超前的自觉担当和颇具远见的文化作为，功大莫焉。

“窥一斑而知全豹”，从这不多的手稿中，我们可以大致了解赵超构手稿的样貌，尤其是林放晚年杂文写作之端倪。

《霸王别姬》①

［评介］

林放杂文博古通今，总是以叙述历史知识或历史典故见长，让读者在回味中体会深刻的现实感悟。

赵超构重读毛泽东有关的讲话后，写了这一篇借古喻今、寓意深远的杂文。毛泽东说，不是有一出戏叫“霸王别姬”吗？这些同志如果总是不改，难免有一天要“别姬”就是了。赵超构从毛泽东的告诫中引申开，将霸王别姬悲剧的因素概括为二：一是“任人唯亲，刚愎自用”，二是“嗜杀成性”。他还列举了许多灭绝人性的霸道劣迹，称楚霸王是现代人质战术的老祖宗。最后的结论是：“不论他是大霸或小霸，东霸或西霸，也不论是古霸或今霸，凡为霸王，都脱逃不了‘别姬’的命运。”

［注释］

①原载《新民晚报》1991年3月12日《夜光杯》副刊“未晚谈”。

［原文］

毛泽东主席曾经多次提醒大家不要做楚霸王；做了楚霸王，称王称霸，四面树敌，总有一天自陷于霸王别姬的处境。这些话听过多年了，往年不甚了了；近年又添了一点新世故，知新而来温故，似乎也多了一些感触。

楚霸王的霸道在哪里呢？霸王别姬的悲剧因素是什么呢？

一是任人唯亲，刚愎自用。陈平说：“项王不能信人，其所任爱，非诸项即妻之昆弟，虽有奇士不能用。”大家知道，善于用兵的韩信，多出奇计的陈平，都是当时第一流的人才，本来都是追随项羽的老部下。因为得不到项羽的赏识，先后离楚而归汉。一个老臣范增，也是个多奇计的“骨鲠之臣”，也被霸王赶走了。包围在他身边的只能是那些唯唯诺诺的两面派，没有一个敢于直言的谋士。因此在决策的时候，接连地估错了形势，不断地下错了棋子。

二是嗜杀成性。且看：“项羽尝攻襄城，襄城无遗类，皆阬（活埋）之”；他占领了外黄这地方，就“悉令男子年十五已上诣城东，欲阬之”。当然，最失人心的是他“引兵西向屠咸阳，杀秦降王子婴，烧秦宫室，火三月不灭，收其妇女货宝而东”。当时咸阳早已投降，完整地被占领了，有什么必要来这么一个三光政策，整整地烧了它三个月呢？

霸王的嗜杀还表现在屠杀战俘。秦军投降被俘后，“楚军夜击阬秦卒二十余万人”。楚霸王之所以大失人心，自陷于四面楚歌之境，不是理有必然的吗？

现代战争中有所谓“人质战术”，又称“人质盾牌”，这也是楚霸王最喜欢使用的恐怖手段。当时有个人叫王陵，是追随刘邦的，项羽便把他母亲抓来做人质，陵母引剑自杀了，项羽还把她烹掉。《史记》上描写得最生动的，是项羽欲烹刘邦的父亲那一幕。刘邦的父亲（太公）落在项羽手里，成了人质。项羽就在战阵上把太公放在割肉的砧板上，说，刘邦如果不投降，就要烹杀太公。从这件事看来，现代人质战术的老祖宗还该算到咱们的楚霸王了。这是泼皮牛二式的战术，哪有一点好汉的气概呢？

有人吊楚霸王说“生能白版为天子（没有印玺自做帝王），死剩乌江一美人”，这是出于对霸王的同情。但是为什么“其兴也勃焉，其亡也忽焉”呢？不就是因为他的霸道吗？不论他是大霸或小霸，东霸或西霸，也不论是古霸或今霸，凡为霸王，都脱逃不了“别姬”的命运。当时有个韩生就形容项羽是“沐猴而冠”，就被项羽烹杀了。心胸这样狭窄，怎能成什么大事呢？“沐猴而冠”倒是被韩生说中了，流传至今还是一句生动的成语。

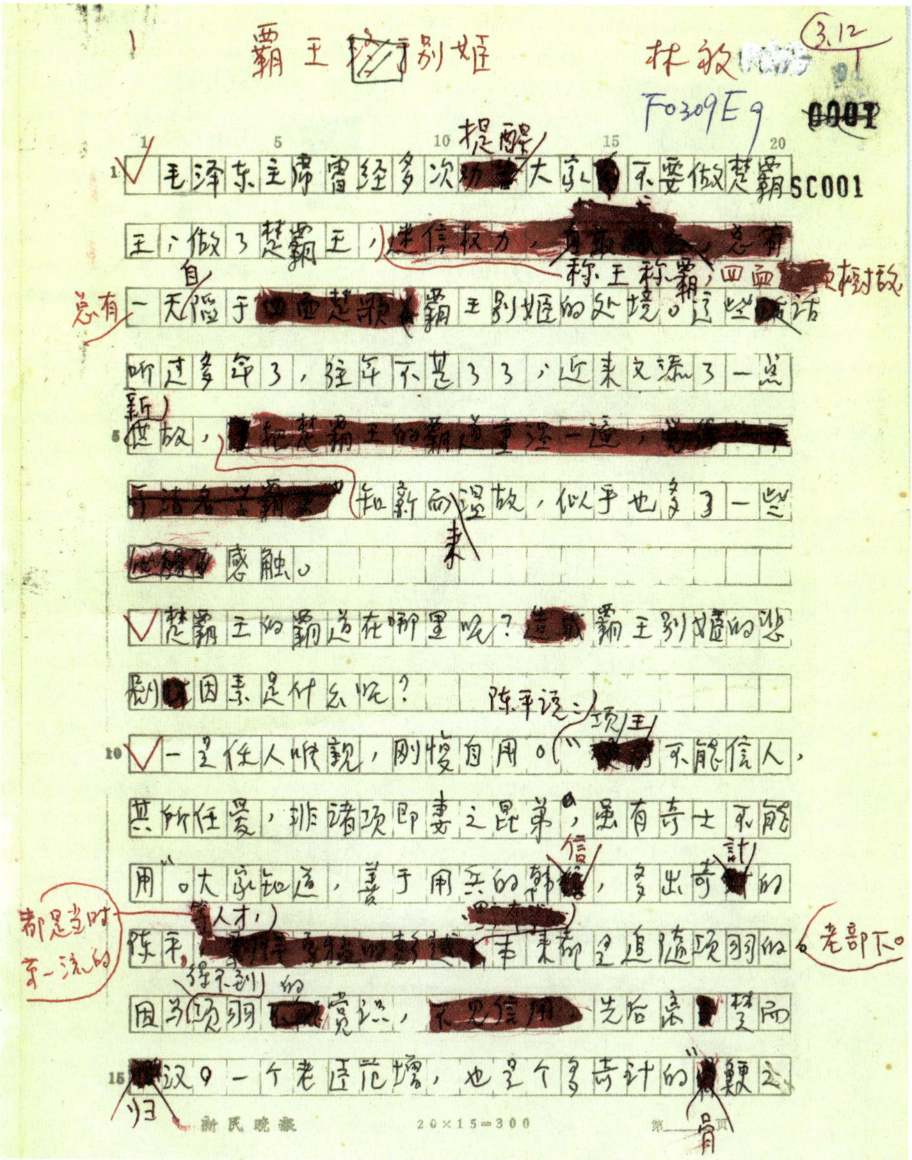

1　霸王别姬　林放

3.12

F0309E9　0001　SC001

毛泽东主席曾经多次提醒大家不要做楚霸王，做了楚霸王，[redacted]称王称霸，四面[redacted]树敌，总有一天自陷于[redacted]霸王别姬的处境。这些[redacted]话听过多年了，往年不甚了了，近来又添了一点新世故，[redacted]知新而温故，似乎也多了一些[redacted]感触。

楚霸王的霸道在哪里呢？[redacted]霸王别姬的悲剧[redacted]因素是什么呢？

一是任人唯亲，刚愎自用。陈平说：“项王不能信人，其所任爱，非诸项即妻之昆弟，虽有奇士不能用”。大家知道，善于用兵的韩信，多出奇计的陈平，都是当时第一流的人才，[redacted]本来都是追随项羽的老部下。因为项羽得不到的赏识，[redacted]先后离楚而归汉。一个老范增，也是个多奇计的骨鲠之

新民晚报　20×15＝300　第　页

《霸王别姬》手稿　2-1-1

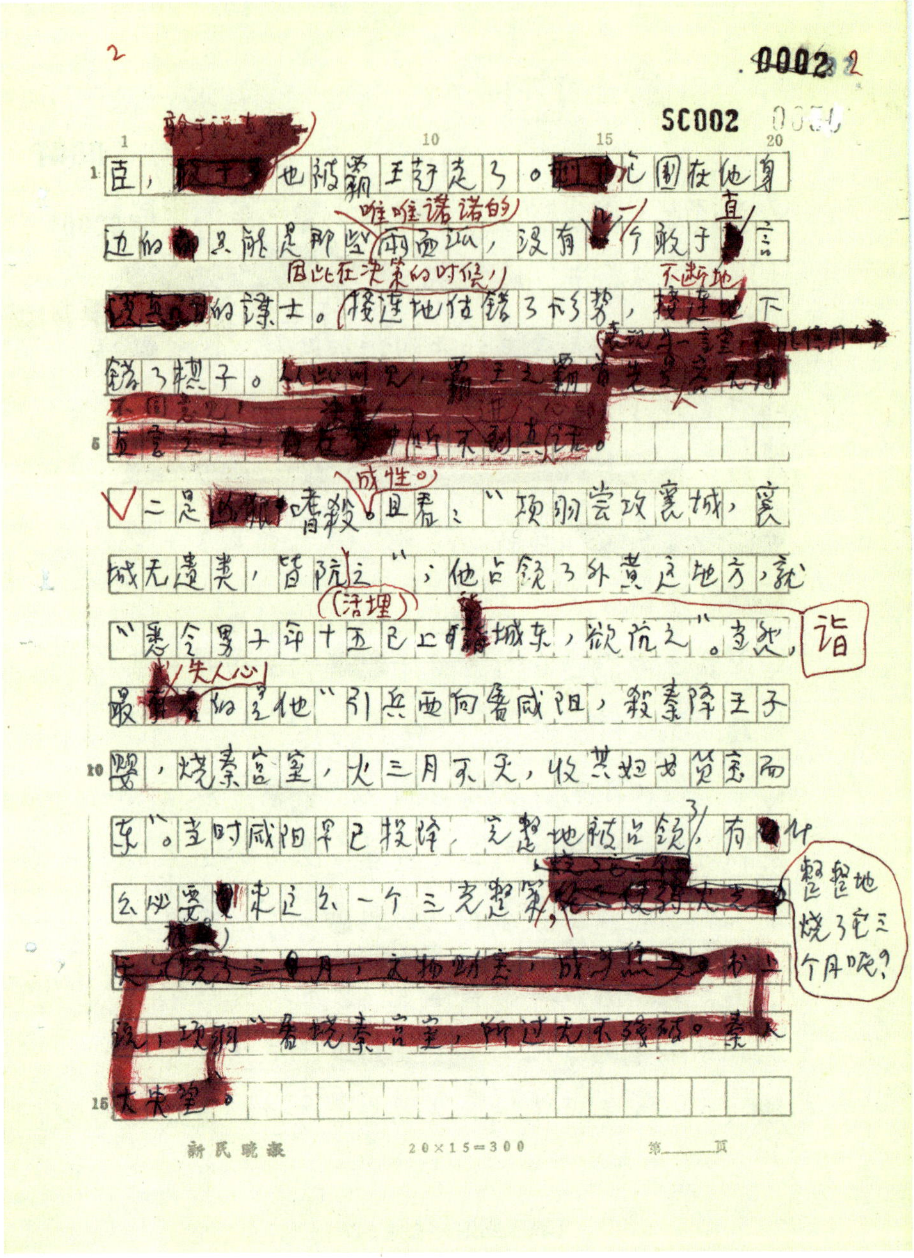

2　　0002　　SC002

臣，[redacted]也被霸王赶走了。[redacted]围在他身边的[redacted]只能是那些唯唯诺诺的，没有[redacted]个敢于直言[redacted]的谋士。因此在决策的时候，接连地估错了形势，不断地下错了棋子。[redacted]听不到真话。

二是[redacted]嗜杀成性。且看：“项羽尝攻襄城，襄城无遗类，皆坑之”；他占领了外黄这地方，就“悉令男子年十五已上[redacted]城东，欲坑之”。这些（活埋）诣

最[redacted]失人心的是他“引兵西向屠咸阳，杀秦降王子婴，烧秦宫室，火三月不灭，收其妇女货宝而东”。这时咸阳早已投降，完整地被占领了，有什么必要[redacted]来这么一个三光政策，[redacted]整整地烧了它三个月呢？

[redacted]

新民晚报　　20×15=300　　第　页

《霸王别姬》手稿　2-1-2

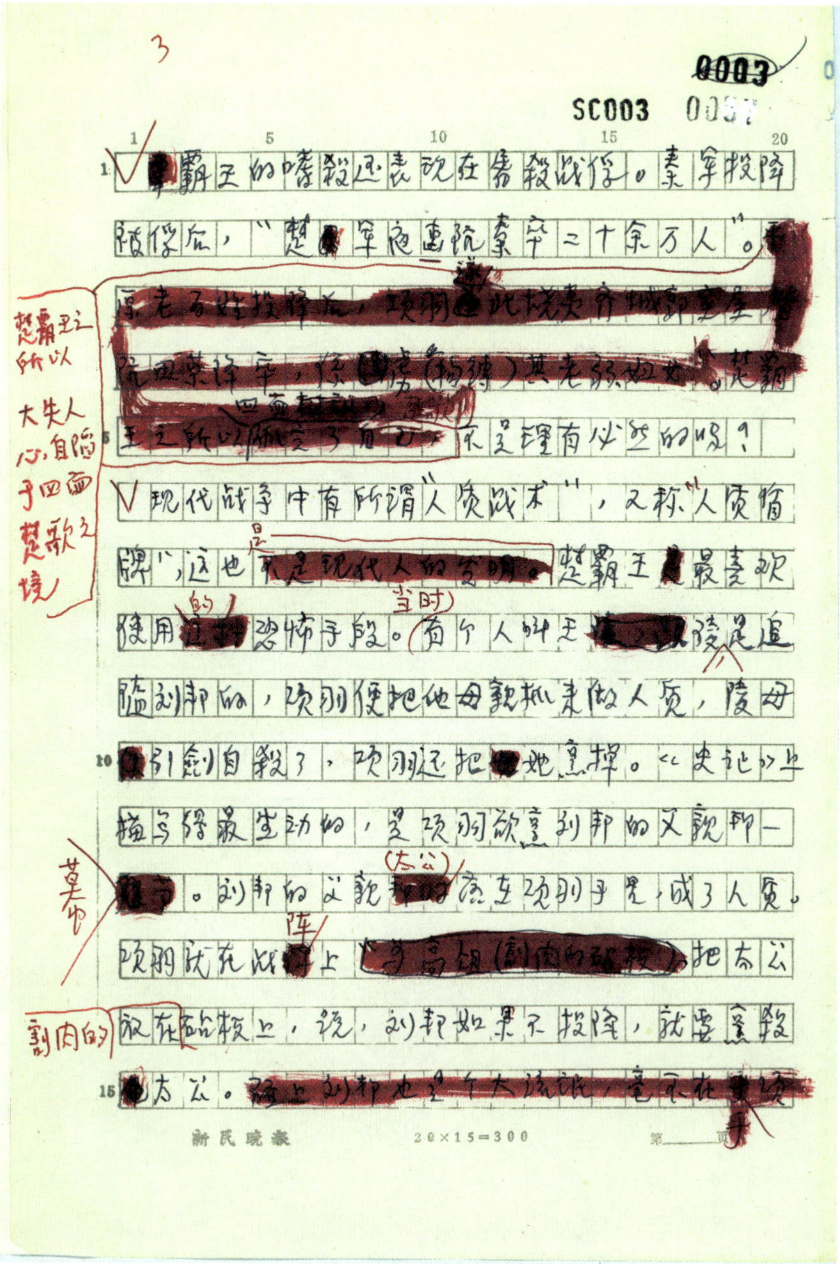
3

SC003 0037

[redacted]霸王的嗜杀还表现在屠杀战俘。秦军投降

战俘后，"楚军夜击坑秦卒二十余万人"。[redacted]

[redacted]

楚霸王之所以大失人心，自陷于四面楚歌之境，不是理有必然的吗？

现代战争中有所谓"人质战术"，又称"人质偷袭"，这也[redacted]。楚霸王最喜欢使用当时的恐怖手段。有个人叫王陵是追随刘邦的，项羽便把他母亲抓来做人质，陵母[redacted]引剑自杀了，项羽还把她烹掉。《史记》上描写得最生动的，是项羽欲烹刘邦的父亲那一[redacted]。刘邦的父亲太公落在项羽手里，成了人质。项羽就在战阵上[redacted]把太公放在割肉的砧板上，说，刘邦如果不投降，就要烹杀太公。[redacted]

新民晚报　20×15=300　第　页

《霸王别姬》手稿　2-1-3

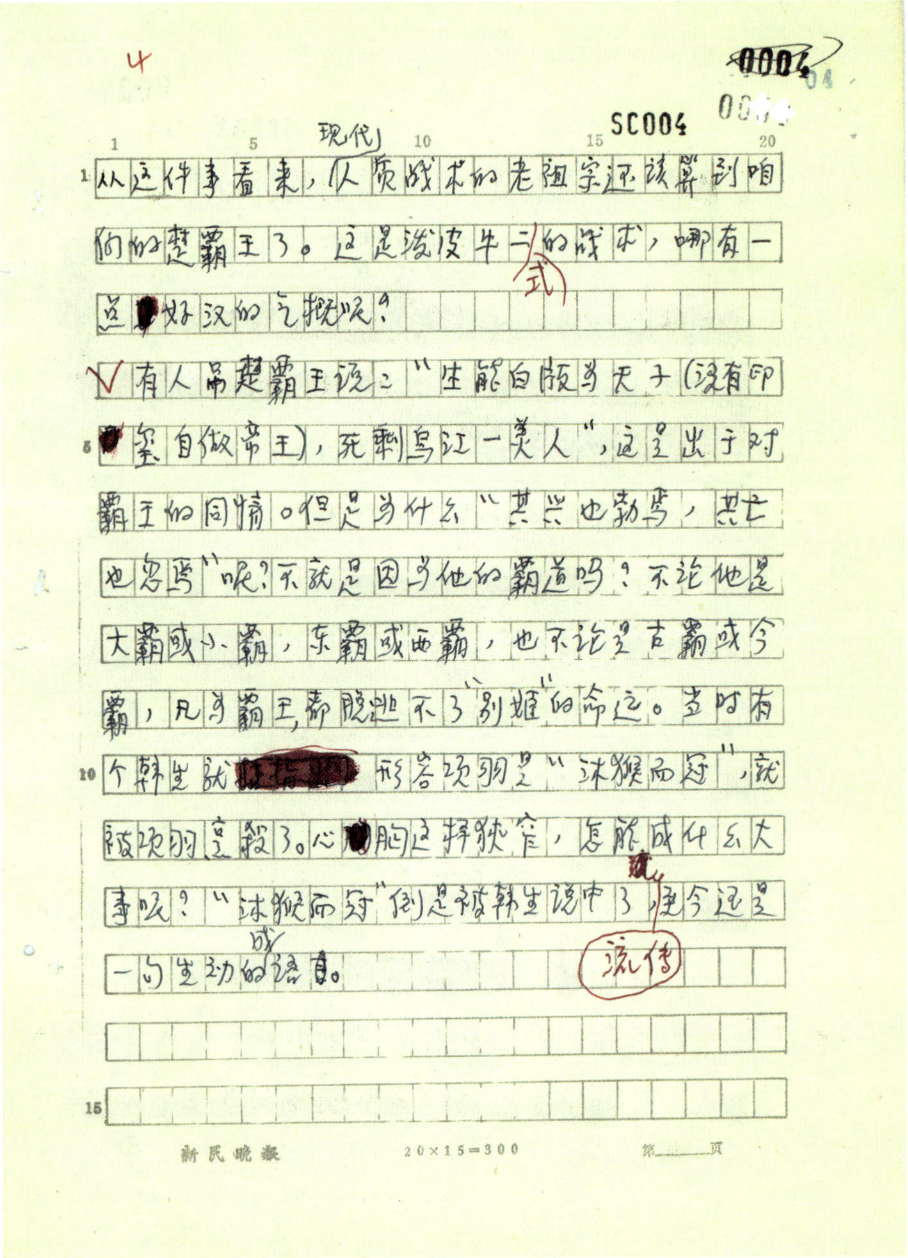
4

0004

SC004

从这件事看来，现代人质战术的老祖宗还该算到咱们的楚霸王了。这是蹩脚牛二式的战术，哪有一点[redacted]好汉的气概呢？

有人吊楚霸王说："生能自服为天子（没有印[redacted]玺自做帝王），死剩乌江一美人"，这是出于对霸王的同情。但是为什么"其兴也勃焉，其亡也忽焉"呢？不就是因为他的霸道吗？不论他是大霸或小霸，东霸或西霸，也不论是古霸或今霸，凡为霸王，都脱不了"别姬"的命运。当时有个韩生就[redacted]形容项羽是"沐猴而冠"，就被项羽烹杀了。心[redacted]胸这样狭窄，怎能成什么大事呢？"沐猴而冠"倒是被韩生说中了，流传至今还是一句生动的成语。

新民晚报　20×15=300　第____页

《霸王别姬》手稿　2-1-4

《教授为什么不卖茶叶蛋？》①

[评介]

知识分子问题，一直是林放杂文一个重要的课题。作为民主党派中知识分子的一员，对社会上出现的复杂劳动和简单劳动倒挂现象，赵超构感同身受。他将这一现象，用“茶叶蛋”这一人见不怪的“意象”，娓娓道来，直抵人心。杂文家是“人的灵魂的伟大的审问者”。请听赵超构的审问：“当年把钱锺书这样的大学者下放到干校去做分发报刊信件的工作，对于国家究竟有多大好处呢？”

[注释]

①原载《新民晚报》1991年3月19日《夜光杯》副刊“未晚谈”。后收入罗竹风主编、上海人民出版社1994年版《上海杂文选》(1990—1992)。

[原文]

有人听说，现在当一名教授，月薪还比不上卖茶叶蛋的收入，感到十分惊讶；但是也有人用讥嘲的口吻说，老妈妈摆摊也很辛苦，你们当教授的如果不服气，也来卖卖茶叶蛋看。

卖茶叶蛋的收入是否真的超过了教授的工资，这个且待调查。至于上面的说法，又俏皮又简单，就把人家的嘴巴封住了，可以听不到教授的“牢骚”了，却并不能摆正这个复杂劳动与简单劳动的分配问题，所以只能当作一句玩笑话看待。

教授们并不是瞧不起茶叶蛋的劳动，也不是放不下读书人的架子。在我们中老年知识分子的经历中，都有过扫厕所、挑大粪、斯文扫地的一页，又何在乎卖茶叶蛋、当个体户呢？事实上，有些地方不是已经出现中小学教师摆摊卖零食的“创收”了吗？大批的人才不是已经流失到外国去卖茶叶蛋了吗？

但是，有良心的教授是不愿意改行去卖茶叶蛋的，他们学有专长，他们了解国家的需要，他们熟悉自己所能奉献给祖国的最有价值的东西是什么。因此，尽管过着清贫的生活，也还是焚膏继晷，兀兀穷年地攻他的专业，头童齿豁，至死不悔。

这是怎样一种知识分子呢？他们面对着超前高消费的“新潮流”——几百元一双的皮鞋，几千元一只的手表，百元一客的圣诞晚餐，一掷千金的舞会；暴发户的财大气粗；然而他们仍然是不动心，不眼红，不屑一顾，全身心地作他神圣的奉献。

贫贱不能移，是中国知识分子的高贵气节。反腐防变，全凭这种气节。教他们卖茶叶蛋，当然也无亏于这个气节，但这不是知识分子对祖国的最好的奉献。试问，当年把钱锺书这样的大学者下放到干校去做分发报刊信件的工作，对于国家究竟有多大好处呢？然而这样的蠢事，我们竟干了一二十年之久。

不要再向知识分子说这样的俏皮话了，说你为什么不去当个体户呀？为什么不去卖茶叶蛋呀？这不是对知识分子说的知心话，知识分子听了是会伤心落泪的。

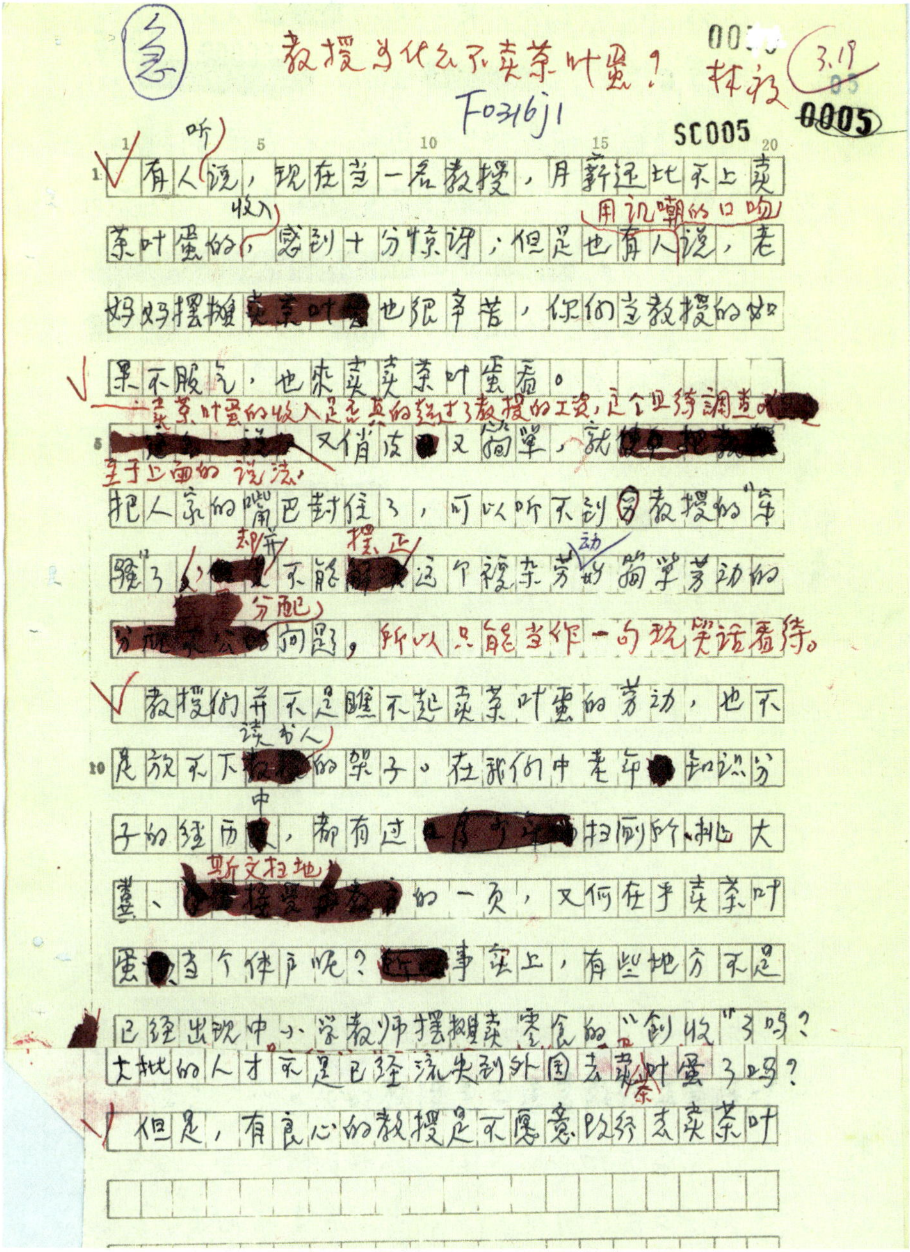

急

教授为什么不卖茶叶蛋？

林放

F0316j1

SC005

0005

有人说，现在当一名教授，月薪还比不上卖茶叶蛋的收入，感到十分惊讶；但是也有人用讥嘲的口吻说，老妈妈摆摊[redacted]也很辛苦，你们当教授的如果不服气，也来卖卖茶叶蛋看。

卖茶叶蛋的收入是否真的超过了教授的工资，是个还待调查的[redacted]又俏皮又简单，就[redacted]

至于上面的说法，把人家的嘴巴封住了，可以听不到[redacted]教授的"牢骚"了，[redacted]却并不能摆正这个複杂劳动简单劳动的分配问题，所以只能当作一句玩笑话看待。

教授们并不是瞧不起卖茶叶蛋的劳动，也不是放不下读书人的架子。在我们中老年[redacted]知识分子的经历中，都有过[redacted]扫厕所、挑大粪、斯文扫地[redacted]的一页，又何在乎卖茶叶蛋[redacted]这个体户呢？[redacted]事实上，有些地方不是已经出现中小学教师摆摊卖零食的"创收"了吗？大批的人才不是已经流失到外国去卖茶叶蛋了吗？

但是，有良心的教授是不愿意改行去卖茶叶

《教授为什么不卖茶叶蛋？》手稿　2–2–1

第二辑 手稿

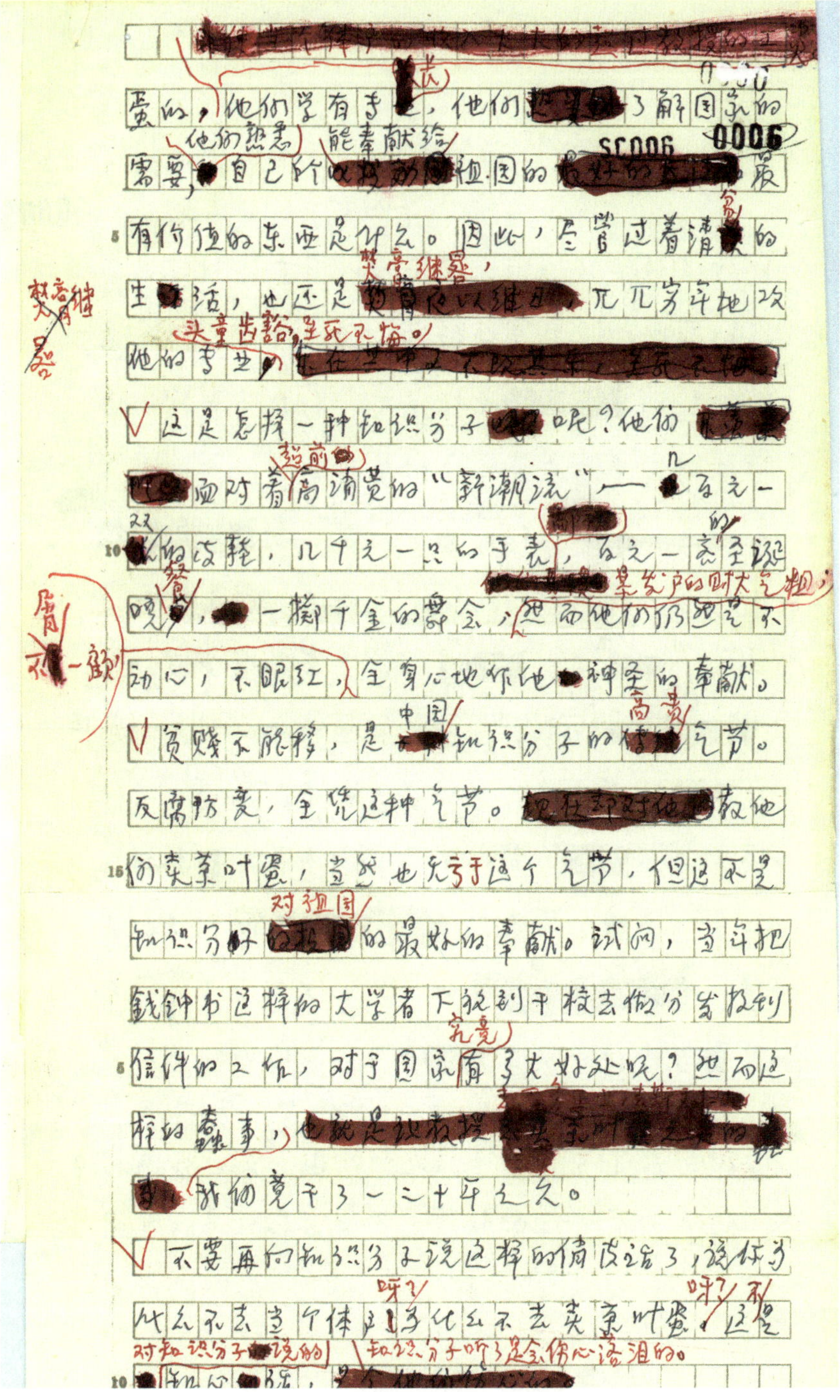
[redacted]

蛋的，他们学有专长，他们熟悉了解国家的需要，自己所能奉献给祖国的[redacted]最有价值的东西是什么。因此，尽管过着清贫的生活，也还是焚膏继晷，兀兀穷年地攻他们的专业，头童齿豁，至死不悔。

这是怎样一种知识分子呢？他们[redacted]面对着超前的高消费的"新潮流"——几百元一双的皮鞋，几千元一只的手表，百元一套的[redacted]晚餐，[redacted]一掷千金的舞会，某些大户的财大气粗，然而他们仍然是不动心，不眼红，全身心地[redacted]神圣的奉献。

贫贱不能移，是中国知识分子的高贵气节。反腐防变，全凭这种气节。[redacted]教他们卖茶叶蛋，当然也无干于这个气节，但这不是知识分子对祖国的最好的奉献。试问，当年把钱钟书这样的大学者下放到干校去做分发报刊信件的工作，对于国家究竟有多大好处呢？然而这样的蠢事，[redacted]我们竟干了一二十年之久。

不要再向知识分子说这样的俏皮话了，说你为什么不去当个体户呀？为什么不去卖茶叶蛋呀？这是对知识分子说的[redacted]知识分子听了是会伤心落泪的。[redacted]

《教授为什么不卖茶叶蛋？》手稿　2-2-2

《潇洒一点好！》①

[评介]

赵超构也喜欢追电视剧，当年独爱《围城》和《渴望》。对于此二剧，他均有杂文留世。观《围城》，他写了《我读〈围城〉》，用一个《阅微草堂笔记》中的典故，总结了《围城》剧情之要旨，即“天下唯同类可畏也”。观《渴望》，他写了剧情之外引发的笔墨官司，他用了“郑玄让稿”的故事，对比当下争闹不休的创作权和署名官司，此文宛如一面“照妖镜”，映照文坛丑态之百出。作者感叹：不妨学学郑玄，潇洒一点为好。

[注释]

①原载《新民晚报》1991 年 5 月 12 日“夜光杯”副刊“未晚谈”。

[原文]

在近年的电视剧中，《渴望》算是最轰动的了。因为戏编得好，编导拍摄此戏的剧组也大受赞扬。创作组到各地会见观众，都赢得一片彩声，这是锦上添花，使《渴望》更加轰动。但是不久，轰动效应还未平息，忽然又在报上看到《渴望》的编剧者之间，为了改编小说问题闹了别扭。好象是在创作声誉上你占多了，我拿少了似的计较起来，就难免露出悻悻之色，说出一些怄气话来。

这是很出意外的。因为以前听到《渴望》的诞生，是几位声气相投的文学同伴“侃大山”侃出来的。既是“侃大山”，那便是你出一个主意，他添一个情节，枝枝叶叶，构成一个有血有肉的剧情。当然也有执笔编剧的，但总的看来，这有类于集体培育的宁馨儿，彼此都贡献了一分才情，应该互相尊重的。一定要掂斤播两，斤斤计较，打起笔墨官司，总觉得有点不雅观吧。

说也凑巧。我最近刚好读过周修强同志著的《说龙道凤集》，其中就引用了郑玄让稿的故事，顺便抄录在此：郑玄，大家知道是东汉的经学大师，他决心给《春秋左氏传》作注。有一回夜宿客舍，听到外面有人讲述《左传》，很是赞赏。他便和那人交谈，说：我注释《左传》尚未完成，你对《左传》的看法和我一样。我应当把我的注释稿本全部送给你。那个人，就是后来以著作《春秋左氏传解》著名的东汉学者服虔。

在这件事上，就没有发生郑玄跟服虔争署名权的纠纷。

近年以来，有关作品的创作权和署名纠纷，多次出现于文坛和剧坛，甚至闹到法院。其中有的是属于明显的抄袭剽窃，贪名盗誉的，自当依著作权法例裁决。至于一般合作关系和集体创作的署名、改写问题，则不妨从郑玄赠稿这件事上学点传统的优良学风。看看这些古代学者的谦虚、超脱，成人之美，对比起时下争闹不休的笔墨官司，古代的经师确有不可企及的气度啊。

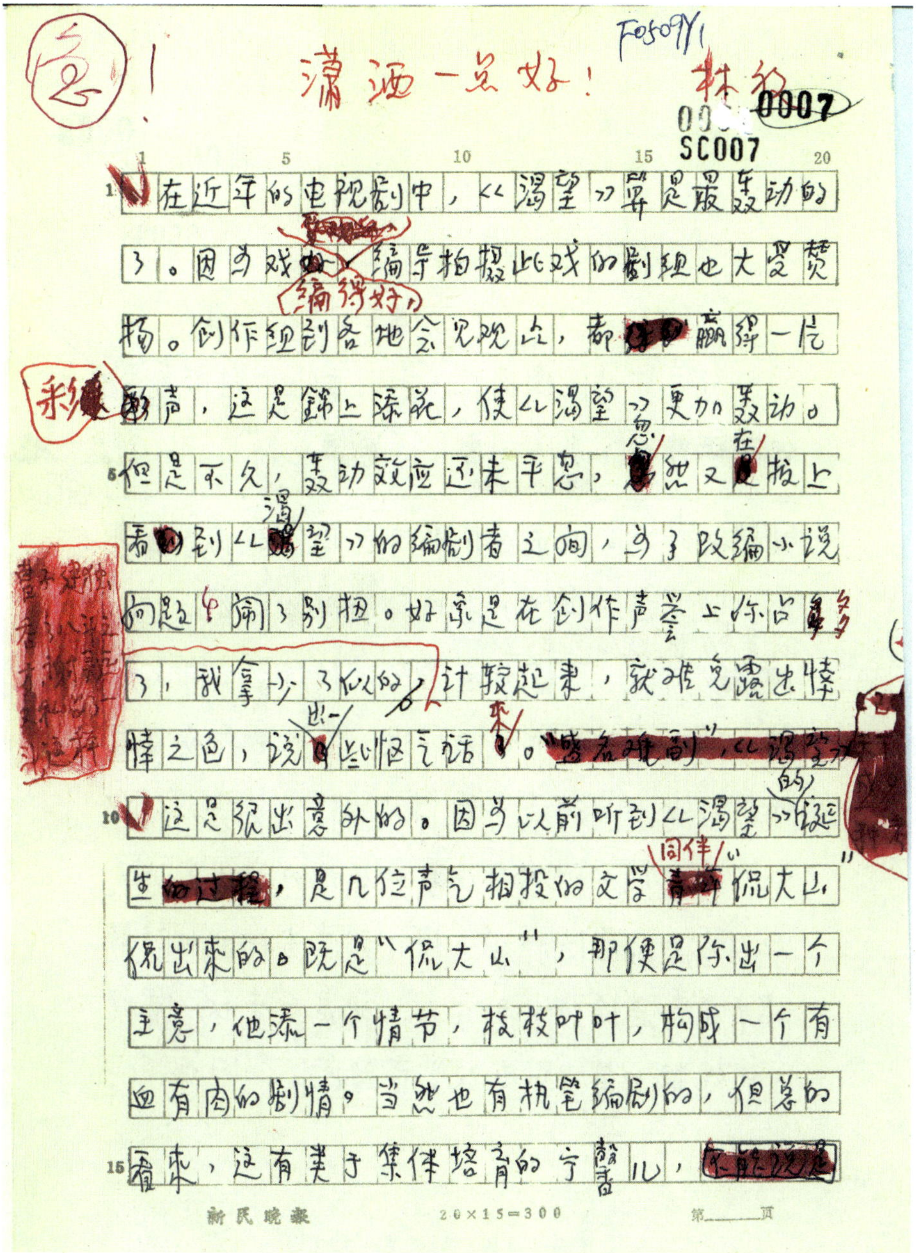
F0509Y1

潇洒一点好！

林放

0007

SC007

在近年的电视剧中，《渴望》算是最轰动的了。因为戏编得好，摄拍此戏的剧组也大受赞扬。创作组到各地会见观众，都赢得一片彩声，这是锦上添花，使《渴望》更加轰动。但是不久，轰动效应还未平息，忽然又在报上看到《渴望》的编剧者之间，为了改编小说问题闹了别扭。好象是在创作声誉上你占多了，我拿少了似的，计较起来，就难免露出悻悻之色，说出些怄气话来。[redacted]

这是很出意外的。因为以前听到《渴望》的诞生，是几位声气相投的文学同伴"侃大山"侃出来的。既是"侃大山"，那便是你出一个主意，他添一个情节，枝枝叶叶，构成一个有血有肉的剧情。当然也有执笔编剧的，但总的看来，这有点集体培育的宁馨儿，[illegible]

新民晚报　20×15＝300　第＿＿页

《潇洒一点好！》手稿　2–3–1

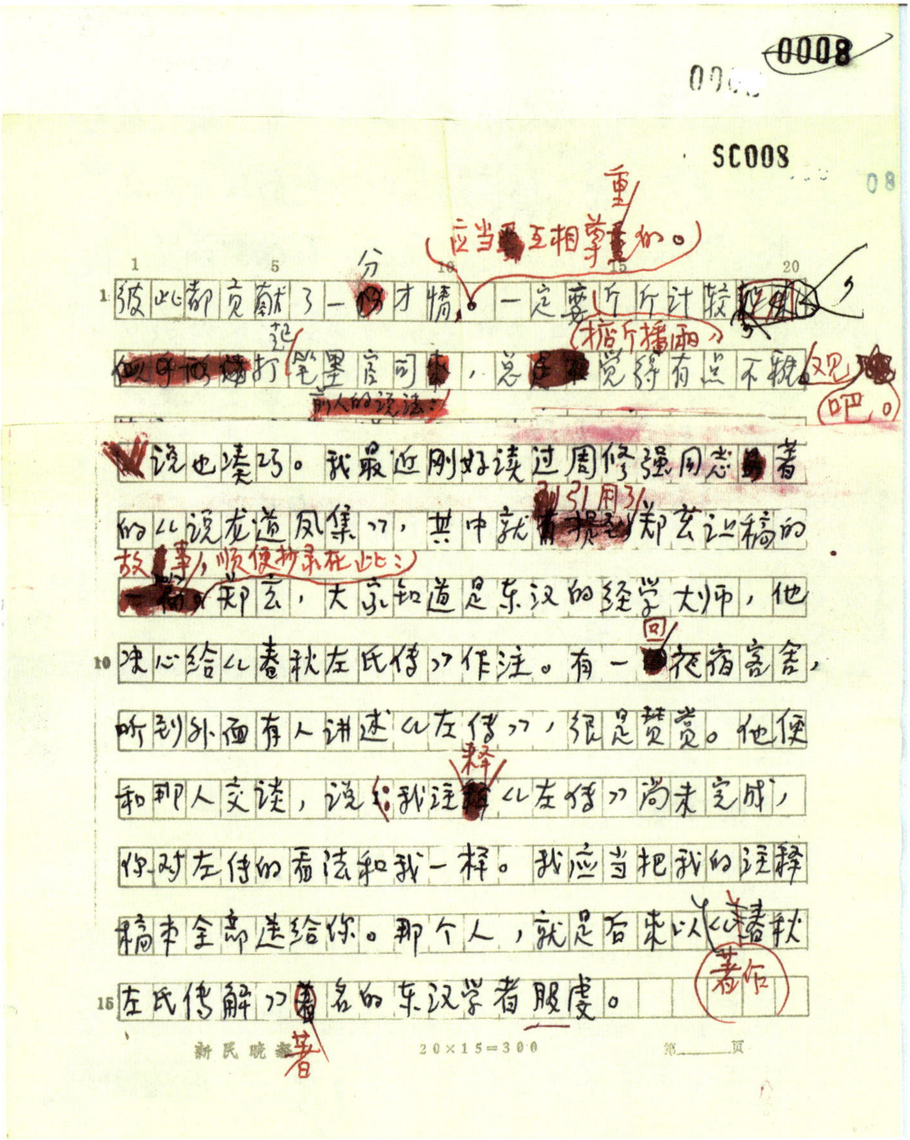
0008
SC008
彼此都贡献了一分才情。应当互相尊重和。一定要斤斤计较[redacted]
（掐斤播两）
[redacted]打起笔墨官司，总[redacted]觉得有点不够观吧。
前人的说法：
说也凑巧。我最近刚好读过周修强同志著
的《说龙道凤集》，其中就引用了郑玄让稿的
故事，顺便抄录在此：
郑玄，大家知道是东汉的经学大师，他
决心给《春秋左氏传》作注。有一回夜宿客舍，
听到外面有人讲述《左传》，很是赞赏。他便
和那人交谈，说：我注释《左传》尚未完成，
你对左传的看法和我一样。我应当把我的注释
稿本全部送给你。那个人，就是后来以《春秋
左氏传解》著名的东汉学者服虔。
新民晚报　20×15=300　第＿＿页

《潇洒一点好！》手稿　2-3-2

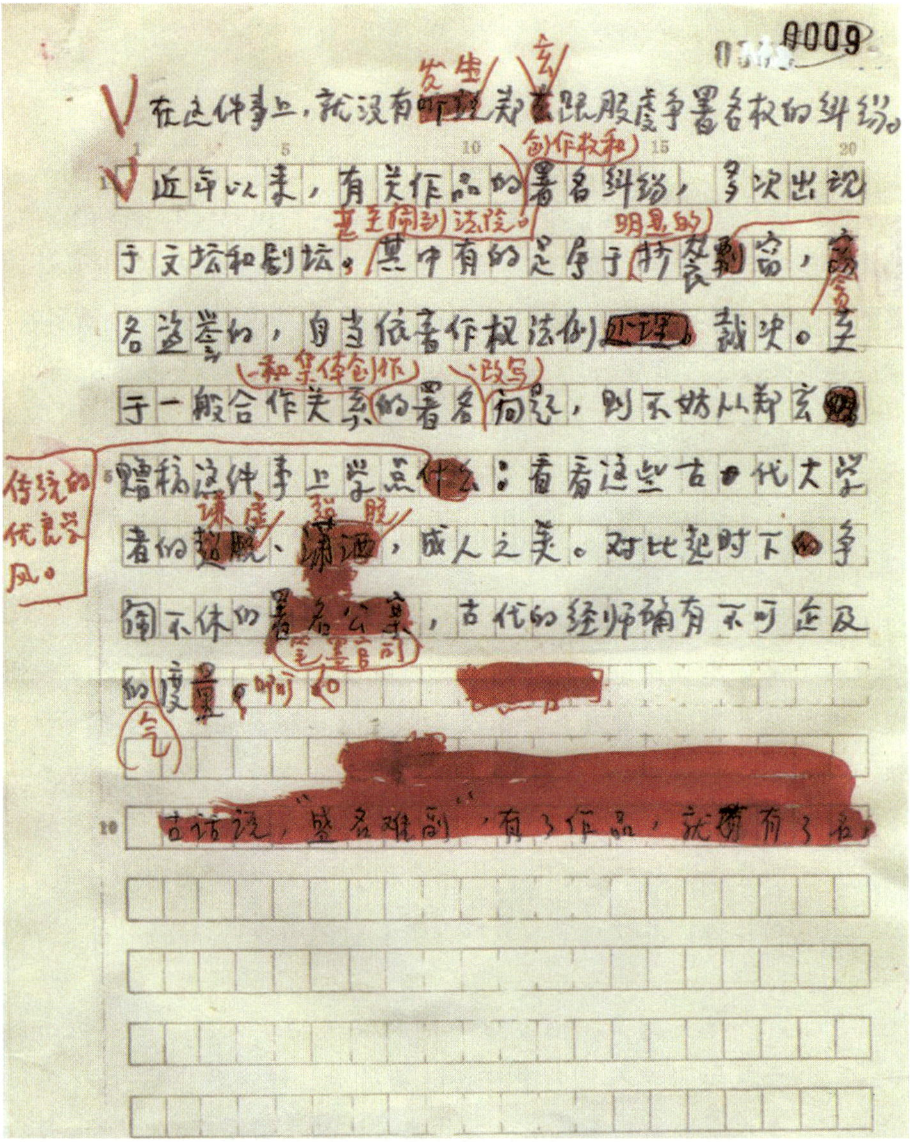
在这件事上，就没有发生郑玄跟服虔争署名权的纠纷。
近年以来，有关作品的创作权和署名纠纷，多次出现于文坛和剧坛。甚至闹到法院。其中有的是属于明显的抄袭剽窃，应当依著作权法例裁决。至于一般合作关系和集体创作的署名、改写问题，则不妨从郑玄赠稿这件事上学点什么：看看这些古代大学者的谦虚、超脱、潇洒，成人之美。传统的优良学风。对比起时下争闹不休的署名公案、笔墨官司，古代的经师确有不可企及的度量和气。
古话说，"盛名难副"，有了作品，就有了名，

《潇洒一点好！》手稿　2-3-3

第二辑
手稿

《天真的苦肉计》①

[评介]

对身边发生的社会新闻，赵超构经常信手拈来，用作杂文的由头说三道四。既有对新人新事的讴歌和赞颂，也有对歪风邪气的批评和鞭挞，更有对现实生活中某些问题的议论。此文用谈心式的说理，带有几分诙谐的讽喻，将现实生活中诸如“打不还手奖”等笑话，表述得淋漓尽致。读后，犹如打了“清醒剂”，教人幡然醒悟，既发人深思，又引人奋进。

[注释]

①原载《新民晚报》1991年5月16日《夜光杯》副刊“未晚谈”。

[原文]

在上海，车厢纠纷是每时每刻都在发生，打架的事情也成家常便饭。有时是蛮横的乘客殴打行车人员，有时是粗暴的行车人员殴打乘客。人们给他们一个称号曰“车霸”。为了减少这类纠纷，听说某一个文明车队设立了“打不还手奖”，这个车队严于责己是很可敬的。但是片面地要求“打不还手”，是否有利于秩序，我是持怀疑态度的。为说明我的怀疑，且抄一节《解放日报》的新闻为证：

> 近几月来，13路电车的扒窃活动十分猖獗……扒手围攻殴打行车人员的事件也随着增加。该车队先后有12名行车人员被打，半数以上的售票员遭到威胁恐吓。4月25日和26日二天，当扒手对一名外地乘客和一名纺织女工行窃时，13路女售票员孙新娣立即用普通话提醒乘客谨防失窃，结果这扒手对孙一顿毒打，并无理要求孙今后配合他们偷窃。13

路男售票员徐有喜因不肯配合扒手行窃，曾连续4次遭打。5月5日，徐遭殴打，仅眼部就缝合4针。

噜噜苏苏抄这节新闻，只是想说明，你“打不还手”，扒窃们就更是得手，更是得意，更是放肆。扒窃如此，其他类型的“车霸”也如此。这些车霸，有各种各样的人，打架的原因多种多样，其是非曲直也需具体分析。但总之，不可能由于行车人员一方面的“打不还手”就能化干戈为玉帛的。例如，对上述的扒窃打人，怎么办？

中国的迂夫子爱讲恕道，但恕道是对君子不对小人的。对于无理打人的暴徒、“车霸”，你如果设身处地替他们着想，则顶好是勿捕勿罚，让他们威风凛凛地扬长而去。你“打不还手”，他正中下怀；打了你的左颊，再批你的右颊。那末，跟这些车霸讲恕道，设立什么“打不还手”奖，究竟奖励了谁呢？由“勿抗暴”而流于“勿抗恶”，岂不是对于邪恶势力的姑息和放纵？不正是扒窃团伙所要求的“配合”吗？当然，我并非提倡以眼还眼，以牙还牙。我赞成“有理让三分”，但也要容许有理有利有节的“还手”。最最要紧的是车队必须加强法纪的力量以制裁车霸，这才是最积极的办法。倘使要设立什么奖，就得设立“见义勇为”奖，以表彰那些路见不平、挺身而斗、制服“车霸”的侠客义士才好。

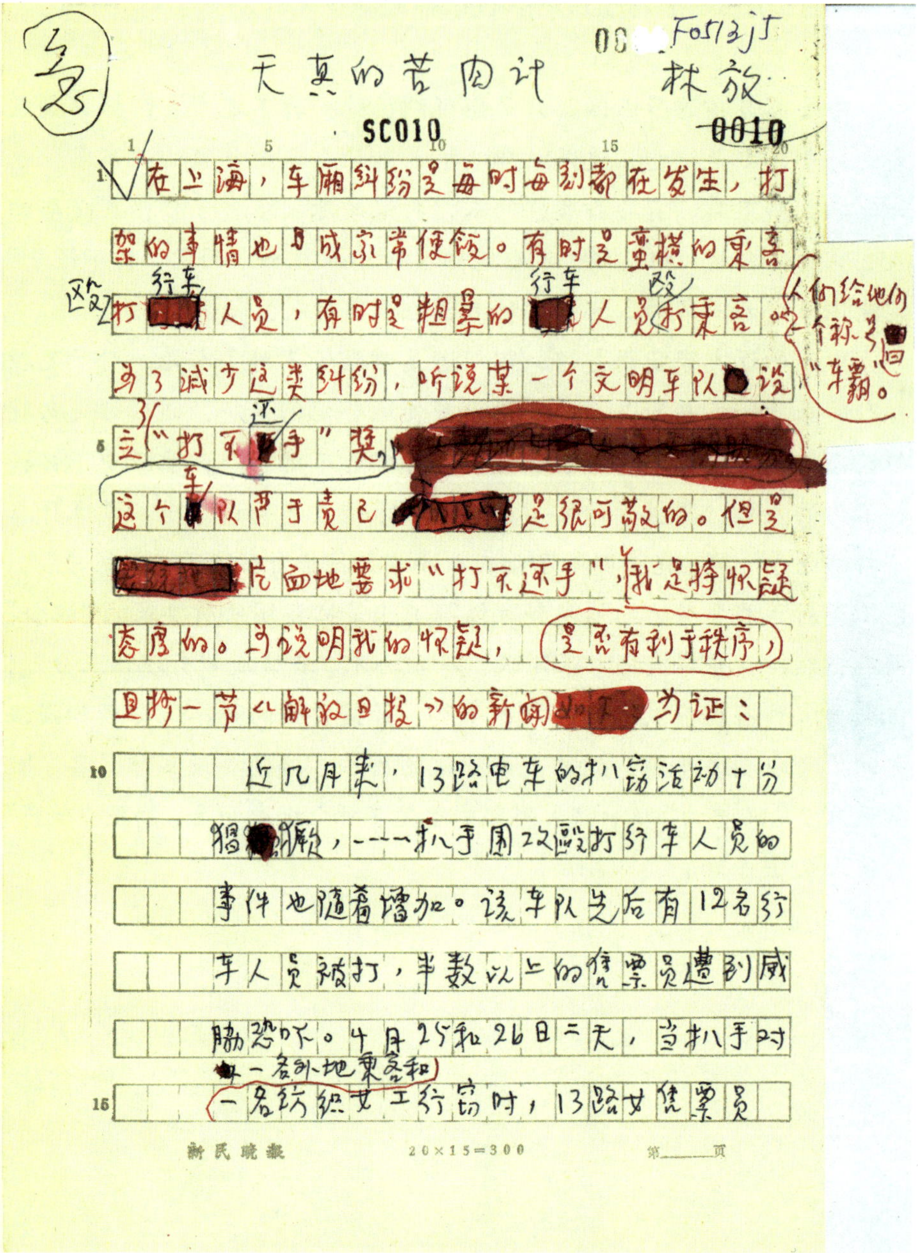

急

天真的苦肉计　林放

SC010　0010

在上海，车厢纠纷是每时每刻都在发生，打架的事情也已成家常便饭。有时是蛮横的乘客殴打行车人员，有时是粗暴的行车人员殴打乘客。人们给他们个称号，叫"车霸"。为了减少这类纠纷，听说某一个文明车队设立"打不还手"奖，这个车队严于责己，是很可敬的。但是片面地要求"打不还手"，我是持怀疑态度的。为说明我的怀疑，是否有利于秩序，且抄一节《解放日报》的新闻为证：

近几月来，13路电车的扒窃活动十分猖獗，……扒手围攻殴打行车人员的事件也随着增加。该车队先后有12名行车人员被打，半数以上的售票员遭到威胁恐吓。4月25和26日二天，当扒手对一名外地乘客和一名纺织女工行窃时，13路女售票员

新民晚报　20×15=300　第　页

《天真的苦肉计》手稿　2-4-1

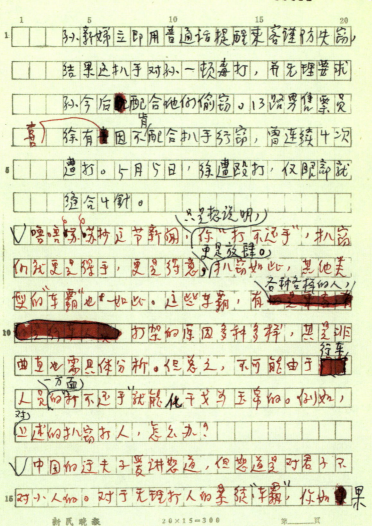

孙新妹立即用普通话提醒乘客谨防失窃，结果这扒手对孙一顿毒打，并无理要求孙今后配合他们偷窃。13路男售票员徐有喜因不肯配合扒手行窃，曾连续4次遭打。5月5日，徐遭殴打，仅眼部就缝合4针。

噫噫！读苏州这节新闻，只是想说明，你“打不还手”，扒窃的就更是猖狂，更是得意，更是放肆。扒窃如此，其他类型的“车霸”也如此。这些车霸，有各种各样的人，打架的原因多种多样，其是非曲直也需具体分析。但总之，不可能由于行车人员一方面的“打不还手”就能化干戈为玉帛。例如，对上述的扒窃打人，怎么办？

中国的老夫子爱讲恕道，但恕道是对君子不对小人的。对于先动手打人的暴徒“车霸”，你如果

《天真的苦肉计》手稿 2-4-2

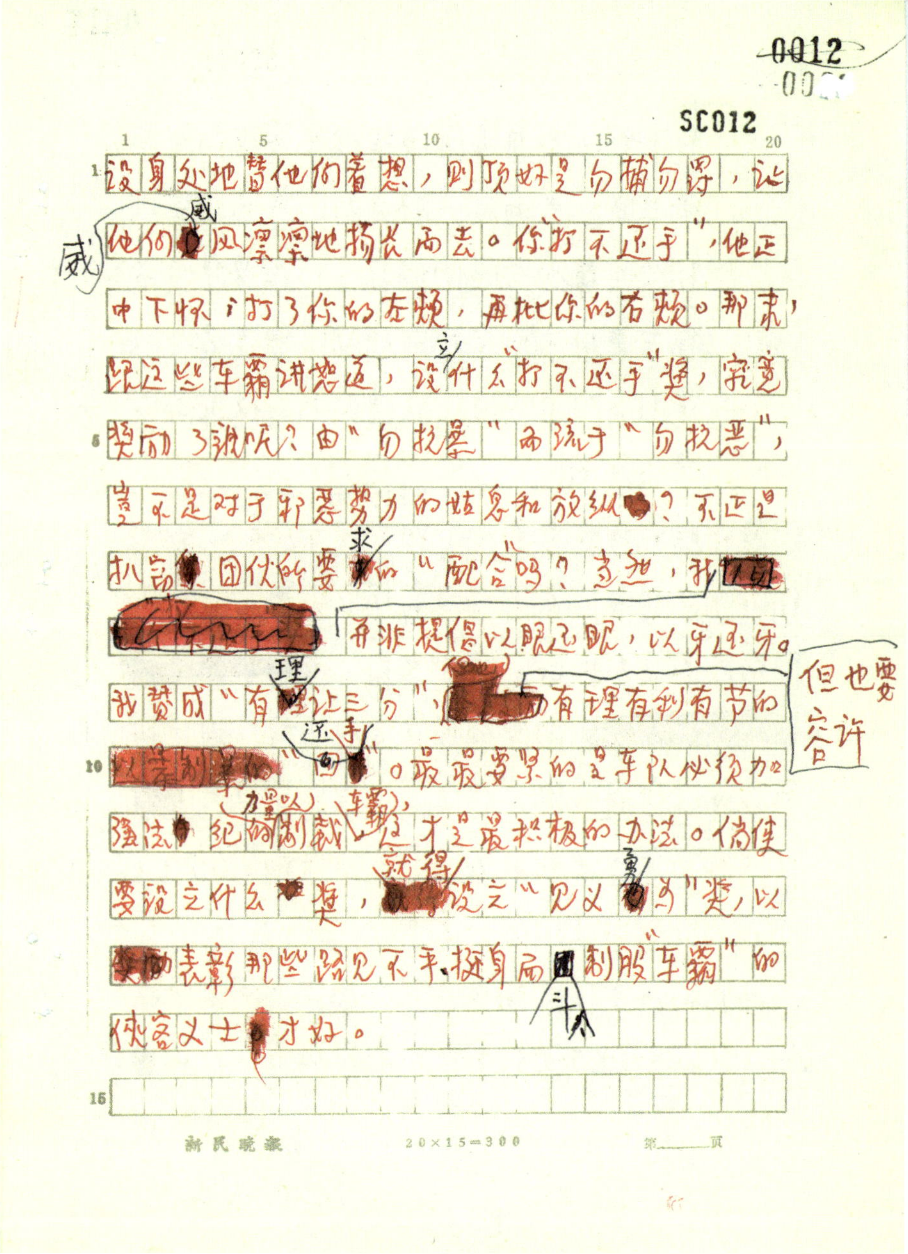
0012

SC012

设身处地替他们着想，则顶好是勿插勿管，让他们威风凛凛地扬长而去。你"打不还手"，他正中下怀，打了你的左颊，再批你的右颊。那末，跟这些车霸讲道德，设立什么"打不还手"奖，究竟奖励了谁呢？由"勿扰恶"而流于"勿抗恶"，岂不是对于邪恶势力的姑息和放纵？不正是扒窃集团伙所要求的"配合"吗？这想，我并非提倡以眼还眼，以牙还牙。我赞成"有理让三分"，但也要容许有理有利有节的"还手"。最最要紧的是车队必须加强法纪制裁车霸，这才是最积极的办法。倘使要设立什么奖，就得设立"见义勇为"奖，以表彰那些路见不平、挺身而斗制服"车霸"的侠客义士才好。

新民晚报　20×15=300　第____页

《天真的苦肉计》手稿　2-4-3

《〈西游记〉第 28 回》[1]

[评介]

《西游记》是一部神话小说，作者用幻想的神魔故事表达了对社会现实的评价。在“林放式杂文”中，当然少不了孙悟空、唐僧、猪八戒等人物的粉墨登场。

赵超构最看好的铁杆人物是孙悟空。孙悟空“济困扶危，恤孤念寡”，被称誉为是一个“胆大心细，勤于调查研究，善于集中众人智慧的”正义之神。那个猪八戒，虽然好逸恶劳，爱说假话，贪小便宜，且有调戏嫦娥的风流“旧账”，但在赵超构看来却比唐僧可爱率真得多。唐僧是西天取经的核心人物，但赵超构对他没好印象。他痛骂唐僧是“人妖颠倒是非淆”的糊涂虫，对唐僧所谓的“千日行善，善犹不足；一日行恶，恶常有余”的“乡愿思想”进行了无情的批驳。他借用孔子和孟子的话，骂唐僧是一个“败坏道德的人”，是一个“八面玲珑、四方讨好，表面上无可指摘，好象方正老实，却是与世同流合污的人”。

赵超构感慨：一部《西游记》，如果没有孙悟空“擒妖捉怪”，单靠唐僧这个阿弥陀佛的“白胖和尚”，又怎能成为一部伟大的古典文学名著呢？

[注释]

①原载《新民晚报》1991 年 5 月 20 日《夜光杯》副刊“未晚谈”。

[原文]

据一本《毛泽东的读书生活》中说，毛泽东主席对《西游记》颇为赞赏。他曾对《西游记》第二十八回写了一节评语说：

“‘千日行善，善犹不足；一日行恶，恶常有余。’乡愿思想也。孙悟空的思想与此相反，他是不信这些的，即是说作者吴承恩不信这些。他的行善即是除恶。他的除恶即是行善。”

《西游记》第二十八回，就是孙悟空三打白骨精的下一回。由于唐僧是肉眼凡胎，不能识别白骨精，责怪孙悟空的“三打”，因而说了“千日行善，善犹不足；一日行恶，恶常有余”这几句话来教训孙悟空，并且立了贬书，断绝师徒关系，把孙悟空赶走了。

唐僧是个属于“人妖颠倒是非淆”的糊涂虫，把孙悟空的“三打”看作行恶，而对妖精讲慈悲却算是“行善”。孙悟空的看法跟唐僧恰恰相反。他打白骨精是为了除恶，他的除恶就是行善。一部《西游记》，唐僧师徒经历九九八十一难，妖魔遍野，鬼蜮成灾，就靠着孙悟空这个“金猴奋起千钧棒”，穿古洞，入深林，擒魔捉怪，直到西天。他是一路除恶，一路行善。反过来说，孙悟空的行善就在于除恶务尽，毫不手软。吴承恩写《西游记》，就用他的机智、幽默的笔调写出了这个善恶分明，写出了除恶与行善的血肉联系。正如有些佛徒所说的“破邪显正”，破了邪念便能悟得正道。

一部《西游记》，如果没有孙悟空在一路上擒妖捉怪的事迹，单写唐僧这个白胖和尚，双手合十，“阿弥陀佛”“善哉善哉”，能够写得成这样一部伟大的古典名著吗？“一从大地起风雷，便有精生白骨堆。”你想隐恶扬善，写一部全是正面人物的、没有反派角色的小说，是很难写得成功的。

毛主席说唐僧的思想是“乡愿思想”。什么叫作“乡愿”？孔圣人说，“乡愿德之贼也”，是败坏道德的人。孟子也说，乡愿是八面玲珑、四方讨好，表面上无可指摘，好象方正老实，却是与世同流合污的人。象唐僧那样害怕除害而空谈“行善”，就可以说是这样的人吧。

《西游记》第28回　　林放

F0516j6　0013　SC013

新民晚报　20×15=300　第　页

一本《毛泽东的读书生活》中

据说，毛泽东主席对[redacted]《西游记》[redacted]颇为赞赏。他曾对《西游记》第二十八回[redacted]写了一节评语说：

“‘千日行善，善犹不足；一日行恶，恶常有余。’乡愿思想也。孙悟空的思想与此相反，他是不信这些的，即是说作者[redacted]承恩不信这些。他的行善即是除恶。他的除恶即是行善。”

第二稿

《西游记》第二十八回，就是孙悟空三打白骨精[redacted]的一回。由于唐僧是肉眼凡胎，[redacted]不能识别白骨精[redacted]，责怪孙悟空三打[redacted]，因而说了“千日行善，善犹不足；一日行恶，恶常有余”这几句话，来教训孙悟空，并且立了贬书，断绝师徒关系，把孙悟空赶走了。

唐僧是个[redacted]属于“人妖颠倒是非

新民晚报　20×15=300　第　页

《〈西游记〉第28回》手稿　2-5-1

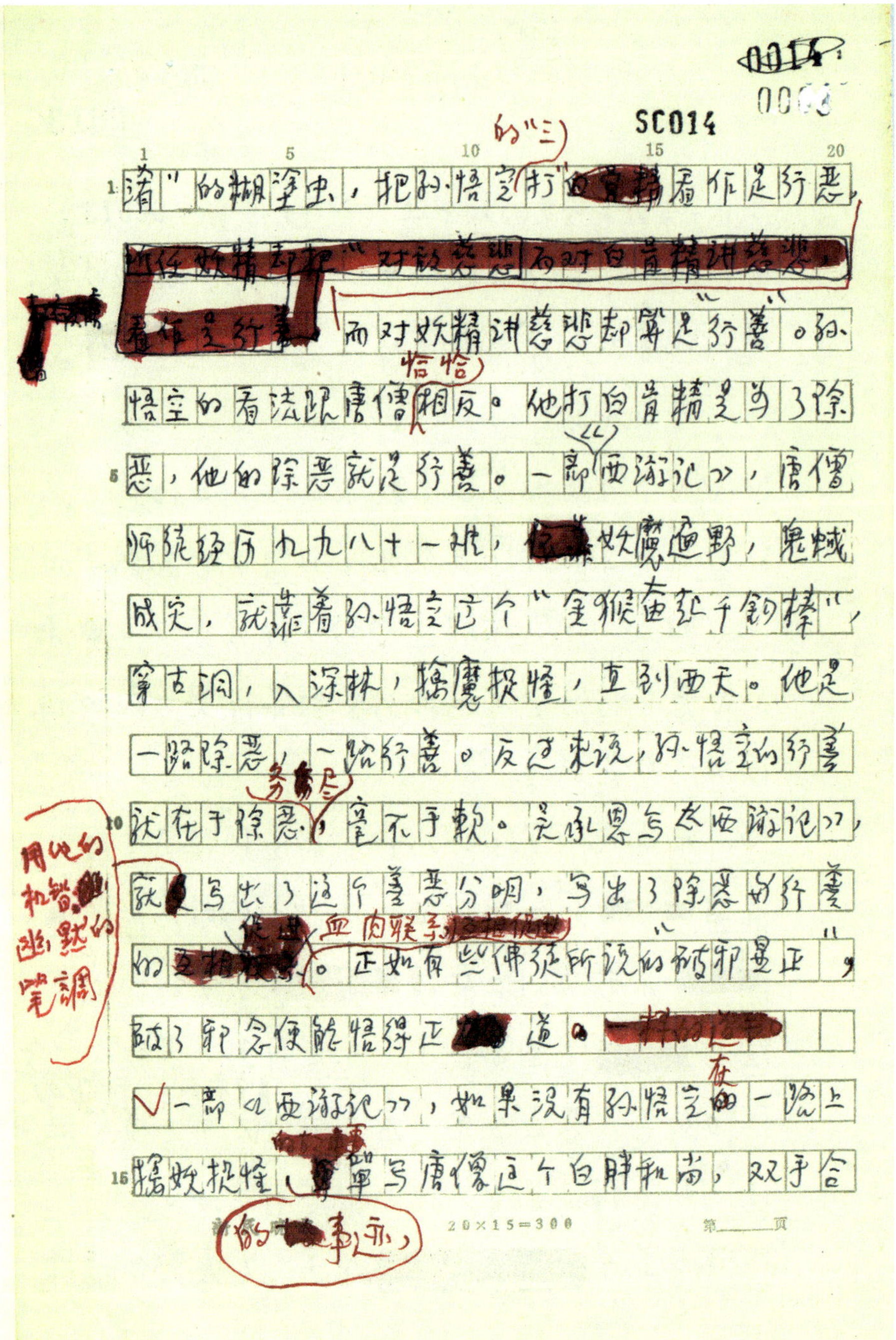

0014
000
SC014

诸"的糊涂虫，把孙悟空的"三打白骨精"看作是行恶，
而对妖精讲慈悲却算是"行善"。孙
悟空的看法跟唐僧恰恰相反。他打白骨精是为了除
恶，他的除恶就是行善。一部《西游记》，唐僧
师徒经历九九八十一难，妖魔遍野，鬼蜮
成灾，就靠着孙悟空这个"金猴奋起千钧棒"，
穿古洞，入深林，擒魔捉怪，直到西天。他是
一路除恶，一路行善。反过来说，孙悟空的行善
就在于除恶务尽，毫不手软。吴承恩写本《西游记》，
就用他的机智幽默的笔调写出了这个善恶分明，写出了除恶与行善
的血肉联系。正如有些佛徒所说的"破邪显正"，
破了邪念便能悟得正道。
一部《西游记》，如果没有孙悟空在一路上
擒妖捉怪的事迹，单写唐僧这个白胖和尚，双手合

20×15=300　　第　　页

《〈西游记〉第 28 回》手稿　2–5–2

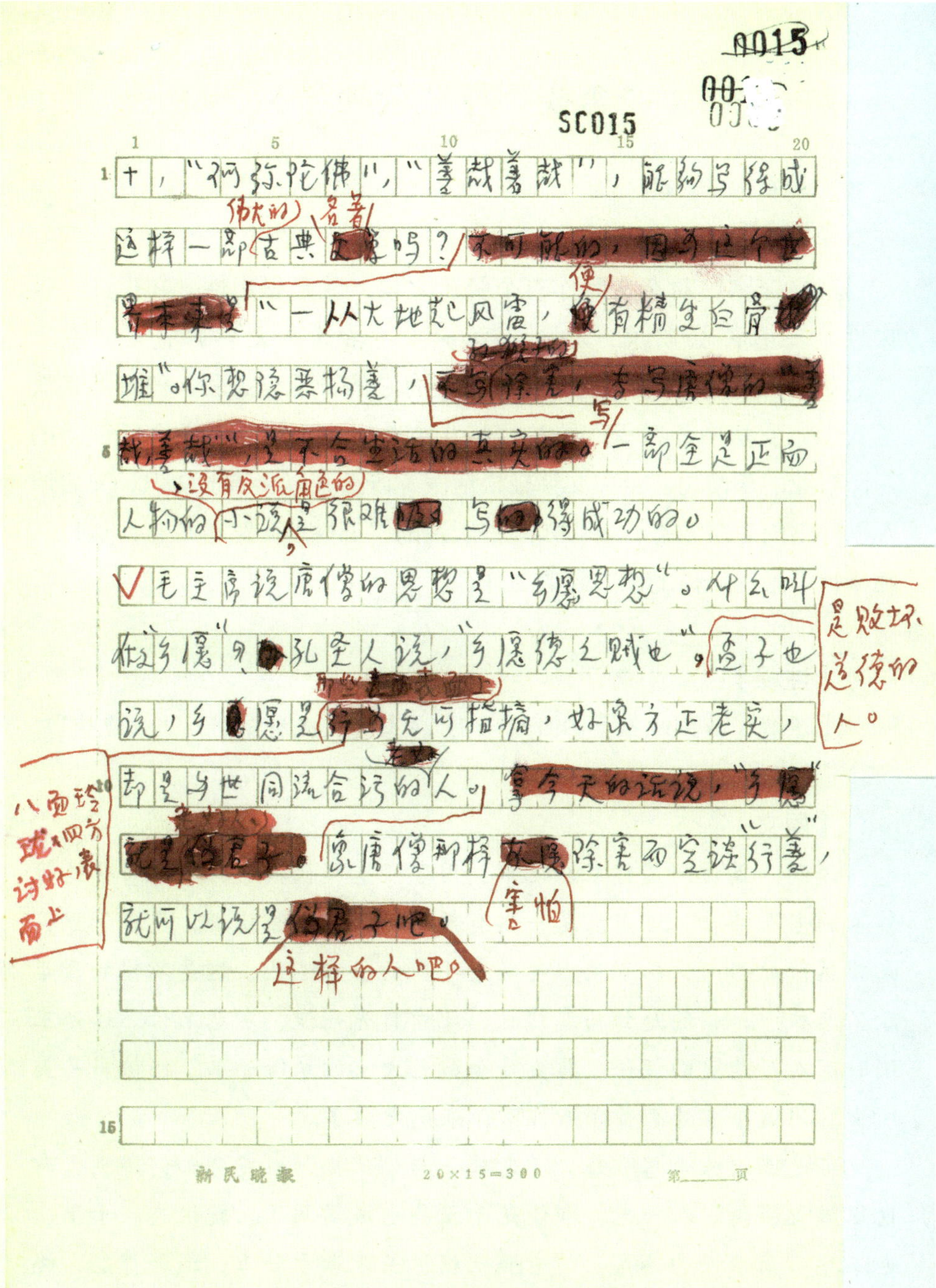
0015

SC015

十，"阿弥陀佛"，"善哉善哉"，能够写得成这样一部伟大的古典名著吗？[redacted]"一人大地起风雷，便有精生白骨堆"。你想隐恶扬善，[redacted]写[redacted]。一部全是正面人物的没有反派角色的小说是很难写得成功的。

毛主席说唐僧的思想是"乡愿思想"。什么叫做"乡愿"？孔圣人说，"乡愿德之贼也"。孟子也说，乡愿是[redacted]无可指摘，好象方正老实，却是与世同流合污的人。[redacted]象唐僧那样害怕除害而空谈"行善"，就可以说是[redacted]这样的人吧。

是败坏道德的人。

八面玲珑，四方讨好，表面上

新民晚报　20×15=300　第　页

《〈西游记〉第 28 回》手稿　2-5-3

《“恋栈”与“伏枥”》[1]

[评介]

杂文家陶白对杂文写作有个经验之谈，就是思想性、知识性、趣味性，三者融会贯通，缺一不可。（《杂谈杂文》）本文解说了“恋栈”“伏枥”的词义、出处，还有它的异同与关联，兜转间又谈了八十六岁病中还在写作的沙汀和八十九岁还不能忘情于他所钟爱的翻译事业的毕修勺。全文文字轻松活泼，既给人以丰富的知识，又启迪人以深刻的思想教益，堪称如陶白所说的“三性”（思想性、知识性、趣味性）融为一体的杂文经典之作。

[注释]

①原载《新民晚报》1991年5月24日《夜光杯》副刊“未晚谈”。

[原文]

读到一篇访问某作家的记事，用了“恋栈伏枥”四字来赞扬这位作家的老而益壮。这当然是一起有趣的笔误。老骥伏枥，志在千里，是曹孟德的名句，历来用以称颂老年人的壮心不已，这是不错的。至于“恋栈”，指的是驽马恋栈豆，比喻目光短浅，贪恋名位。这是三国时有人对曹爽的评语。曹爽是个胸无大志的纨绔子弟，终被司马懿所灭。用这个典故来称颂老作家，未免失敬了。

可是回过头来想一想，“恋栈”与“伏枥”，究竟如何辨别，却也很难说得清。人一老，即使是千里马也成驽马了。就说志在千里，也不免心有余而力不足。“老骥伏枥，虽未歇于壮心；逆风撑船，终不离于旧处”，古时陆放翁就发过这样的感慨了。这跟驽马恋栈有什么两样呢？

但是，再想一想，我们又看到，有的老人，即使衰弱不堪，毕竟还是不同于驽马的。前些日子在《文学报》上看到一篇《记病中的沙汀》。这位八十六岁的老作家，近年来接连生病，做了几次手术，近于失明了。但是他还在写，写，写，还在很艰难地锻炼身体，对人说："想多活几年啊！"多活几年干什么？因为还有许多事情没有做完呀。

这就的确是志在千里的老骥，有别于贪恋栈豆的驽马了。

又在同一天的《文学报》上看到有关翻译家毕修勺的长篇记事。这位八十九岁的翻译家，经过几十年的政治劫难，还是译了一千多万字的左拉的作品。据说，"而今沾满他泪水的全部结晶，绝大部分依然堆积在他那间小楼里，沾满灰尘，发黄变质。老人已经神志不清了。但是记者向他提起左拉，他昏暗的眼睛却闪出光亮，潸然泪下"。一个行将就木的老人，仍不能忘情于他所钟爱的翻译事业，这难道不是烈士暮年、壮心不已的写照吗？可惜，这是一件悲剧性的文坛插曲。聂绀弩有警句说："哀莫大于心不死。"这位毕修勺老人对他的翻译事业就是死不甘心，说不定要见笑于贪恋栈豆的驽马的。

孔子说过："骥，不称其力，称其德也。"是驽马还是老骥，首先要在品德上去衡量。正如我们所见的，有的老人活到整整一百岁了，还申请参加共产党；有的老人趁他还健在的时候，就把他毕生珍藏的文物、书画和藏书，捐献给社会。这些老人的志趣，难道是可以用马槽里的几斗豆子来称量的吗？这样说来，"恋栈"与"伏枥"毕竟是两回事，不可以混为一谈的。

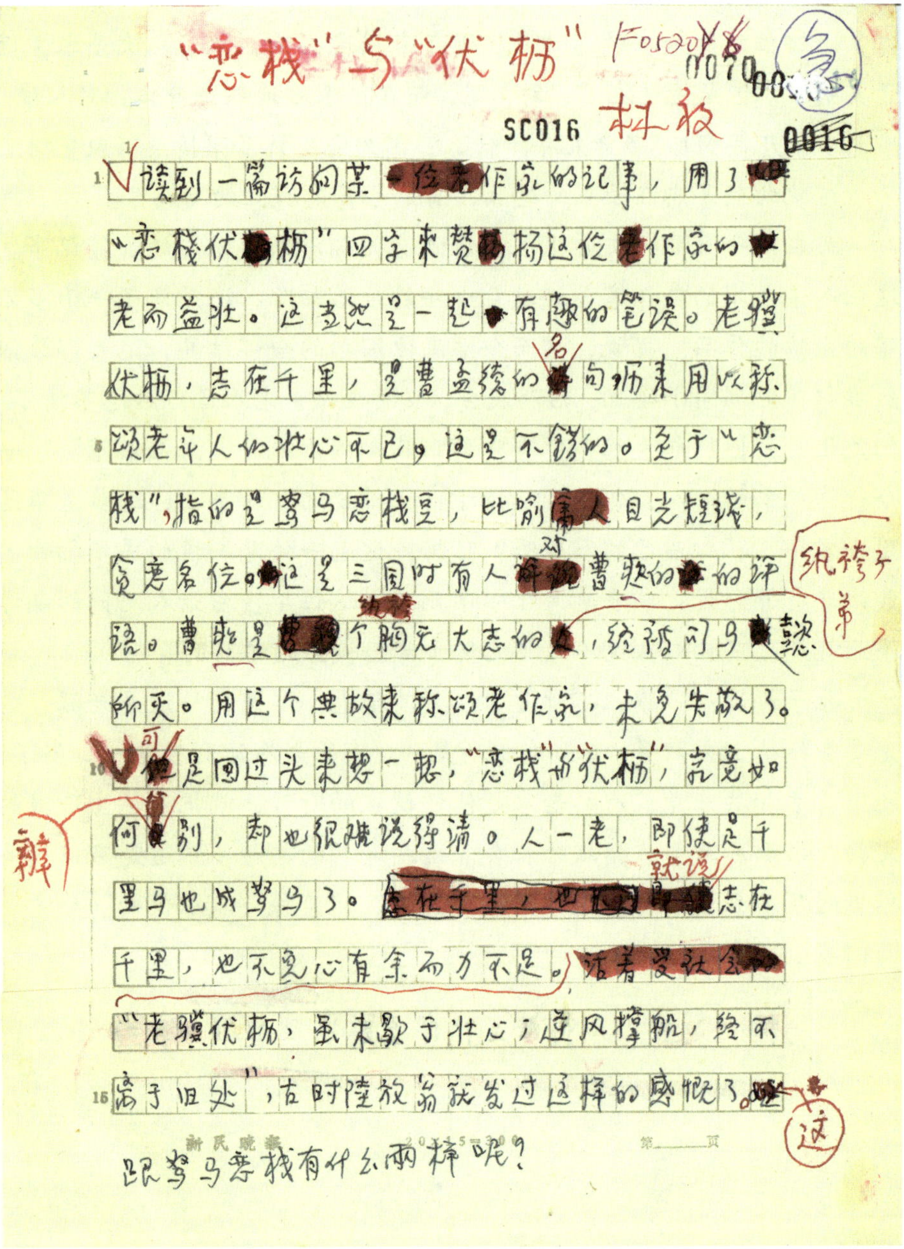

"恋栈"与"伏枥"

林放

读到一篇访问某作家的记事，用了"恋栈伏枥"四字来赞扬这位作家的老而益壮。这当然是一起有趣的笔误。老骥伏枥，志在千里，是曹孟德的名句，历来用以称颂老年人的壮心不已，这是不错的。至于"恋栈"，指的是驽马恋栈豆，比喻对人目光短浅，贪恋名位。这是三国时有人对曹爽的评语。曹爽是纨袴子弟，一个胸无大志的，终被司马懿所灭。用这个典故来称颂老作家，未免失敬了。

可是回过头来想一想，"恋栈"和"伏枥"，究竟如何辨别，却也很难说得清。人一老，即使是千里马也成驽马了。就说志在千里，也不免心有余而力不足。"老骥伏枥，虽未歇于壮心；逆风撑船，终不离于旧处"，古时陆放翁就发过这样的感慨了。这跟驽马恋栈有什么两样呢？

《"恋栈"与"伏枥"》手稿　2-6-1

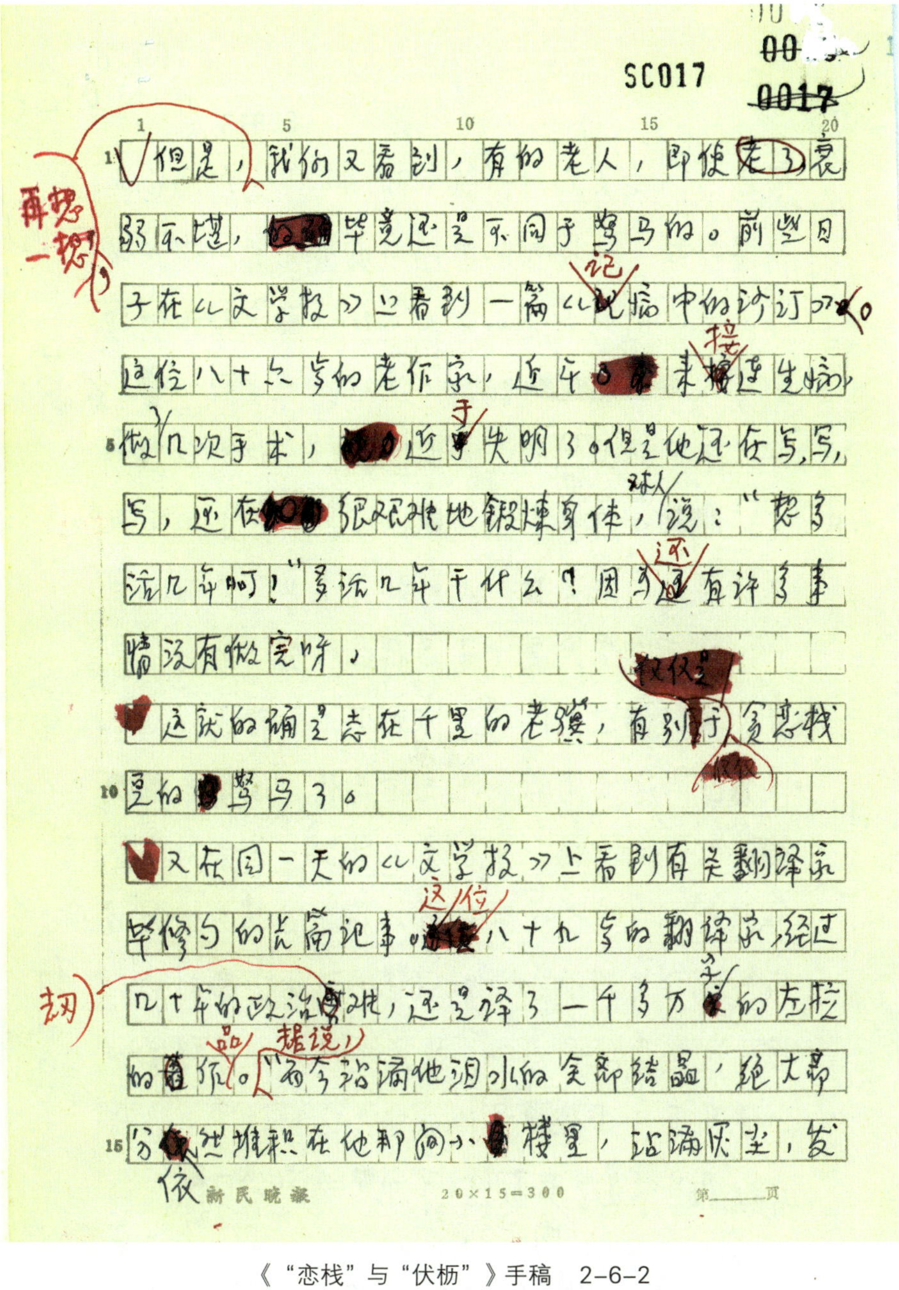
SC017 0017

但是，我们又看到，有的老人，即使老了，衰弱不堪，毕竟还是不同于驽马的。前些日子在《文学报》上看到一篇《记〈病中的修订〉》。这位八十六岁的老作家，近年来接连生病，做了几次手术，近乎失明了。但是他还在写写写，还在狠狠地锻炼身体，对人说："想多活几年啊！"多活几年干什么？因为还有许多事情没有做完呀。

这就的确是志在千里的老骥，有别于仅仅贪恋栈豆的驽马了。

又在同一天的《文学报》上看到有关翻译家毕修勺的短篇记事。这位八十九岁的翻译家，经过几十年的政治磨难，还是译了一千多万字的左拉作品。据说，"如今浸满他汗水的全部结晶，绝大部分依然堆积在他那间小阁楼里，沾满灰尘，发

再想一想

删

新民晚报　20×15=300　第　页

《"恋栈"与"伏枥"》手稿　2-6-2

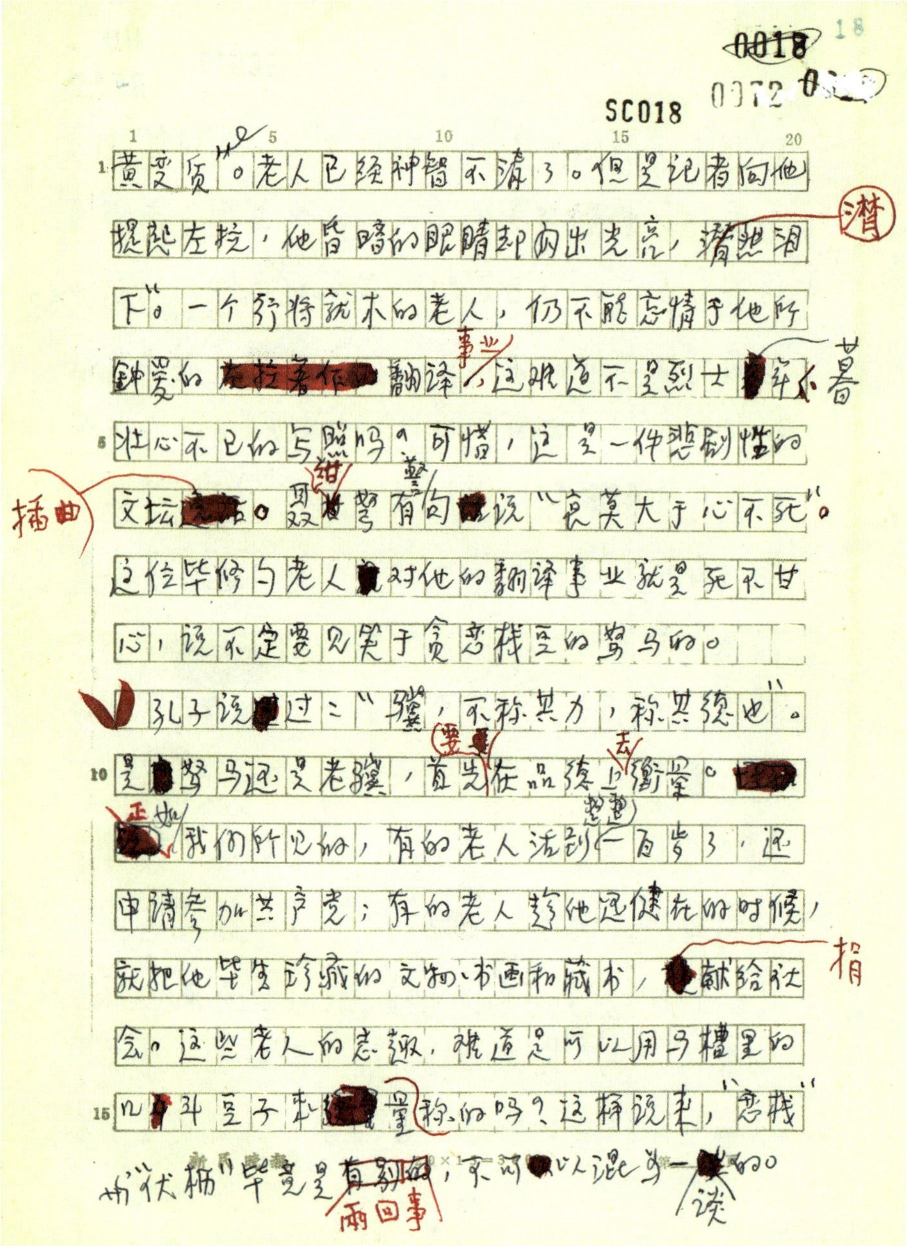

SC018

黄变质"。老人已经神智不清了。但是记者向他提起左拉，他昏暗的眼睛却闪出光亮，潸然泪下。一个行将就木的老人，仍不能忘情于他所钟爱的[redacted]翻译事业，这难道不是烈士[redacted]暮年壮心不已的写照吗？可惜，这是一件悲剧性的文坛插曲[redacted]。双[redacted]有句[redacted]说"哀莫大于心不死"。这位毕修勺老人[redacted]对他的翻译事业就是死不甘心，说不定要见笑于贪恋栈豆的驽马的。

孔子说[redacted]过："骥，不称其力，称其德也"。是[redacted]驽马还是老骥，首先要在品德上去衡量。[redacted]正如我们所见的，有的老人活到一百岁了，还申请参加共产党；有的老人趁他还健在的时候，就把他毕生珍藏的文物、书画和藏书，[redacted]捐献给社会。这些老人的志趣，难道是可以用马槽里的几[redacted]斗豆子来[redacted]量称的吗？这样说来，"恋栈"与"伏枥"毕竟是两回事，不可[redacted]以混为一谈的。

《"恋栈"与"伏枥"》手稿　2-6-3

《这里焚化过一条狗》①

[评介]

一九五八年毛泽东在杭州接见赵超构、周谷城、谈家桢时，谈到了移风易俗的问题，希望多多提倡火葬，讲讲火葬的好处。从此以后，赵超构撰写了多篇有关生老病死、火葬的杂文。此篇写于三十多年后的晚年。文中列举的火葬场“仅仅焚化过一条狗”，连老场长“仙逝”也留下遗书不火化，可见人们的封建残余思想，是何等根深蒂固，难以铲除。本文标题醒目，很是吸引眼球；语言更是诙谐，尖锐泼辣，极尽讽刺之能事。

[注释]

①原载《新民晚报》1991年6月10日《夜光杯》副刊“未晚谈”。

[原文]

精神文明之不可忽视，从下面一事可以取证。

据说，海南岛文昌县火葬场是1978年竣工的，但是开炉之后，至今仅火化过一条狗。

当时造这个火葬场，花了十多万元。炼尸炉，吊唁厅，化妆室，停尸间，运尸车，应有尽有。还派了一位资深的老干部任场长。开炉后，牵来一条狗试炉，效果很好。

但是从此以后，就从来没有升过火。这位老场长“仙逝”时，也留下遗书，说万万不可将他的遗体交火葬场火化。怕的是火葬“不吉利”。

这所火葬场早已散伙了。与文昌县火葬场的兴建同时，海南省共建了十一个火葬场，现在只留下三个。其余的都已闲场报废。土葬流行，火葬无人。这是一个什么问题呢?

这就是一个移风易俗的问题。就我们的国情而论，火葬远比土葬进步，这是用不着说的了。可是偏偏有许多人跟那位老场长抱着同样的“人死观”，认为火葬“不吉利”，“万万不可火葬”。死后还要占去活人的一块土地。这是多么可叹的现象呀!

从此也可见到，虽然物质的方面抓上去了，如果精神生活跟不上去，好的事情也会半途而废。推而广之看一看，近几年来，较普遍的现象是伴随着物质生活的提高，有些沉渣却在重新泛起。往往是物质文明最先进的地方出现了最落后、最丑恶的现象。暴发户发了横财便大筑坟山，重修庙宇;豪华的摩天楼里出现了陪酒女郎以至卖淫嫖娼。迷信行业应运而起。有的人花钱烧了纸扎的彩电、轿车不算，还要焚烧纸扎的金童玉女，做他死后的僮仆和婢女。他们的身躯活在20世纪，精神还留在12世纪。岂不怪哉!

好心的文昌县人办了一个很好的火葬场，仅仅焚化过一条狗，太讽刺了，光看物质，不谈精神，行吗?

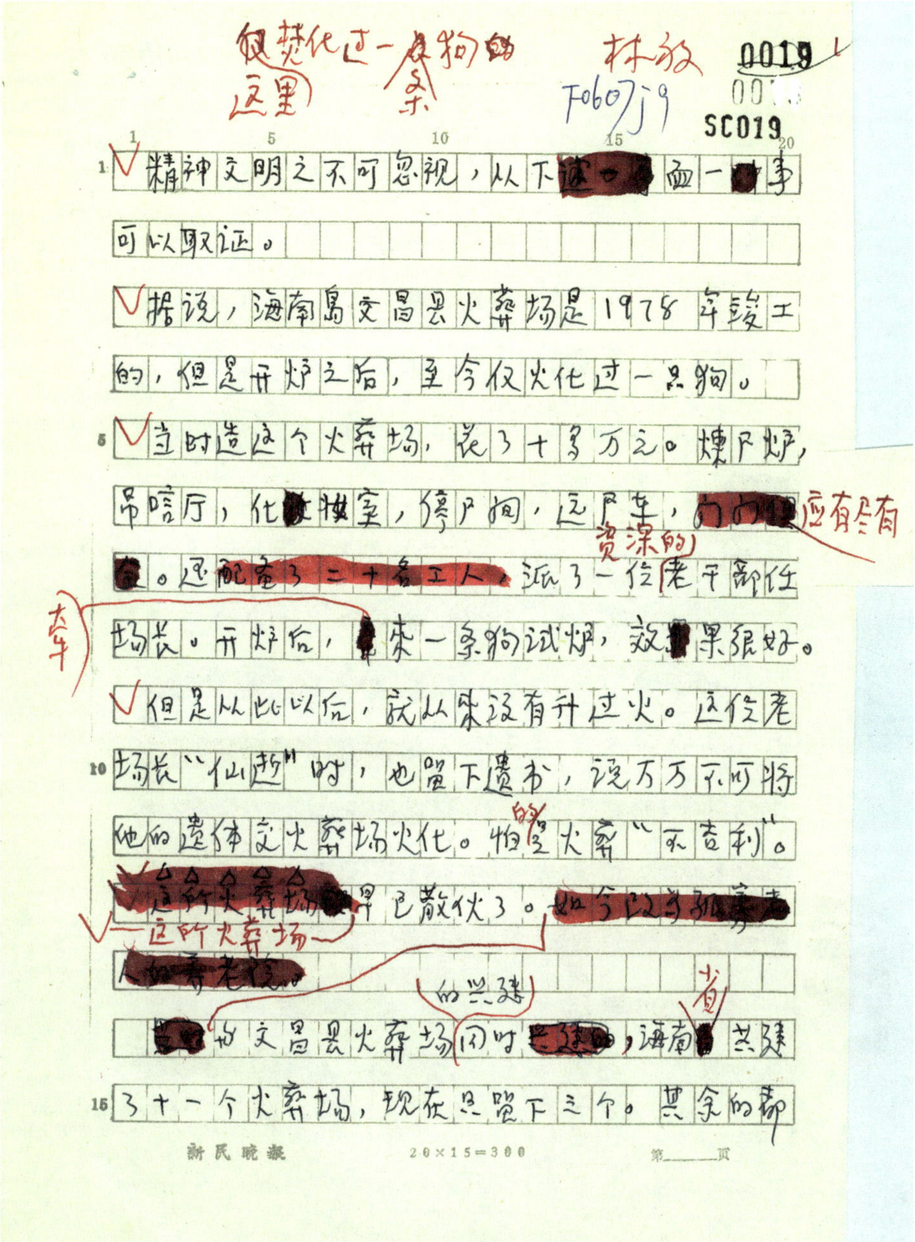

这里焚化过一条狗　林放

0019

F060719

SC019

精神文明之不可忽视，从下[redacted]面一[redacted]事可以取证。

据说，海南岛文昌县火葬场是1978年竣工的，但是开炉之后，至今仅火化过一只狗。

当时造这个火葬场，花了十多万元。焚尸炉，吊唁厅，化[redacted]妆室，停尸间，运尸车，[redacted]应有尽有[redacted]。还配备了二十多工人，派了一位资深的老干部任场长。开炉后，牵来一条狗试炉，效[redacted]果很好。

但是从此以后，就从来没有升过火。这位老场长"仙逝"时，也留下遗书，说万万不可将他的遗体交火葬场火化。怕的是火葬"不吉利"。

[redacted]这所火葬场[redacted]早已散伙了。[redacted]

[redacted]与文昌县火葬场同时兴建的，海南[redacted]省共建了十一个火葬场，现在只留下三个。其余的都

新民晚报　20×15=300　第____页

《这里焚化过一条狗》手稿　2-7-1

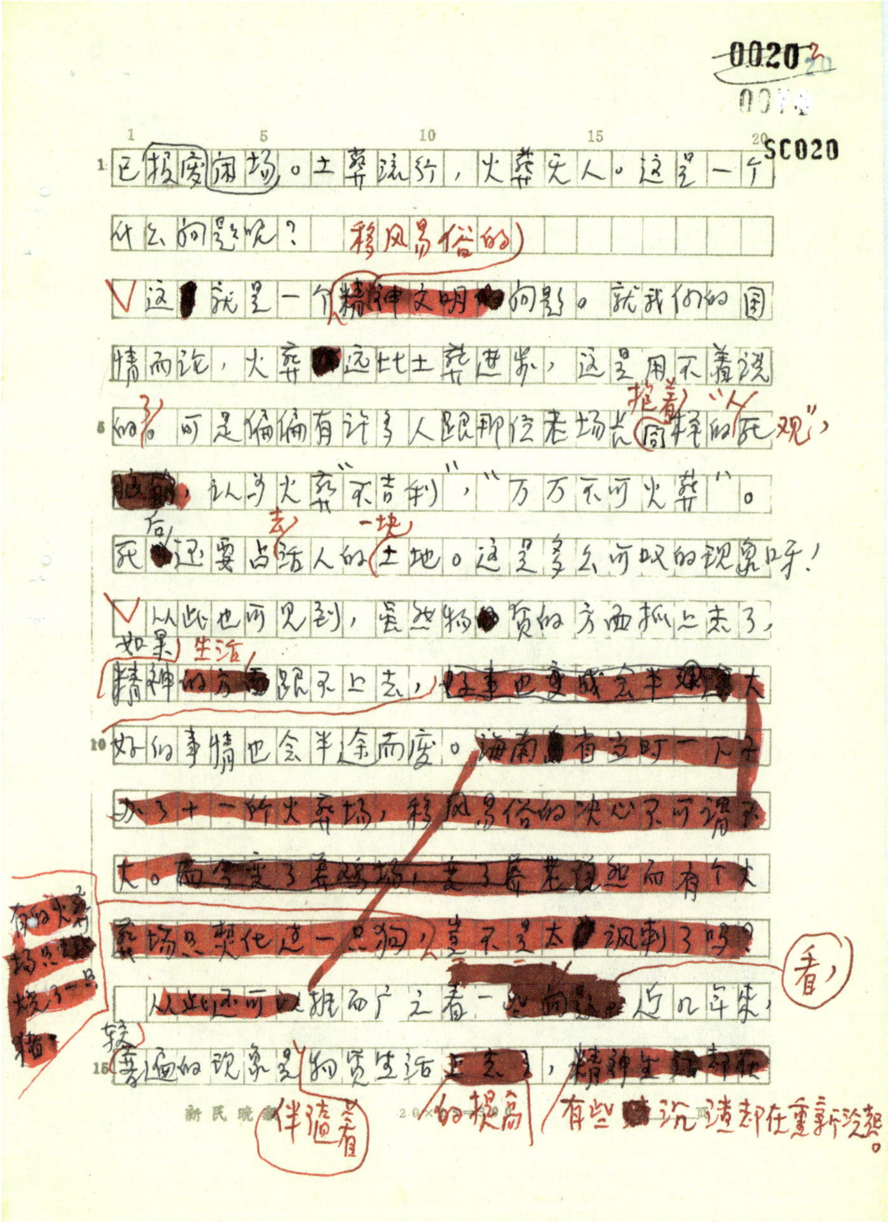

0020 SC020

已被废闲场。土葬流行，火葬无人。这是一个什么问题呢？移风易俗的

这[redacted]就是一个精神文明[redacted]问题。就我们的国情而论，火葬[redacted]远比土葬进步，这是用不着说的了。可是偏偏有许多人跟那位老场长抱着同样的"人死观"[redacted]，认为火葬"不吉利"，"万万不可火葬"。死后[redacted]还要占活人的一块土地。这是多么可叹的现象呀！

从此也可见到，虽然物[redacted]质的方面抓上去了，如果生活精神的方面跟不上去，好事也变成坏事，大好的事情也会半途而废。海南[redacted]有立即一下子办了十一所火葬场，移风易俗的决心不可谓不大。而今变了养鸡场，变了居民住处而有个火葬场只焚化过一只狗，岂不是太[redacted]讽刺了吗？有的火葬场只焚烧了一只猫。

从此还可以推而广之看一些[redacted]问题。近几年来，较普遍的现象是物质生活上去了，精神生活却在……伴随着物质生活的提高，有些[redacted]沉渣却在重新泛起。

新民晚报 20×20

《这里焚化过一条狗》手稿　2-7-2

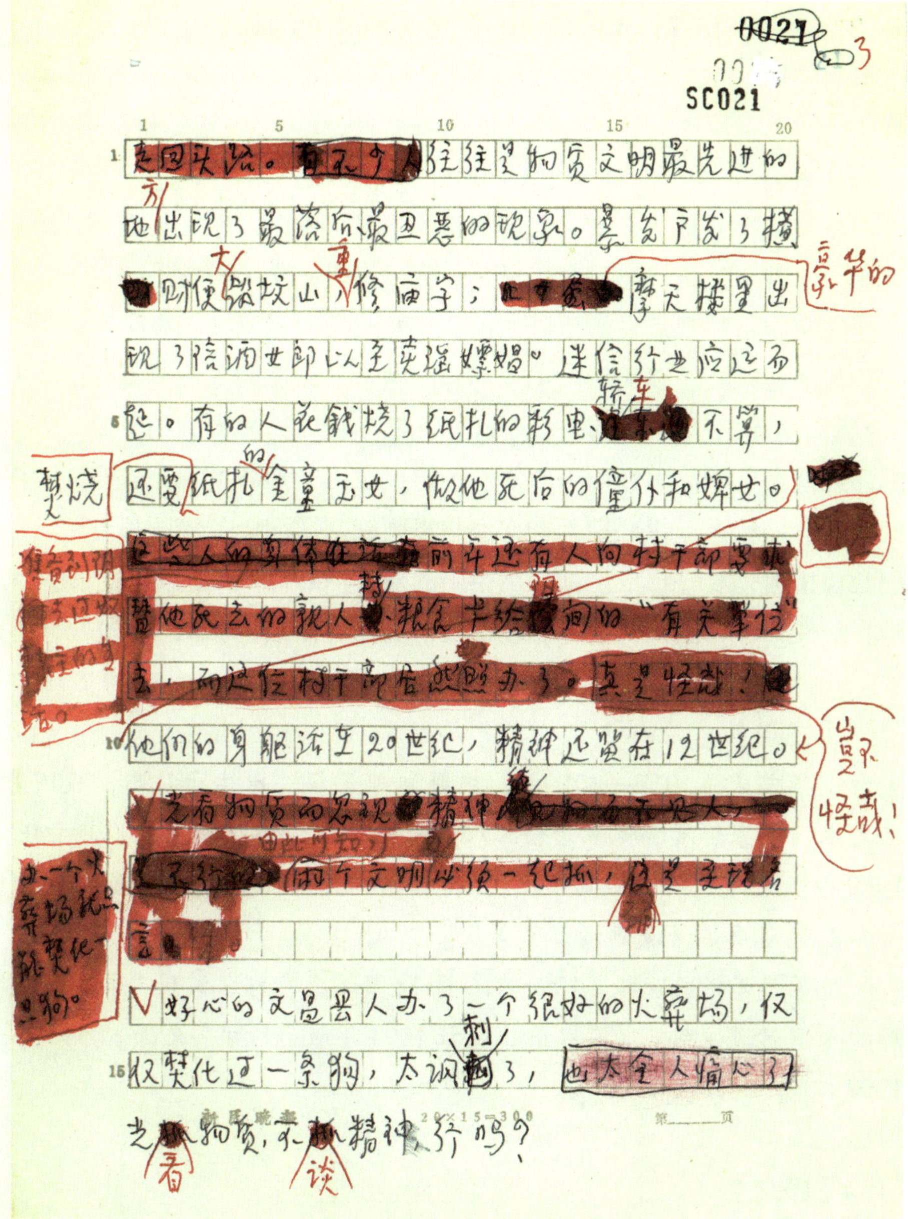

走回头路。往往是物质文明最先进的地方出现了最落后、最丑恶的现象。暴发户发了横财便大修坟山，重修庙宇；豪华的摩天楼里出现了陪酒女郎以至卖淫嫖娼。迷信行业应运而起。有的人花钱烧了纸扎的彩电、轿车不算，还要焚烧纸扎的金童玉女，做他死后的僮仆和婢女。他们的身躯活在20世纪，精神还留在12世纪。岂不怪哉！

好心的文昌县人办了一个很好的火葬场，仅仅焚化过一条狗，太讽刺了，也太令人痛心了！光看物质，不谈精神，行吗？

《这里焚化过一条狗》手稿　2-7-3

《华君武[1]为什么不画这幅画》？[2]

［评介］

华君武喜欢林放杂文，赵超构喜欢华君武漫画。杂文与漫画，历来被喻为匕首和投枪，堪称孪生兄弟。林放发表杂文《不妨土一点》，华君武就文中不同观点发函予以商榷；华君武发表漫画《无事忙》，赵超构撰写同题杂文予以响应。本文不是同题杂文，文中也没有直接说华君武漫画，却说了华君武为什么不画“九三学社”这幅漫画的原委，以此批评某些文艺作品不顾历史事实、损害民主人士形象的现象。全文“图文并茂”，教人浮想联翩。杂文家与漫画家是“同一战壕的战友”，他们心性相通，攻守相应，都在用手中的笔挥洒针砭风颂的笔墨。两位大师，一文一事（画），前呼后应，实乃文苑之佳话也。

［注释］

①华君武（1915—2010），祖籍江苏无锡，出生于杭州，我国著名美术活动家、漫画家。历任《人民日报》美术组组长、文艺部主任。1979年当选为中国美协副主席，主持日常工作。著有《华君武漫画选集》《华君武漫画》《漫画漫话》等。

②原载《新民晚报》1991年6月18日《夜光杯》副刊“未晚谈”。后收入罗竹风主编、上海人民出版社1994年版《上海杂文选》（1990—1992）。

［原文］

据《联合时报》的消息，最近，李赣驹等一些民主人士，就一些文艺作品中随意损害民主人士形象的现象提出批评。

消息中还提到《昙花梦》和《天字号风云录》两部电视连续剧为

例，说是损害了某两位民主人士的形象。

文艺作品是容易惹起是非的。纯属虚构，那当然没有问题，既然你说是写真实历史，或所谓“纪实文学”，那么被写的人就要认真跟你计较，这一点是应当考虑到的。这两部电视剧是否真的歪曲了某些民主人士的形象，且待分解；就原则讲，李赣驹几位的意见，是值得注意的。作家之笔，也象法官的笔一样，如果歪曲了某些真人真事的形象，也会造成文墨冤案的。

说到民主人士，他们来自五湖四海，走过艰难曲折的道路，通过亲身实践的体验，追求真理，殊途同归于共产党的领导，为革命事业做出各自的贡献，这是很可敬的。有句话说，“海纳百川，有容乃大”。活跃在共产党领导下的民主人士，受到社会的尊重，正说明了中国共产党的“有容乃大”。凡是创作现代题材的文艺，作者也得熟悉熟悉这一点统战知识为妙。

最近在报上还看到漫画家华君武的一件事。有人告诉华君武：现在不少单位都成了“九三学社”——上午九点上班，下午三点下班。问华君武能不能把这个题材画成漫画，讽刺一下。华君武说，“这个题材恐怕会引起九三学社同志的误会，以为我在讽刺民主党派。我是共产党员，就不能不多想一想”。

漫画好象是最漫不经心的了，然而漫画也不是漫无边际，也不可以不讲政策的。华君武的漫画是最“漫”的了，但是他没有忘记他的党员身份，没有忽视作品的政策性。说是漫画，不仅可以虚构，而且应当夸张，但是也有不漫的一面。华君武为什么不画这幅《九三学社》的漫画？值得那些创作“纪实文学”的作者思索参考，下笔时要“多想一想”才好。

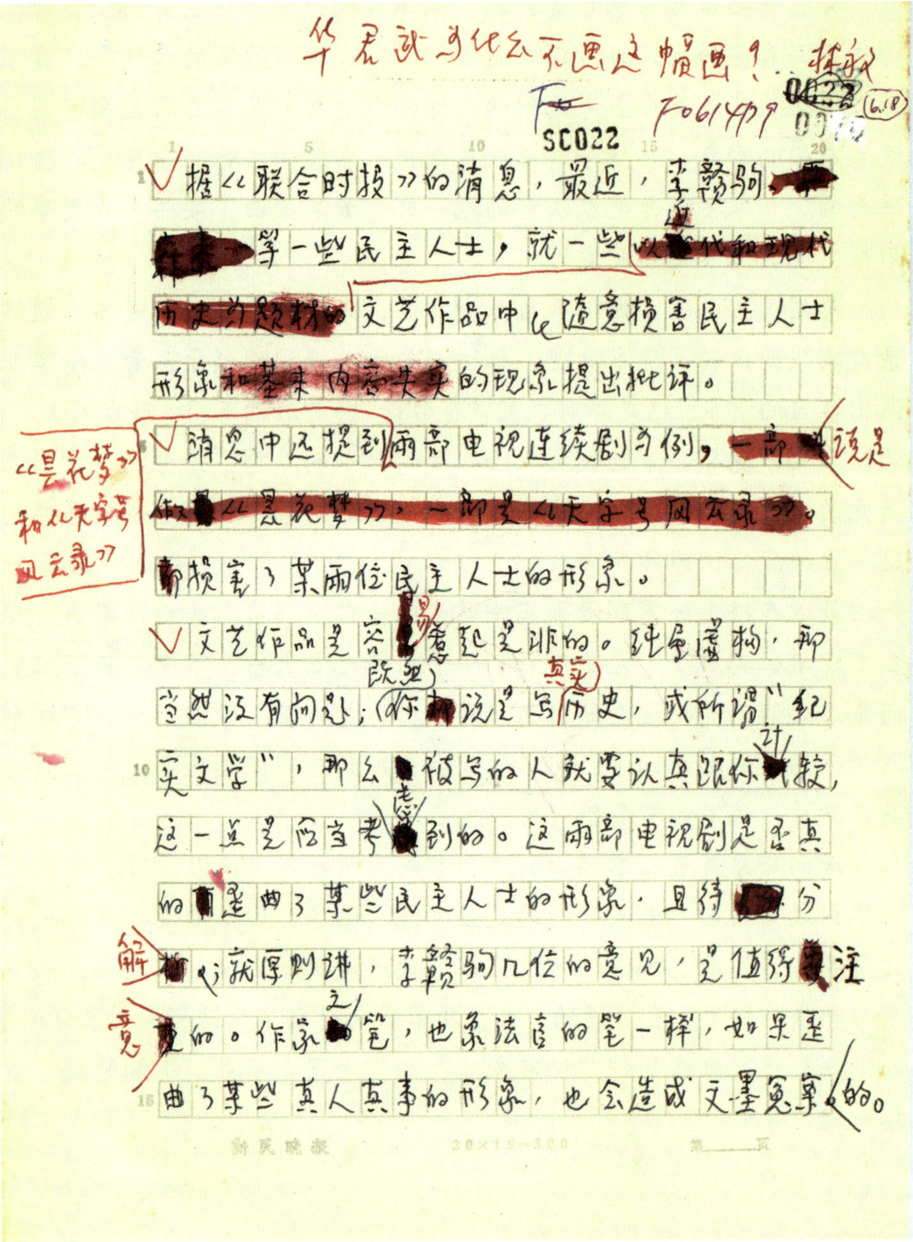

华君武为什么不画这幅画？……林放

F061479

SC022

0022 6.18

据《联合时报》的消息，最近，李赣驹[redacted]等一些民主人士，就一些[redacted]文艺作品中随意损害民主人士形象和[redacted]的现象提出批评。

消息中还提到两部电视连续剧为例，[redacted]说是[redacted]《昙花梦》和《天字号风云录》都损害了某两位民主人士的形象。

文艺作品是容易惹起是非的。纯属虚构，那当然没有问题；既然说是写历史，或所谓"纪实文学"，那么被写的人就要认真跟你计较，这一点是应当考虑到的。这两部电视剧是否真的歪曲了某些民主人士的形象，且待[redacted]分解；就原则讲，李赣驹几位的意见，是值得注意的。作家之笔，也像法官的笔一样，如果歪曲了某些真人真事的形象，也会造成文墨冤案的。

新民晚报 20×15=300 第＿＿页

《华君武为什么不画这幅画？》手稿 2–8–1

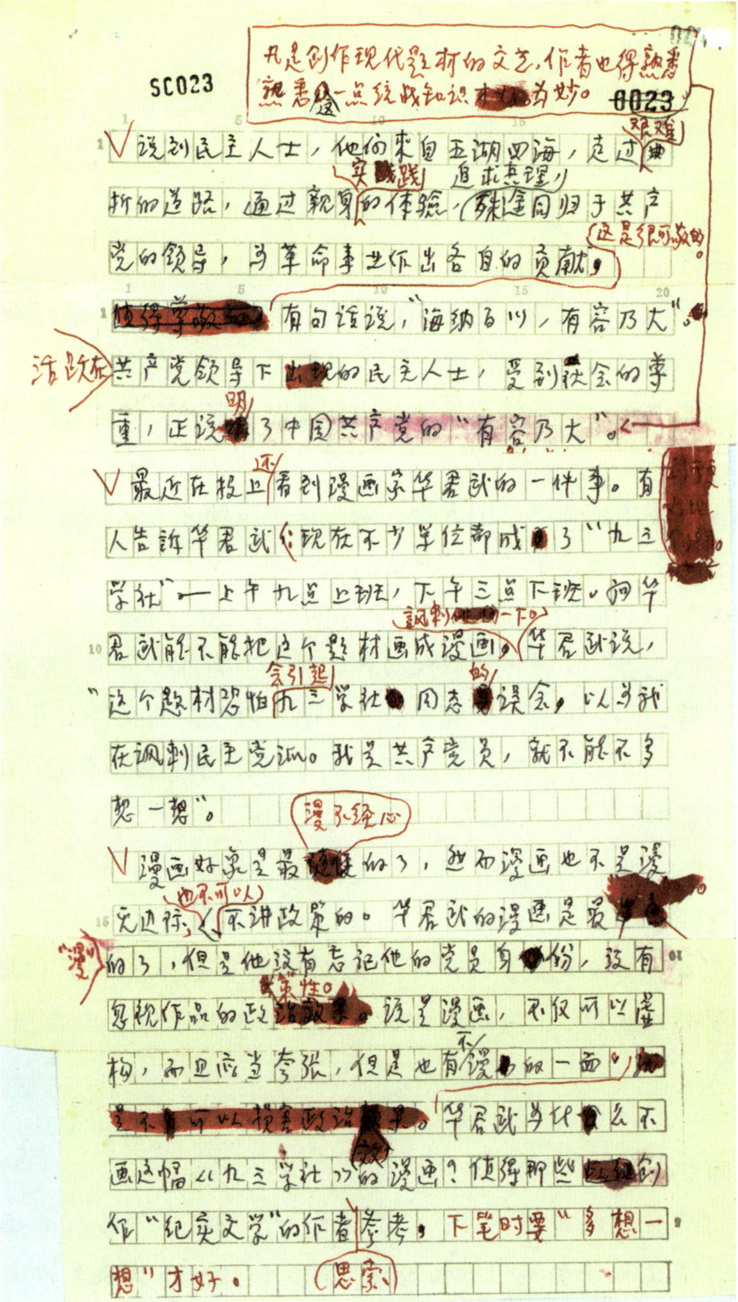
SC023

凡是创作现代题材的文艺，作者也得熟悉熟悉这一点统战知识[redacted]为妙。 0023

说到民主人士，他们来自五湖四海，走过艰难曲折的道路，通过亲身实践的体验，追求真理，终于同归于共产党的领导，为革命事业作出各自的贡献，这是很可敬的。[redacted]有句话说，"海纳百川，有容乃大"。活跃在共产党领导下[redacted]的民主人士，受到社会的尊重，正说明了中国共产党的"有容乃大"。

最近在报上还看到漫画家华君武的一件事。有人告诉华君武：现在不少单位都成了"九三学社"——上午九点上班，下午三点下班。问华君武能不能把这个题材画成漫画，讽刺一下。华君武说："这个题材恐怕会引起九三学社[redacted]同志[redacted]误会，以为我在讽刺民主党派。我是共产党员，就不能不多想一想。"

漫画好象是最[redacted]的了，然而漫画也不是漫无边际、也不可以不讲政策的。华君武的漫画是最[redacted]的了，但是他没有忘记他的党员身份，没有忽视作品的政治效果。这是漫画，不仅可以虚构，而且应当夸张，但是也有不[redacted]的一面，[redacted]。华君武为什么不画这幅《九三学社》的漫画？值得那些从事创作"纪实文学"的作者参考，下笔时要"多想一想"才好。（思索）

《华君武为什么不画这幅画？》手稿　2-8-2

《曹操与袁世凯》①

[评介]

对于学习三国人物，赵超构有过精辟的论述。他说，通过戏曲和小说学习三国，那是“最没出息的”，曹操是个“白花面的奸臣”，关羽是被神化的“江湖帮会的英雄”，诸葛亮也不过是个“通晓阴阳的算命先生”。

三国人物中最值得学的人物，偏偏是“没什么可学”的诸葛亮和曹操。赵超构说曹操是个“文武兼资的大英雄”，“力倡‘通脱’的远见卓识的人”。赵超构在文中提到了曹操的可学之处。曹操写过一篇文告，绝无“不逊之志”（并不想取汉而代之），不当那个皇帝。赵超构说袁世凯是学曹操的，也写过一篇类似《自明本志令》的文告。可他学了曹操的“奸”，而没有学到曹操的“雄”。因此，不在曹操有无可学之处，关键是怎么学。

[注释]

①原载《新民晚报》1991 年 6 月 21 日《夜光杯》副刊“未晚谈”。后收入罗竹风主编、上海人民出版社 1994 年版《上海杂文选》（1990—1992）。

[原文]

鲁迅非常佩服曹操，说：“曹操是一个很有本领的人，至少是一个英雄。”又称赞曹操“力倡通脱”。我们读一下曹操写的《自明本志令》，就可以看得出曹操的通脱、随便与坦率。

那是当曹操五十六岁的时候，他写了这篇自明心迹的文告，表明他本来只想当到一个郡守或将军就心满意足了，不料后来却当上了宰相，“人臣之贵已极，意望已过”。决没有“不逊之志”（并不想取汉而代之）。但是他又声明，他还不能放弃兵众，理由很简单，“诚恐已离兵为人所祸”。这些话，没有什么冠冕堂皇的假、大、空，说得很坦率，很平实，是为了保自己的身家性命，令人信服。

后来有人学曹操，学的却是小说和舞台上那个扮花脸的曹操，而不是历史上的真曹操。学了曹操之“奸”，而没有学到曹操之“雄”。例如，袁世凯也是崇拜曹操的。据说，袁在朝鲜时，招烟台戏班去演戏三日，他点了曹操的戏有七次之多。他的左右都说，“袁世凯终日想做曹操”。当然，他是从戏文里学那个白花脸的奸和诈。袁世凯当大总统的时候，也有一篇类似《自明本志（令）》的文告，自称“本大总统老矣，六十老翁，复何所求？……冀与邦人诸友，含辛茹苦，冒险犯难，奠此国基。他日作共和幸民，扶杖山谷，以观治化，庶遂初志”。你看他，说得多么潇洒，可就是装模作样。当他说这番话的背后，他正在调兵遣将，“讨伐”孙中山，随后还做了皇帝，完全忘了他“扶杖山谷，以观治化”的“初志”了。

说起做皇帝，更显得袁世凯跟曹操在胆识与品格上的悬殊，有如巨人与侏儒之对比。曹操表明自己没有“不逊”之志，他确实没有做皇帝。当孙权上表称臣，劝曹操做皇帝的时候，他很清醒地说：“是儿欲踞吾著炉火上耶！”他没有上当。但是，他也很坦率地告诉部下说，“若天命在吾，吾为周文王”，把皇位留给儿子去坐。至于袁世凯呢？却是一个迫不及待的皇帝迷。他爱哼几句京戏，就哼《大登殿》里的“我薛平贵也有今日一天”。可见他的皇帝瘾是早就有了的。后来终于做了一个八十三天的洪宪皇帝，就完蛋了。

如果说曹操是个大英雄，袁世凯算是个什么呢？他是学曹操的，就算他是“画虎不成反类犬”的曹党吧！

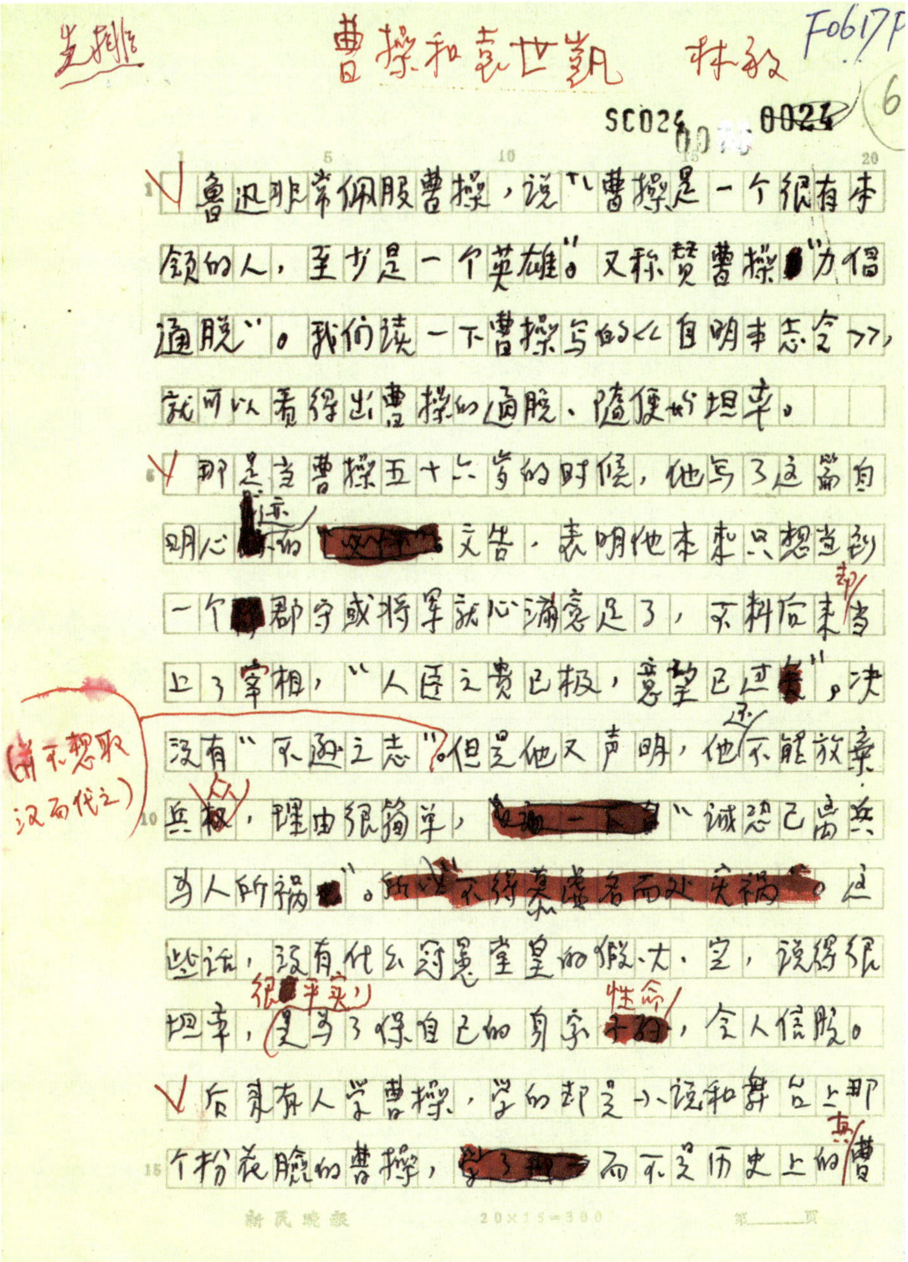

发排

曹操和袁世凯　林放

F0617P

6

SC026　~~0024~~

鲁迅非常佩服曹操，说"曹操是一个很有本领的人，至少是一个英雄"。又称赞曹操[redacted]"力倡通脱"。我们读一下曹操写的《自明本志令》，就可以看得出曹操的通脱、随便和坦率。

那是在曹操五十六岁的时候，他写了这篇自明心迹[redacted]的[redacted]文告，表明他本来只想当到一个[redacted]郡守或将军就心满意足了，不料后来却当上了宰相，"人臣之贵已极，意望已过[redacted]"，决没有"不逊之志"（并不想取汉而代之）。但是他又声明，他还不能放弃兵权，理由很简单，[redacted]"诚恐已离兵为人所祸[redacted]"。[redacted]这些话，没有什么冠冕堂皇的假、大、空，说得很坦率，很平实，是为了保自己的身家性命，令人信服。

后来有人学曹操，学的却是小说和舞台上那个扮花脸的曹操，[redacted]而不是历史上的真曹

新民晚报　20×15＝300　第＿＿页

《曹操与袁世凯》手稿　2-9-1

SC025

操。学了曹操之"奸"，而没有学到曹操之"雄"。例如，袁世凯也是崇拜曹操的。据说，袁在朝鲜时，招烟台戏班去演戏三日，他点了曹操的戏有七次之多。他的左右都说，"则袁世凯终日想做曹操"。当然，他是从戏文里学那个白花脸的奸和诈。袁世凯当大总统的时候，也有一篇类似《自明本志令》的文告，自称"本大总统老矣，六十老翁，复何所求？……冀与国人诸友，含辛茹苦，冒险犯难，奠此国基。他日作共和幸民，扶杖山谷，以观治化，庶遂初志"。你看他，说得多么潇洒，可是就装模作样。当他说这番话的背后，他正在调兵遣将，"讨伐"孙中山，随后还做了皇帝，完全忘了他"扶杖山谷，以观治化"的"初志"了。

新民晚报　20×15=300　第＿＿页

《曹操与袁世凯》手稿　2-9-2

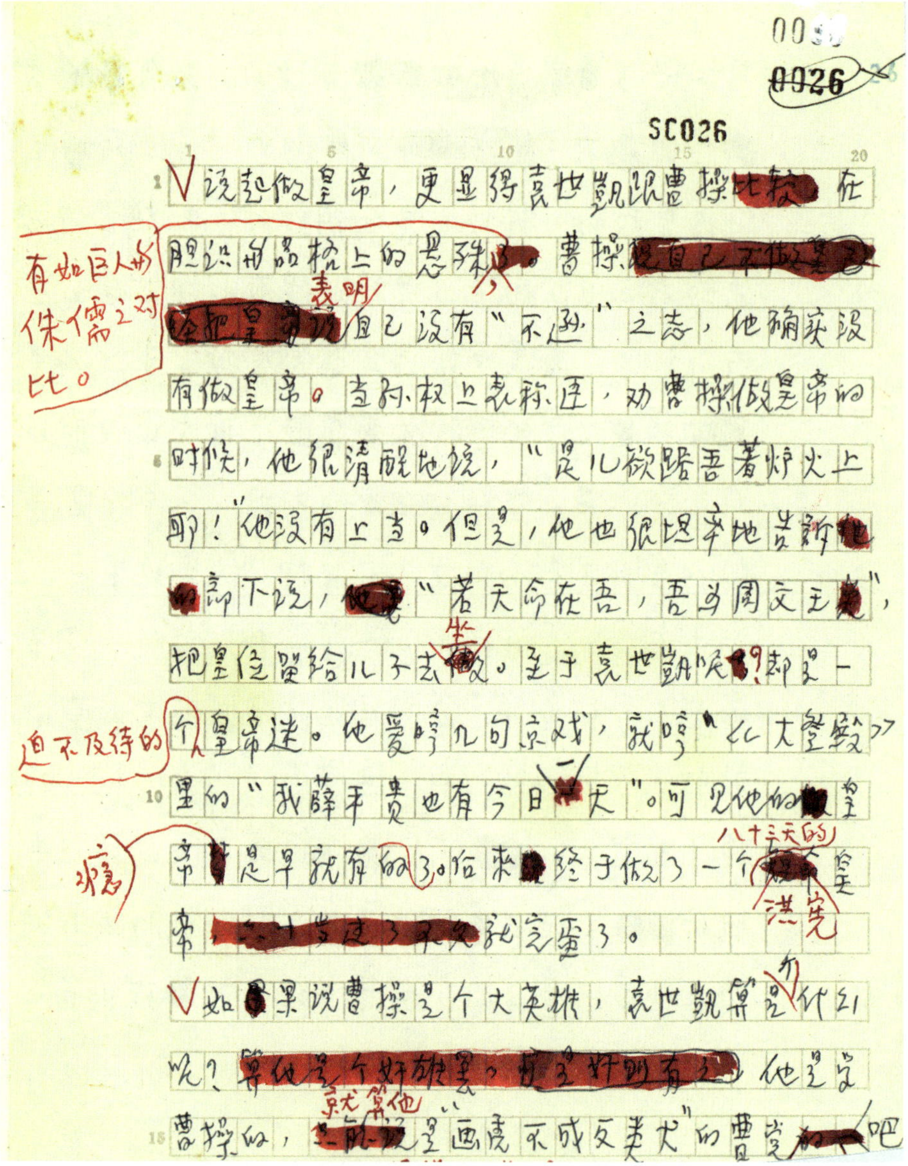
0026

SC026

说起做皇帝，更显得袁世凯跟曹操[redacted]在胆识和品格上的悬殊[redacted]。曹操[redacted]自己没有“不逊”之志，他确实没有做皇帝。当孙权上表称臣，劝曹操做皇帝的时候，他很清醒地说，“是儿欲踞吾著炉火上耶！”他没有上当。但是，他也很坦率地告诉[redacted]部下说，[redacted]“若天命在吾，吾为周文王[redacted]”，把皇位留给儿子去坐。至于袁世凯[redacted]却是一个皇帝迷。他爱哼几句京戏，就哼“《大登殿》”里的“我薛平贵也有今日一天”。可见他的[redacted]皇帝[redacted]是早就有的了。后来[redacted]终于做了一个[redacted]皇帝[redacted]就完蛋了。

如[redacted]果说曹操是个大英雄，袁世凯算是什么呢？[redacted]他是学曹操的，[redacted]是画虎不成反类犬的曹学[redacted]吧

有如巨人与侏儒之对比。
表明
坐
迫不及待的
一
瘾
八十三天的
洪宪
个
就算他

《曹操与袁世凯》手稿 2-9-3

《也谈“水分”》[1]

[评介]

老舍是世人公认的语言大师。可赵超构不信这个“邪”，为文字的“水分”问题，与老舍“较真”。赵超构举了《红楼梦》和《西游记》中的两个例子来反驳老舍。他认为，解决“水分”问题，“不能纯从修辞学的角度来纠正，而应当提到文风和学风问题上来对待才好”。赵超构跟老舍是“较”上“真”了，不过，这只是赵超构一个人的“较真”罢了，因为此时，老舍离世已整二十五载。

[原文]

报上有篇《咬文嚼字》，谈到语文中的“水分”问题，引用了文学巨匠老舍先生的话。据说，这位文学巨匠曾说过“头上戴着”、“手里拿着”中的“头上”、“手里”都是不必要的。如果咬文嚼字起来，这就是“水分”了。

老舍先生在什么情况下说这个话，我不知道。老舍先生自己的文字，是那么鲜明生动，精美绝伦，真无愧于语言大师的称号。但是这里谈到“头上”、“手里”都是不必要的，则不一定是真确[2]的定论。

你如不信，我可以抄一二条“头上”、“手里”为例：

> 只见……一个丽人从后房进来，这个人……恍若神仙妃子，头上戴着金丝八宝攒珠髻，……项上戴着赤金盘螭缨络圈，身上穿着缕金百蝶穿花大红云缎窄褃袄……

这是什么人，这就是贾府里有名的辣货王熙凤。林黛玉初进贾府，对每一个初见面的人都有一番仔细的观察，因此就从头上、项上看到身上，以至裙子。这种评头品足的描写是合乎实情的。在看到凤姐之后，林姑娘又初见贾宝玉，这又是一个重点人物，只见宝玉“头上戴着束发嵌玉紫金冠，齐眉勒着二龙戏珠金抹额……项上金螭缨络，又有一根五色丝绦，系着一块美玉”。所有这些“头上”、“身上”、“项上”的描写，并不觉得文字上有什么累赘，总不能说曹雪芹笔下的水分太多吧。

再举《西游记》第四回一段为例，那是形容孙悟空这位美猴王的，有诗为证：

身穿金甲亮堂堂，头戴金冠光映映。
手举金箍棒一根，足踏云鞋皆相称。

这是齐天大圣第一次亮相，所以也从“头上”、“手上”、“足上”、“身上”依次描写，读来并不觉得是水分。

话虽如此，我对于《咬文嚼字》的批评水分还是十分同感的。我以为现在文字上的水分倒不在于某句话里多了一二个字，而在于有的文章是整段整段的空话和套话，许多是可以压缩的。对于这种水分，不能纯从修辞学的角度来纠正，而应当提到文风和学风问题上来对待才好。

[注释]

①原载《新民晚报》1991 年 6 月 30 日《夜光杯》副刊“未晚谈”。后收入罗竹风主编、上海人民出版社 1994 年版《上海杂文选》(1990—1992)。

②见报时编辑将“真确”改为“正确”。

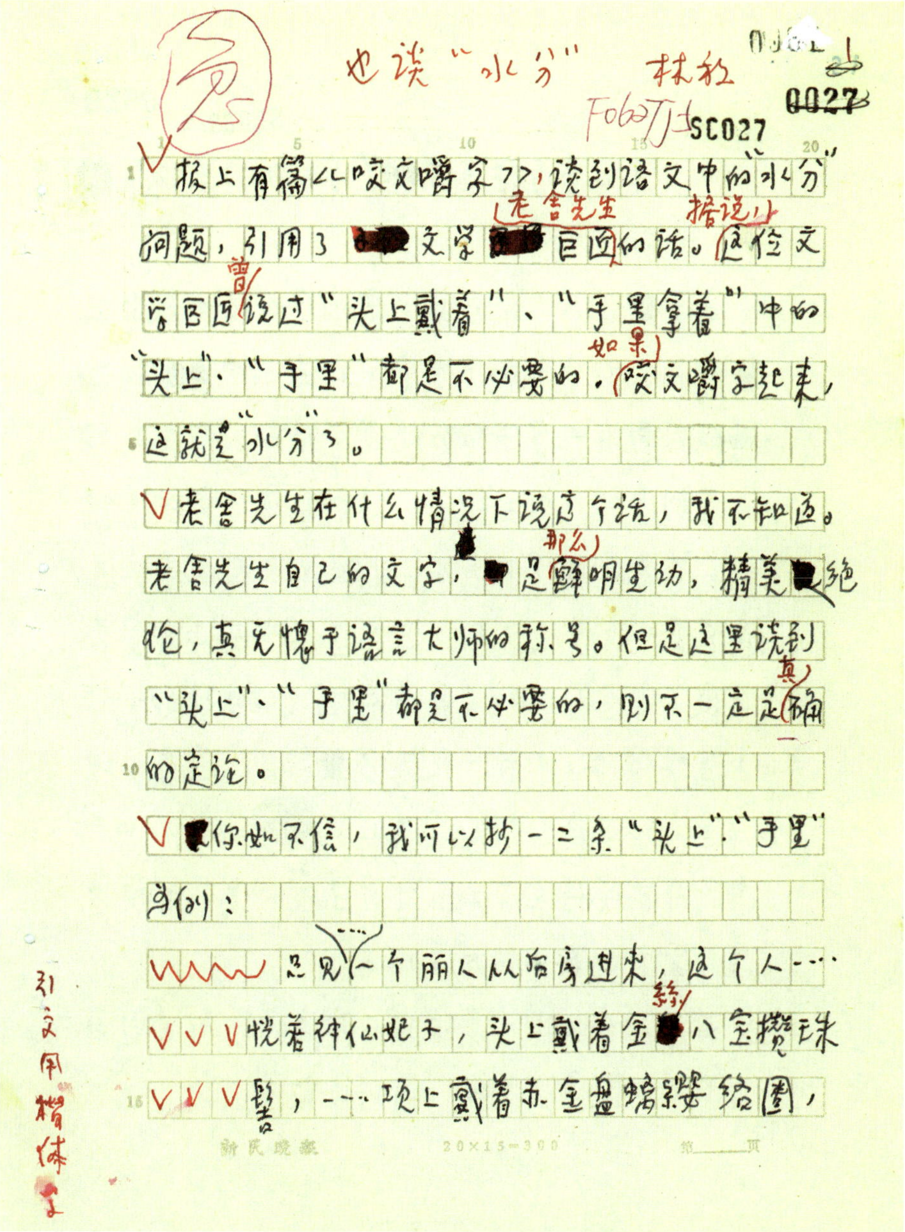

也谈"水分"　林放

F0627J　SC027　0027

报上有篇《咬文嚼字》，谈到语文中的"水分"问题，引用了[redacted]文学[redacted]巨匠（老舍先生）的话。（据说）这位文学巨匠（曾）说过"头上戴着"、"手里拿着"中的"头上"、"手里"都是不必要的。（如果）咬文嚼字起来，这就是"水分"了。

老舍先生在什么情况下说这个话，我不知道。老舍先生自己的文字，[redacted]是（那么）鲜明生动，精美[redacted]绝伦，真无愧于语言大师的称号。但是这里说到"头上"、"手里"都是不必要的，则不一定是（真）确的定论。

[redacted]你如不信，我可以抄一二条"头上"、"手里"为例：

……只见一个丽人从后房进来，这个人……恍若神仙妃子，头上戴着金（丝）[redacted]八宝攒珠髻，……项上戴着赤金盘螭璎珞圈，

引文用楷体字

新民晚报　20×15=300　第　页

《也谈"水分"》手稿　2-10-1

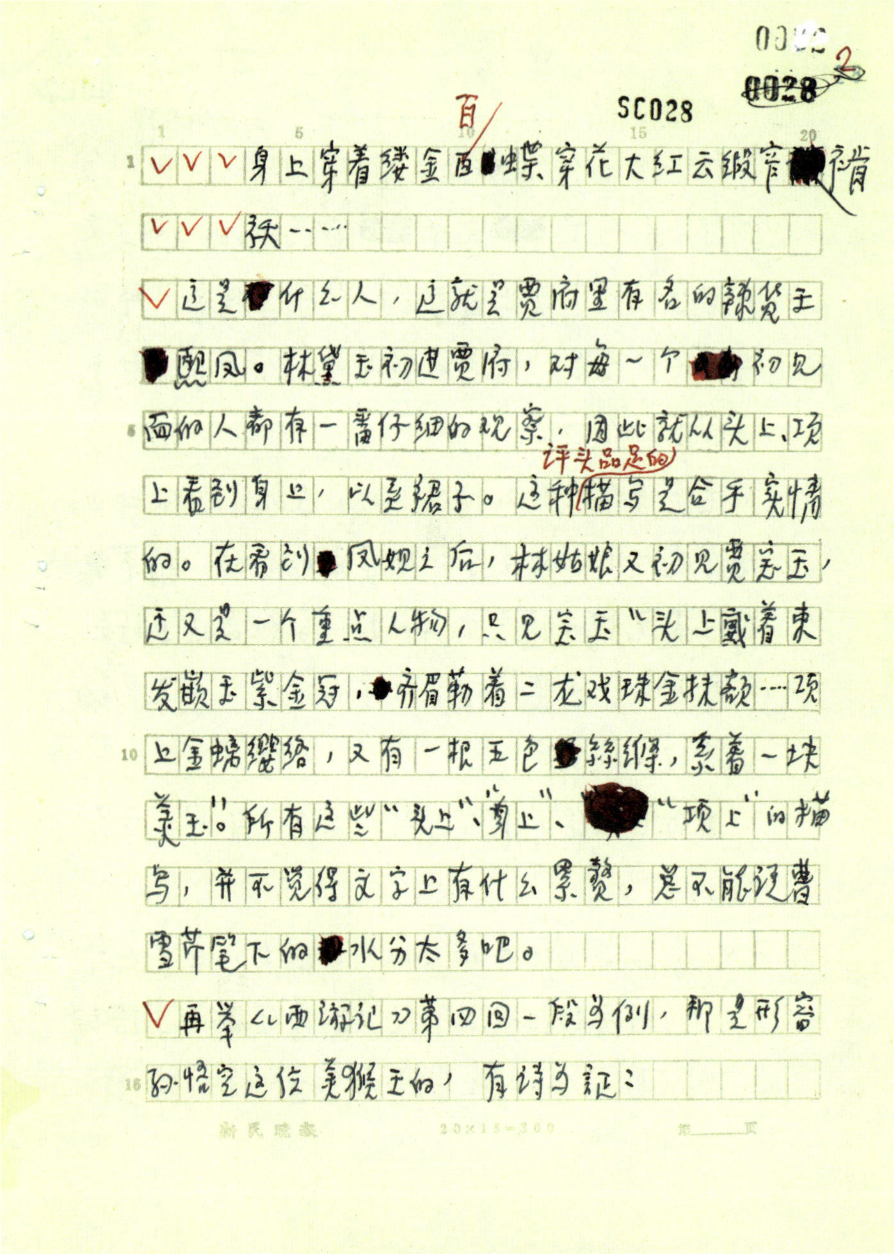

0032
~~0028~~ 2
SC028

身上穿着缕金百蝶穿花大红云缎窄褙袄……

这是什么人，这就是贾府里有名的辣货王熙凤。林黛玉初进贾府，对每一个初见面的人都有一番仔细的观察，因此就从头上、项上看到身上，以至裙子。这种评头品足的描写是合乎实情的。在看到凤姐之后，林姑娘又初见贾宝玉，这又是一个重要人物，只见宝玉"头上戴着束发嵌宝紫金冠，齐眉勒着二龙戏珠金抹额……项上金螭缨络，又有一根五色丝绦，系着一块美玉"。所有这些"头上"、"身上"、"项上"的描写，并不觉得文字上有什么累赘，总不能说曹雪芹笔下的水分太多吧。

再举《西游记》第四回一段为例，那是形容孙悟空这位美猴王的，有诗为证：

新民晚报　20×15=300　第____页

《也谈"水分"》手稿　2–10–2

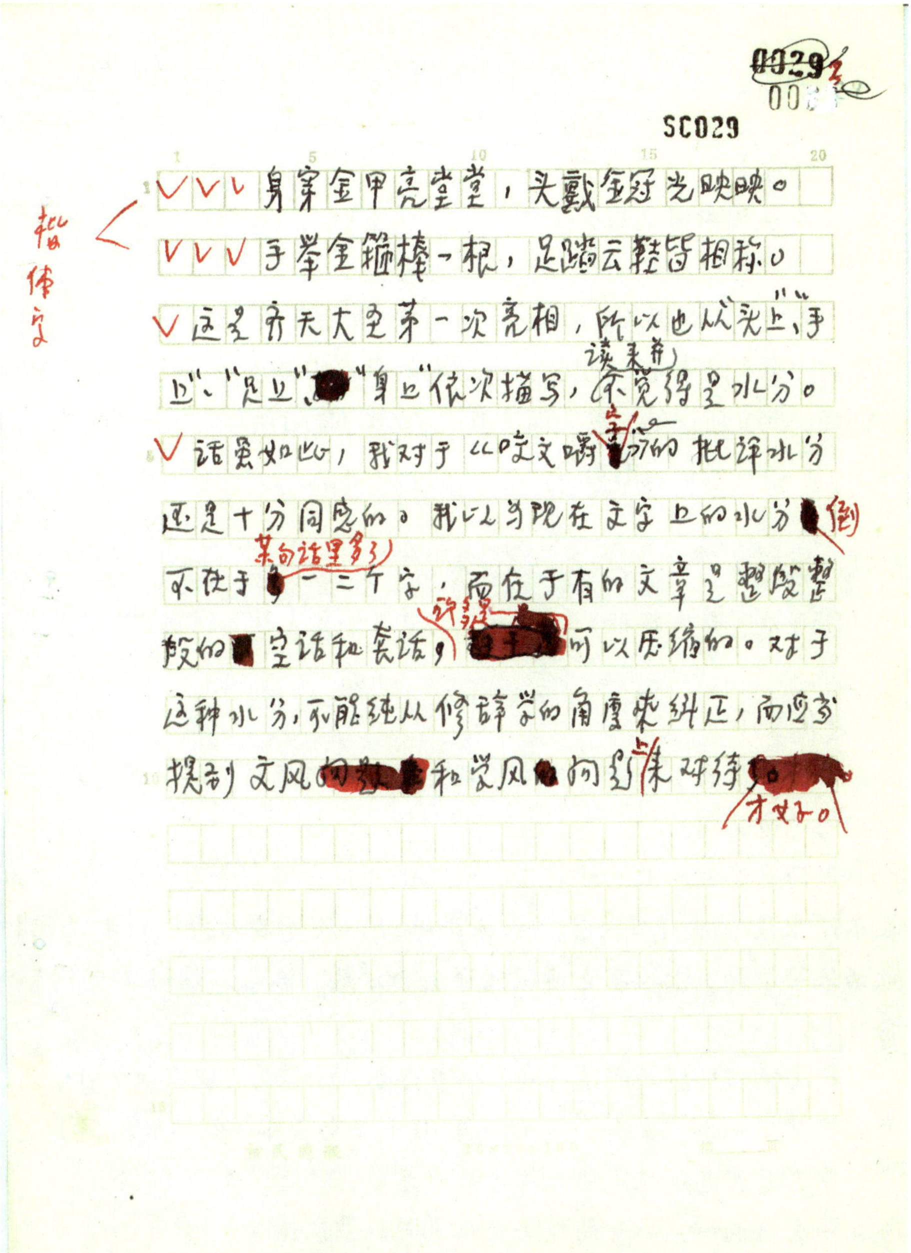

0029 SC029

身穿金甲亮堂堂，头戴金冠光映映。
手举金箍棒一根，足踏云鞋皆相称。

这是齐天大圣第一次亮相，所以也从"头上"、"手上"、"足上"、"身上"依次描写，读来并不觉得是水分。

话虽如此，我对于从咬文嚼字方的批评水分还是十分同意的。我以为现在文字上的水分，倒不在于某句话里多了一二个字，而在于有的文章是整段整段的空话和套话，许多是可以压缩的。对于这种水分，不能纯从修辞学的角度来纠正，而应当提到文风和学风上来对待才好。

楷体字

《也谈"水分"》手稿　2-10-3

《“参”而“考”之》[①]

[评介]

本文从《参考消息》上一条“总理违法，认错受罚”的外国新闻说开去，最后归结到一个人民公仆如何接受老百姓监督的问题。赵超构的“未晚谈”是开设在报纸上的，他的杂文经常以时事新闻为由头。他始终有着记者敏锐的嗅觉，从纷繁的世事中发现触及时代脉搏的感应神经。此文所说的“参”而“考”之，抓住了读者最关注的着眼点，体现了作者仗义执言的勇气。

[注释]

①原载《新民晚报》1991年7月2日《夜光杯》副刊“未晚谈”。

[原文]

《参考消息》登着一条“总理违法，认错受罚”的新闻，是一条难得的花边新闻。

说的是澳大利亚总理霍克，到昆士兰州去“会会老百姓”，因为在车子里没有系好安全带，被摄进电视，数百名电视观众看了就打电话给警察局，指控霍克违反交通安全法规，给老百姓树立一个“坏榜样”。

昆士兰州警察局毫不含糊，公事公办，对霍克总理罚款100澳元，并扣掉霍克一个“安全分”（扣满10个安全分即吊销驾驶执照）。

霍克总理怎样呢？他对警方表示道歉，对处罚表示“心悦诚服”。又在一次演说中，公开向昆士兰州老百姓“认错”。

现在让我们对这条新闻“参”而“考”之。

这条新闻不仅具有新鲜、别致、有趣的特点，而且也留有余味，耐人寻思。霍克虽然违法，但是他以总理之尊，甘心向老百姓认错，不失其为人民公仆的风格，这是一点。警察局作为执法机关，对这样的大人物也能做到执法必严、违法必究，此其二。数百名老百姓发现总理违法，一点也不客气，立即出来揭发，说明了他们的主人翁意识之强烈，此其三。

最后，从这件公案还可以看到舆论监督的作用。人们广泛非议总理大人没有为公众树立一个好榜样。这一切情况都通过新闻媒介向社会“曝光”，使得总理大人不得不接受公众的责难，并且连声道歉。

归总一句话，这是一个人民公仆如何接受老百姓监督的问题。越是有权，越需要监督。监督也是一个综合性的工程，要有人民群众的主人翁意识，也要有公仆的高度自觉；要有执法机构的“法不阿贵”的精神，也要有社会舆论的批评与督促。四者备而后事乃成。这一次霍克事件中，在这四个方面都是典型的。此其所以值得咱们“参”而“考”之也。

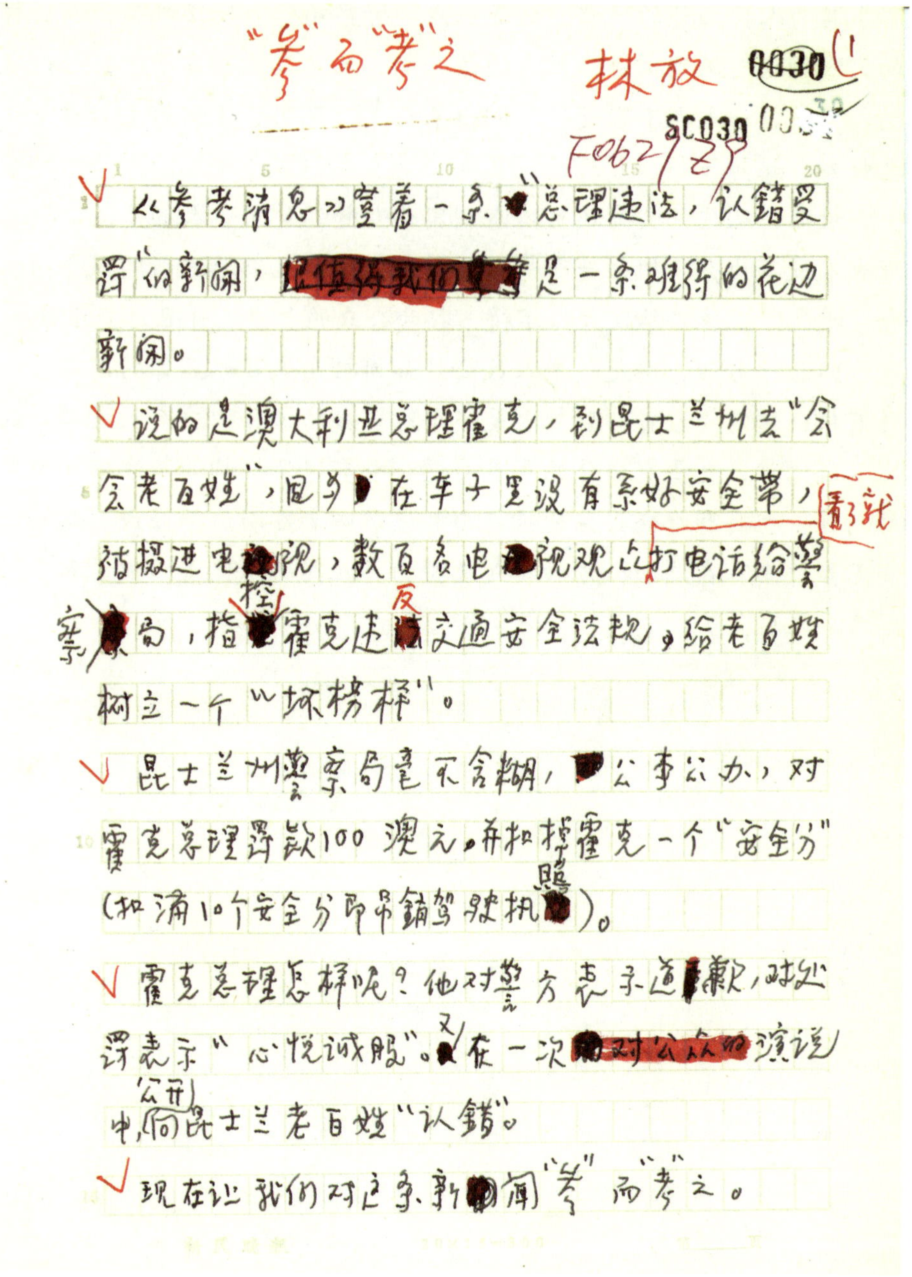

"参"而"考"之　林放

从参考消息上看着一条"总理违法，认错受罚"的新闻，算是一条难得的花边新闻。

说的是澳大利亚总理霍克，到昆士兰州去"会会老百姓"，因为在车子里没有系好安全带，被摄进电视，数百名电视观众打电话给警察局，指控霍克违反交通安全法规，给老百姓树立一个"坏榜样"。

昆士兰州警察局毫不含糊，公事公办，对霍克总理罚款100澳元，并扣掉霍克一个"安全分"（扣满10个安全分即吊销驾驶执照）。

霍克总理怎样呢？他对警方表示道歉，对处罚表示"心悦诚服"。又在一次演说中，公开向昆士兰老百姓"认错"。

现在让我们对这条新闻"参"而"考"之。

《"参"而"考"之》手稿　2–11–1

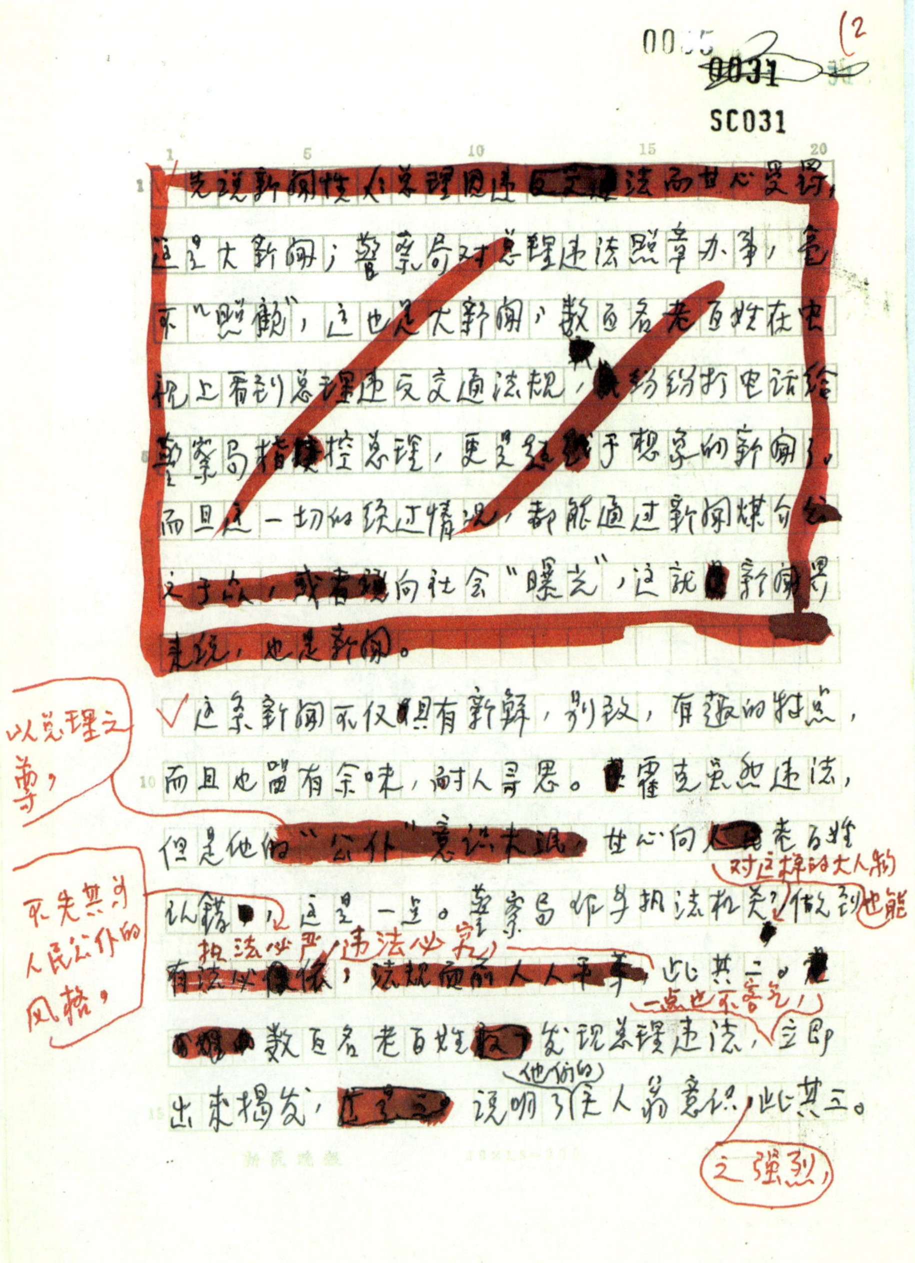
00[redacted]
0031
SC031
(2

先说新闻性。总理因违反[redacted]法而甘心受罚，这是大新闻；警察局对总理违法照章办事，毫不"照顾"，这也是大新闻；数百名老百姓在电视上看到总理违反交通法规，[redacted]纷纷打电话给警察局指[redacted]控总理，更是[redacted]乎想象的新闻了。而且这一切的经过情况，都能通过新闻媒介公之于众，或者[redacted]向社会"曝光"，这就[redacted]新闻界来说，也是新闻。

这条新闻不仅[redacted]有新鲜，别致，有趣的特点，而且也留有余味，耐人寻思。[redacted]霍克虽然违法，但是他的"公仆"意识未泯，甘心向人[redacted]老百姓认错[redacted]，这是一点。警察局作为执法机关[redacted]做到也能有法必依，法规面前人人平等，此其二。[redacted]数百名老百姓[redacted]发现总理违法，立即出来揭发，[redacted]说明了主人翁意识，此其三。

以总理之尊，

不失为人民公仆的风格，

对这样的大人物

执法必严，违法必究，

一点也不客气，

他们的

之强烈，

《"参"而"考"之》手稿　2-11-2

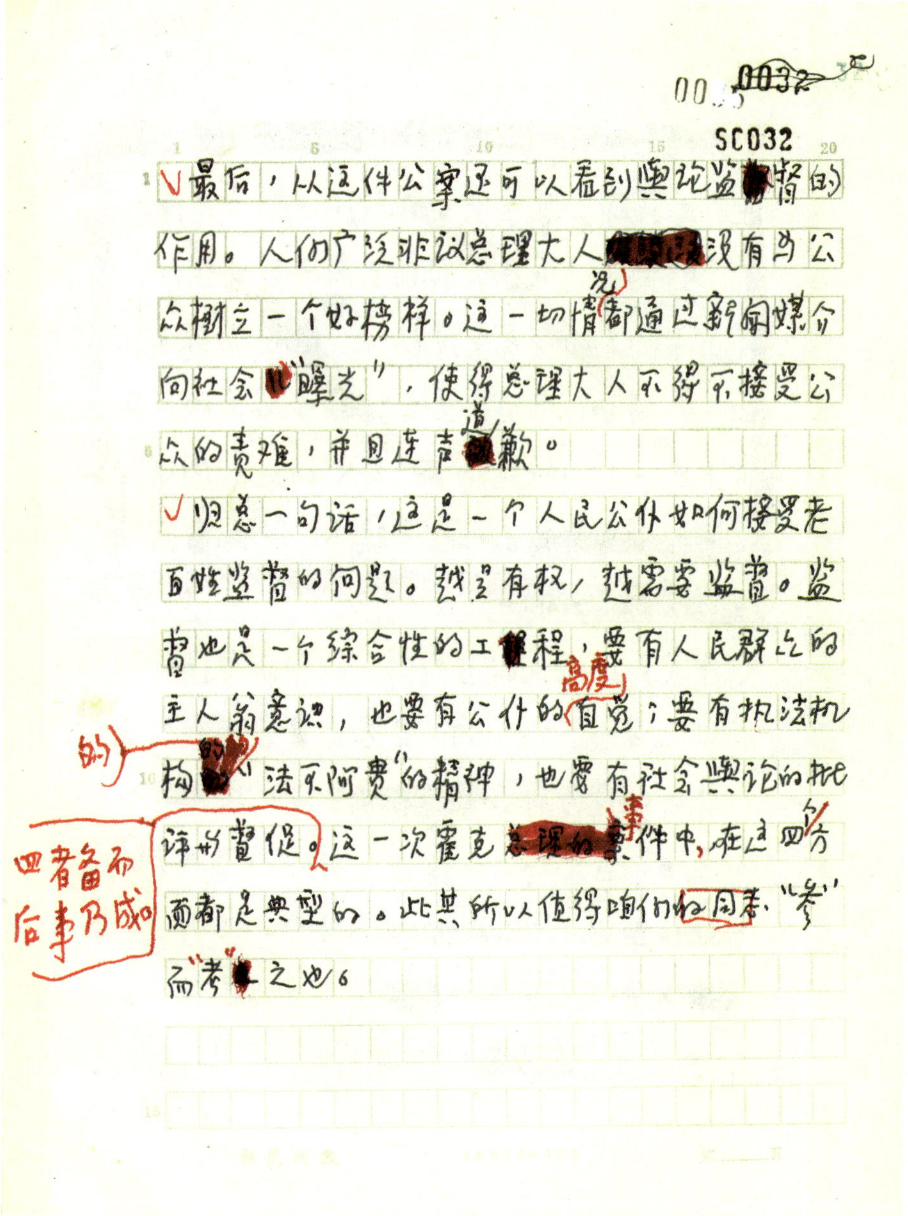
00

SC032

最后，从这件公案还可以看到舆论监督的作用。人们广泛非议总理大人没有为公众树立一个好榜样。这一切情况都通过新闻媒介向社会"曝光"，使得总理大人不得不接受公众的责难，并且连声道歉。

总而言之，这是一个人民公仆如何接受老百姓监督的问题。越是有权，越需要监督。监督也是一个综合性的工程，要有人民群众的主人翁意识，也要有公仆的高度自觉；要有执法机构的"法不阿贵"的精神，也要有社会舆论的批评和督促。这一次霍克事件中，在这四个方面都是典型的。此其所以值得咱们同志"参"而"考"之也。

四者备而后事乃成

《"参"而"考"之》手稿 2-11-3

《某先生的礼貌》①

[评介]

读罢这篇杂文，给人以一种痛快淋漓之感，从中真切地感受到了一种智慧的闪光和雄辩的威力。现实生活中，我们经常会遇到一些“强加于人”的事，譬如，文中所提的“某先生的礼貌”。林放用浅显和通晓的语言，透彻地论述了一个深刻而又简单的道理：风俗人情，各有差异，我们需要的是互相理解，彼此尊重，而不是“强加于人”。

[注释]

①原载《新民晚报》1991年8月16日《夜光杯》副刊“未晚谈”。

[原文]

读了八月十日《夜光杯》所载某先生写的《“你几岁？”》一文，知道了美国人是很忌讳别人问他（她）“你几岁？”的，因为那是属于“隐私权”，是神圣不可犯的。某先生把这点告诉我们，沟通国内外的民情，是很好的。

但是细读这篇文章，却也使我大感“困扰”。我不能理解这位作者为什么要对自己的黄皮肤的同胞生那末大的气。美国人有美国人的规矩，中国人有中国人的习惯。美国人不喜欢人家问他“你几岁？”，中国人却不在乎。某先生认为陌生人动问他“几岁了？”是失礼的，他恨不得赶快离开。但在中国，陌生人相见，首先就问：尊姓？大名？贵庚？不但不算失礼，而且正是一种初次见面的礼仪。各有国情，各有不同的风俗习惯，大可不必强分优劣，认为中国人不礼貌；更不应奉美国人的洋规矩为至高无上的标准，来判别中国同胞是否懂得礼貌。

某先生是痛恨陌生人问他“你几岁？”的，所以我也不敢动问他

“几岁了？”，但是他说明了这一次是“回到阔别四十多年的上海”，那末照我推测，大概也是五六十岁的老先生了。照这个年龄，对于祖国的习俗是不会一无所知的。为什么阔别四十多年之后回上海，没有重返故园的振奋喜悦，却“觉得很多事情都不习惯”呢？这也难怪。四十多年的美国生活已经把他洋化了，疏远了父母之邦的文化风俗了。尽管如此，言必称美国花旗也就罢了，又何必那末气愤斥责那些热心动问年龄的同胞是“失礼”，是“没有礼貌的陌生人”，令人“不自在”，甚至赌咒似的说：“不可能成为我的朋友！”对于上海同乡，何至于厌恶到如此的地步呢？读了这篇文章，我不禁要问，某先生这种态度是合乎礼貌的吗？

最后要说的是，风俗人情，各有差异，不仅中国外国有所不同；即使是咱们祖国的各兄弟民族，也有不同的文化风俗。古话说，“入国问禁，入境问俗”。我们需要的是互相理解，彼此尊重，不要强加于人。强加于人的态度本身就是“不礼貌”的，甚至是不友好的。

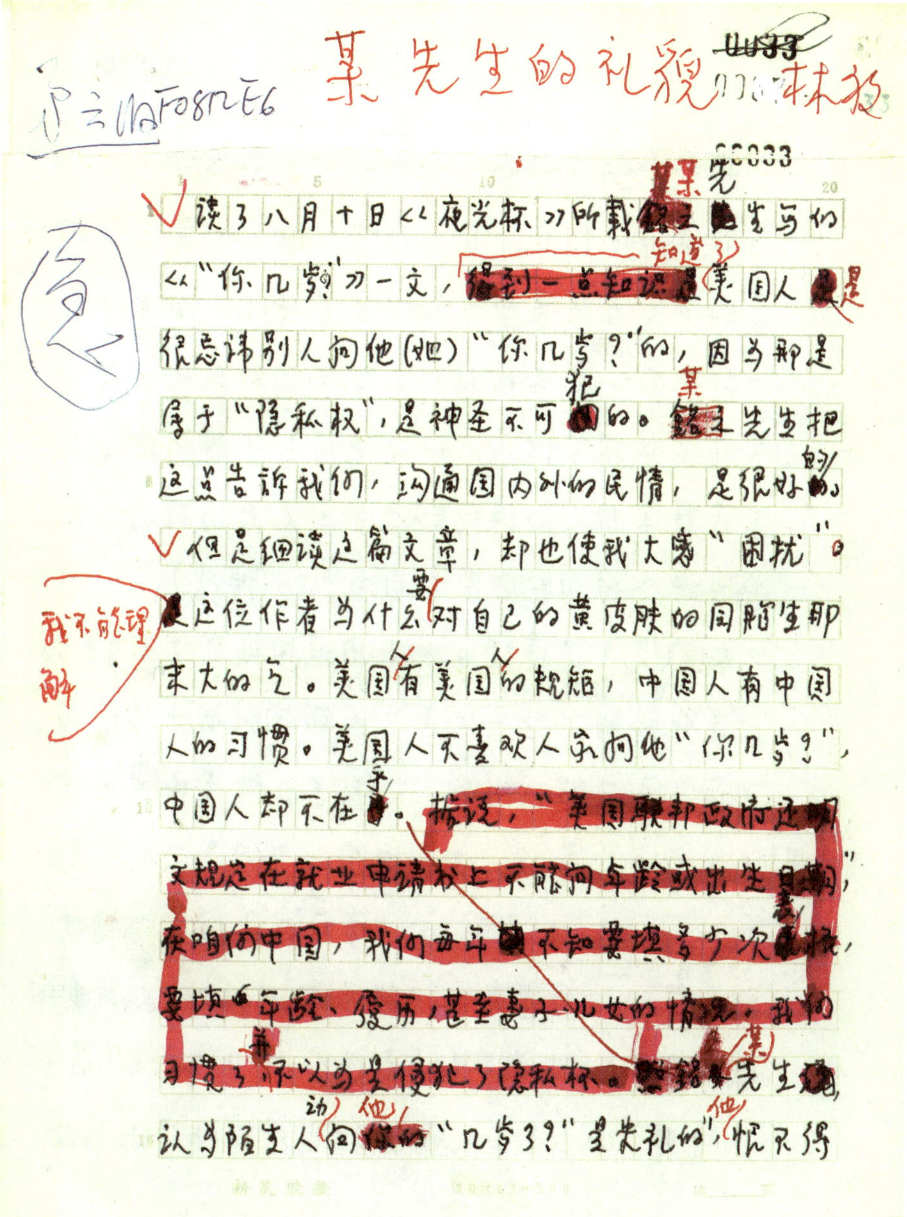
某先生的礼貌　林放

读了八月十日《夜光杯》所载某先生写的《"你几岁?"》一文，知道了美国人是很忌讳别人问他(她)"你几岁?"的，因为那是属于"隐私权"，是神圣不可犯的。某先生把这点告诉我们，沟通国内外的民情，是很好的。

但是细读这篇文章，却也使我大感"困扰"。这位作者为什么要对自己的黄皮肤的同胞生那末大的气。美国人有美国人的规矩，中国人有中国人的习惯。美国人不喜欢人家问他"你几岁?"，中国人却不在乎。据说，"美国联邦政府还明文规定在就业申请书上不能问年龄或出生日期"，在咱们中国，我们每年都不知要填多少次表格，要填年龄、履历，甚至妻子儿女的情况。我们习惯了并不认为是侵犯了隐私权。某先生认为陌生人动问他"几岁了?"是失礼的，恨不得

我不能理解

《某先生的礼貌》手稿　2-12-1

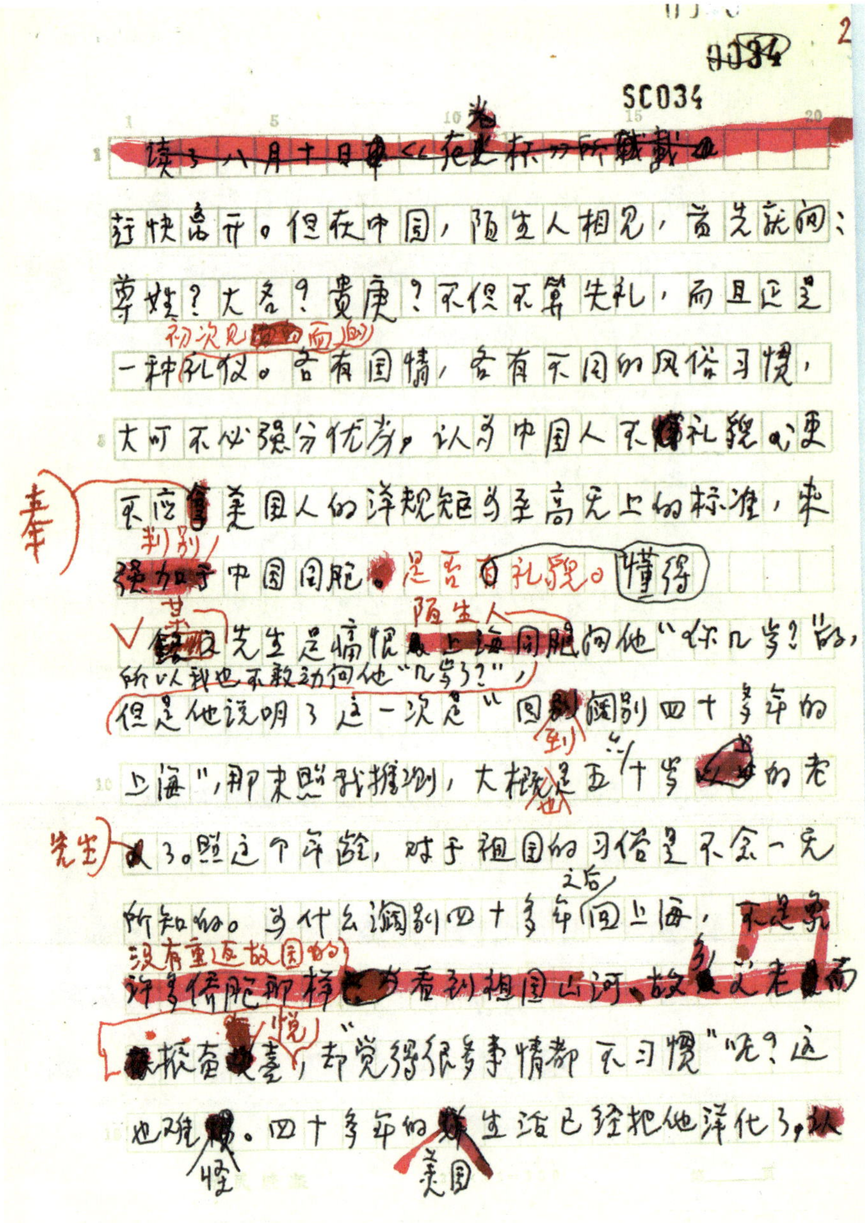

SC034

~~读了八月十日《花果杯》所载~~

愉快离开。但在中国，陌生人相见，首先就问：尊姓？大名？贵庚？不但不算失礼，而且正是初次见面的一种礼仪。各有国情，各有不同的风俗习惯，大可不必强分优劣。认为中国人不懂礼貌也便不应拿美国人的洋规矩为至高无上的标准，来强加于中国同胞。是否有礼貌。懂得

某先生是痛恨陌生人问他"你几岁？"的，所以我也不敢动问他"几岁了？"，但是他说明了这一次是"回到阔别四十多年的上海"，那末照我推测，大概是五十岁以上的老先生了。照这个年龄，对于祖国的习俗是不会一无所知的。为什么阔别四十多年之后回上海，没有重返故国的许多侨胞那样看到祖国山河、故乡父老而感慨万千，却觉得很多事情都不习惯"呢？这也难怪。四十多年的美国生活已经把他洋化了，认

《某先生的礼貌》手稿　2–12–2

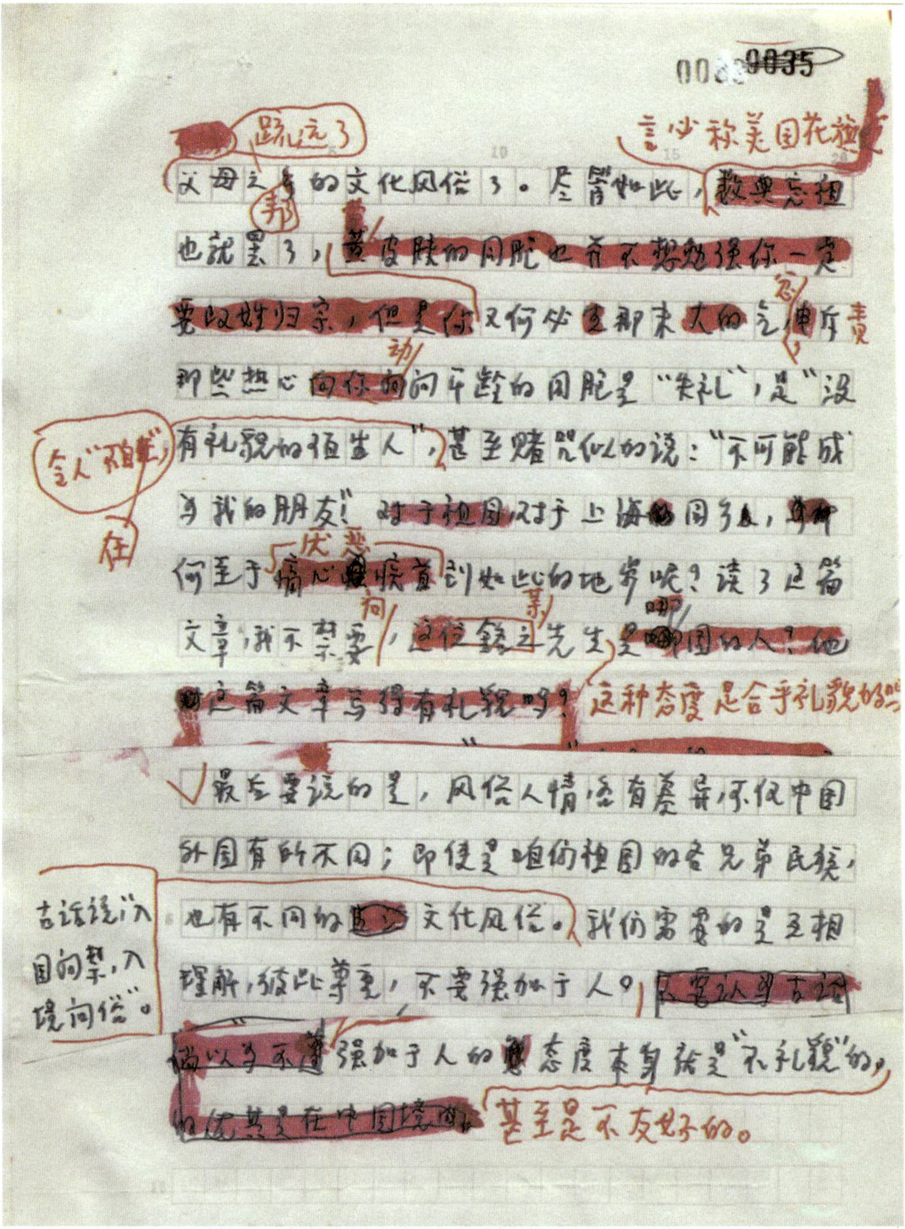
0035
父母之乡的文化风俗了。尽管如此，数典忘祖
也就罢了，黄皮肤的同胞也并不想勉强你一定
要改姓归宗，但是你又何必这那末大的气
那些热心向你的同胞是“失礼”，是“没
有礼貌的陌生人”，甚至赌咒似的说：“不可能成
为我的朋友”，对于祖国对于上海的同乡，
何至于痛心疾首到如此的地步呢？读了这篇
文章，我不禁要问，这位先生是哪国的人？他
这篇文章写得有礼貌吗？这种态度是合乎礼貌的吗
最后要说的是，风俗人情各有差异，不仅中国
外国有所不同；即使是咱们祖国的各兄弟民族，
也有不同的文化风俗。我们需要的是互相
理解，彼此尊重，不要强加于人。
强加于人的态度本身就是不礼貌的，
甚至是不友好的。
古话说“入国问禁，入境问俗”。

《某先生的礼貌》手稿 2-12-3

《错，错，错！》[①]

[评介]

美苏两国在莫斯科开了两个首脑会议：一是“总统首脑会议”，二是“同性恋者首脑会议”。赵超构放了它三通马后炮：错，错，错！最妙的还是杂文的结尾：“一叶落而知天下秋：此时、此地而冒出如此这般乌烟瘴气的会议，不也是一点小气候吗？”

此文写于一九九一年八月，四个月后——一九九一年十二月二十六日苏联解体。林放杂文者，预言家否？

[注释]

①原载《新民晚报》1991 年 8 月 20 日《夜光杯》副刊“未晚谈”。

[原文]

这是一则不起眼的新闻，而且就新闻而言，已经是“明日黄花”了。

但是因为它仅在报纸的角落里冒了一下，没有引起注意，所以不妨在事后谈它一谈。

新闻说，上月底美苏两国总统在莫斯科举行首脑会议的时候，莫斯科同时开着另外一个“首脑会议”，即美苏两国同性恋者的“首脑会议”。

这个会议的发起人是美国一个所谓“国际男女同性恋人权委员会”。有数百名苏联同性恋者参加这次会议。这在苏联还是首次。

看了这条新闻，我要开它一炮说，错了，错了！

那正是美苏两国总统谈判世界大局的时候，全世界都瞩目于两国首脑的一颦一笑，几百名新闻记者在此采访。在这个历史性时刻，有谁会注意所谓同性恋者的什么会议呢？这个开会的时间就选错了。

其次，可以开这种同性恋国际会议的地方很多，为什么偏要选择莫斯科这个地方呢？莫斯科是什么地方？谁都知道那是真理的故乡、革命的圣地，并非藏垢纳污之处。怎么能够容忍这一批淫猥的性变态者在此蠢动，玷污这个红色都城呢？所以这个开会的地点也选错了。

最后，查一查这个“同性恋国际会议”的内容，据说是代表国际男女同性恋者“要求享有同别人同样的权利”。我们真想不到同性恋跟“人权”竟有这么大的关系。布什总统是最喜欢谈“人权”的，“人权”、“人权”，腌臜龌龊的同性恋也可以假“人权”之名而开国际会议，不怕亵渎了布什总统的“人权”宣言吗？就议题说，这是它的第三个错误。

可以说，这是一个在错误的时间、错误的地点，开了这样一个错误的国际性会议。

因此可以放它三通马后炮：错，错，错！

一叶落而知天下秋：此时、此地而冒出如此这般乌烟瘴气的会议，不也是一点小气候吗？

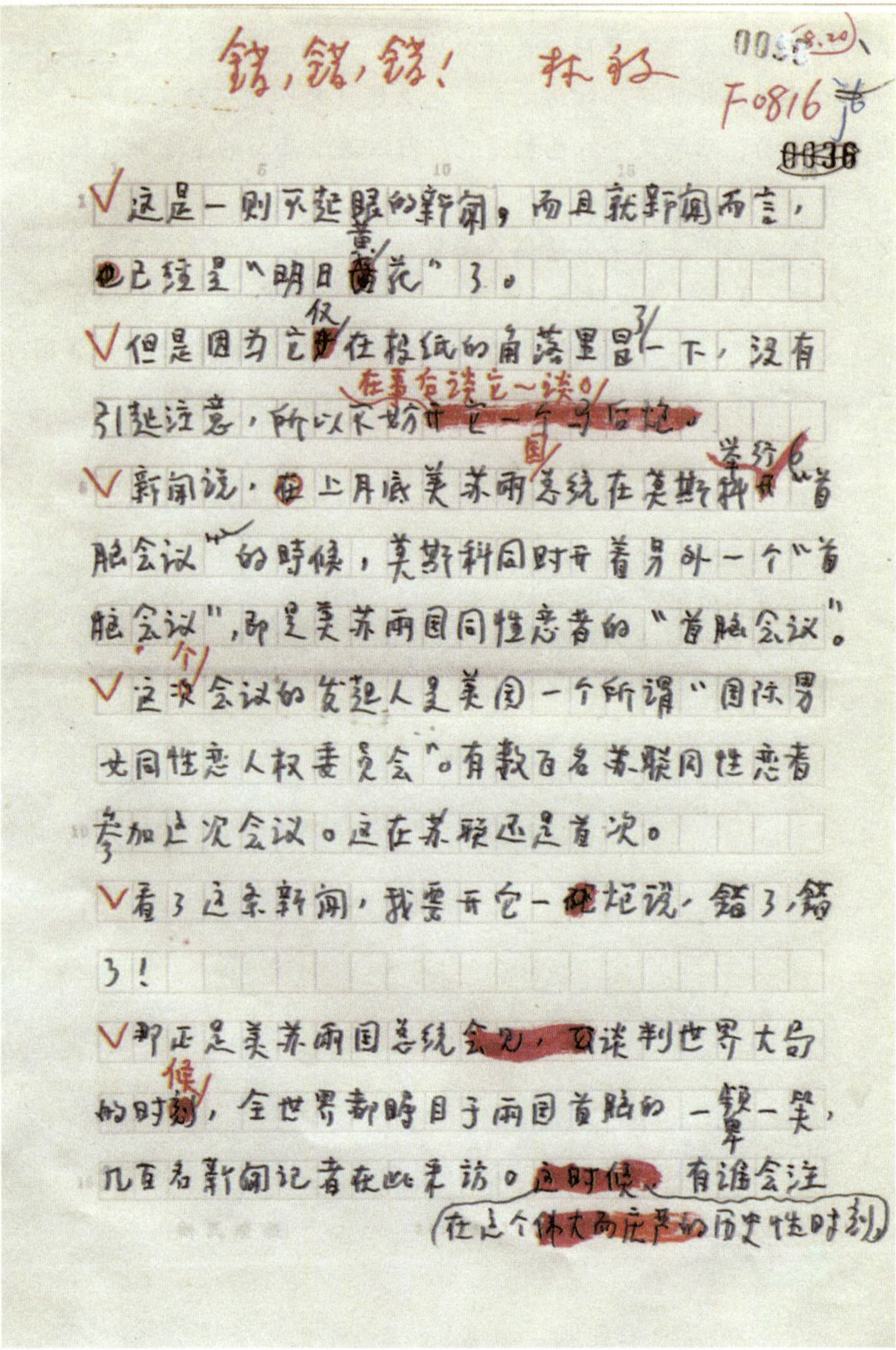
错，错，错！ 林行

F0816

0036

这是一则不起眼的新闻，而且就新闻而言，也已经是"明日黄花"了。

但是因为它仅在报纸的角落里冒了一下，没有引起注意，所以不妨在专栏谈它一谈。

新闻说：上月底美苏两国总统在莫斯科举行"首脑会议"的时候，莫斯科同时开着另外一个"首脑会议"，即是美苏两国同性恋者的"首脑会议"。

这个会议的发起人是美国一个所谓"国际男女同性恋人权委员会"。有数百名苏联同性恋者参加这次会议。这在苏联还是首次。

看了这条新闻，我要开它一炮说：错了，错了！

那正是美苏两国总统谈判世界大局的时候，全世界都瞩目于两国首脑的一颦一笑，几百名新闻记者在此采访。有谁会注意在这个伟大而庄严的历史性时刻

《错，错，错！》手稿 2-13-1

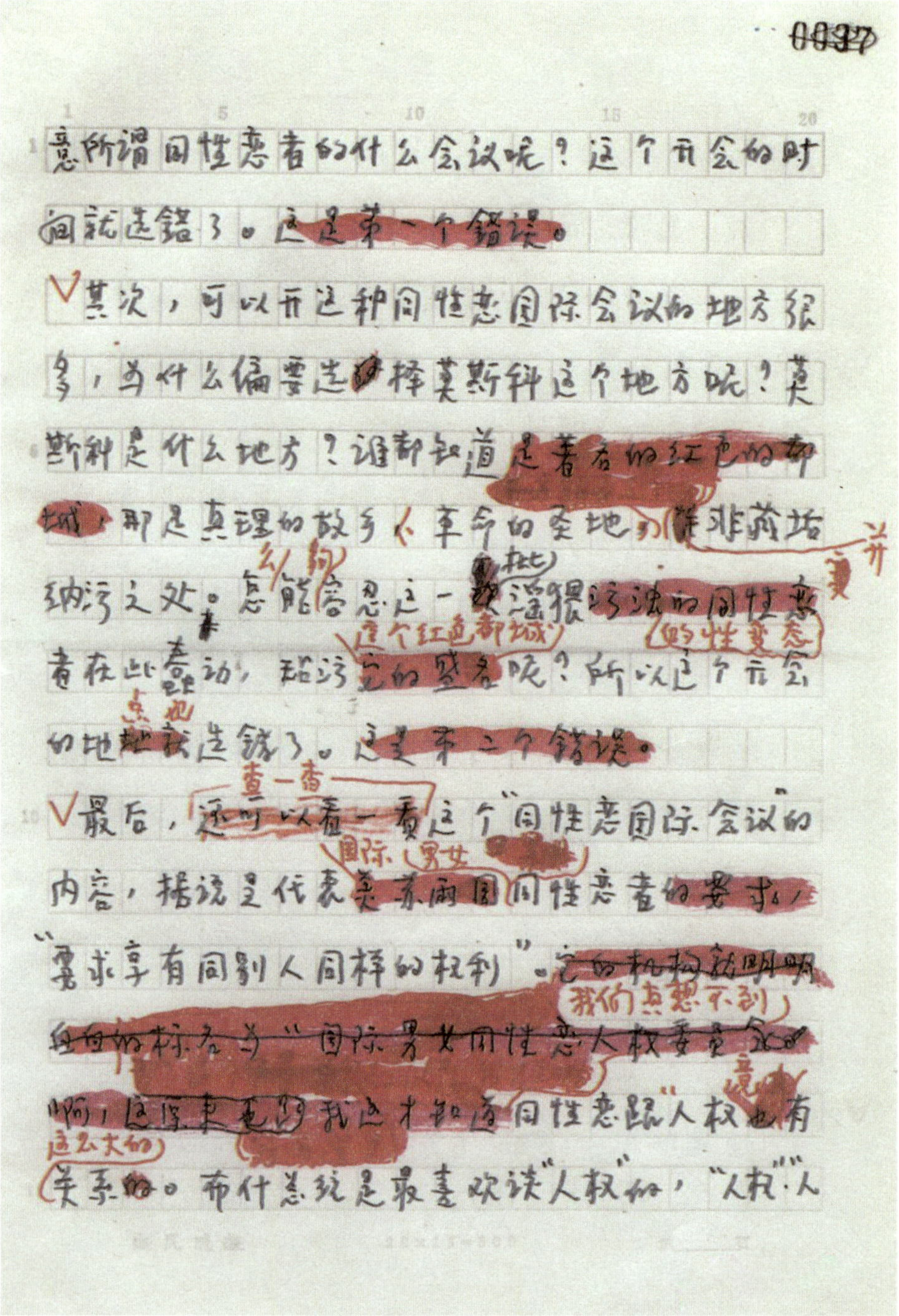
0037
意所谓同性恋者的什么会议呢？这个开会的时
间就选错了。这是第一个错误。
其次，可以开这种同性恋国际会议的地方很
多，为什么偏要选择莫斯科这个地方呢？莫
斯科是什么地方？谁都知道是著名的红色的都
城，那是真理的故乡、革命的圣地，决非藏垢
纳污之处。怎能容忍这一批淫猥污浊的同性恋
者在此蠢动，玷污它的盛名呢？所以这个开会
的地点就选错了。这是第二个错误。
最后，还可以看一看这个"同性恋国际会议"的
内容，据说是代表英苏两国同性恋者的要求，
"要求享有同别人同样的权利"。它的机构就明明
白白的标名为"国际男女同性恋人权委员会"
啊，这倒要感谢，我这才知道同性恋跟"人权"也有
关系的。布什总统是最喜欢谈"人权"的，"人权"人
这个红色都城
的性变态
查一查
国际（男女
我们真想不到
这么大的

《错，错，错！》手稿 2-13-2

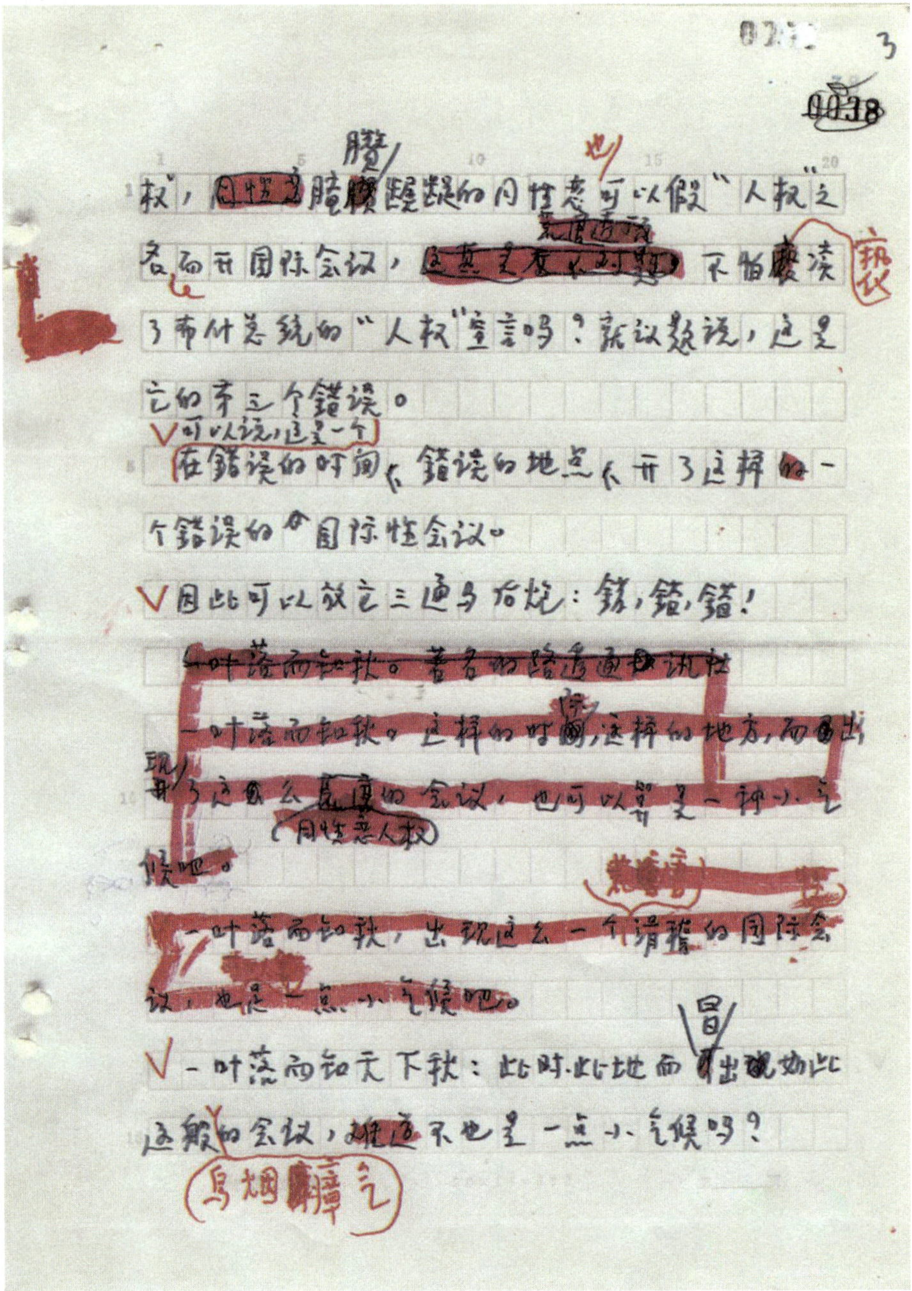

权，朦朦胧胧的月性意可以假"人权"之名而开国际会议，这真是有点不对头！不怕亵渎了卡特总统的"人权"宣言吗？我认为说，这是它的第三个错误。

可以说，这是一个在错误的时间、错误的地点，开了这样一个错误的国际性会议。

因此可以给它三通鸟名称：错，错，错！

一叶落而知天下秋：此时此地而出现如此这般的会议，难道不也是一点小气候吗？

乌烟瘴气

《错，错，错！》手稿　2-13-3

《将军侃侃动惊雷》[①]

[评介]

这是赵超构读了老友张承宗写的《尊重知识善交朋友》后，写的一篇读后感式的谈知识分子问题的杂文。文章写就后，作者在手稿上备注“请尽快发，最好能赶上廿六日”。八月廿六日是陈毅诞辰。本文乍看似乎都在说“广州会议”，陈毅给知识分子“脱帽加冕”的事，文中还谈到了田汉写的诗。然而，作者寓议论于叙述之中，达到了“此时无声胜有声”的效果。当然引用的素材是关键，加上作者独具慧眼的剖析，见微知著，指斥痼疾，便使杂文寓意深长，而又令人感叹。

[原文]

在纪念陈毅同志诞辰九十周年的日子里，张承宗[②]同志写了一篇《尊重知识善交朋友》，介绍陈老总同知识界的友好往来，很能引起我们的亲切回忆。

陈老总是一位革命家、政治家、外交家、诗人，当然也是一位大知识分子。他最熟悉知识分子的长处与短处，因而最能体贴知识分子。跟他接触过的知识界朋友，没有人会忘记他那个坦荡豪爽的丰采的。

留给我们最深的印象，莫过于一九六二年在广州召开的有关戏剧、话剧创作的座谈会上，陈老总所作的慷慨激昂、气势澎湃的长篇讲话了，也就是后来知识界所传的为知识分子“脱帽加冕”的报告：脱掉资产阶级的帽子，加上社会主义的桂冠。

这个报告引起知识界的狂热[③]反应，大家奔走相告，兴高采烈。当时参加会议的田汉写了一首诗，传诵一时，很能代表知识界的振奋心情，不妨重录一遍，温故知新：

一时春满越王台，水暖山温聚俊才。

书记翩翩攻药石，将军侃侃动惊雷。
马多喑哑缘风厉，花不齐开待鼓催。
指日乾坤红紫遍，情深莫忘岭头梅。

田汉这首诗，说出了脱帽加冕后对于百花齐放、百家争鸣的渴望与追求。诗里的“书记翩翩”指的是陶铸同志；“将军侃侃”，就是咱们的陈老总了。

但是这样一个鼓舞知识分子的报告，在上海却被封锁了，没有正式传达。事后知道，是有人对知识分子另有看法，说中国知识分子的特点是一个“贱”字，三天不打屁股就会翘尾巴的。“脱帽加冕”，应当缓行。

这一缓就缓了差不多二十年。中间经历了难忘的“文革”十年，岂仅知识分子是“贱”到三天打一次屁股而已，连陈老总自己也被打成了“老右”。陈老总跟我们知识界，真正是“肝胆相照，荣辱与共”的朋友。一九六二年的“脱帽加冕”，成了一场空欢喜，直到一九七九年，才由邓小平同志旧案重提，正式宣布：“我国广大的知识分子，包括从旧社会过来的老知识分子的绝大多数，已经成为工人阶级的一部份，正在努力自觉地为社会主义事业服务。”

这是第二次的“脱帽加冕”，终于实现了陈老总的心愿了。可惜的是当年作报告的陈老总、陶铸和写诗的田汉，都已离开人间了。我们多么盼望能有机会再一次听到“书记翩翩攻药石，将军侃侃动惊雷”的热闹场面啊。田汉诗说，“指日乾坤红紫遍，情深莫忘岭头梅”，是的，我们不会忘记陈老总，不会忘记陶铸，也不会忘记为百花齐放、百家争鸣而殉道的田汉同志！他们正是报春的岭头梅呀！

[注释]

①原载《新民晚报》1991 年 8 月 26 日《夜光杯》副刊“未晚谈”。

②张承宗（1910—1996），原名张德基，字履斋，号孟和，浙江镇海人。1937 年加入中国共产党，著名社会活动家。历任上海市副市长、市委统战部部长、市人大常委会副主任、市政协副主席等职。

③发表时编辑将“狂热”改为“热烈”。

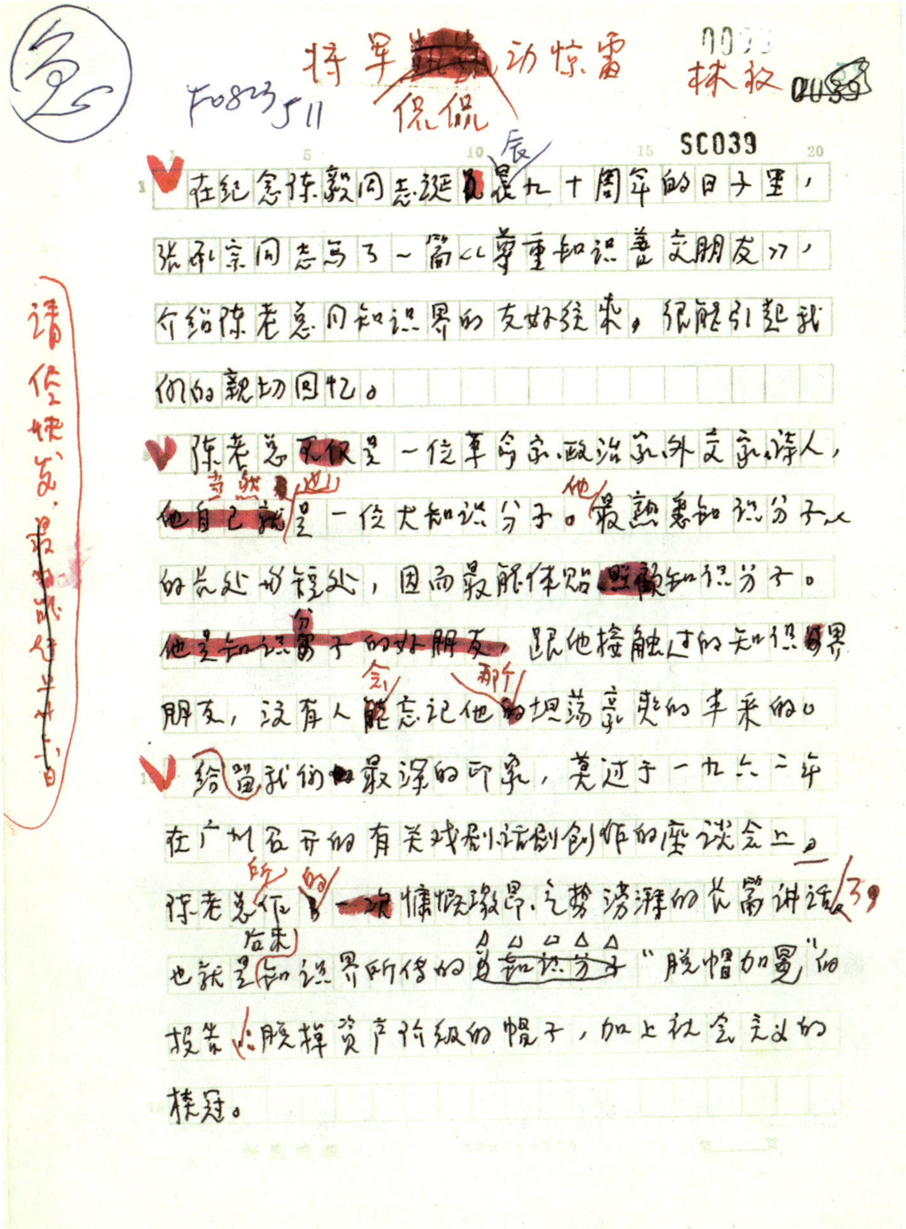

将军侃侃动惊雷　林放

SC039

在纪念陈毅同志诞辰九十周年的日子里，张承宗同志写了一篇《尊重知识善交朋友》，介绍陈老总同知识界的友好往来，很能引起我们的亲切回忆。

陈老总是一位革命家、政治家、外交家、诗人，他当然也是一位大知识分子。他最熟悉知识分子的长处和短处，因而最能体贴知识分子。跟他接触过的知识界朋友，没有人会忘记他那坦荡豪爽的丰采的。

给我们留下最深的印象，莫过于一九六二年在广州召开的有关戏剧话剧创作的座谈会上，陈老总作了一次慷慨激昂、气势磅礴的长篇讲话，也就是后来知识界所传的"脱帽加冕"的报告：脱掉资产阶级的帽子，加上社会主义的桂冠。

《将军侃侃动惊雷》手稿　2-14-1

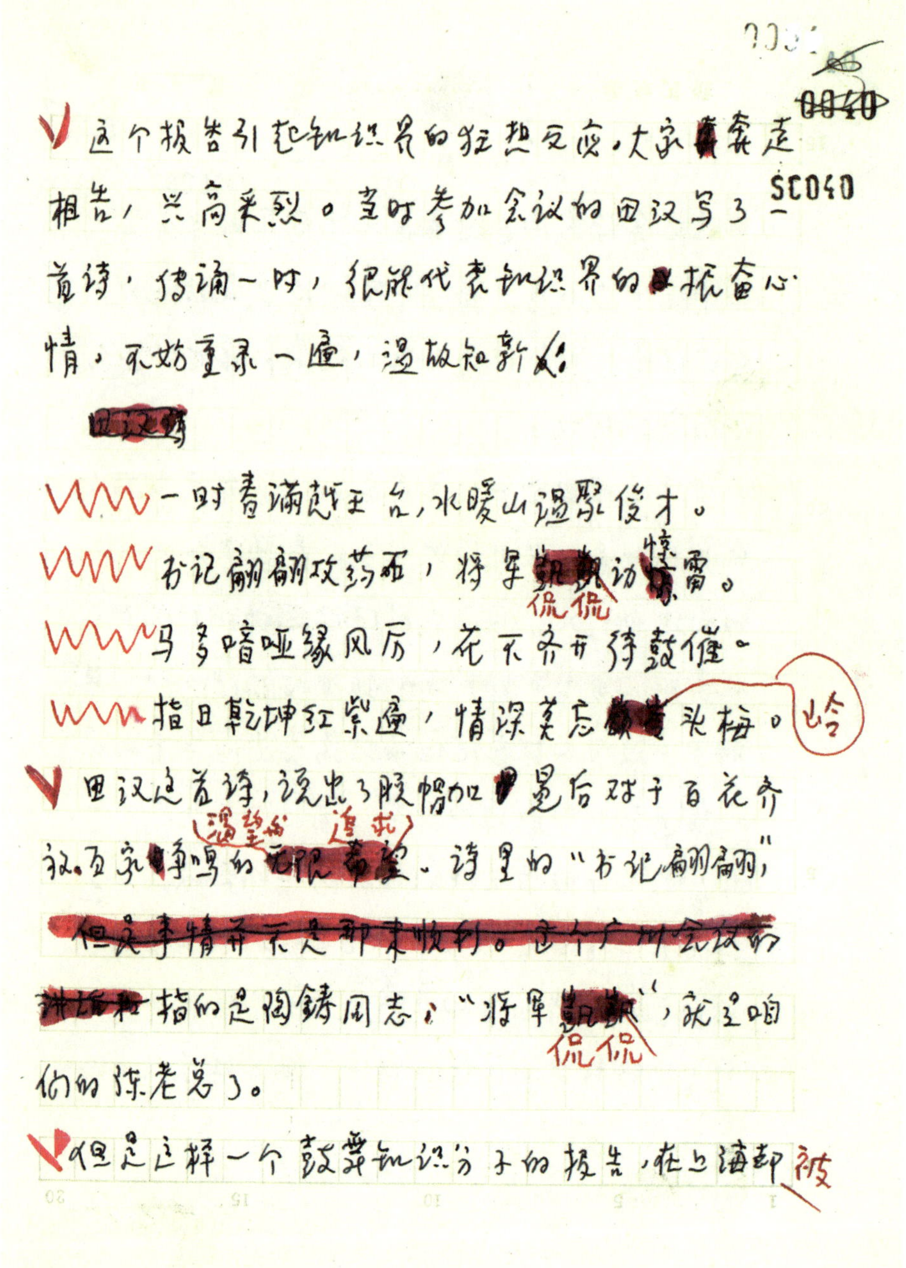

0040

SC040

这个报告引起知识界的狂热反应，大家奔走相告，兴高采烈。当时参加会议的田汉写了一首诗，传诵一时，很能代表知识界的振奋心情，不妨重录一遍，温故知新：

一时春满越王台，水暖山温聚俊才。
书记翩翩收药石，将军侃侃动惊雷。
马多喑哑缘风厉，花不齐开待鼓催。
指日乾坤红紫遍，情深莫忘岭头梅。

田汉这首诗，说出了股肱加是否对于百花齐放、百家争鸣的渴望和追求。诗里的“书记翩翩”，指的是陶铸同志，“将军侃侃”，就是咱们的陈老总了。

但是这样一个鼓舞知识分子的报告，在上海却被

《将军侃侃动惊雷》手稿　2–14–2

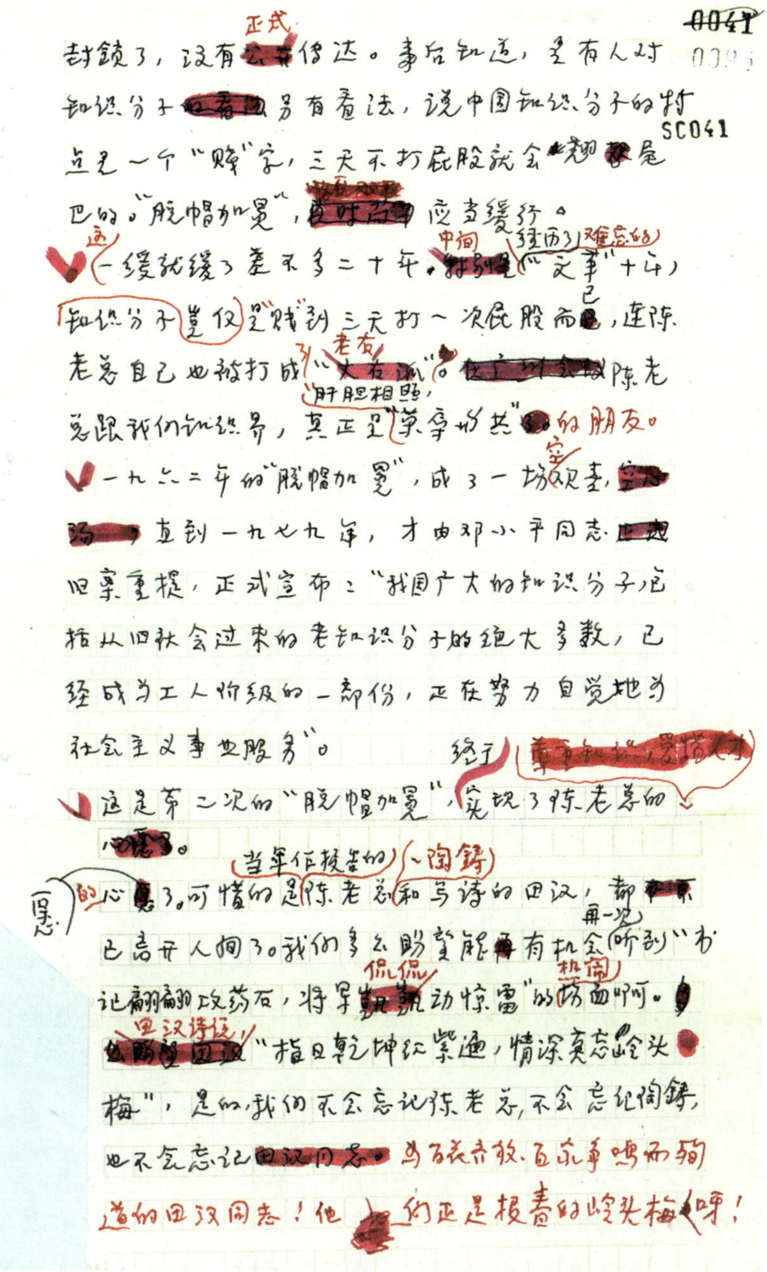
0041
SC041

封锁了，没有正式[redacted]传达。事后知道，是有人对知识分子[redacted]另有看法，说中国知识分子的特点是一个"贱"字，三天不打屁股就会翘[redacted]尾巴的。"脱帽加冕"，[redacted]应当缓行。

这一缓就缓了差不多二十年。中间[redacted]经历了难忘的"文革"十年，知识分子岂仅是贱到三天打一次屁股而已，连陈老总自己也被打成"老右派"。[redacted]陈老总跟我们知识界，真正是"肝胆相照，荣辱与共"[redacted]的朋友。

一九六二年的"脱帽加冕"，成了一场空欢喜，[redacted]直到一九七九年，才由邓小平同志[redacted]旧案重提，正式宣布："我国广大的知识分子，包括从旧社会过来的老知识分子的绝大多数，已经成为工人阶级的一部分，正在努力自觉地为社会主义事业服务"。

这是第二次的"脱帽加冕"，终于实现了陈老总的[redacted]心愿了。可惜的是当年任校长的陈老总和陶铸和写诗的田汉，都已离开人间了。我们多么盼望能再一次有机会听到"书记翩翩攻药石，将军侃侃动惊雷"的热闹画面啊。田汉诗句"指日乾坤红紫遍，情深莫忘岭头梅"，是的，我们不会忘记陈老总，不会忘记陶铸，也不会忘记为百花齐放、百家争鸣而殉道的田汉同志！他们正是报春的岭头梅呀！

《将军侃侃动惊雷》手稿　2-14-3

《哀王孙》①

[评介]

早在二十世纪三十年代，赵超构进入《朝报》编辑国际时事版时，就以短小精悍的国际、经济言论见长，并为读者所熟知。《哀王孙》是一篇典型的国际评论。全文讲述了曾经显赫一时的克伦茨，是如何成为“昙花一现的政治家”的，以致最终沦为“末路王孙”的过程。赵式国际评论，总是选取人们最为关注的人物或事件作为切入口，用调侃而诙谐的言语，勾勒出多变的国际风云，从而引发人们思考。

[注释]

①原载《新民晚报》1991年8月28日《夜光杯》副刊“未晚谈”。收入《赵超构文集》时标题改为《哀其不幸》。

[原文]

报上有个标题说：克伦茨失业后终获“新生”。这个克伦茨是何许人也？说起来，他是大有来头的。

前年十月，民主德国人把统一社会党的总书记昂纳克轰下了台，继任的总书记就是这个克伦茨。他还兼任了国务委员会主席和国防委员会主席，显赫一时。

可惜的是，他的好景不长。十月间上台，干到当年十二月初，他也被轰下台了。先后不过六个星期，是个昙花一现的政治家。

但是，执政的时间虽短，短短的时间里却干了两件惊天动地的大事。第一件，是他亲手删改了民主德国的宪法，删去了“工人阶级及其马列主义政党领导”的内容。第二件大事是开放东德边境，开放柏林墙。

柏林墙一开放，涌向西柏林的人就“一发而不可收拾”。一天里超过五十万，十天里签发了一千万私人旅行证。联邦德国和西柏林方面给每个到那里去的民主德国公民发放一百个联邦马克的“欢迎费”，使出了马克攻势。

这就是克伦茨执政时干的“新政”。特别是开放柏林墙一事，美国布什总统称之为东德“自由”的大事件；英国撒切尔夫人认为是“自由的一个伟大日子”；西德总理科尔称赞这一天是“极其愉快的时刻”。

以后的事情是大家都知道的了。西德政府打出了两德马克一比一的比价，骗取了东德的“民意”，最后终至于两德合并。

所以有人说，民主德国的剧变，只是“由于一字之差”。什么“一字之差”呢？那就是：“马克”代替了“马克思”。人们眼巴巴地望着西德马克，淡化了马克思，于是柏林墙就倒坍了。

而现在，这位一手开放柏林墙的克伦茨又是伤感、又是庆幸地说：在失业了二十个月之后，感谢地产大王布罗伊尔，让他改业经济管理，他将在地产大王那里获得一个“饭碗”。

原来是一个工人党的领袖、政府的首脑，终于要向一个地产商人乞讨一口“嗟来之食”。这真是一场春梦，恍同隔世，历史是太无情了。

这个戏剧性的变化，不禁使人联想起流落在路隅啼泣的末路王孙。“问之不肯道姓名，但道困苦乞为奴”。穷途末路的克伦茨总算碰上了一位“慈悲”的大老板，开始他的“新生”了，愿上帝保佑他！

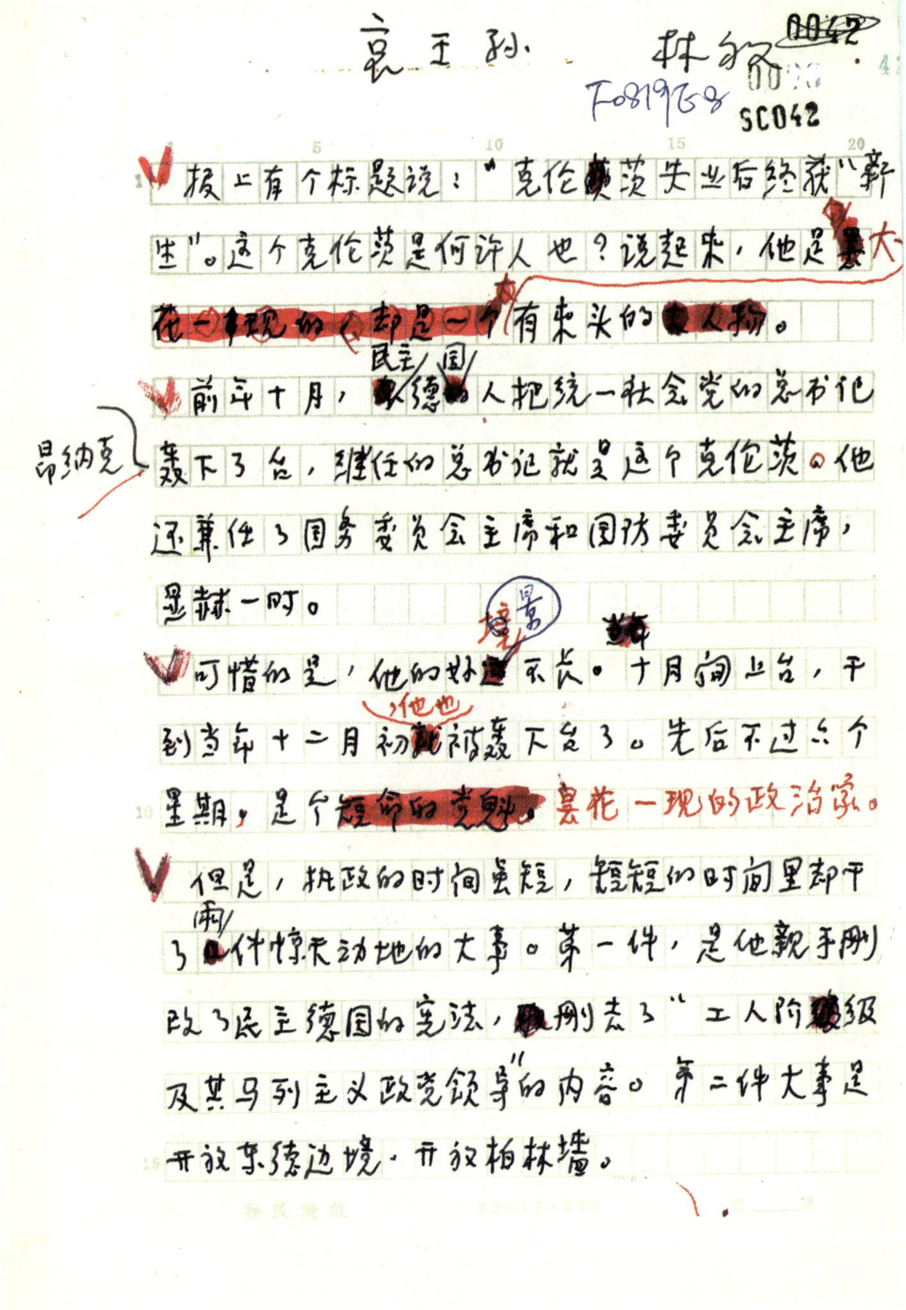

哀王孙　林放

报上有个标题说："克伦茨失业后终获"新生"。这个克伦茨是何许人也？说起来，他是大有来头的人物。

前年十月，民主德国人把统一社会党的总书记昂纳克轰下了台，继任的总书记就是这个克伦茨。他还兼任了国务委员会主席和国防委员会主席，显赫一时。

可惜的是，他的好景不长。十月间上台，到当年十二月初他也被轰下台了。先后不过六个星期，是个昙花一现的政治家。

但是，执政的时间虽短，短短的时间里却干了两件惊天动地的大事。第一件，是他亲手删改了民主德国的宪法，删去了"工人阶级及其马列主义政党领导"的内容。第二件大事是开放东德边境，开放柏林墙。

《哀王孙》手稿　2–15–1

SC043

柏林墙一开放，涌向西柏林的人就"一发而不可收拾"。一天里越过五十万，十天里签发了一千万私人旅行证。联邦德国和西柏林方面给每个到那里去的民主德国公民发放一百个联邦马克的"欢迎费"，使出了马克攻势。

这就是克伦茨执政时干的"新政"。特别是开放柏林墙一事，美国布什总统称之为东德"自由"的大事件；英国撒切尔夫人认为是"自由的一个伟大日子"；西德总理科尔称赞这一天是"极其愉快的时刻"。

以后的事情是大家都知道的了。西德政府打出了两德马克一比一的比价，骗取了东德的"民意"，最后终于两德合并。

所以有人说，民主德国的剧变，只是由于"一字之差"。什么"一字之差"呢？那就是："马克代替了

《哀王孙》手稿 2-15-2

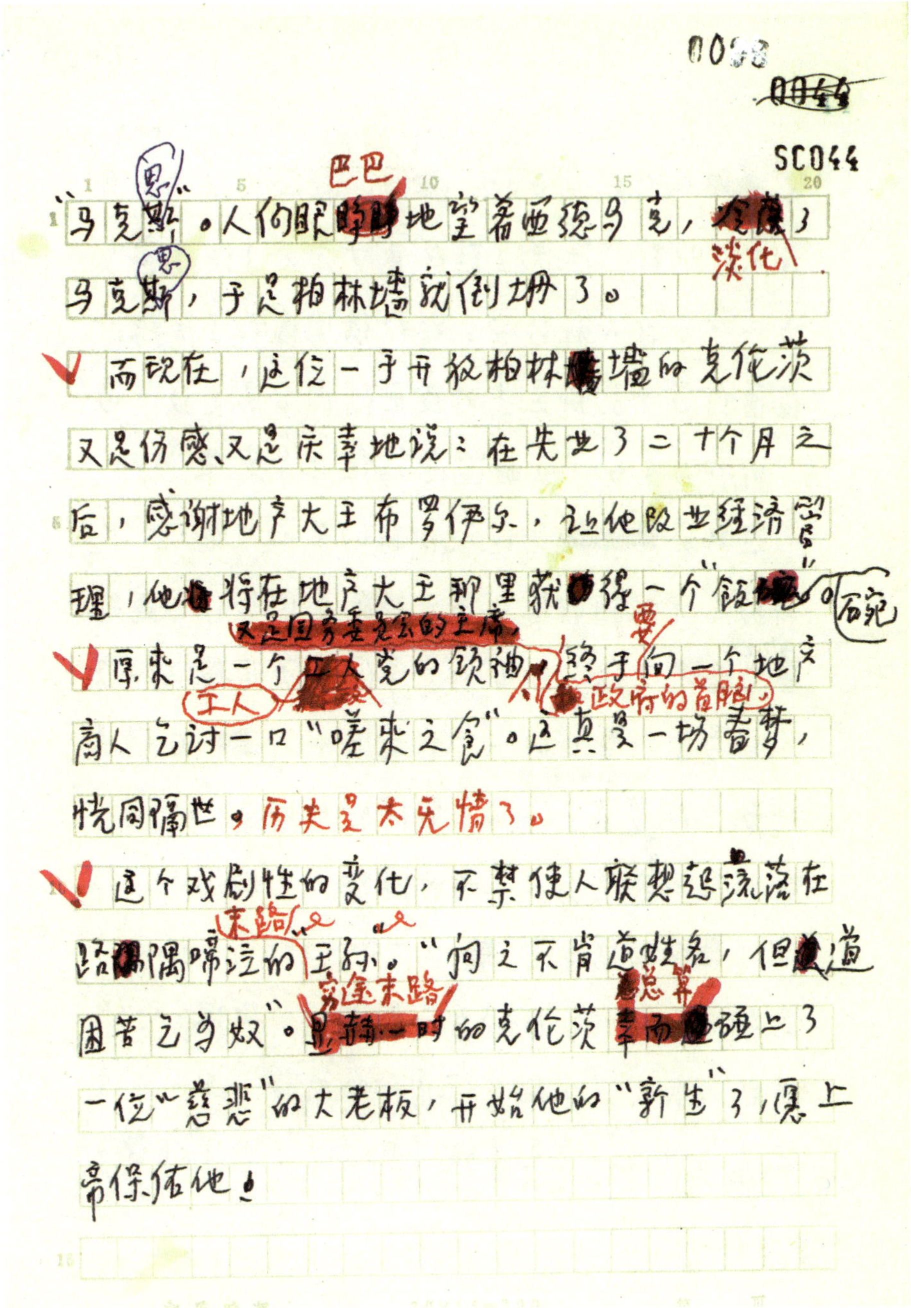

"马克思"。人们眼巴巴地望着西德马克，淡化了马克思，于是柏林墙就倒塌了。

而现在，这位一手开放柏林墙的克伦茨又是伤感又是庆幸地说：在失业了二十个月之后，感谢地产大王布罗伊尔，让他的投资经济管理，他将在地产大王那里获得一个"饭碗"。

原来是一个工人党的领袖、又是国务委员会的主席、政府的首脑，终于向一个地产商人乞讨一口"嗟来之食"。这真是一场春梦，恍同隔世。历史是太无情了。

这个戏剧性的变化，不禁使人联想起流落在路隅哭泣的王孙。"问之不肯道姓名，但道困苦乞为奴"。穷途末路的克伦茨总算碰上了一位"慈悲"的大老板，开始他的"新生"了，愿上帝保佑他！

《哀王孙》手稿 2-15-3

《杜甫写“特写”》①

[评介]

这是赵超构出席上海市新闻特写理论研讨会以后，有感而发的一篇“未晚谈”。文章通过对杜甫《石壕吏》一诗的分析，得出一个结论，要想写好特写，关键有三：一是“带有充沛的感情”，二是“突出现场细节”，三是“学会白描的笔法”。一篇介绍如何写好特写的文章，却被作者写成如此极富文化艺术感染力，堪称一绝也。

[注释]

①原载《新民晚报》1991年9月30日《夜光杯》副刊“未晚谈”。

[原文]

现在特写体裁的新闻报道甚是流行。最近就听到几位办报的朋友谈论特写的写作问题，也引起一点感想。不过，我这点感想近乎奇谈怪论，未必合乎新闻学教科书，说起来是要贻笑大方的。

我的意思是，“特写”这种报道体裁，并不是有了报刊之后才出现的，这本来是文章的一种旧体裁，不论中外都是古已有之的。

咱们祖国有位大诗翁，就是杜甫，人称诗圣。他就写了不少有韵的新闻特写。不妨举他的《石壕吏》一诗为例。

凡是讲新闻，总要讲新闻的六个基本要素。每一篇报道都必须包含何人？何事？何时？何地？为何发生？以及如何发生？《石壕吏》一诗只有一百二十个字，却是很完美地包含了这六个要素。“暮投石壕村，有吏夜捉人”，十个字便点明了时间、地点、人物、事件，深更半夜里拉壮丁。以下便写出了那个兵荒马乱的年代，驱尽壮丁及于老弱的惨状。且看诗中所述三男戍、二男死、孙方乳、媳无裙、翁踰墙，丁男俱尽，只好把老妇人也抓了去“应役”。这事件是“为何发生”以及“如何发生”的？在这一百二十个字的诗里都有了生动的描绘。这是完全合乎新闻报道的规格的。

《石壕吏》一诗，不仅可以作为特写体裁来赏析，它也教给我们一些特写创作的知识。

首先是，特写的作者一定要对所写的事件、人物带有充沛的感情。诗圣杜甫就是带着对人民疾苦的满腔同情，才能写出《三吏》《三别》等名篇的。不能想象一个缺乏敏感、无动于中（衷）的人能写好特写。

其次是，既称特写，就要突出现场细节，要让读者亲临其境。《石壕吏》的首尾故事都是作者耳闻目睹的。“老翁踰墙走，老妇出门看”，叙拉夫的急迫；“吏呼一何怒，妇啼一何苦”，特写环境气氛之紧张。以下便是老太婆的哭诉，直至“夜久语声绝，如闻泣幽咽”，都是现场细节，说明了事件“如何发生”。写不出现场的特写，成功率是很低的。

最后还有一条，写特写一定要学会白描的笔法。《石壕吏》的作者带着深厚的同情记录了老妇人的哭诉，但是他本人尽量控制着自己，不在这首特写诗中发泄个人的议论，不依靠浮华的辞藻来渲染。有人评论司马迁的《史记》说：“善于在叙事中寓论断。”《石壕吏》以及杜甫的其他叙事诗，也多以事实说明问题，让读者自己去领会其中的喜怒哀乐，所用词句都是明白如话。这种白描的本领，也可以说是写好新闻特写的诀窍之一吧。而这一点却正是时下的大小特写所最缺少的功夫。

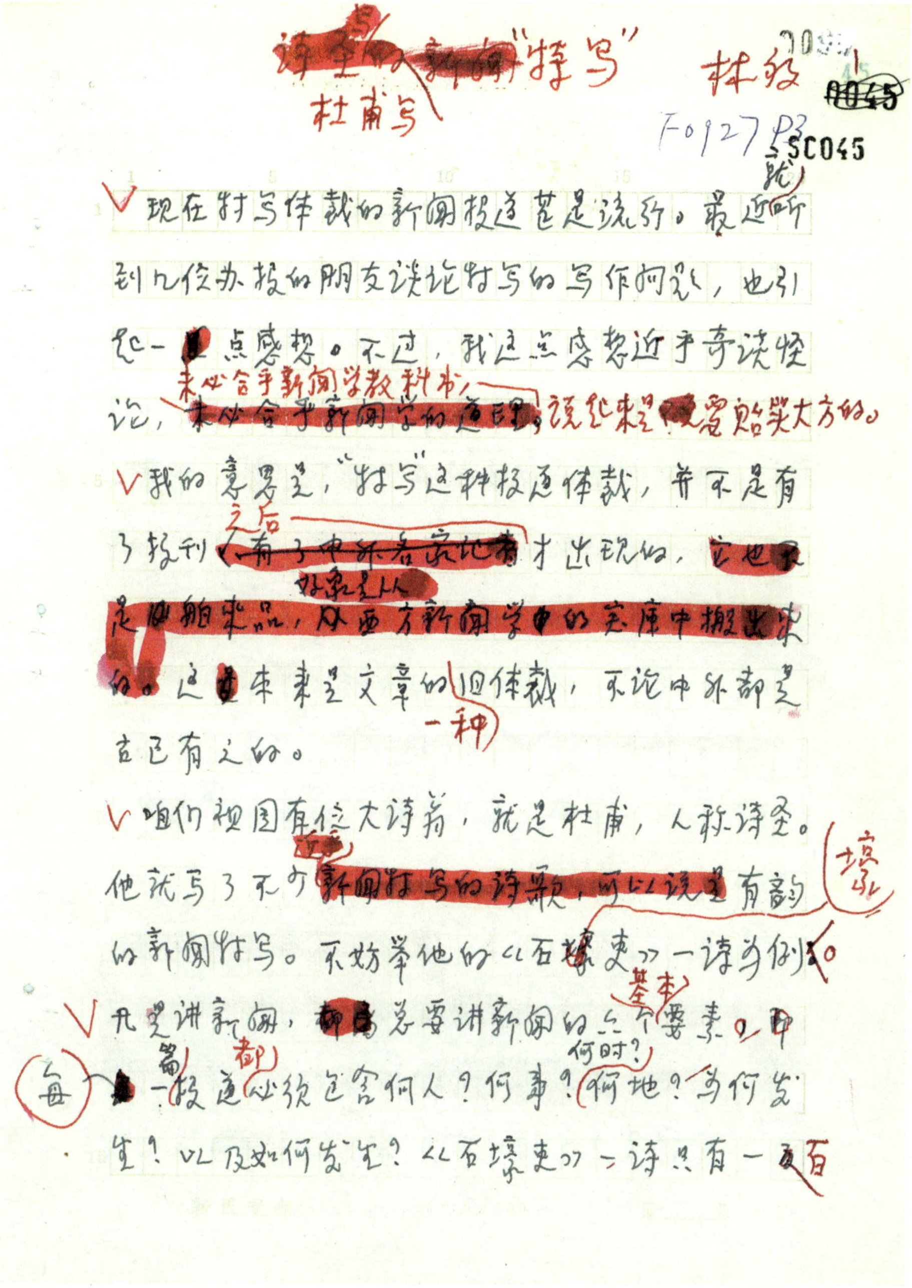

杜甫写"特写"　林放

0045　F0927 P3　SC045

现在特写体裁的新闻报道甚是流行。最近听到几位办报的朋友谈论特写的写作问题，也引起一点感想。不过，我这点感想近乎奇谈怪论，未必合乎新闻学教科书，说出来是要贻笑大方的。

我的意思是，"特写"这种报道体裁，并不是有了报刊之后才出现的，[illegible]从西方新闻学的宝库中搬出来的。这本来是文章的一种旧体裁，不论中外都是古已有之的。

咱们祖国有位大诗翁，就是杜甫，人称诗圣。他就写了不少[illegible]有韵的新闻特写。不妨举他的《石壕吏》一诗为例。

凡是讲新闻，总要讲新闻的基本要素，每篇报道都必须包含何人？何事？何时？何地？为何发生？以及如何发生？《石壕吏》一诗只有一百

《杜甫写"特写"》手稿　2-16-1

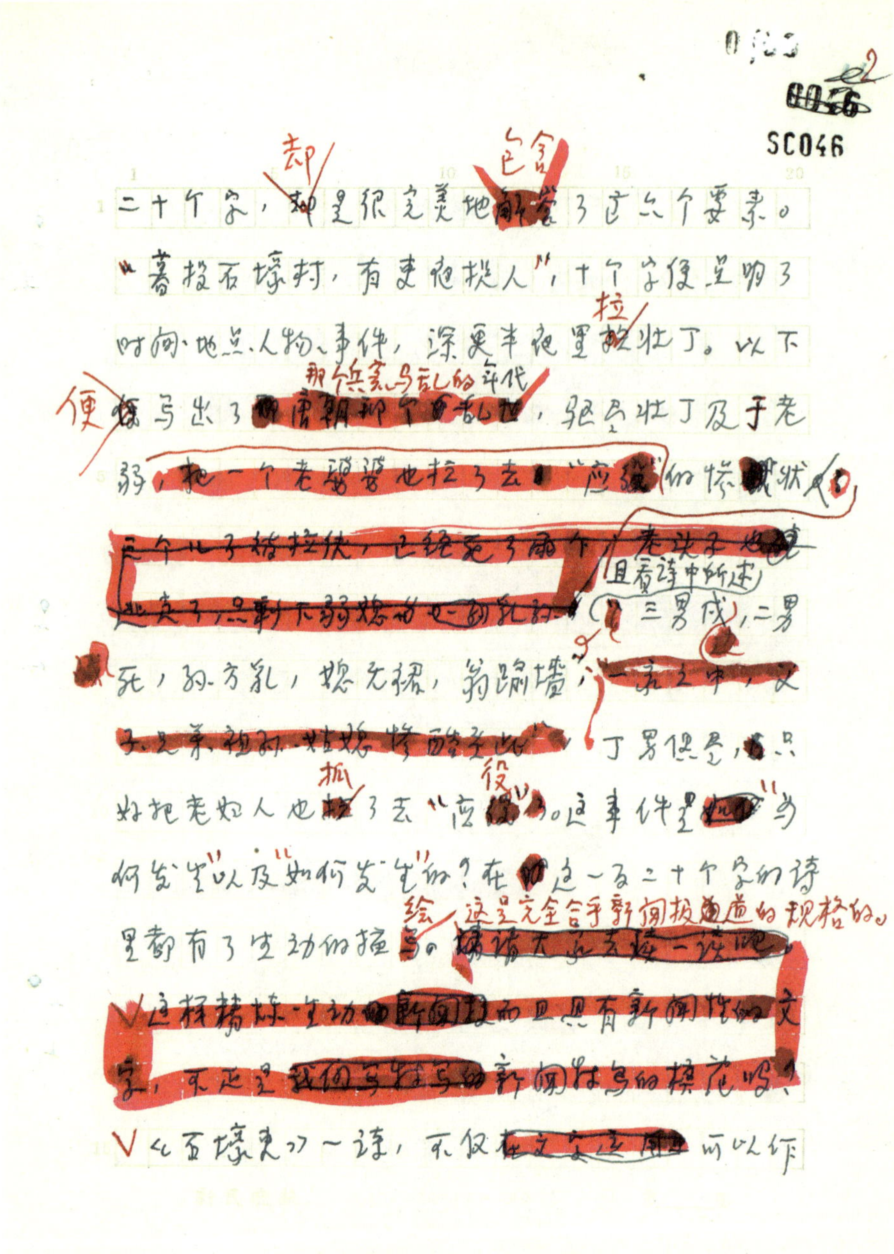
0050
SC046

二十个字，却是很完美地包含了这六个要素。“暮投石壕村，有吏夜捉人”，十个字便点明了时间、地点、人物、事件，深更半夜里拉壮丁。以下便写出了那个兵荒马乱的年代，强拉壮丁及于老弱的惨状。且看诗中所述：“三男戍，二男死，孙方乳，媳无裙，翁踰墙”，丁男俱尽，只好把老妇人也抓了去“应役”。这事件是“如何发生”以及“如何发生的”？在这一首二十个字的诗里都有了生动的描绘。这是完全合乎新闻报道的规格的。

《石壕吏》一诗，不仅可以作

《杜甫写“特写”》手稿 2-16-2

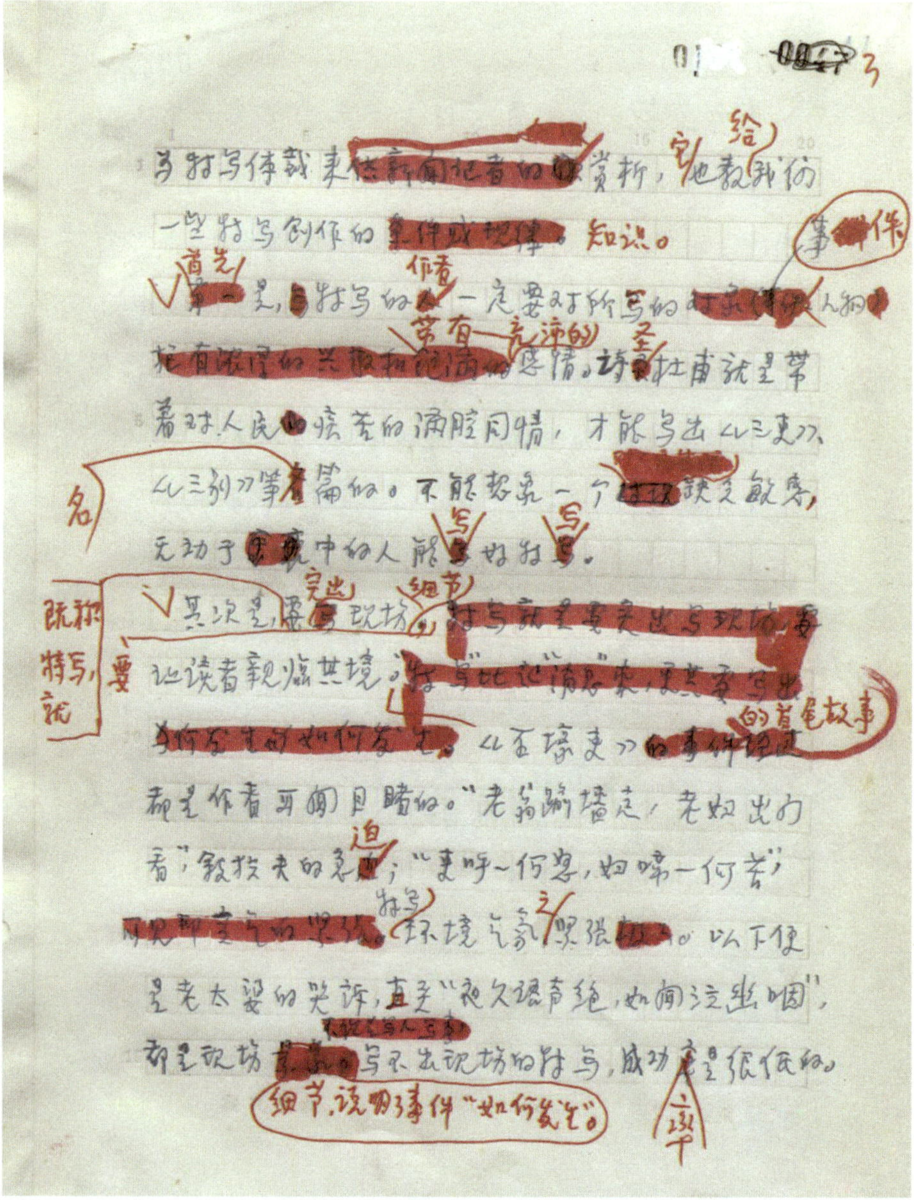

与特写体裁来……赏析，他教我们一些特写创作的……知识。

第一是，特写的作者一定要对所写的……人物……感情。诗人杜甫就是带着对人民的疾苦的满腔同情，才能写出《三吏》《三别》等名篇的。不能想象一个……缺乏敏感，无动于衷的人能写好特写。

其次是，……现场，……让读者亲临其境，……《石壕吏》的事件……都是作者耳闻目睹的。"老翁逾墙走，老妇出门看"；缉拿夫的急迫；"吏呼一何怒，妇啼一何苦"……环境气氛紧张……。以下便是老太婆的哭诉，直至"夜久语声绝，如闻泣幽咽"，都是现场……写不出现场的特写，成功率是很低的。

《杜甫写"特写"》手稿 2-16-3

第二辑 手稿

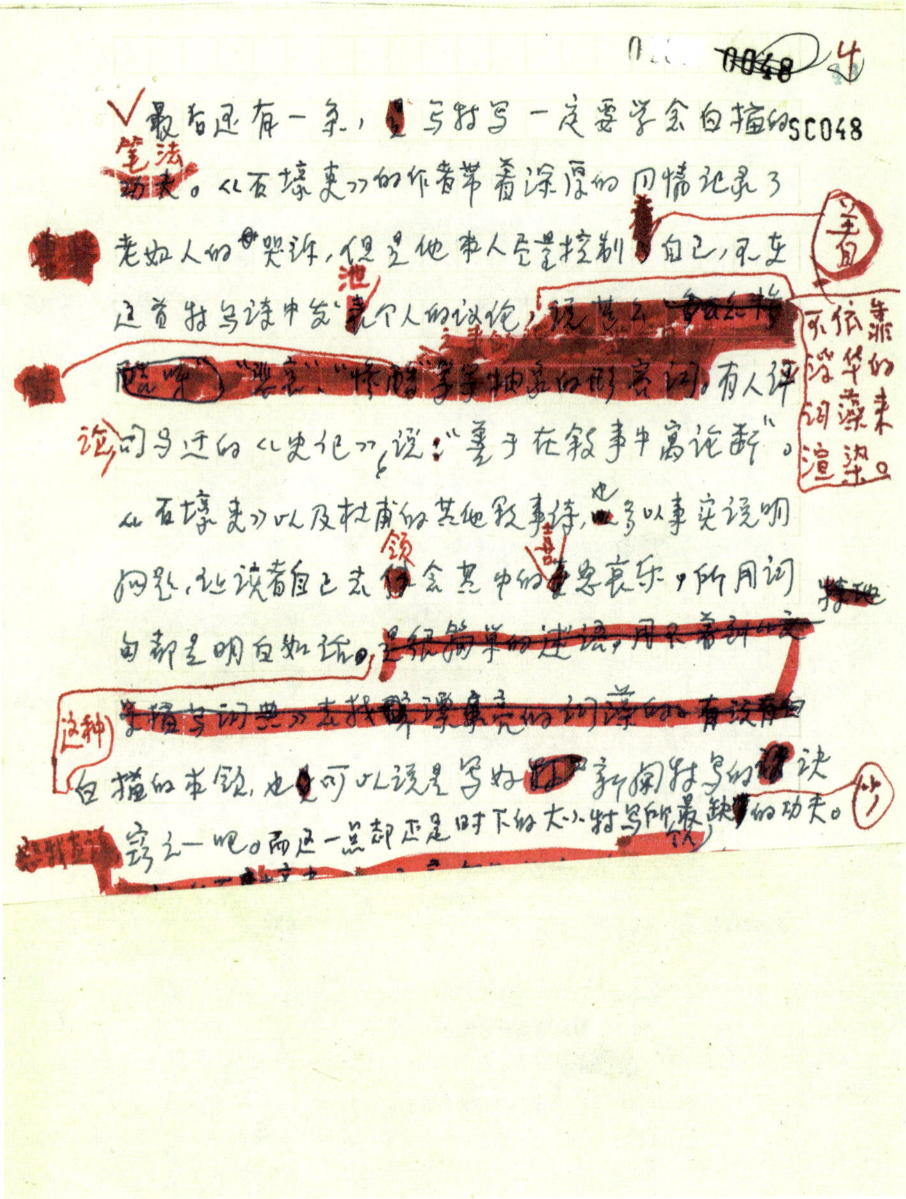
SC048

最后还有一条，写特写一定要学会白描的笔法功夫。《石壕吏》的作者带着深厚的同情记录了老妇人的哭诉，但是他本人尽量控制着自己，不在这首诗篇中发泄个人的议论，……不依靠华丽的词藻来渲染。有人评论司马迁的《史记》说："善于在叙事中寓论断"。

《石壕吏》以及杜甫的其他叙事诗，也多以事实说明问题，让读者自己去领会其中的喜怒哀乐，所用词句都是明白如话。这种白描的本领，也可以说是写好特写的诀窍之一吧。而这一点却正是时下的大小特写所最缺少的功夫。

《杜甫写"特写"》手稿　2-16-4

《这也是一种翻译艺术》[1]

［评介］

“好的文艺作品一定来源于生活。”赵超构患有心肌病，对起搏器等医疗器材多了一份关注。当他发现当前的科技新闻报道中，往往因“各有其专门的语言”而使外行人“听不懂也看不懂”，便有感而发写下了此文。《人民日报》在“编者按”中说：“在新民晚报上发表的《这也是一种翻译艺术》，就科技报道的科学性、通俗性和生动性如何融为一体提出了看法，很值得一读。记者在采访过程中，是否消化了科技活动错综复杂的内容？在写作过程中，能否把那些奥妙的科技语言‘翻译’成普通人理解的通用语言？这是写作科技新闻要尽力做到的。今天转载此文，不仅是因林放同志谈出了广大读者对科技宣传的愿望，而且提出了改进科技报道的重要意见。我们希望在改进今后的科技宣传报道中能够得到广大科技工作者的批评和帮助。”

［注释］

①原载《新民晚报》1991 年 10 月 26 日《夜光杯》副刊“未晚谈”。同年 11 月 11 日《人民日报》加“编者按”全文转载。

［原文］

现在是讲求科学兴国的时候，从而科技新闻也日益显示其重要。老百姓有权利要求知道，我们国家每年花了那末多的人力财力来搞科技，究竟结出什么样的果实？一颗卫星上天，它对咱们的国计、民生和国防有多大的关系？通过新闻报道而了如指掌，就能增加知识，同时也激励了我们的自豪感。

但是，在新闻报道中宣传科技知识，却是一个难题。这不象宣传电影明星或体育明星那样容易讨好读者。科技（包括医学）工作，各有其专门的语言，这种语言只通行于他们自己的行业，外行人是听不懂也看不懂的。比如说，前不久在报上看到一则“生理性起搏器问世”的消息。消息说这是什么“频率应答式双腔心脏起搏器”。这消息给专业医生看来可能一看就懂，但是，对于我们就很难了。我们不知道，这种起搏器是埋藏在体内的还是带在体外的？报上说是“一台”起搏器，这“一台”有多大？“频率应答式双腔……”又是什么意思？写科技新闻的必须设想到，你的读者是不大懂得这种神秘的科技语言的。外国有一位名记者说得好：科技新闻写作是一种翻译艺术，要把那神秘的、奥妙的科技语言译为普通人能够接受的通用语言。运用譬喻、形象和生动的叙述，把科学王国的“人参果”摘下来让我们凡夫俗子也能尝一尝，这是一种特殊的艺术。写报道的必须掌握科学家、工程师、医生使用的术语，消化科技活动的错综复杂的内容，然后才能深入浅出，用普通话向读者和听众作报道。

这就很象把外国文字译成汉语一样，要求译得“信、达、雅”。“信”就是准确；“达”就是通俗易懂。最难的是最后一个“雅”字。写科技新闻，能够做到不枯燥乏味，已是不错了，还要把它的内容说得有趣生动，岂不是很难的吗？但并不是办不到的。我们已读过不少把科学技术、自然现象和创造发明写得生动有趣的报道了。我们大概都没有忘记，当年美国宇航员登上月球的那篇新闻，竟把这种高精尖的科学技术，写成那么生动、那么简洁、那么有趣。我们至今还记得宇航员阿姆斯特朗在月球登陆时说的一句话：“对一个人来说，迈出的只是一小步；对整个人类来说，这是一个巨大的飞跃。”而当他在月球散步时，“地球正好在他头顶上”。这样的描写，正是我们的科技报道应当学习的。

苏联大文豪高尔基曾经特地为一位科技作家伊林的著作写序言。他称赞伊林的科技作品是“把复杂、奥妙的事物，简单明白地讲出来”。这说的就是翻译的“信”和“达”了；高尔基又赞美伊林的科技写作是“描写现代发生的实在情况的散文诗”。请看，优秀的科技报道可以比得上散文诗，不是“雅”得很吗？

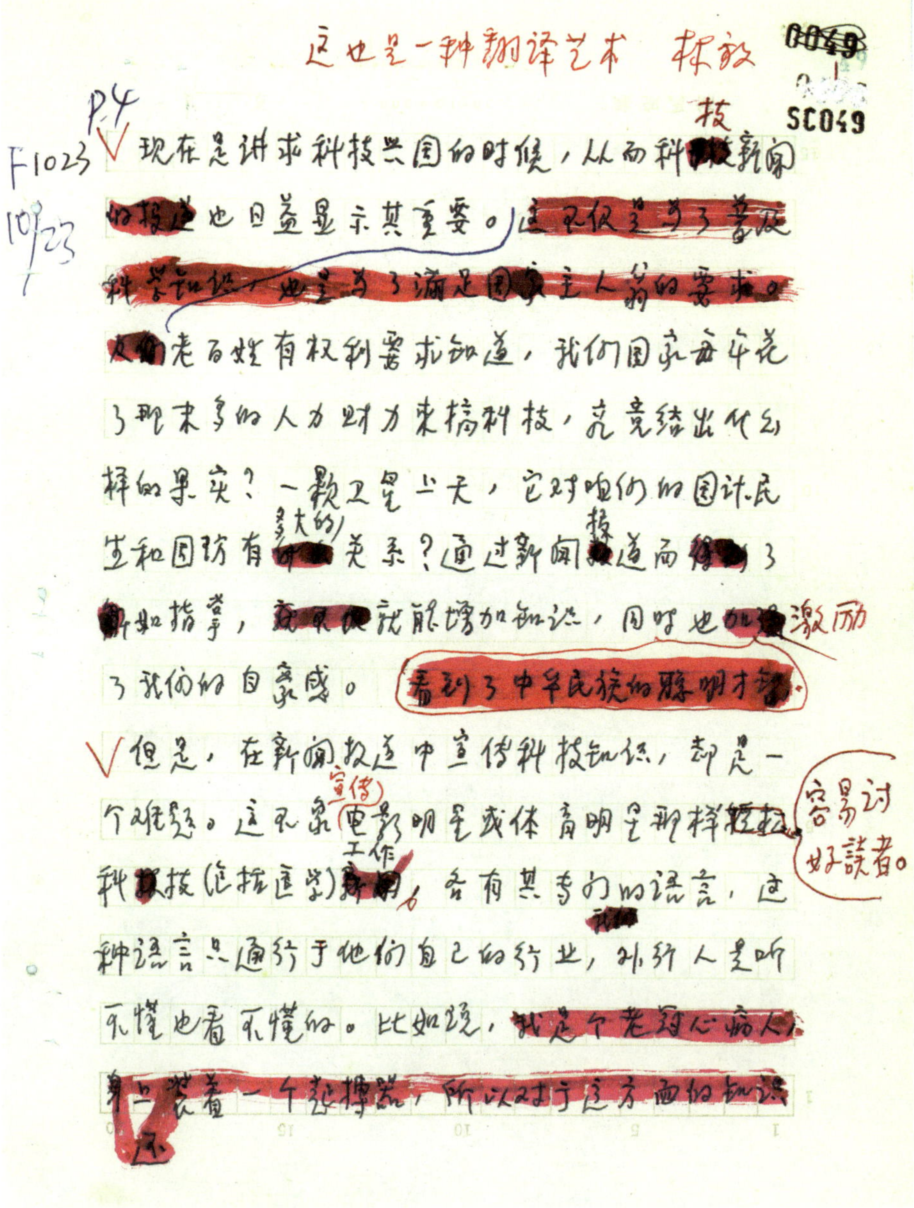
0049
SC049
这也是一种翻译艺术　林敦

P.4

F1023　10/23

现在是讲求科技兴国的时候，从而科技[redacted]新闻报道也日益显示其重要。这不仅是为了普及科学知识，也是为了满足国家主人翁的要求。[redacted]老百姓有权利要求知道，我们国家每年花了那末多的人力财力来搞科技，究竟结出什么样的果实？一颗卫星上天，它对咱们的国计民生和国防有多大的[redacted]关系？通过新闻报道而[redacted]了[redacted]如指掌，[redacted]就能增加知识，同时也[redacted]激励了我们的自豪感。看到了中华民族的聪明才智。

但是，在新闻报道中宣传科技知识，却是一个难题。这不象宣传电影明星或体育明星那样轻松，容易讨好读者。科[redacted]技（包括医学）工作者[redacted]，各有其专门的语言，这种语言只通行于他们自己的行业，外行人是听不懂也看不懂的。比如说，我是个老冠心病人，身上装着一个起搏器，所以对于这方面的知识

《这也是一种翻译艺术》手稿　2–17–1

第二辑
手稿

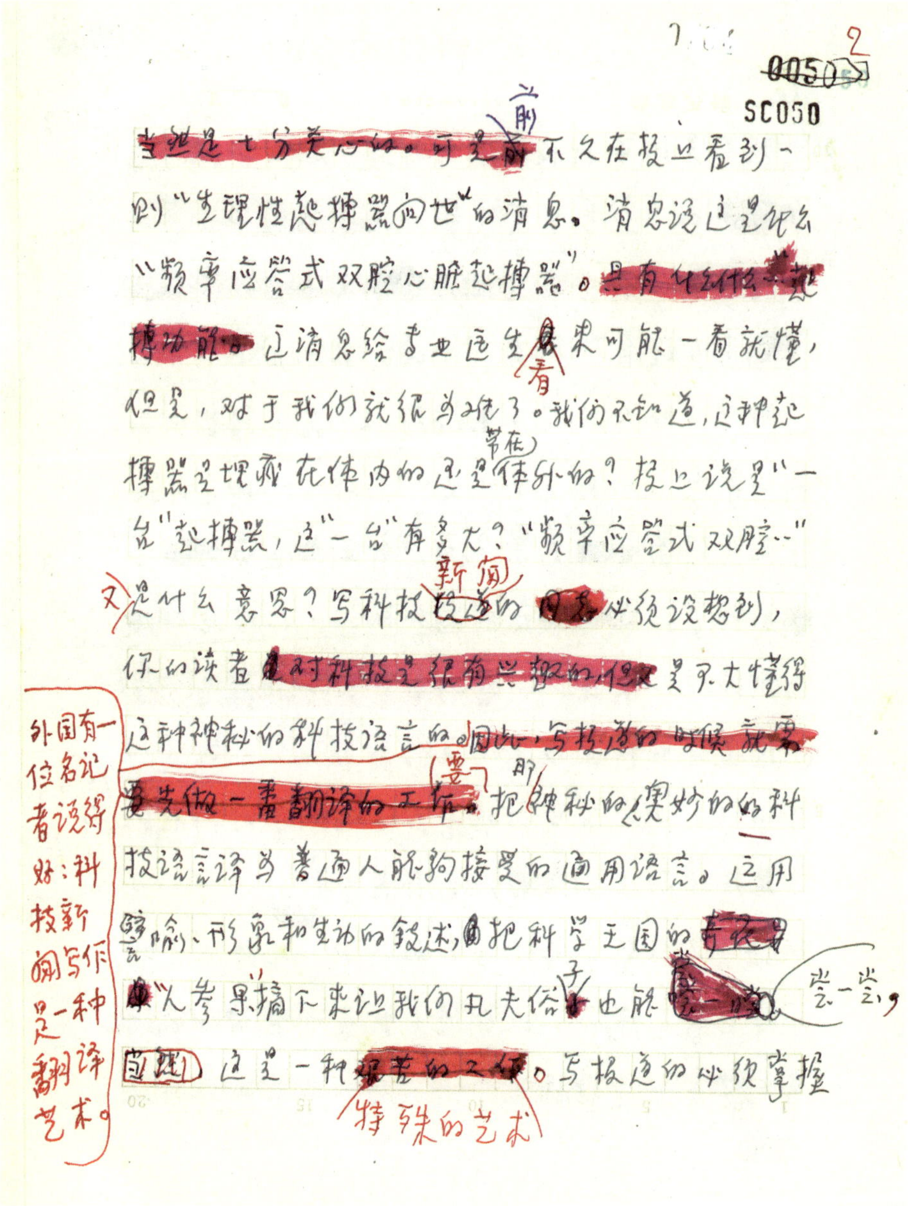
2
SC050

前不久在报上看到一则"生理性起搏器问世"的消息。消息说这是什么"频率应答式双腔心脏起搏器"。这消息给专业医生看来可能一看就懂，但是，对于我们就很为难了。我们不知道，这种起搏器是埋藏在体内的还是带在体外的？报上说是"一台"起搏器，这"一台"有多大？"频率应答式双腔……"又是什么意思？写科技新闻的必须设想到，你的读者[illegible]是不大懂得这种神秘的科技语言的。要把神秘的、奥妙的科技语言译为普通人能够接受的通用语言。运用譬喻、形象和生动的叙述，把科学王国的[illegible]人参果摘下来让我们凡夫俗子也能尝一尝。这是一种特殊的艺术。写报道的必须掌握

外国有一位名记者说得好：科技新闻写作是一种翻译艺术。

《这也是一种翻译艺术》手稿　2–17–2

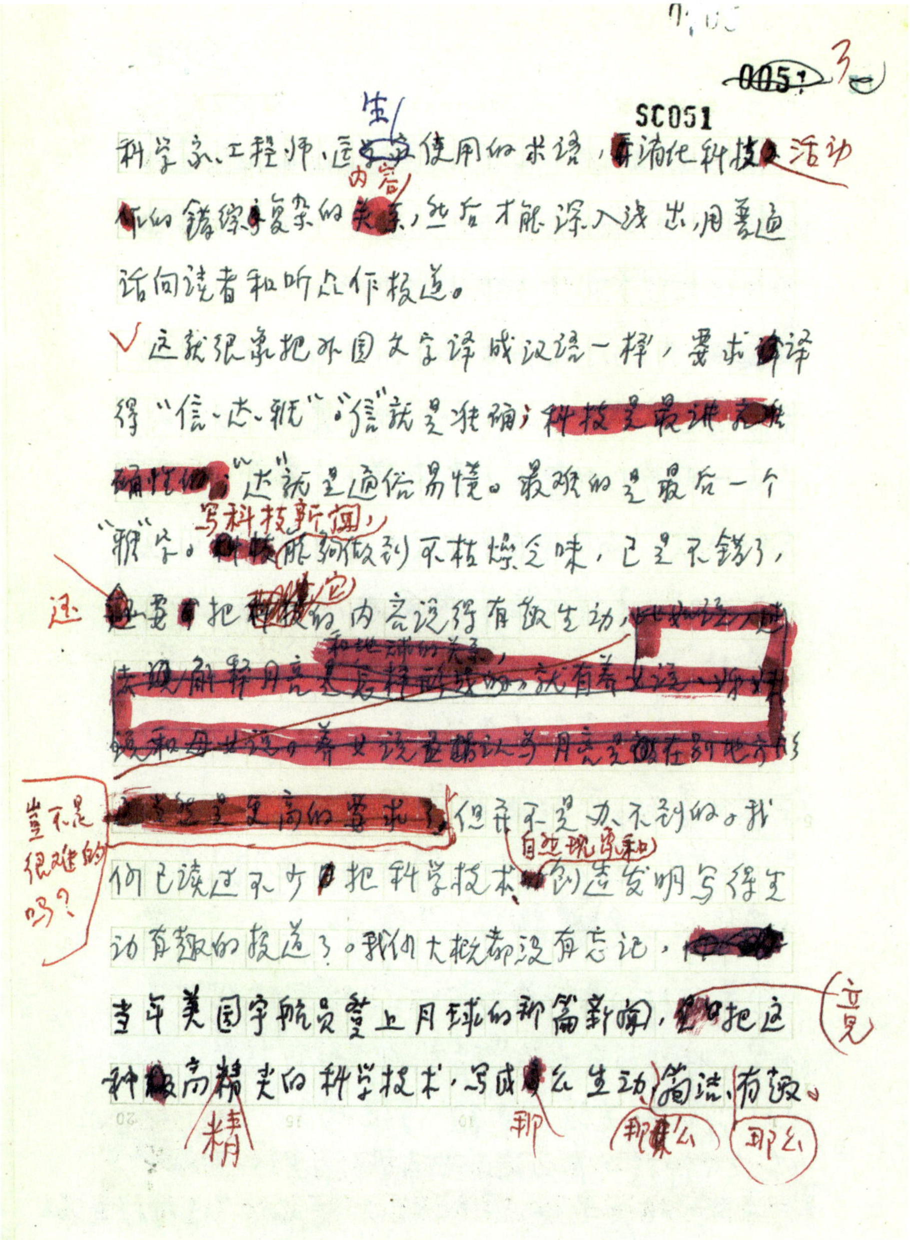

SC051

科学家、工程师、医生使用的术语，弄清他科技活动中的错综复杂的关系，然后才能深入浅出，用普通话向读者和听众作报道。

这就很像把外国文字译成汉语一样，要求译得"信、达、雅"。"信"就是准确；"达"就是通俗易懂。最难的是最后一个"雅"字。写科技新闻，能够做到不枯燥乏味，已是不错了，还要把它的内容说得有趣生动，岂不是很难的吗？但并不是办不到的。我们已读过不少把科学技术、自然现象和创造发明写得生动有趣的报道了。我们大概都没有忘记，当年美国宇航员登上月球的那篇新闻，竟把这种高精尖的科学技术，写成那么生动、简洁、有趣。

《这也是一种翻译艺术》手稿　2-17-3

第二辑　手稿

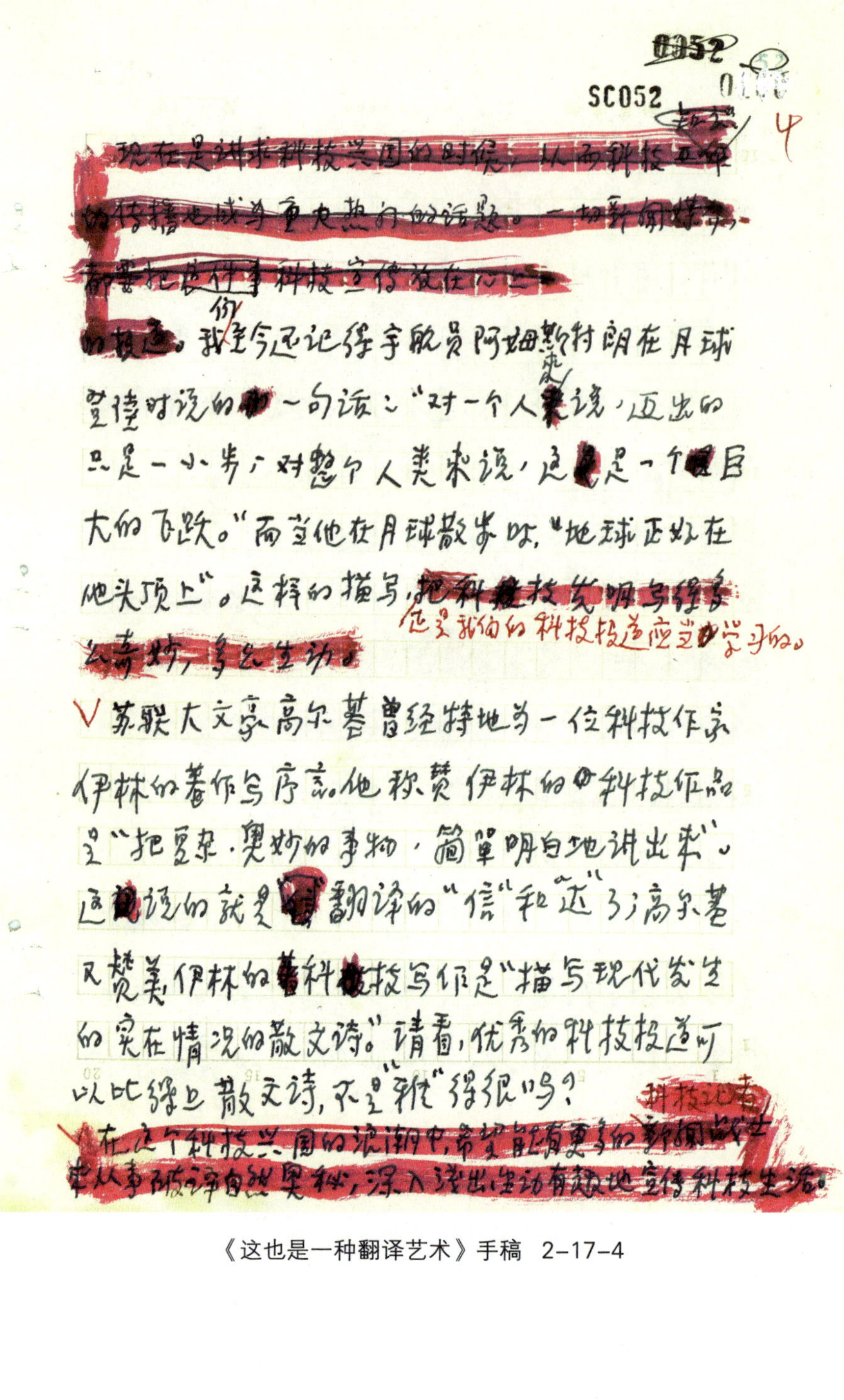

0352 SC052 0106 4

现在是讲求科技兴国的时候，从而科技正确的传播也成为重大热门的话题。一切新闻媒介，都要把这样事科技宣传放在心上的报道。我们至今还记得宇航员阿姆斯特朗在月球登陆时说的一句话："对一个人来说，迈出的只是一小步；对整个人类来说，这是一个巨大的飞跃。"而当他在月球散步时，"地球正好在他头顶上"。这样的描写，把科技发明写得多么奇妙，多么生动。正是我们的科技报道应当学习的。

苏联大文豪高尔基曾经特地为一位科技作家伊林的著作写序言。他称赞伊林的科技作品是"把复杂、奥妙的事物，简单明白地讲出来"。这说的就是翻译的"信"和"达"了；高尔基又赞美伊林的科技写作是"描写现代发生的实在情况的散文诗"。请看，优秀的科技报道可以比得上散文诗，不是"雅"得很吗？

在这个科技兴国的浪潮中，希望能有更多的科技记者来从事破译自然奥秘，深入浅出生动有趣地宣传科技生活。

《这也是一种翻译艺术》手稿　2-17-4

《明星的陨落》①

[评介]

这是美国球王约翰逊感染艾滋病毒后，宣布退出球坛时，赵超构写的一篇杂文。通篇几无评论之语，全是摆事实，引述别人对此事的看法。最后，作者得出结论，一个人“感染恶病”，不外“三种态度”：一是“自我感觉一直良好”，二是“讳疾忌医，文过饰非”，三是“现身说法，做点好事”。约翰逊属于第三种。至此，文章快要结束，仍无评论。这正是此文的高明之处，使文章寓意有了“无限性”。要说作者之立场，全在标题上：明星的陨落。

[注释]

①原载《新民晚报》1991 年 11 月 19 日《夜光杯》副刊“未晚谈”。

[原文]

美国最著名的篮球明星约翰逊宣布自己感染上了艾滋病毒，并且声明退出球坛。这消息立即震动了西方社会。有人说，这消息好象在我们头上丢了一枚炸弹；有人说，这消息可以与海湾战争的爆发相比；也更有许多人为此悲痛得好象有人拿 300 磅的大锤砸在胸口一样。

这是出于球迷对这位篮球“魔术师”的崇拜情绪，也许可以说是“明星效应”吧。这是可以理解的。除此之外，还有许多反应是属于对这位明星作了人格上的评价。有人称赞约翰逊的正直、真诚、勇敢；有人称赞他是伟人；有人崇拜他“勇于面对现实，是杰出的人，能得到所有的人的爱戴”。就连美国的布什总统也出面赞扬约翰逊：“对全体美国人来说，他是英雄。”布什还说，约翰逊染病是“一个悲剧，他是一个高尚的人，他能很好地解决自己的问题”。

约翰逊已经宣布自己感染病毒是由于与异性的交接，这是一种忏悔录式的袒露。难道这是很体面的病吗？当然不是。他的勇敢，正如有人说的：在于他感染了病毒，能够真诚地“向公众说明自己的病情。如果换成别人也许就不能象他这样了”；因此说约翰逊是个“面对现实的，真诚、正直的伟人”。还得到赞许的是，他不幸而感染了这种讨人嫌的病毒，但是还想到要“协助公众加深对艾滋病的认识”，表示“要成为防止艾滋病的发言人”。在宣布自己感染病毒的第二天，他就在电视上现身说法，展开有关正确性行为的宣传。据说，“在场的观众肃立两分钟，向他表示敬意”。

约翰逊俨然成了背负着十字架的耶稣那样，担当起为艾滋病患者赎罪的教主了。人们称赞的不是他身上的艾滋病毒，而是敢于现身说法，有助于世道人心。

一个人不幸而感染恶病，总不外是三种态度：有的人是自我感觉一直良好，甚至把身上的痈疽毒疮看成“艳若桃李”的吉祥物。有的人是明知有病却偏要讳疾忌医，文过饰非。第三种处理就象约翰逊，虽然知道自己的大限将到，还能拿出勇气来现身说法，做点好事。怪不得有人要肃立两分钟向他致敬了。当然对于那些自我感觉十分良好的正人君子来说，这样地谈论约翰逊的品格可能是听不进去的。

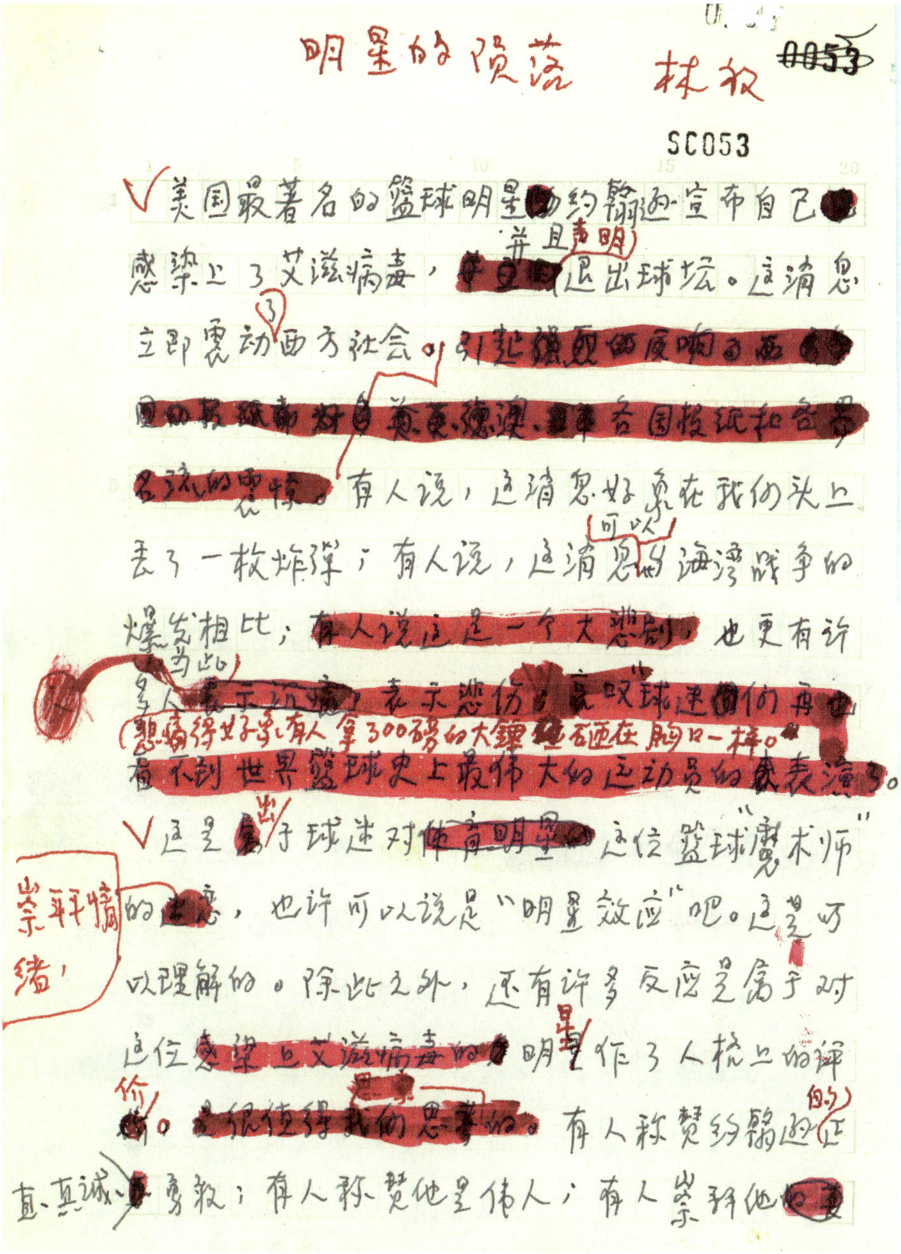

明星的陨落　林牧

~~0053~~

SC053

美国最著名的篮球明星约翰逊宣布自己感染上了艾滋病毒，并且声明退出球坛。这消息立即震动了西方社会。有人说，这消息好象在我们头上丢了一枚炸弹；有人说，这消息可以与海湾战争的爆发相比；也更有许多人为此表示悲伤，哀叹球迷们愁痛得好象有人拿300磅的大锤在胸口一棒。

这是出于球迷对这位篮球"魔术师"的崇拜情绪，也许可以说是"明星效应"吧。这是可以理解的。除此之外，还有许多反应是属于对这位明星作了人格上的评价。有人称赞约翰逊的正直、真诚、勇敢；有人称赞他是伟人；有人崇拜他的勇

《明星的陨落》手稿　2–18–1

SC054

"勇于面对现实，是杰出的人，得到所有的人的爱戴"。就连美国的布什总统也出面，赞扬约翰逊"对全体美国人来说，他是英雄"；布什还说，约翰逊染病是"一个悲剧，他是一个高尚的人，他能很好地解决自己的问题"。

约翰逊已经宣布自己感染病毒是由于与异性的交接，难道这是很体面的病吗？当然不是。他的勇敢，正如有人说的：在于他感染了病毒，能够真诚地向公众说明自己的病情。"如果换成别人也许就不能象他这样了"；因此说约翰逊是个"面对现实的、真诚、正直的伟人"。还值得赞许的是，他不幸而感染了这种讨人嫌的病毒，但是还想到协助公众加深对艾滋病的认识"，表示"要成为防止艾滋病的发言人"。在

这是一种忏悔录式的袒露。

《明星的陨落》手稿 2-18-2

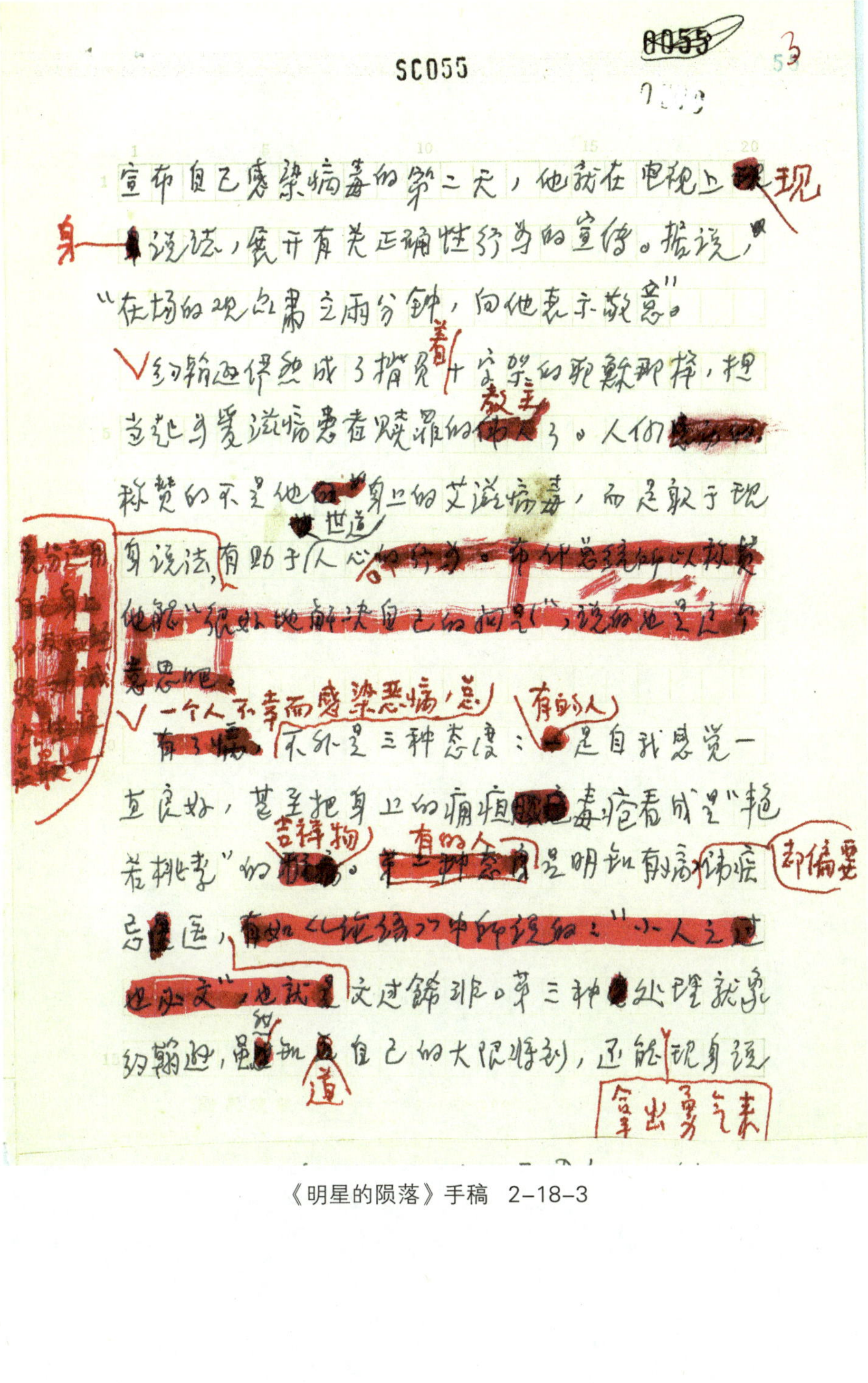

SC055

宣布自己感染病毒的第二天，他就在电视上现身说法，展开有关正确性行为的宣传。据说，"在场的观众肃立两分钟，向他表示敬意"。

约翰逊俨然成了背着十字架的耶稣那样，把这批身受滋病患者赎罪的教主了。人们称赞的不是他身上的艾滋病毒，而是敢于现身说法，有助于世道人心……

一个人不幸而感染恶病，总不外是三种态度：有的人是自我感觉一直良好，甚至把身上的痈疽毒疮看成是"艳若桃李"的吉祥物。有的人是明知有病却偏要忌医，……文过饰非。第三种处理就象约翰逊，虽知道自己的大限将到，还能拿出勇气来现身说法

《明星的陨落》手稿　2-18-3

第二辑　手稿

法，做点好事。怪不得有人要肃立两分钟向他
致敬了。当然对于那些自我感觉一直十分良好的
人来说，这样地谈论约翰逊的"思想"是毫无意义的。
正人君子
品格
可能是听不进

《明星的陨落》手稿　2-18-4

《昂纳克搭错了船》[①]

[评介]

本篇国际评论，是作者写的最后一篇“未晚谈”，写完就此搁笔，住进了医院。此文旁征博引，引人入胜，读者反映“痛快淋漓，令人感慨”，堪称典范之作。文中将抛弃昂纳克的“俄罗斯的主人”比作古代的王朗，“古王朗”见危不救，但还是“搭救”过人的。可“现代的王朗”呢，不仅下了“逐客令”，还准备“拿这个七十九岁的老头儿作为外交上的见面礼”。作者感叹“人心不古”“今不如昔”，昂纳克确实是搭错船了。赵超构写的有关国际问题的言论，譬如，《反共与草帽》《国外官场二三事》《风流宰相》《闲话天皇》等，均脍炙人口，传诵一时。

[注释]

①原载《新民晚报》1991 年 12 月 19 日《夜光杯》副刊“未晚谈”。

[原文]

最近的国际新闻中，昂纳克的遭遇很引起人们的兴趣。昂纳克是前民主德国的领导人，二次大战期间坐过十年希特勒的牢间。战后在民主德国执政十八年之久。前年下台，以治病为名，到苏联去避难。德国现在指控他“下令向越过柏林墙的原东德人开枪”，要拘捕他。昂纳克在东德的功罪自会有历史为他作结论，这里不去说它。想不到的，是俄罗斯的主人居然也就此下逐客令，三番四次要昂纳克离开苏联。本来是作为苏联的难友、盟友和战友的昂纳克，最后竟象一只破鞋一样被遗弃而成为弃友了。七十九岁的昂纳克落得一个茫茫无所归宿的晚景，这是很可悲叹的。

俄罗斯主人给昂纳克的这个逐客令，使我想起汉末三国时的王朗。

据《世说新语》：华歆、王朗一起乘船避难，有一人要求依附搭船，华歆感到为难，王朗说，这有什么不可以呢？就让那人上船了。到后来强盗追上了，王朗就要把那人丢弃。华歆说，既然容纳了人家的依托，怎么可以因为急难而相弃呢？终于把此人搭救下来了。据说，当时的人就凭这件事来评判华、王人品的优劣。

这回昂纳克的不幸，可能就是搭上了王朗的船了。一到危急的时候，这个难友就被这个王朗弃若敝屣了。关于这个王朗，《三国演义》有一节“诸葛亮骂死王朗”的描写，说是诸葛亮在阵上大骂王朗是“皓首匹夫，苍髯老贼！”，王朗一听，气满胸膛，当即死于马下。这是小说家有意把王朗丑化得猥陋不堪。其实历史上的王朗并不是这样窝囊的。他也做过被人称道的事。王朗传记中说，曹操搜捕一个冤家刘阳的儿子，风声很紧。这人无处逃奔，连亲戚都不敢收容他，王朗却把他隐藏在家里多时，搭救下来，终于保全了这一家的门户。可见古代的王朗并不是全无肝胆的势利之徒。如果评起人品的优劣来，王朗比不得华歆，是评定的了；现代的王朗又逊于古代的王朗，恐怕也是定评。古王朗只不过见危不救、明哲保身罢了；现代的王朗不仅对难友下逐客令，而且还准备拿这个七十九岁的老头儿作为外交上的见面礼，以便捞得一点好处。这就比得出“人心不古”，今不如昔了，昂纳克确实是搭错船了。

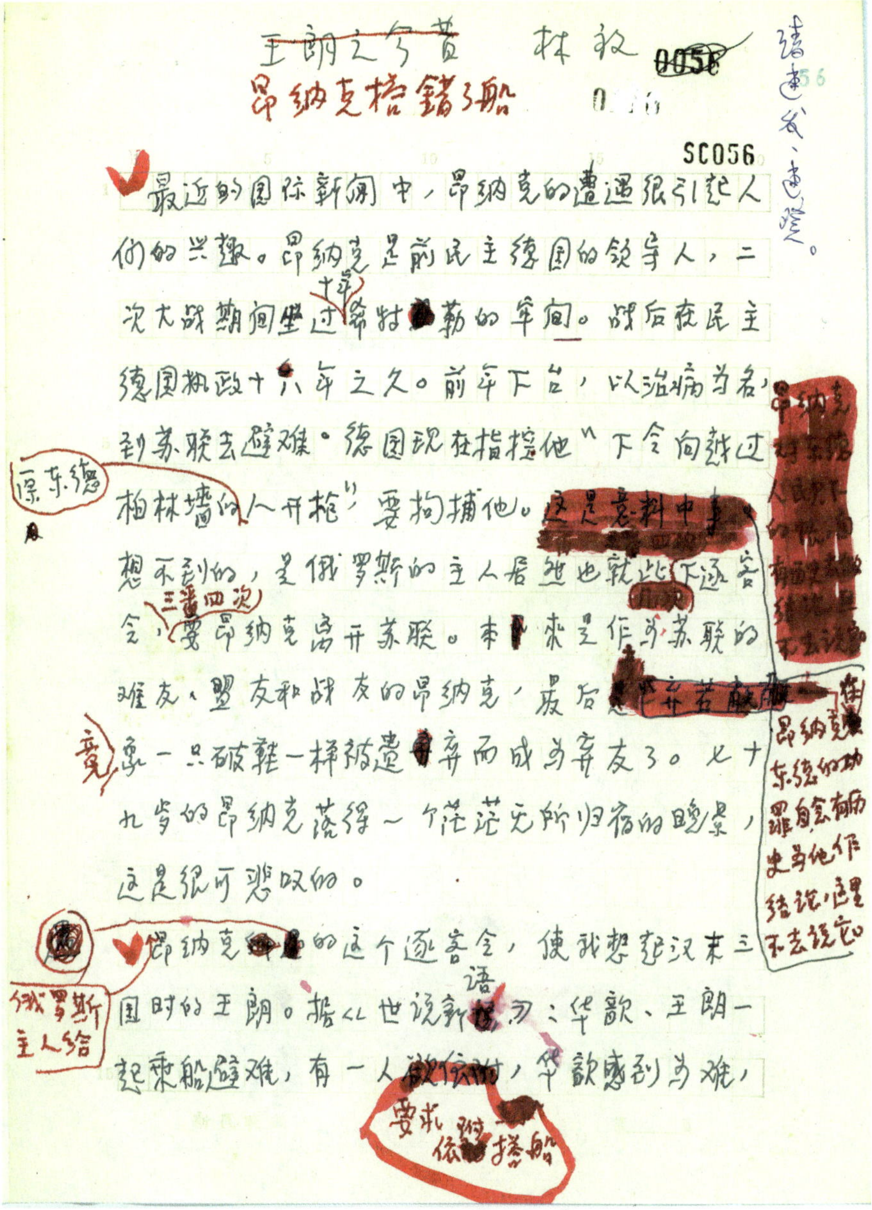

~~王朗之今昔~~　林放

0056

请速发，速送。

昂纳克搭错了船

SC056

最近的国际新闻中，昂纳克的遭遇很引起人们的兴趣。昂纳克是前民主德国的领导人，二次大战期间坐过十年希特勒的牢狱。战后在民主德国执政十八年之久。前年下台，以治病为名，到苏联去避难。德国现在指控他"下令向越过柏林墙的人开枪"，要拘捕他。[redacted]想不到的，是俄罗斯的主人居然也就此下逐客令，三番四次要昂纳克离开苏联。本来是作为苏联的难友、盟友和战友的昂纳克，最后[redacted]象一只破鞋一样被遗弃而成为弃友了。七十九岁的昂纳克落得一个茫茫无所归宿的晚景，这是很可悲叹的。

昂纳克[redacted]的这个逐客令，使我想起汉末三国时的王朗。据《世说新语》：华歆、王朗一起乘船避难，有一人[redacted]，华歆感到为难，

原东德

竟

俄罗斯主人给

要求依附搭船

[redacted]

昂纳克东德的功罪自会有历史为他作结论，这里不去说它。

《昂纳克搭错了船》手稿　2-19-1

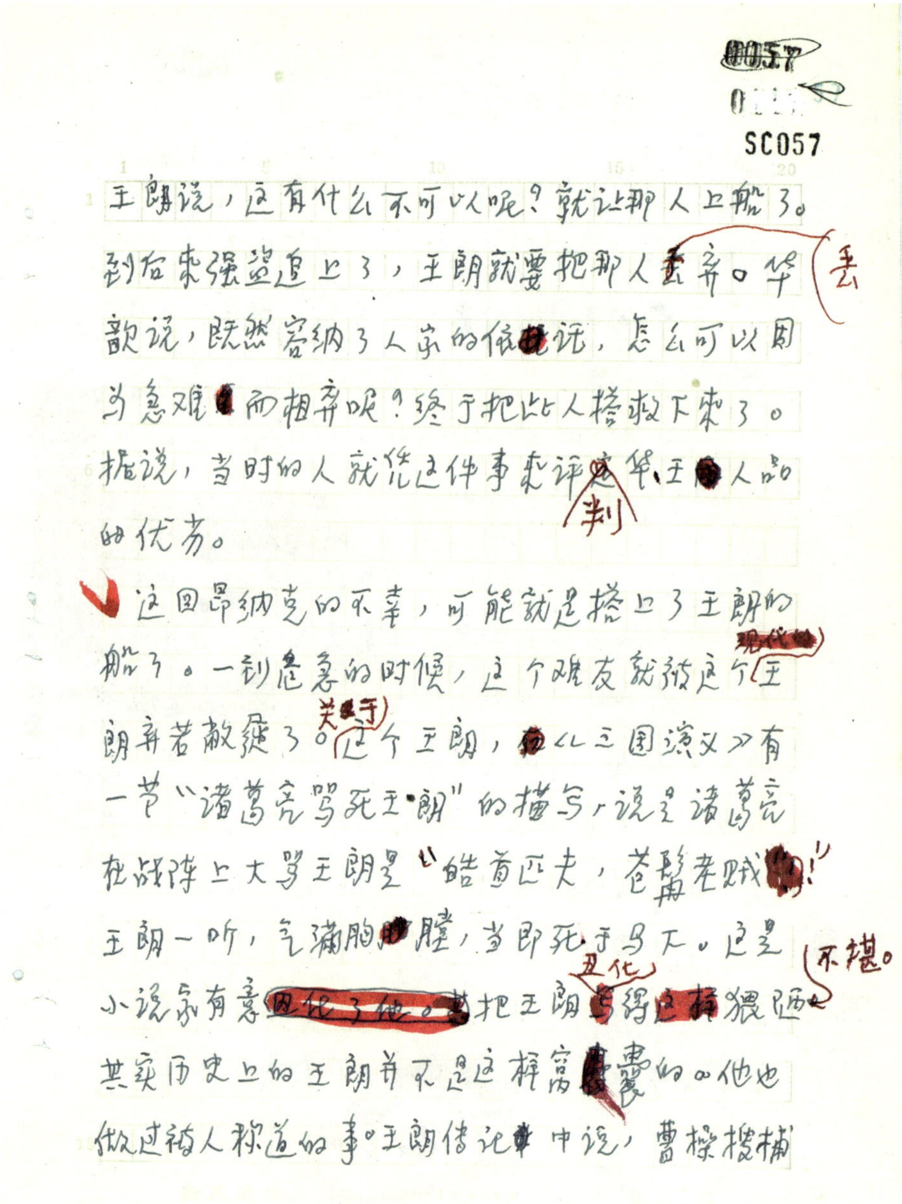

SC057

王朗说，这有什么不可以呢？就让那人上船了。到后来强盗追上了，王朗就要把那人丢弃。华歆说，既然容纳了人家的依托，怎么可以因为急难而相弃呢？终于把此人搭救下来了。据说，当时的人就凭这件事来评判华、王二人品的优劣。

这回昂纳克的不幸，可能就是搭上了王朗的船了。一到危急的时候，这个难友就被这个现代的王朗弃若敝屣了。关于这个王朗，《三国演义》有一节“诸葛亮骂死王朗”的描写，说是诸葛亮在战阵上大骂王朗是“皓首匹夫，苍髯老贼！”王朗一听，气满胸膛，当即死于马下。这是小说家有意把王朗丑化得猥琐不堪。其实历史上的王朗并不是这样窝囊的。他也做过被人称道的事。王朗传记中说，曹操搜捕

《昂纳克搭错了船》手稿　2–19–2

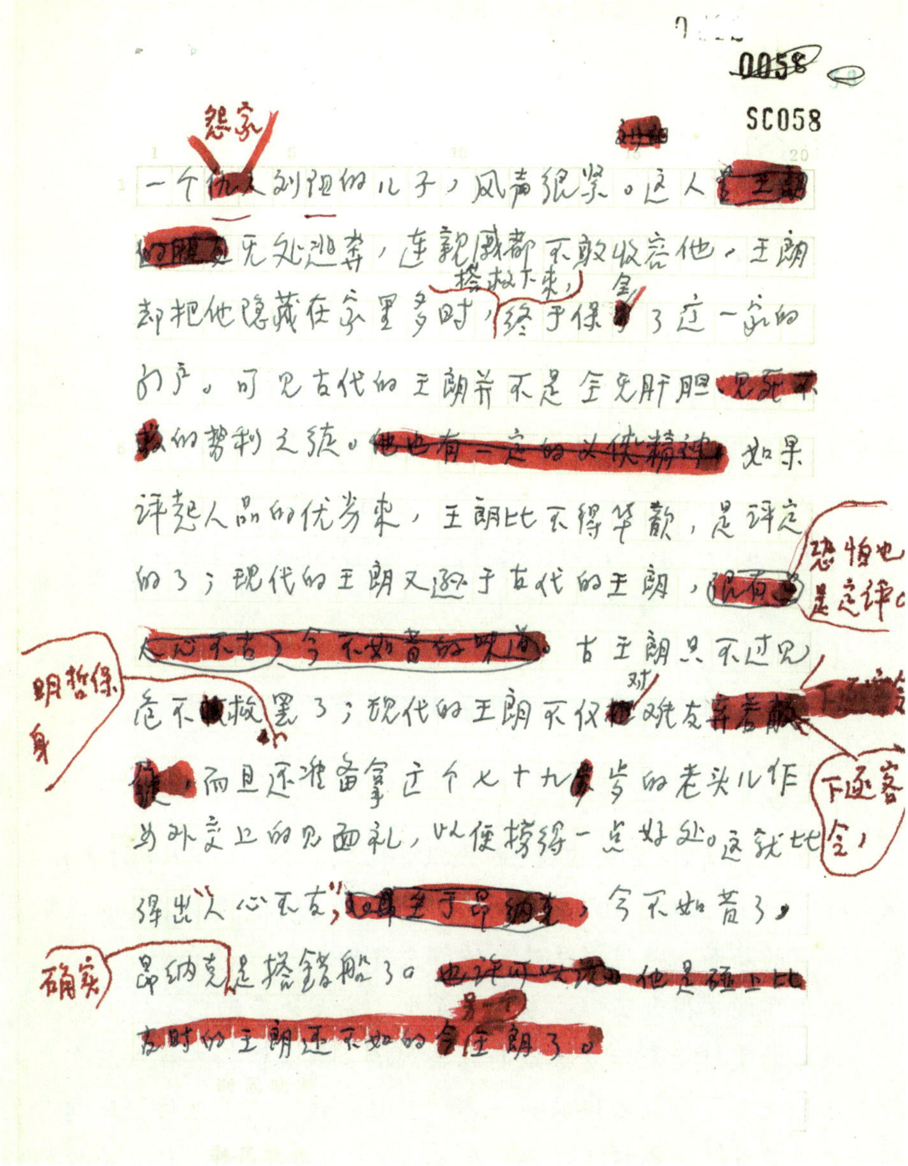
SC058
一个怨家刘阳的儿子，风声很紧。这人
无处逃奔，连亲戚都不敢收容他。王朗
却把他隐藏在家里多时，搭救下来，终于保全了这一家的
门户。可见古代的王朗并不是全无肝胆
的势利之徒。如果
评起人品的优劣来，王朗比不得华歆，是评定
的了；现代的王朗又逊于古代的王朗，恐怕也是定评。
古王朗只不过见
危不救罢了；现代的王朗不仅对难友下逐客令，
而且还准备拿这个七十九岁的老头儿作
为外交上的见面礼，以便捞得一点好处。这就比
得出人心不古，今不如昔了。
昂纳克确实是搭错船了。
明哲保身

《昂纳克搭错了船》手稿　2-19-3

《祝社庆　献两“戒”》①

[评介]

此文为赵超构在一九九一年十二月二十六日《新民晚报》复刊十周年座谈会上的讲话，发表于《新民业务》“纪念新民晚报复刊十周年同仁漫笔”栏目。文中提到了赵超构在多个场合反复说到的一句话：“报纸的竞赛，说到底是人才的竞争。”此言一语中的。《新民报》是一个出人才的地方，历史上曾出现了著名的“三张一赵”（张恨水、张慧剑、张友鸾、赵超构），还有程大千、唐大郎、姚苏凤、张林岚等著名报人，他们的文风都自成一家。复刊十周年，赵超构提出两“戒”：一是戒骄，二是戒奢。此两“戒”，警钟长鸣，任何时候都不会过时。

[注释]

①原载《新民业务》1992 年第 1 期，署名“赵超构”。

[原文]

《新民晚报》从它的前身《新民报》算起，已经走过 62 年的途程了。从 1982 年复刊至今，也满十周年了。这个十周年，开创了《新民报》前所未有的局面，是值得总结，值得庆贺的。

这十年间本报做了哪些事情，发生了多大的变化呢？

报纸的发行量表示着报纸的社会影响。解放前，五社八版合起来约十万份上下；现在本报的销数是“五社八版”的十五倍；比起“文革”前的销数，也已超过五倍。在（19）82 年复刊的时候，是我们始料所不及的。销量大了，报纸的社会影响也同步扩大，仅从最近我们报上几件连续报道来看，都显著地表现了本报在干预社会生活、转移社会风气、弘扬社会主义思想的影响力，得到广大读者的强烈响应。

这是很值得庆贺的。

报纸的竞赛，说到底是人才的竞争。十年来我们最足以自豪的，是涌现了一支富有青春活力的新队伍，担当了报纸第一线的战斗；不少同志以拼搏精神深入社会，探索业务，是很动人的。现在，这支队伍还在成长，他们的潜力还是很大的。我作为本报的老兵，应当充满着激情为这支队伍祝福，满怀信心地瞻望我们报纸的远大前程。

这十年间，报社物质条件的进步也是有目共睹的。我们的经济效益是过得去的，二十多层的新民大楼，终于矗立在市中心区，实现了多年的愿望；职工福利也在合理地增长。所有这些，都是值得庆贺的。

结算一下这十年的成绩，我们就不会忘记这是党领导办报的成果，是广大群众支援的成果，是大批作者和通讯员跟我们合作的成果，最后，才能说：这也是全报社职工辛勤劳动的成果。

十周年纪念，值得庆贺，同时也得有分寸地看待成绩。因此，我以为大家在庆贺之余，还要想到两“戒”。

一戒骄。一个人也好，一个报社也好，很容易在成绩面前自我陶醉，觉得自己了不起而飘飘然起来。无数经验说明，一犯了骄气，便引来惰气。报纸销数已达一百几十万了，读者的赞誉是很听得进的，这就自满了，可以高枕睡觉了。这就看不见报纸的不足与缺点，停止了前进的脚步。

因此要请我们的同志常常想到这一句格言：“谦虚使人进步，骄傲使人落后。”一定要戒除一个“骄”字，骄兵悍将是办不好报纸的。

其次，还有一“戒”是戒“奢”。经济效益很不错，就容易失控，走向奢侈。当然，由于事业的发展和需要，支出多了，这是应该的。但是俭朴节约，仍然应该是个原则。我们不是纨绔子弟，我们还要创造更美好的未来，就更应当厉行节约，防止浪费。因此要请同志们常常想到这句格言：“由俭入奢易，由奢入俭难。”大少爷派头是办不好报纸的。

复刊十周年了，值得祝贺，应当祝贺。作为老兵，谨献两“戒”，表示我的祝贺之意。

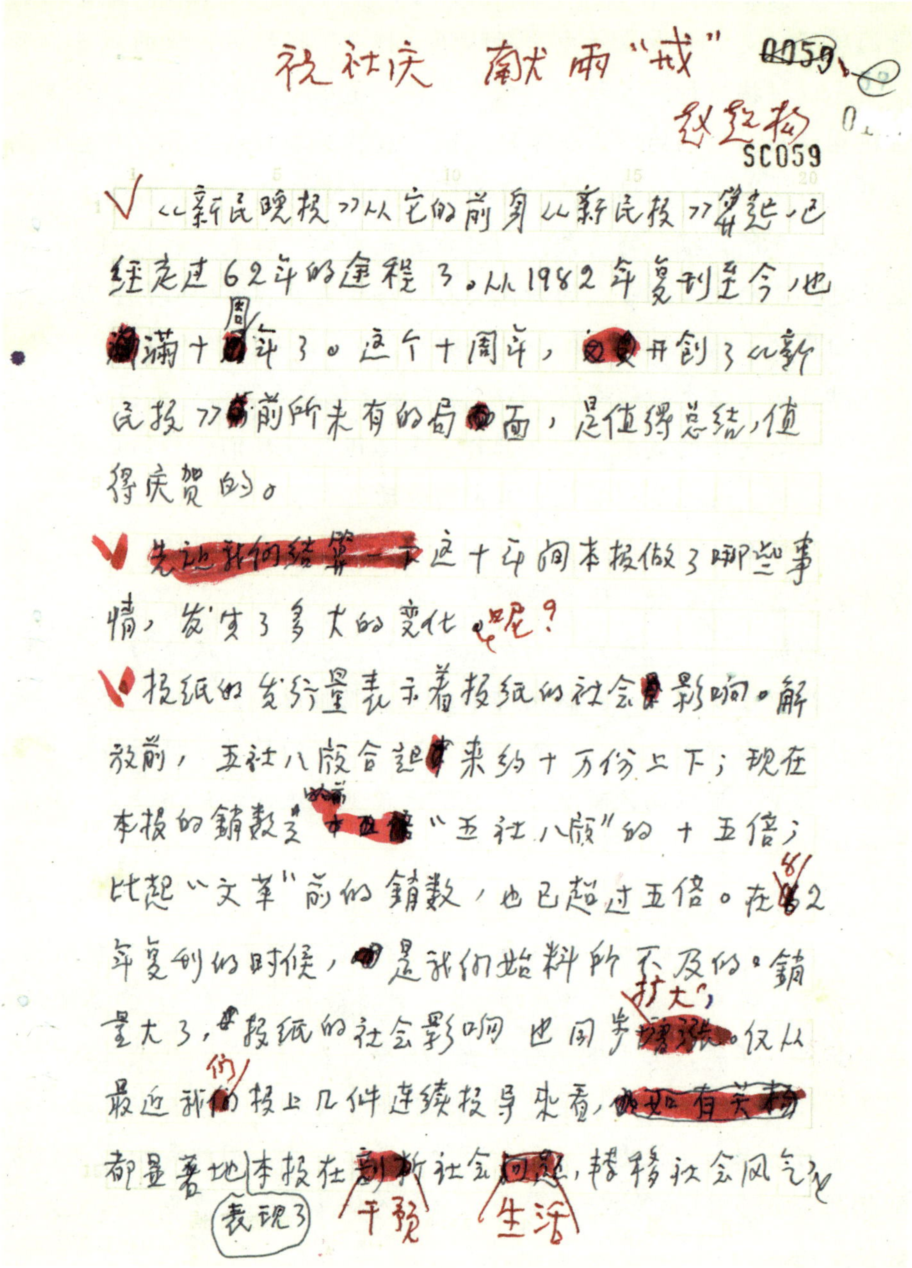
祝社庆 献两"戒"
0059
赵超构
SC059
《新民晚报》从它的前身《新民报》算起，已经走过62年的途程了。从1982年复刊至今，也满十周年了。这个十周年，开创了《新民报》前所未有的局面，是值得总结，值得庆贺的。
这十年间本报做了哪些事情，发生了多大的变化呢？
报纸的发行量表示着报纸的社会影响。解放前，五社八版合起来约十万份上下；现在本报的销数是"五社八版"的十五倍；比起"文革"前的销数，也已超过五倍。在82年复刊的时候，是我们始料所不及的。销量大了，报纸的社会影响也同步扩大了。仅从最近我们的报上几件连续报导来看，都显著地表现了本报在干预社会生活，转移社会风气

《祝社庆　献两"戒"》手稿　2–20–1

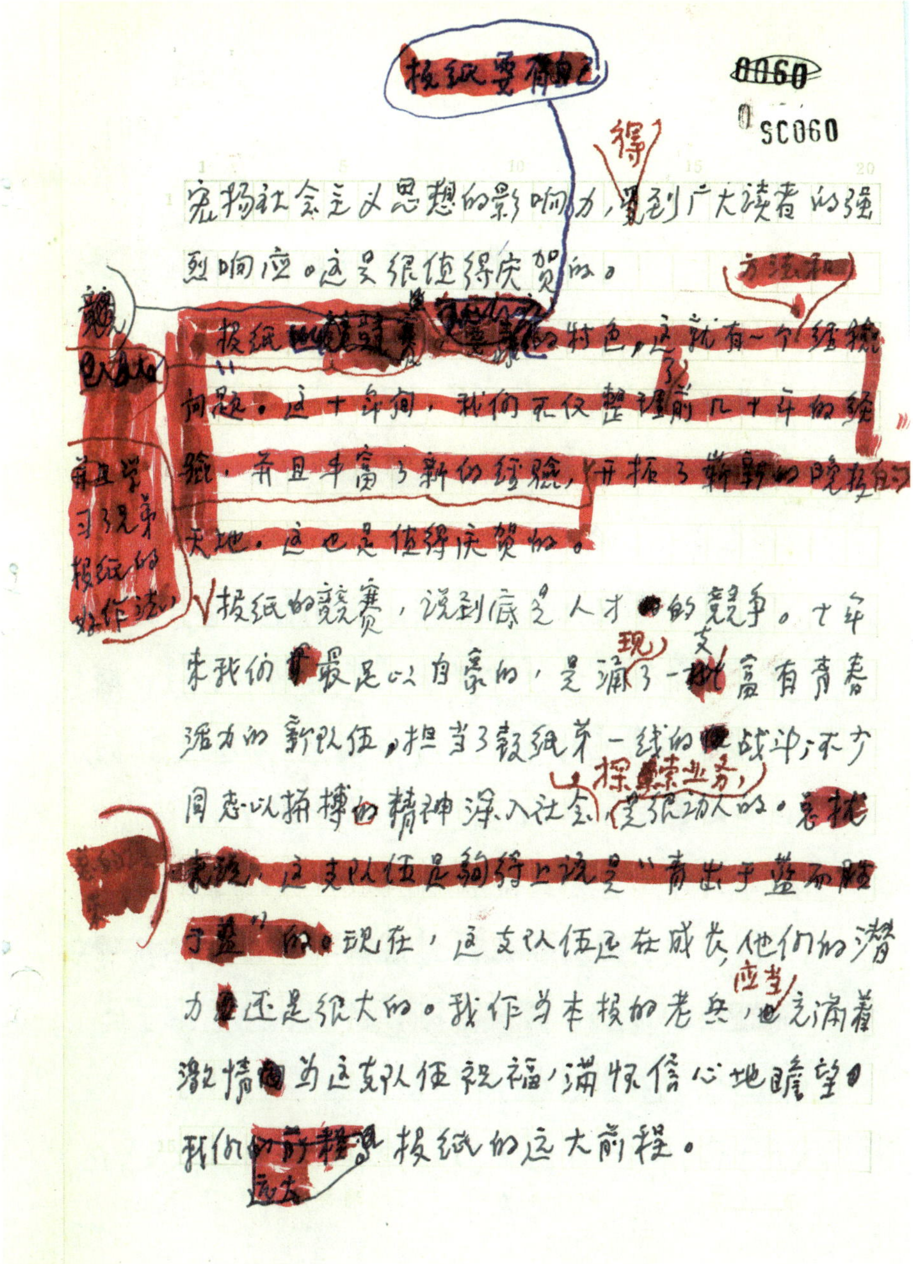

0060

SC060

宏扬社会主义思想的影响力，得到广大读者的强烈响应。这是很值得庆贺的。

报纸要有自己的特色，这就有一个经验问题。这十年间，我们不仅整理前几十年的经验，并且丰富了新的经验，开拓了新的天地。这也是值得庆贺的。

报纸的竞赛，说到底是人才的竞争。十年来我们最足以自豪的，是涌现了一支富有青春活力的新队伍，担当了报纸第一线的战斗，不少同志以拼搏精神深入社会，探索业务，是很动人的。这支队伍是够得上说是"青出于蓝而胜于蓝"的。现在，这支队伍还在成长，他们的潜力还是很大的。我作为本报的老兵，应当充满着激情为这支队伍祝福，满怀信心地瞻望报纸的远大前程。

《祝社庆　献两"戒"》手稿　2-20-2

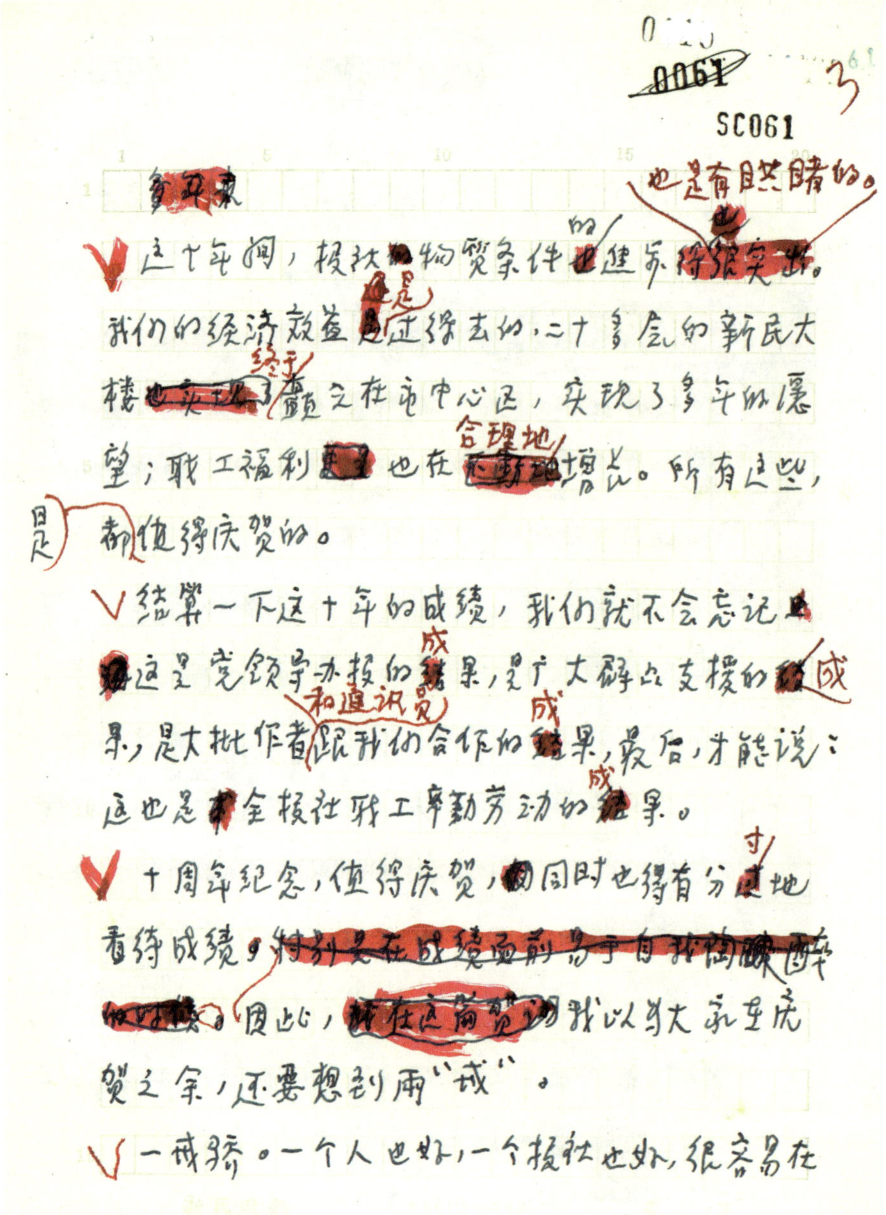
0061
3
SC061

这十年间，报社物质条件的进步也是有目共睹的。我们的经济效益是过得去的，二十多层的新民大楼终于矗立在市中心区，实现了多年的愿望；职工福利也在合理地增长。所有这些，都是值得庆贺的。

结算一下这十年的成绩，我们就不会忘记这是党领导办报的成果，是广大群众支援的成果，是大批作者和通讯员跟我们合作的成果，最后，才能说：这也是全报社职工辛勤劳动的成果。

十周年纪念，值得庆贺，而同时也得有分寸地看待成绩。因此，我以为大家在庆贺之余，还要想到两“戒”。

一戒骄。一个人也好，一个报社也好，很容易在

《祝社庆　献两“戒”》手稿　2–20–3

成绩面前自我陶醉，觉得自己了不起而飘飘然起来。无数经验说明，一犯了骄气，便引来惰气，报纸销数已达一百几十万了，自满了，可以高枕睡觉了。这就看不见报纸的不足和缺点，停止了前进的脚步。

因此，要请我们的同志常常想到这一句格言："谦虚使人进步，骄傲使人落后"。一定要戒除一个"骄"字。骄兵悍将是办不好报纸的。

其次，还有一"戒"是戒奢。经济效益很不错，就容易失控走向奢侈。当然，由于事业的发展和需要，支出多了，这是应该的。但是俭朴节约，仍然应该是个原则。我们不是纨绔子弟，我们还要创造更美好的未来，就更应当厉行节约，防止浪费。因此，要请同志们常常想到这句格言："由俭入奢易，由奢入俭难"。大少爷派头是办不好报纸的。

《祝社庆　献两"戒"》手稿　2-20-4

《老树花开无丑枝①——纪念本报复刊十周年》

[评介]

这是一篇赵超构以“本报编辑部”的名义发表的文章。文中回顾了复刊十年《新民晚报》的变化与成绩，概述了报社实践“宣传政策，传播知识，移风易俗，丰富生活”办报方针的历程和成果。十六字办报方针，是赵超构六十年办报思想的高度概括，连同他倡导的“短、广、软”，以及“为百姓分忧，与百姓同乐，跟千家万户广结善缘”的民本思想，最终归结为一句话，即“飞入寻常百姓家”。《新民晚报》是中国报刊之林的一棵老树，正所谓“老树开花无丑枝”。

[注释]

①原载《新民晚报》1992 年 1 月 1 日第 1 版。

[原文]

欣逢一九九二年的元旦，谨向读者同志们贺年，祝贺大家新年快乐，万事如意。

这个元旦，正是《新民晚报》复刊十周年的日子。我们已于几天前举行过一个简单的纪念活动；今天，请容许我们与读者谈谈《新民晚报》这十年的事情。

《新民晚报》是怎样一张报纸呢？十年前复刊的时候，我们曾向读者表明本报“将以‘宣传政策，传播知识，移风易俗，丰富生活’为自己的任务。我们恳切地要求读者以此方针对我们的工作进行监督”。

这一次复刊十周年前夕，江泽民总书记特地为我们题词，写的就是上面十六字。这不仅是对我们的鼓励与鞭策，同时也肯定了这个办报方针，使我们感到十分振奋。

十年前复刊的时候，这个方针还只是一个有待证明的设想，一个努力的目标；经过十年的实践，积累了经验，丰富了内容，形成一系列的做法。我们根据这个方针，一天又一天编好这张晚报奉献给读者。我们付出了汗水，不敢稍有懈怠，不敢自说辛苦。新闻工作本是辛苦的工作，辛苦原是我们的本分。我们感到最大的安慰，是来自读者的厚爱，是在读者群众中得到越来越多的反响。

来自读者的赞誉，使我们欢喜，但不敢自满；来自读者的批评，使我们清醒，要更加努力。不论是赞誉的口碑或批评的药石，这都是读者对我们的最亲切的鼓励与奖赏。

十年前复刊时，这张报纸作为穿梭飞行于六十万户寻常百姓家的燕子，现今是飞入一百五十万户人家的燕子了。这就说明，这只燕子跟千家万户结下的善缘是越来越深，越来越广，知音人是越来越多了。“宣传政策，传播知识，移风易俗，丰富生活”这个方针是可靠的，有效的，是得到群众欢迎的。

还可以告慰读者的，是在这个十年间，我们编辑部涌现了一支富有青春活力的新队伍。十年前复刊时，我们的队伍是青黄不接，中间断层；现在是完全改观了；担当报纸第一线的全是新生的队伍了。他们正在成长，他们的潜力还是很大的。可以预卜《新民晚报》的前程是很有希望的。

经过十个年头，报社的物质设备也正在向现代化前进。二十一层的新民大楼已经矗立，形象地说明新上海的文化事业的兴旺。

回顾这十年间《新民晚报》的变化与成绩，我们不会忘记，这是党领导报纸的成果，这是广大读者支援的成果，这是大批作者和通讯员同志与我们合作的成果，最后才能说，这也是全报社职工辛勤劳动的成果。

《新民晚报》从它的前身《新民报》算起，已走过六十二年的途程了。它是新闻园地的一棵老树；今天的《新民晚报》可说是老树开花。古人说“老树花开无丑枝”，在纪念复刊十周年时，我们祝愿这棵老树在社会主义的阳光雨露中，能把它的花朵开得更繁密，更鲜丽，能够得到更广大的读者的爱护。

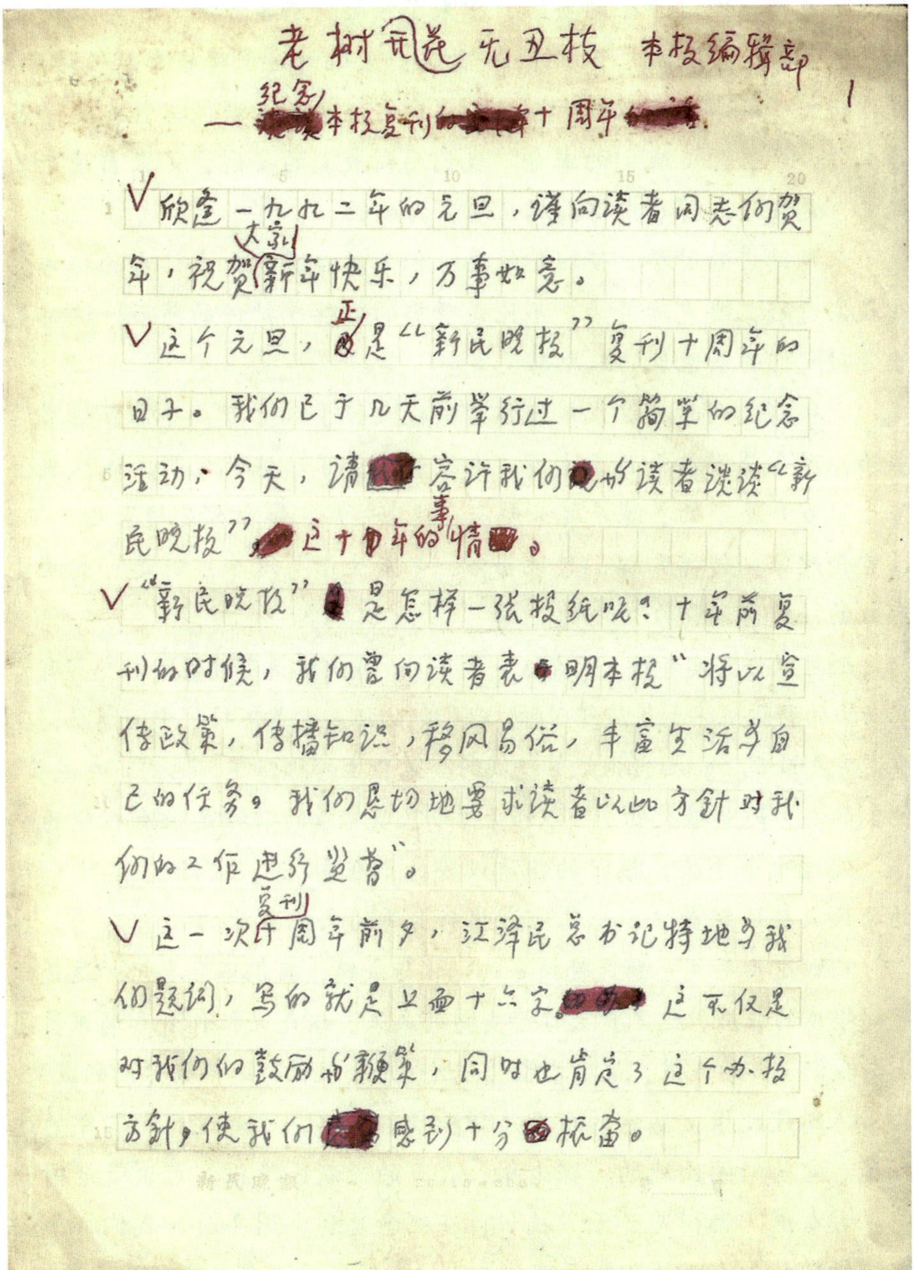

老树开花无丑枝 本报编辑部 1

——纪念本报复刊十周年

欣逢一九九二年的元旦，谨向读者同志们贺年，祝贺大家新年快乐，万事如意。

这个元旦，正是"新民晚报"复刊十周年的日子。我们已于几天前举行过一个简单的纪念活动。今天，请容许我们向读者谈谈"新民晚报"这十年的事情。

"新民晚报"是怎样一张报纸呢？十年前复刊的时候，我们曾向读者表明本报"将以宣传政策，传播知识，移风易俗，丰富生活为自己的任务。我们恳切地要求读者以此方针对我们的工作进行监督"。

这一次复刊十周年前夕，江泽民总书记特地为我们题词，写的就是上面十六字。这不仅是对我们的鼓励和鞭策，同时也肯定了这个办报方针，使我们感到十分振奋。

《老树花开无丑枝——纪念本报副刊十周年》手稿 2-21-1

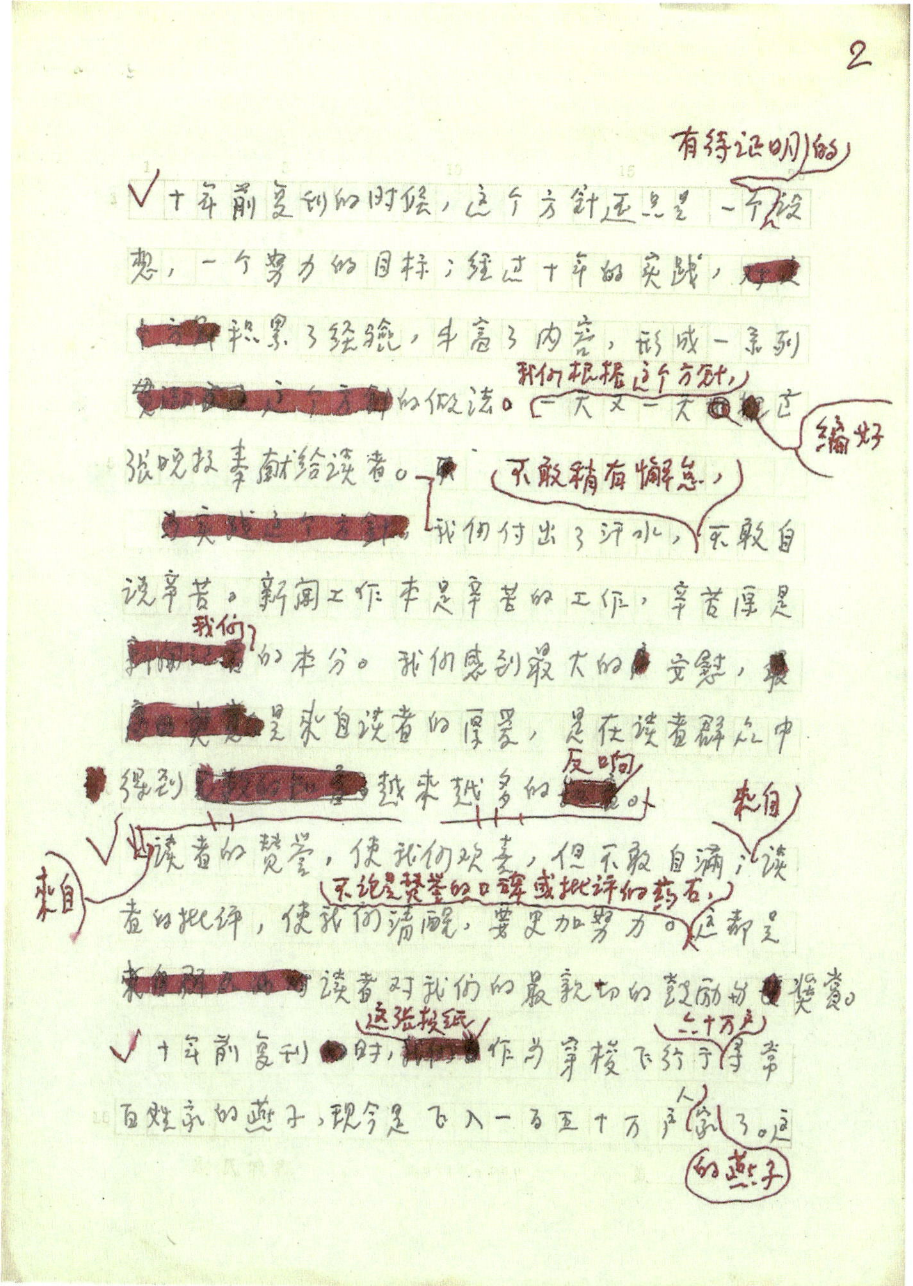

2

十年前复刊的时候，这个方针还只是一个有待证明的设想，一个努力的目标；经过十年的实践，[redacted]积累了经验，丰富了内容，形成一系列[redacted]的做法。我们根据这个方针，一天又一天[redacted]编好这张晚报奉献给读者。[redacted]不敢稍有懈怠，[redacted]我们付出了汗水，不敢自说辛苦。新闻工作本是辛苦的工作，辛苦原是[redacted]我们的本分。我们感到最大的[redacted]安慰，[redacted]是来自读者的厚爱，是在读者群众中得到[redacted]越来越多的[redacted]反响。

来自读者的赞誉，使我们欢喜，但不敢自满；来自读者的批评，使我们清醒，要更加努力。不论是赞誉的口碑或批评的药石，这都是[redacted]读者对我们的最亲切的鼓励与[redacted]奖赏。

十年前复刊[redacted]时，这张报纸[redacted]作为穿梭飞行于六十万户寻常百姓家的燕子，现今是飞入一百五十万户人家的燕子了。这

《老树花开无丑枝——纪念本报副刊十周年》手稿　2-21-2

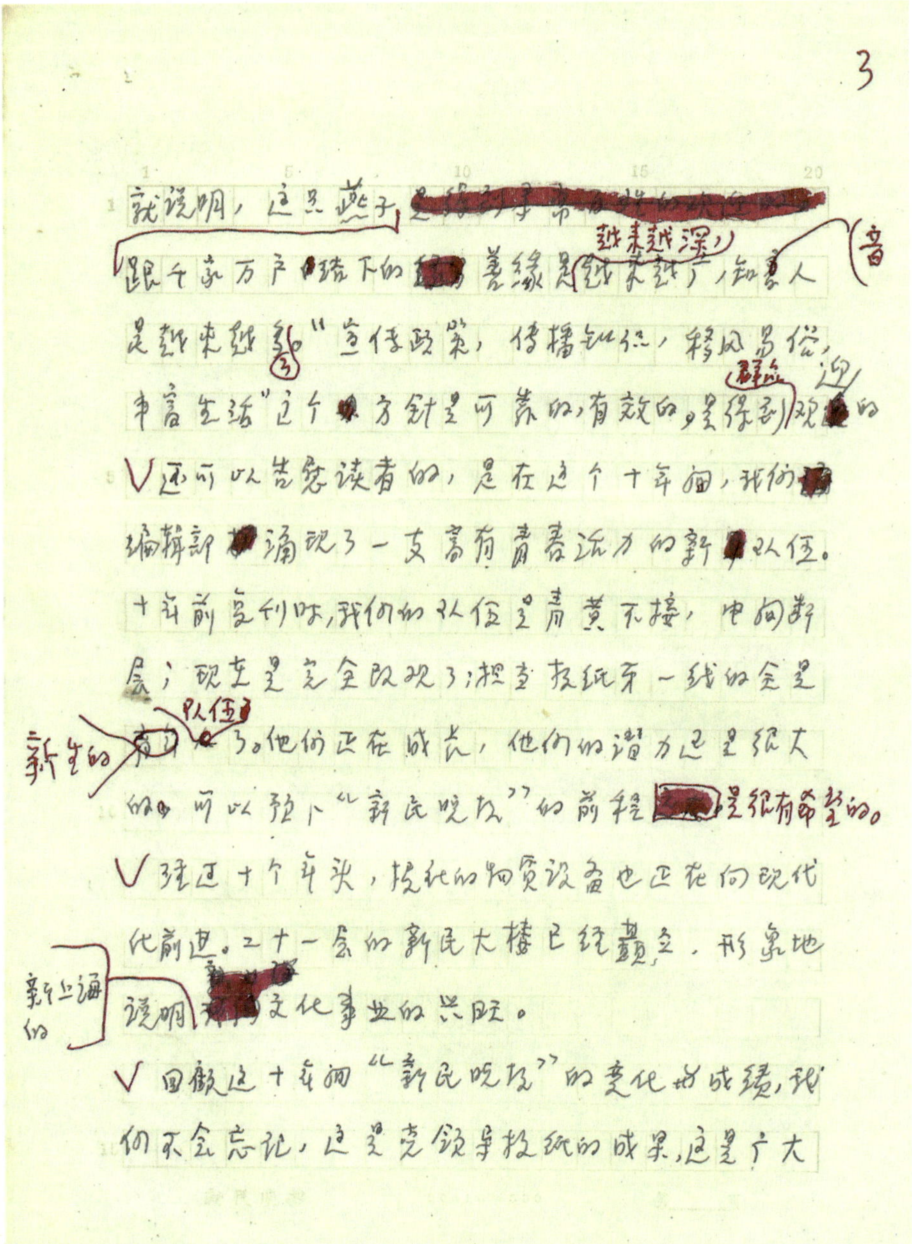

3

就说明，这只燕子跟千家万户读者的善缘是越来越深，知音人是越来越多了。"宣传政策，传播知识，移风易俗，丰富生活"这个方针是可靠的，有效的，是得到欢迎的。

还可以告慰读者的，是在这个十年间，我们编辑部涌现了一支富有青春活力的新队伍。十年前复刊时，我们的队伍是青黄不接，中间断层；现在是完全改观了；担当报纸第一线的全是新生的队伍了。他们正在成长，他们的潜力还是很大的。可以预卜"新民晚报"的前程是很有希望的。

经过十个年头，报纸的物质设备也正在向现代化前进。二十一层的新民大楼已经矗立，形象地说明新上海的文化事业的兴旺。

回顾这十年间"新民晚报"的变化和成绩，我们不会忘记，这是党领导报纸的成果，这是广大

《老树花开无丑枝——纪念本报副刊十周年》手稿 2-21-3

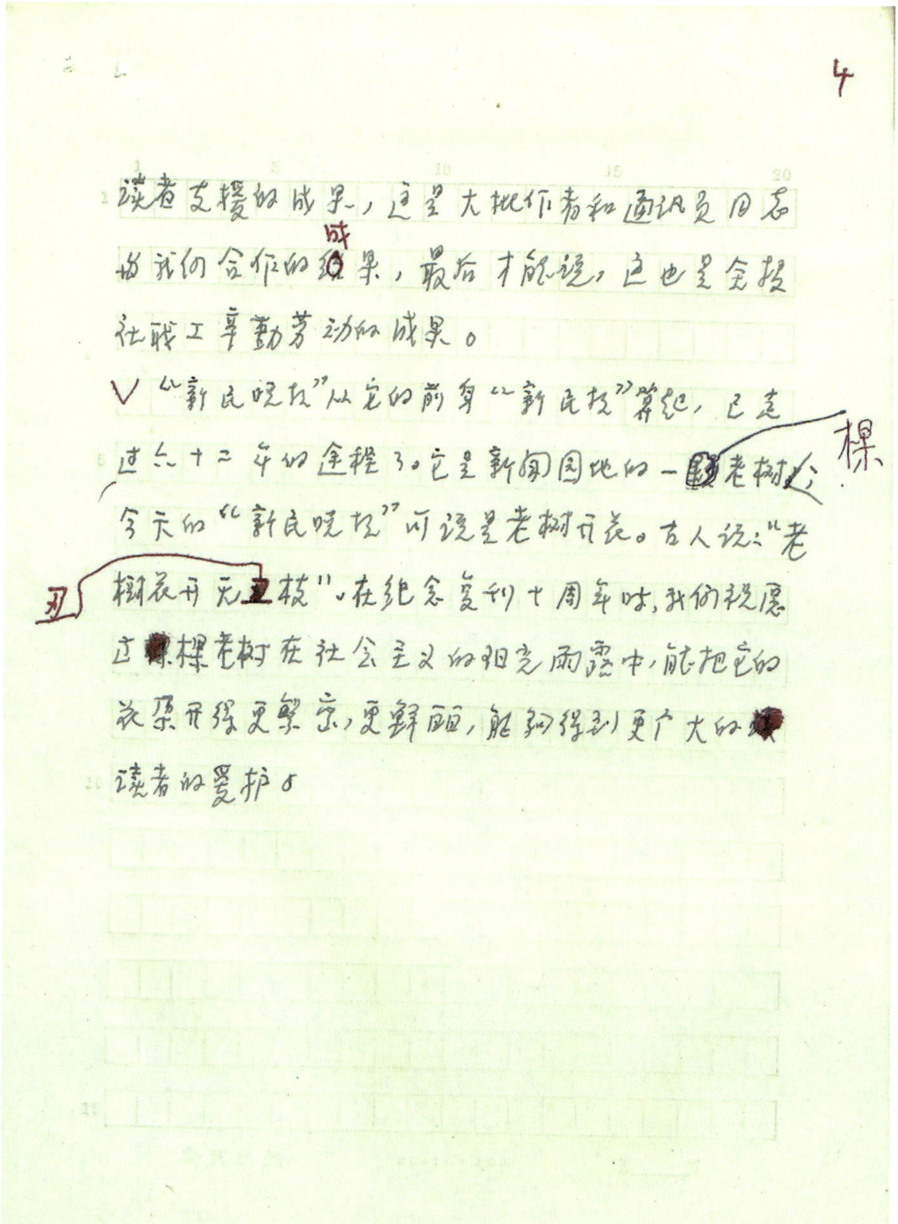
4

读者支援的成果，这是大批作者和通讯员同志与我们合作的成果，最后才能说，这也是全报社职工辛勤劳动的成果。

"新民晚报"从它的前身"新民报"算起，已走过六十二年的途程了。它是新闻园地的一棵老树。今天的"新民晚报"可说是老树开花。古人说："老树花开无丑枝"。在纪念复刊十周年时，我们祝愿这棵老树在社会主义的阳光雨露中，能把它的花朵开得更繁茂，更鲜丽，能够得到更广大的读者的爱护。

《老树花开无丑枝——纪念本报副刊十周年》手稿　2–21–4

第三辑 信函

我在《赵超构书信往事》跋中曾说过：“书信是人类历史留给后人的文化瑰宝，它像一面镜子映照着人类有别于其他物种的精神与情感。”

本辑共选赵超构书信四十四封。有写给刘秉麟、张乐平、黄佐临、郑逸梅、白雉山、丰一吟等名家的，有写给关国栋、蒋元明、邹士方等新闻界同行的，也有写给洪瑞钊、刘显友等老家亲友的。还有写给家人的“家信”，给四个子女的信仅存一封，写给孙子赵丰的信最多，共有十余封。赵超构惜墨如金，习惯写短信，但给孙辈的信却“洋洋千言”。

这些珍贵的书信手迹，反映了赵超构工作、生活等方面的行状和家庭情况。透过书信可以窥视人生，读它犹如看一个人的日记一样真实可信。书信为读者勾勒出了一个真实可亲的报人形象。

致秉麟师[①]（一通）

［原文］

秉麟师：

兹呈上“推克诺克拉西”一稿[②]，未审能合商务之用否？内容系根据各原书编成，终以学力所限，支离破碎，几不成章，尚乞我师痛加删削。编此并无别意，仅欲介绍该理论之一二而已！惜关于功能诸点，创唱（倡）者亦未脱神秘色彩，故未敢妄加按断，只就所理解者引释。批评自有严正学者在，非浅薄如构者所能也。构流离沪上，窘迫不堪，始敢冒渎，如我师稍加援助，济以膏火之资，则感德无已矣！

受业　赵景熹敬上

五.九日

［注释］

①刘秉麟（1891—1956），又名炳麟，别号南陔，笔名刘陔，尊称“南陔先生”。湖南长沙人，著名经济学家。北京大学经济系毕业，赴欧洲留学。先后在中国公学、武汉大学担任教授。代表著（编）有《经济学原理》《李士特经济学说及传记》《近代中国外债史稿》，译作有英国经济学家亚当·斯密的《财政学大纲》等。

②赵超构编就的一本关于“推克诺克拉西”的书稿。

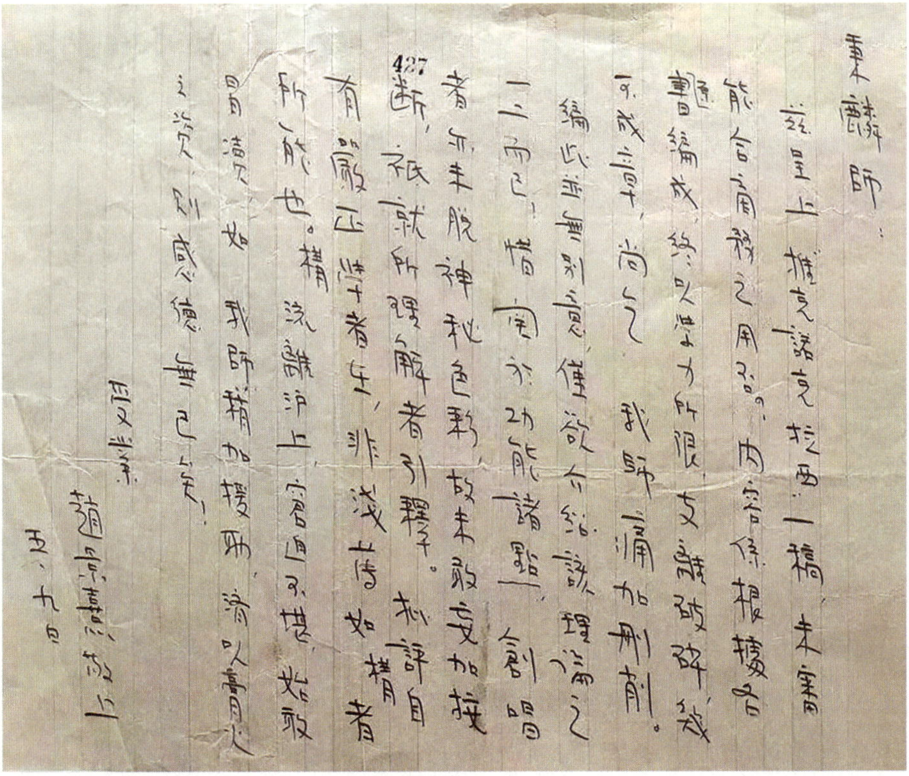

秉麟師：

茲呈上技克諾克拉西一稿，未審能合刊物之用否。內容係根據各書編成，終以學力所限，支離破碎，幾不成章，尚乞我師痛加刪削。編此並無別意，僅欲介紹該理論之一二而已，惜囿於功能諸點，創唱者亦未脫神秘色彩，故未敢妄加按斷，祇就所理解者引釋。批評自有嚴正學者在，非淺薄如精者所能也。精流離滬上，窘困不堪，始敢冒瀆，如我師稍加援助，濟以膏火之資，則感德無已矣！

[illegible]文祺

趙景熹敬上

五、九日

致秉麟师（1932） 3–1

延伸解读

夭折的《推克诺克拉西》

二〇二三年盛夏的一个夜晚，温州藏友金顺仁兄发来一帧赵超构手札图片，嘱我一辨真伪。手迹如同人的容颜，它会伴随岁月的成长而发生变异，同时也会烙上人际过往与世事沧桑而留下不可磨灭的印记。我挪过台灯，细看笔迹，发现与我原本熟悉的赵氏手迹相差甚远；但凝视良久，又见那字体犹如魔块般幻动，隐约透发出一种久违罕见似曾相识的眼熟。

我翻找出收藏的赵氏手迹逐字逐句反复比对，并与上海赵超构女婿陈舜胜教授一同核实，最终确定此函属赵氏青年时期手迹。这是目前发现的赵超构存世最早的一封信函，它填补了赵超构青少年时期手迹的空白，对研究赵超构有着极其重要的文化价值。

一

信是随意写在一张活页练习簿上的。尺寸大小，长二十一厘米、宽二十六点七厘米；右起，竖行，钢笔字。赵超构的大学同学缪天华曾在散文《超人和逸庵》中谈过赵氏笔迹：“他写的字，字体向右边倾斜，自然是潦草的，但尚可辨认。”信笺上的字略显笨拙，带有几分稚气，果真“向右边倾斜”。落款景熹，乃赵超构学名，即景仰理学大师朱熹之意。为当年浙南文成老家龙川“赵同春私塾”先生徐更卿所赐，一直沿用至中学、大学，最终成为他的笔名之一。

收信人秉麟，姓刘，赵超构大学业师也。据史料介绍，刘秉麟为湖南长沙人氏。他八岁进私塾，师从章士钊。他与中国公学颇有缘分：年少离蓉赴沪，在此就读中学直至大学预科；一九一七年从北京大学毕业后，又于一九一九年返校任教务长；一九二〇年往英国伦敦大学和德国柏林大学深造，归国后又重返学校任教授，并一直担任中国公学商学院院长。

刘秉麟还是中国经济学社理事，经常奔赴南京出席财政会议，并参与了中华民国《工商法》的起草和制定。他除了在中国公学就任教职外，一九二六年后还担任了商务印书馆法制经济部的编辑，曾与何炳松合编“社会科学小丛书”；与马寅初等名家被任命为“大学丛书”编委会委员，这个委员会是当年社科领域“最具权威性的半官方最高学术领导与决策机构”。

二

赵超构年少时不是一个好学生，学业平平；因受学潮影响，他在温州中学提前退学，连高中文凭也没拿到手。一九二八年他经日本做短暂的游学后，一直流转上海、南京等地寻求继续深造的机会。中国公学是一所民办公助的大学，录取新生较为宽泛，不受高中文凭等条件限制。一九三〇年秋季，赵超构如愿考入这所大学，与有“小陈毅”之称的儒将陈沂、台湾著名作家缪天华、温州爱国民主人士王思本等都成了同校的同学。

赵超构上大学期间，中国时局正是多事之秋，内忧外患；校内各种势力派系林立，风潮迭起，教学秩序十分混乱。他攻读的是政治经济学，幸运的是成了刘秉麟、罗隆基等名教授麾下的门生。赵超构的学业长进明显，尤其是对所学的专业政治经济学产生了浓厚的兴趣。在校期间，他就开始撰写有关经济类文章，试着向《申报》“经济专刊”投稿，相继发表了《英美法之货币战》等经济述评，同时他又在《工商半月刊》《银行周报》等刊物上发表了《世界经济会议蠡测》《世界经济会议所应取之对策》等经济专论。

经济学家刘秉麟

中国公学上大学时的赵超构
摄于 1932 年

战后移沪辣斐德路（今复兴中路）中国公学大门

刘秉麟夫妇及女儿与朱光潜（左一）、陈源（左二）合影

刘秉麟（前左三）及师生与前来武汉大学访问的胡适（前左四）合影
摄于 1932 年

函中谈到的"'推克诺克拉西'一稿"，应该是赵超构编撰或翻译的论稿。"推克诺克拉西"（Technocracy）是一种经济学说，为美国地方技术师斯密斯（William H.Smyth）于一九一九年创造，主张"一切工业，应交给一般优良的专门家管理，以免被少数资本家专有私利"。一九二九年十月美国证券风潮发生后，经济即陷于空前的大恐慌，倡其说者斯科特（Howard Scott）提倡用"推克诺克拉西"来"救济美国今日失业工人日多的危局"。一时间，世界各地的报章杂志都在讨论这种学说。

此时的赵超构将自己闭关在出租屋里，阅读了大量的经济学书籍，对"推克诺克拉西"学说颇感兴趣，并进行了系统的研究。他编撰"'推克诺克拉西'一稿"，正如他在信中所说的："编此并无别意，仅欲介绍该理论之一二而已！惜关于功能诸点，创唱（倡）者亦未脱神秘色彩，故未敢妄加按断，只就所理解者引释。批评自有严正学者在，非浅薄如构者所能也。"

三

该手札仅有日期，未注明年份。根据赵超构大学履历行迹分析，年份应该在一九三二年。是年上海爆发一·二八抗战，吴淞中国公学校舍遭日军炮火炸毁，校舍、图书、仪器设备被毁坏殆尽，被迫延期开学。赵超构"流离沪上，窘迫不堪"，成了十足的"流亡大学生"。

其间，他在"各原书"的基础上，再结合自身学习体会编撰了"'推克诺克拉西'一稿"，并于五月九日向业师刘秉麟投稿，以期在商务印书馆刊行。一方面不至于荒废学业，另一方面赚点外快，以减轻家庭之负担。他在信中向老师坦言："终以学力所限，支离破碎，几不成章，尚乞我师痛加删削"，"如我师稍加援助，济以膏火之资，则感德无已矣"。寥寥数语，足见其迫切及至诚之心矣！

年仅二十三岁的大学生赵超构，利用课余编撰"'推克诺克拉西'一稿"，这应该是一件了不起的事。殊不料"生不逢时"，结果竟然不了了之。是业师刘秉麟撒手不管不予“援助”吗？非也。

究其原委，不外两种可能。一是五月以后，中国公学风潮不断，校内秩序几乎失控，作为校董、教授会执行委员之一的刘秉麟，忙于奔命，已无暇顾及受业之托——六月一日，陷入风潮难以自拔的刘秉麟在《申报》刊登启事，宣告辞去中国公学校董及教授之职，即为例证。二是一·二八抗战以后，他担任编辑的商务印书馆及印刷厂惨遭日机轰炸焚毁，业务惨淡，大部分人员面临解雇遣散（包括他本人），他即便有心“援助”，也已力不从心。

赵超构“论稿”刊行之事，就此作罢。除此信函外，赵超构再未提及此事，也未有有关秉麟师的文字见诸笔端。同年八月，刘秉麟经同事好友引荐，携眷带口赴湖北武汉大学另谋高就，先当经济学系主任，后又接替杨端六兼法学院院长，一度代理武大校长，最终留任于经济系编译主任。他在武大度过后半生，几度沉浮，卒于一九五六年，享年六十五岁。

刘秉麟有给赵超构复信否？赵超构与他后续是否再有交集？“‘推克诺克拉西’一稿”今又何在？这一切，或将成谜。文化名人身后的谜团，在历史寂寥的天空里总是显得那样难以捉摸，时间永远是寻找真相或打开答案最可信赖的“金钥匙”。

金顺仁兄发手札图片给我的时候，该手札正在孔夫子旧书网“墨笺楼”书店火热拍卖。当我上网时，发现这封小小的信札，从五十元起拍，已一路攀升至二千五百余元。金顺仁兄有收藏温籍名家手札之癖好，也参与了拍卖，但这次因价格偏高，内心犹豫而迟迟不肯下手。这封在市场上罕见露脸的赵超构青年时期手札，最后又将花落谁家呢？

致逸老[①]（一通）

［评介］

郑逸梅与赵超构“无缘面见已相知”，虽然见面不多，交往不多，却彼此欣赏。一九七三年，他们一起参加外事接待任务后，彼此还通过一次信，这也是唯一的一次通信。

郑逸梅年长赵超构十五岁，几乎差了一个辈分。郑逸梅喜欢读林放杂文，经常给《新民晚报》副刊投稿，他的文史小品《清人日记中的上海》《书画皆绝的珍品》等都发表于此。“文化大革命”后期，赵超构被宣布“解放”，到上海《辞海》编辑室上班。是年六月，他与郑逸梅共同接待了国际友人林培瑞。据《郑逸梅自订年表》载：“市外事处安排，于和平饭店七楼接见美国专家林培瑞博士，同座者为赵超构（林放）。林培瑞专研中国近代文学，交谈中华语流畅，为中国通。中美未建交前，我国乒乓球队访美，美总统尼克松在白宫接见，林培瑞任美方中文翻译，后彼任加利福尼亚大学教授。当时林氏为我与赵超构合摄一影。”［《文教资料》（双月刊）一九八八年第三期］

［原文］

逸老：

短札收到，娓娓说来，亲切有味，足见老境欢愉，胸无渣滓，可喜可贺。说起来是很有意思的，我们过去彼此都已相知，却始终无一面之缘，想不到前些时候由一个毫不相干的人[②]把我们撮合在一块儿。可惜当时为了任务[③]，彼此之间未得畅谈，今后当另找机会图一快叙。本来接到信就想登门请教，因为我现在只有中午有空，恐怕侵占你的午睡时间。那张照片[④]就请邮寄给我，地址是：“陕西北路457号辞海编辑组。”费心致谢！

勿此，即致

敬礼！

赵超构

七月三日⑤

赵超构号林放，著延安归来，主持新民晚报⑥

［注释］

①即郑逸梅（1895—1992），原名鞠愿宗，江苏苏州人。中学时代开始为报刊撰写文史小品。后来他到多家报社任特约撰述或主笔，还在中孚书局担任过编辑，撰写了数以万计的掌故小品，有“报刊补白大王”“旧闻记者”之誉。代表作有《逸梅小品》《文苑花絮》《艺林散叶》《艺坛百影》《书报话旧》《郑梅逸话旧》等。

②即指美国汉学家林培瑞（Perry Link）。林培瑞（1944—），哈佛大学哲学博士，曾任美国普林斯顿大学荣誉教授、加利福尼亚大学河滨分校校长特聘讲座教授等。著有《清末民初文坛佚事》（英文版）等多部。

③指接待外宾之任务。

④指林培瑞为赵超构和郑逸梅拍摄的合影。

⑤此信写于1973年。后收于郑有慧编中华书局2015年9月版《郑逸梅友朋书札手迹》。

⑥此处系郑逸梅收函后之备注。林放非赵超构之号，笔名；《延安归来》系曾培炎所著，显然为《延安一月》之误。

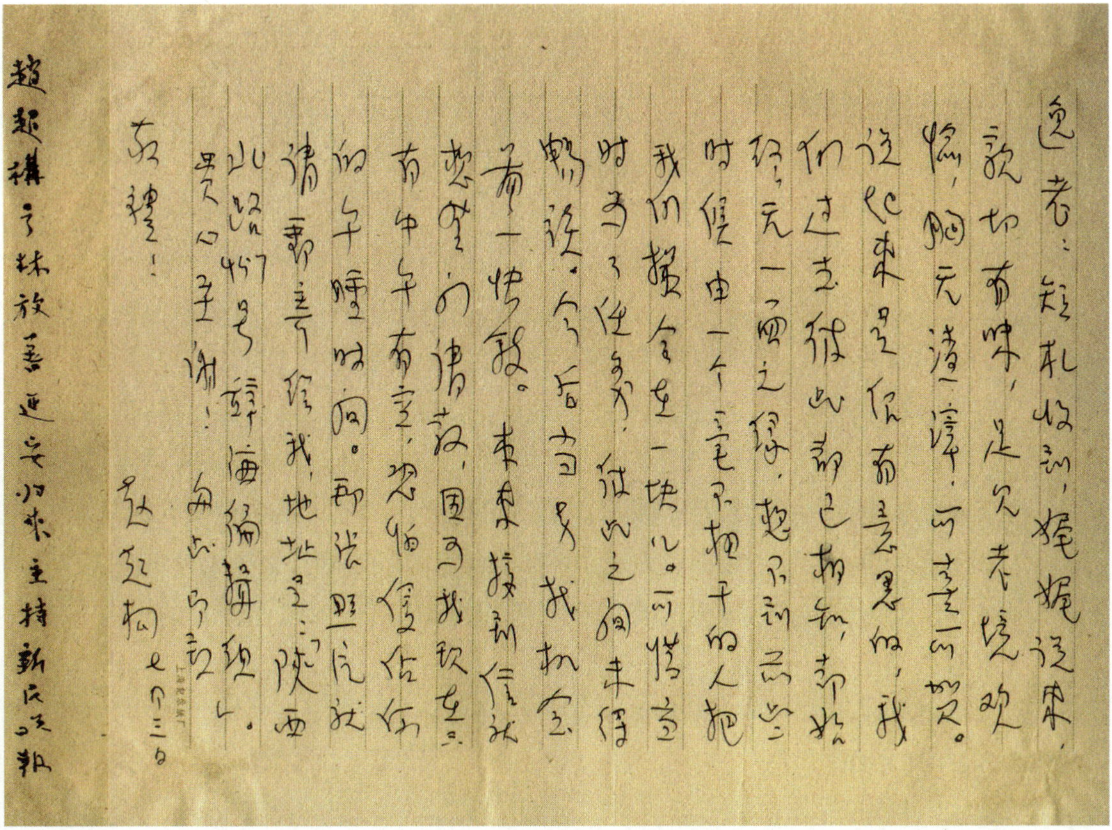
赵超构，字林放，著延安一月，主持新民晚报

逸老：短札收到，娓娓说来，款切有味，足见老境欢愉，胸无渣滓，可喜可贺。说起来是很有意思的，我们过去彼此都已相知，却始终无一面之缘，想不到前些时候由一个毫不相干的人把我们撮合在一块儿。可惜这时为了任务，彼此之间未得畅谈。今后当多找机会，希一快叙。本来接到信就想要回信的，因为我较忙，只有中午有空，恐怕侵占你的午睡时间。所说照片完就请寄给我，地址是：陕西北路457号辞海编辑组。费心至谢！匆此即颂
敬礼！

赵超构 七月三日

致逸老（1973） 3-2

致开垒同志[①]（一通）

［评介］

这封信是徐开垒的女婿马国平提供的。原件现收藏于上海图书馆中国文化名人手稿馆。

赵超构和徐开垒同为上海民主人士，经常在政协或各种活动中相遇。十年浩劫过后，作为《文汇报》文艺副刊主编的徐开垒，自然想到要向赵超构约稿。这封信便是赵超构回应约稿的附函，信中说的“得白话体的词一首”，即两天后刊登在《文汇报》三版上的《满江红·瞻仰毛主席遗容献词》；信中提到的“国庆节杂文”，即后来刊登在同年十月三日《文汇报》“风雷激”副刊的《峥嵘岁月——建国二十八周年颂》。张林岚《赵超构传》出版，徐开垒曾致函作者：“他（赵超构）以新闻工作者身份，经历了几个极为复杂的年代。他的事迹确实值得大写特写，这不仅因为他的人品不凡，更由于他所处的时代不平常。不平凡的人处在不平常的时代，必然有不平凡的矛盾，不平凡的故事。”（《写出真正的赵超构来——评张林岚新著〈赵超构传〉》，《新民晚报》1999年10月6日）

［原文］

开垒同志：

手书悉。前承索稿，未克应命，甚以为歉。日前赴京参加瞻仰活动，十分激动，得白话体的词一首。自然很粗糙，却是当时情感思潮的纪录。因抄录就正，未审还赶得上纪念主席的活动否？（不合用即作罢）国庆节杂文一时还想不到题目，写出来恐怕也是一般的。但是十月六日是粉碎“四人帮”一周年，未知报社对此大快人心的事有何反应否？准备写一些讽刺性的给你们，用否听便。我以为这个反面教材是值得充分利用的，不过讽刺性的东西目前似乎还不多，所以我也吃不准。

匆复即致

敬礼

赵超构

十九日

一九七七年九月赵超构（林放）来信②。

[注释]

①徐开垒（1922—2012），笔名余羽、徐翊等。浙江宁波人。现当代作家。“孤岛”时期即在报刊上发表作品。历任《文汇报》编辑记者、副刊《笔会》主编、文艺部副主任，高级编辑。著有《鲜花与美酒》《巴金传》《巴金和他的同时代人》等。

②此为徐开垒标注。

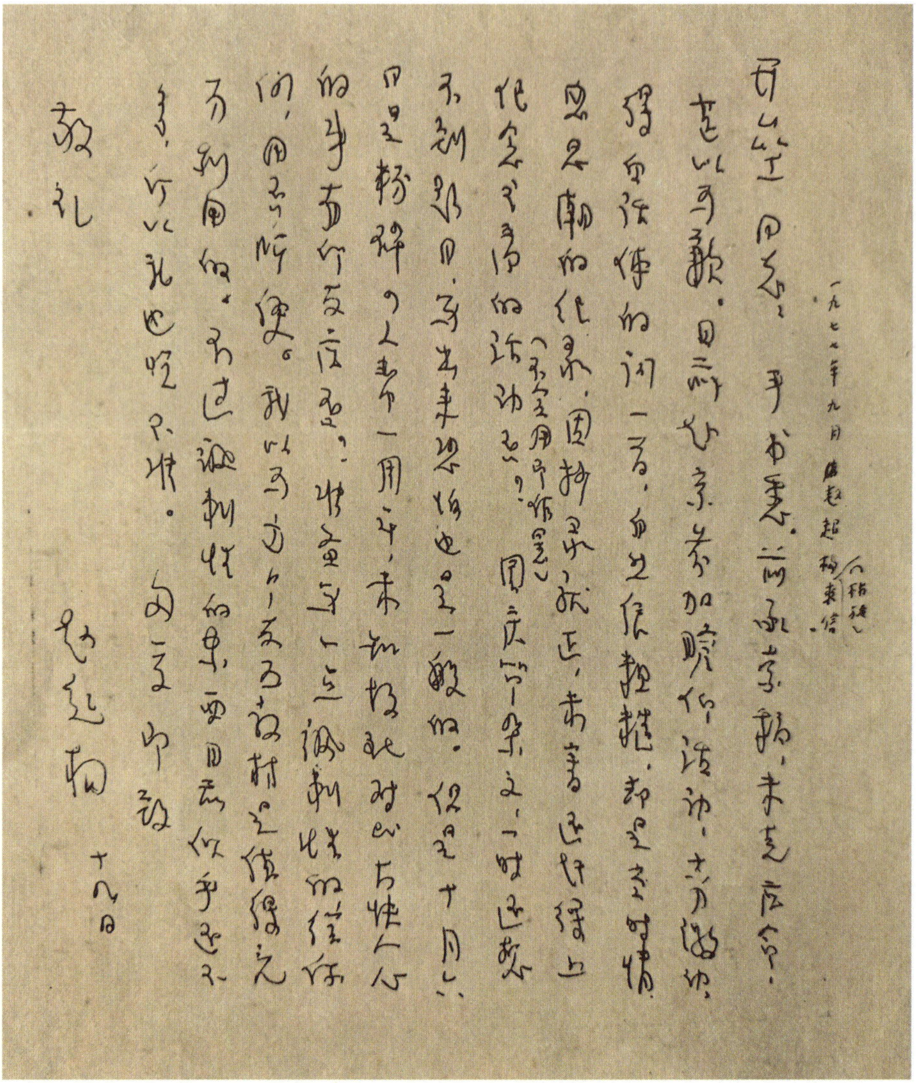

一九七七年九月赵超构来信

开垒同志：手书奉悉。前承来访，未克应命，
甚以为歉。回忆去东京参加[illegible]活动，[illegible]
得[illegible]体的诗一首，[illegible]，都是当时情
思[illegible]的代表，因[illegible]，未[illegible]还记得上
[illegible]的诗[illegible]？（[illegible]）[illegible]杂文，一时还想
不到别的。写出来恐怕也是一般的。但是十月六
日是粉碎四人帮一周年，未知[illegible]大快人心
的[illegible]否？[illegible]讽刺性的[illegible]
[illegible]。我以为[illegible]
[illegible]的，不过讽刺性的[illegible]
[illegible]。匆复，即颂
敬礼
赵超构 十九日

致开垒同志（1977） 3–3

致小丰[①]、东戬[②]（各一通）

［评介］

赵超构留给孙辈的信函共有十几封，写给子女的信函留存的仅此一封。赵家四个子女，长女静男、长子东戡、次子东戬、小女刘芭。除小妹刘芭在上海出生外，其余均出生于文成老家珊溪外婆家。进入报界的赵超构，长期辗转于南京、汉口、重庆等地，孩子们常年寄住在外婆家，抗战胜利后才得以在上海安居。静男长大后，第一个离家北上求学，后来嫁给了自己的老师刁绍华，自此留在哈尔滨。赵超构常年与她通信，可惜的是一封也没有留下。

在子女面前，赵超构似乎是个十足的“甩手老爸”。然而，这封信却让人看到一个老父亲最温情的一面。东戬自幼喜欢科技，想到科学会堂听讲座，赵超构在信中强调“全不成问题”。儿媳李其美脖子上长了一个甲状腺结节，正在医院治疗。他询问：“李其美不开刀，单吃中药，能彻底解决问题否？”虽然没有直接的关切之语，但平淡的字面背后，却满是对下辈的牵挂与爱意。

［原文1］

小丰：

信收到了。刚好今天中午寄了一包书给你。《李自成》两册。一册《铁木儿和他的伙伴》，一册《长征回忆》录。共四本，挂号寄到欧阳路幼儿园收转的。你们去问问看，收到后给我写一封回信。第三帝国兴亡记书已不在（这书不是我买的）。你也不忙看这些书。中英对照的书都很深，大学程度的，我找一找看，最浅的我会寄给你的。但目前最要紧是打基础，背熟英语。乱看反而不好。李自成写得很好，要一句句看下去，不要只看故事情节。要学习他的描写、词汇，这样作文就会写得好。寄给你的书要保管好，过两年赵扬③也要看的，这些书很难买到。《铁木儿》也很有趣，但不知赵扬能看得懂否？今天暂时只写这几句给你。下次再谈吧。

爷爷字

[原文2]

东戬：

今天中午有一包书寄在欧阳路幼儿园，李其美④住院，何时去问问看收到否？书比信要慢一些，收到后叫小丰写回信给我。

科学会堂听讲座全不成问题。科普会长是苏步青⑤同志，前已谈好。科学会堂付（副）主任是江征帆⑥同志，也是温州同乡，我见过两面。但是既然要七八月间才去听，那就到那时再说吧。早说他们忙人容易忘记。总之，什么时候去说，你临时通知我好了。李其美不开刀，单吃中药，能彻底解决问题否？

爸爸

十八日⑦下午五时

[注释]

①赵丰小名。赵丰（1963—），赵超构孙，赵东戬长子。毕业于上海同济大学工程经济专业。高级工程师，为国内成本管理、招标采购专家。著有《成本决胜论》《数据的智慧》《成本管理作业指导书》等。

②赵东戬（1938—1995），赵超构次子。出生于浙江文成。1957年考取上海交通大学，攻读电机系船舶电器设备专业。1962年毕业，被分配到六机部（中国国防工业）第七研究院第七〇一研究所。先是南京，后又去了武汉，还到过香港。1987年经组织照顾调回交通运输部航道局上海设计研究所工作。

③赵扬（1966—），赵超构孙，赵东戬次子。国家公务员。

④李其美（1937—），赵超构儿媳，赵东戬之妻。上海人。幼儿园教师。发表《小象要回家》《对不起，癞蛤蟆》等儿童故事，被

《中国优秀幼儿文学》《365夜》及上海、浙江等地幼儿教材收录。

⑤苏步青（1902—2003），中国科学院院士、数学家、教育家。浙江平阳人。中国微分几何学派创始人。曾担任过《辞海》副主编、复旦大学校长，全国政协副主席，民盟中央副主席、名誉主席等。著有《微分几何学》《射影曲线概论》《数与诗的交融》等。

⑥江征帆（1921—2004），原名姜庆炎，曾用名姜潞、姜康林、萧江等。浙江瑞安人。1937年入党。1949年后，历任上海汽轮机厂党委书记、上海市第二工业大学党委书记兼常务副校长、上海科协党组书记兼常务副主席等。

⑦写信时间为1978年上半年。

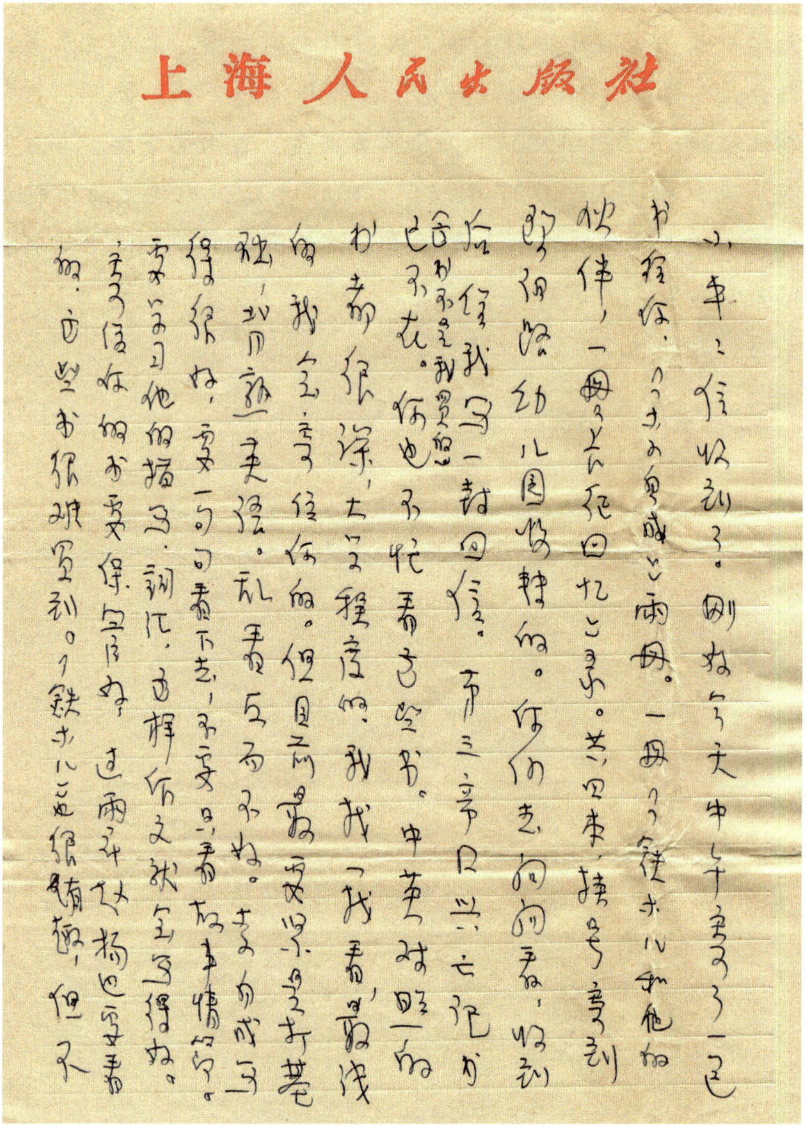
上海人民出版社

小丰：信收到了。刚好今天中午寄了一包书给你，（还有东戬的两册。一册给东儿和他的伙伴，一册是给纪四忆之的。）关于本，请寄到时候的幼儿园收转的。你们去问问看，收到后给我写一封回信。第三本只出七记才给我（书不是我买的）已不在。你也不忙看这些书。中英对照的书都很深，大学程度的。我找一找看，最浅的我会寄给你的。但目前最要紧是打基础，打好基础再说。乱看反而不好。学习成语很很好，要一句句看下去，不要只看故事情节。要学习他的描写、词汇，这样作文就会写得好。寄了很好的书要保留好。这两本故事书也要看的。这些书很难买到。东戬小儿画很有趣，但不

致赵丰、赵东戬（1978） 3–4

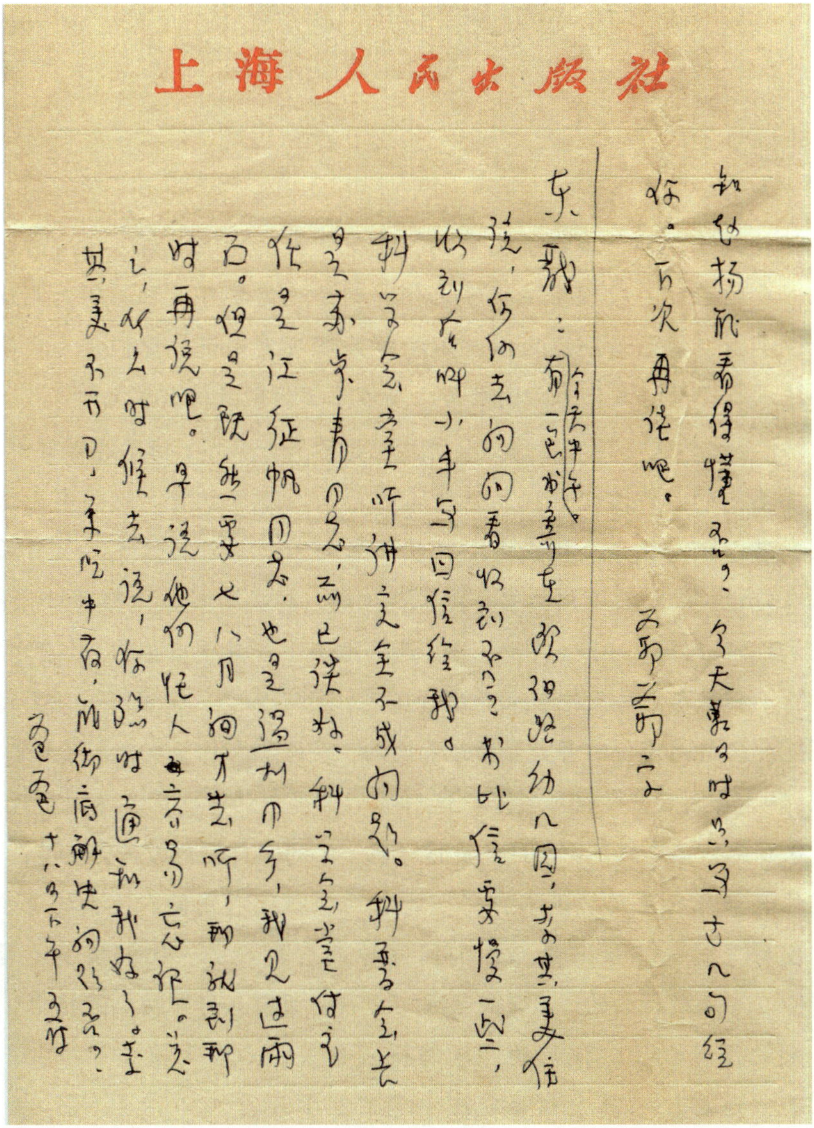

上海人民出版社

东戬：前一包书（今天中午）寄去，收到后给八周，书中英美信
谈，你们去的时候看收到否？书比信要慢一些，
收到后哪小半写回信给我。
科学会堂听讲完全不成问题。科普会长
是东京青年同志，而且很好，科学会堂任主
任是江征帆同志，也是温州同乡，我见过两
面。但是既然要七八月间才去听，那就到那
时再说吧。早说她们忙人容易忘记。总
之，什么时候去说，你随时通知我好了。书
英美不开月，本院中有，所谓所史的行否？
爸爸 十六日下午五时

赵丰、杨帆看得懂否？今天书写时只写了九句给
你。下次再谈吧。 爷爷奶奶之上

致赵丰、赵东戬（1978） 3-5

致小丰、赵扬（二通）

［原文 1］

小丰、赵扬：

信收到了。你们现在最要紧的，是把学校的功课做好。年小时记忆力强，要把语文、数理基础牢牢记住。英语一定要每天抽时间大声反复背诵。小说，偶尔看一点可以，不能整天埋头看小说。你们将来要争取做科技人员，学好本领为祖国服务。我不希望你们做什么“文学家”。我最近较忙，也好久不跑书店了。有便可以替你买一二本，但不能样样都买。书是买不完的。你看小说，只知道看故事，还不能欣赏，这些书一看过就放在书架上没用处。还是专心把功课做好吧。另外，你也不要盲目地听别人传说。比如数理化丛书，大家都抢购。其实这书每种都有四册（代数、物理、几何……），一共十几本，是给上山下乡青年自学的，你有学校，有老师，有课本，每天把教来的习题做完，已不容易，哪里有时间再读这些书呢？只是因为前回考大学，大家抢购，弄得人人都想买，弄得很紧张。“四人帮”打倒后，学校抓紧了，这对你们是很好的事。下半年课本改革，恢复基础课，就更好了。东戬也有信给我。他的工作做好，我当然很高兴，希望你两弟兄也要用功读书，将来能成为对祖国有用的人。我的身体很好，发胖了。等东戬回来，你们同他再来看我好了。你们楼下是否有信箱？房子是过得去的，只是寄书太不方便。目前只好寄幼儿园转吧？

别的没什么了。你们的字也写得不好。以后要写得整齐一些。不要象爷爷这样，一辈子都写不好，吃了不少亏。

附年历卡四张。是年历卡，不是年列卡，赵扬写错了。

超构　七日①

［注释］

①此信写于 1978 年 1 月。

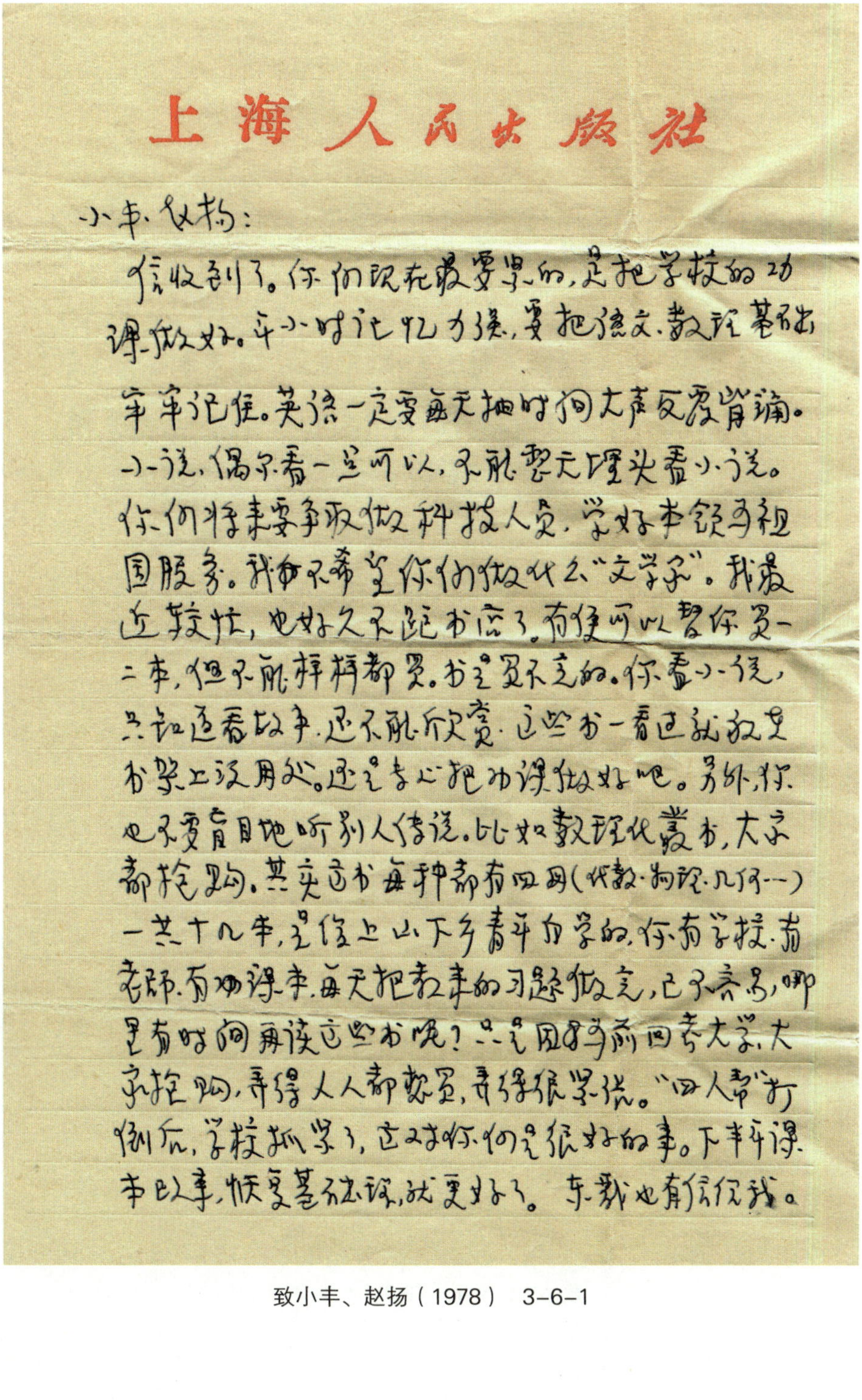

上海人民出版社

小丰、赵扬：

信收到了。你们现在最要紧的，是把学校的功课做好。年小时记忆力强，要把语文、数理基础牢牢记住。英语一定要每天抽时间大声反复背诵。小说，偶尔看一点可以，不能整天埋头看小说。你们将来要争取做科技人员，学好本领为祖国服务。我并不希望你们做什么"文学家"。我最近较忙，也好久不跑书店了。有便可以帮你买一二本，但不能样样都买。书是买不完的。你看小说，只知道看故事，还不能欣赏，这些书一看过就放在书架上没用处。还是专心把功课做好吧。另外，你也不要盲目地听别人传说。比如数理化丛书，大家都抢购，其实这书每种都有四册（代数、物理、几何……）一共十几本，是给上山下乡青年自学的，你有学校、有老师、有功课本，每天把老师的习题做完，已不容易，哪里有时间再读这些书呢？只是因为目前回考大学，大家抢购，弄得人人都要买，弄得很紧张。"四人帮"打倒后，学校抓紧了，这对你们是很好的事。下半年课本改来，恢复基础课，就更好了。东戴也有信给我。

致小丰、赵扬（1978） 3-6-1

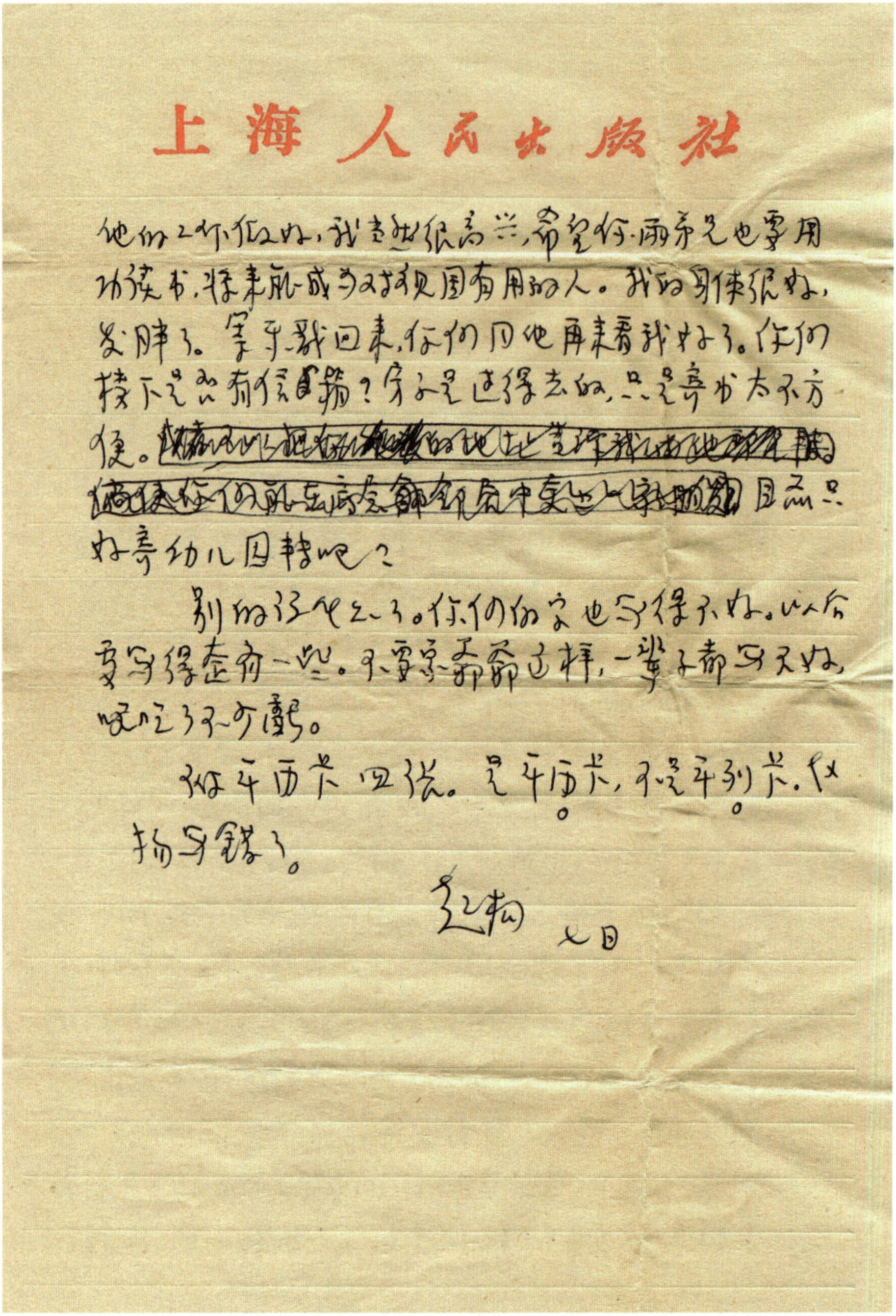

上海人民出版社

他们二个很好，我当然很高兴，希望你们两个也要用功读书，将来能成为对祖国有用的人。我的身体很好，发胖了。等下次我回来，你们同他再来看我好了。你们接下去是否有信箱？学校是这样去的，只是寄去太不方便。[illegible]因而只好寄幼儿园转吧了。

别的没什么了。你们的字也写得不好。以后要写得整齐一些。不要象爷爷这样，一辈子都写不好，吃亏了不少了。

附年历片四张。是年历片，不是年列片。仅扬写错了。

超构　七日

致小丰、赵扬（1978）　3-6-2

[原文2]

小丰、赵扬：

我们最近全部人都集中延安路一个地方定稿，很忙，我又时常在外开会。打电话也很难接到。因此，在开学前后，你们不必来看我了。要过了二月份，你们有空再来好了。怕你们白跑空路，所以特地告诉你们一声。余无别事。我身体很好，只不过是忙。

爷爷
二月一日①

[注释]

①此信写于1979年。

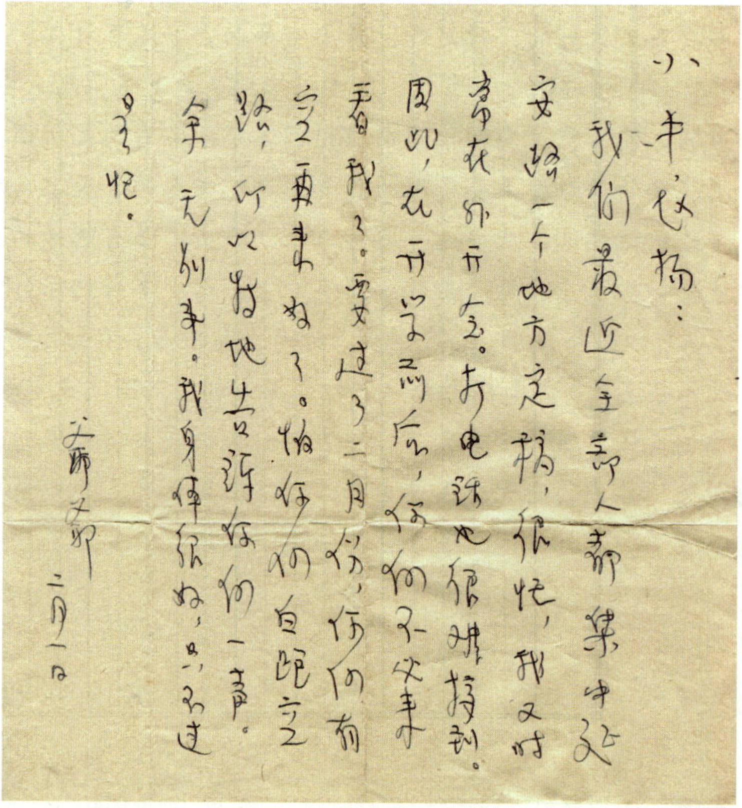

小丰、赵扬：

我们最近全部人都集中延安路一个地方定稿，很忙，我又时常在外开会。打电话也很难接到。因此，在开学前后，你们不必来看我了。要过了二月份，你们有空再来好了。怕你们白跑空路，所以特地告诉你们一声。余无别事。我身体很好，只不过是忙。

爷爷

二月一日

致小丰、赵扬（1979） 3-7

致赵扬（一通）

［原文］

赵扬：

你那天回去，一路上顺利吗？那天太热，我又刚从韶山、井冈山回来，工作一大堆，没有带你出去玩。你等于白来一趟了。你老师要买四本《作文知识讲话》，我问过两家新华书店，都说卖完了。买不到了。你就这样回答老师吧。以后顺便看到，再替你买。同时告诉小丰：《战斗的青春》和《苦菜花》等书，并不是很好的作品，值不得买。买书要买文笔好的，对写作、作文有帮助，如《李自成》，文笔描写就非常好，值得学习、多读。不要以为故事知道了，就不再读了。文笔一般的，能（就）向学校图书馆借阅算了，不看也无所谓。《苦菜花》《战斗的青春》主要是因为作者受过“四人帮”迫害，才重新出版。《陈毅诗词选》应当选一些背下来。我买书是有选择的，《鲁滨孙漂流记》也是应该看一看的。所有的书，叫小丰好好保存，过两三年，你也可以看得懂了。今年暑假，你考进初中后，不妨先看看《西游记》或《鲁滨孙》。今年上北京，打算买一部《三国演义》给你们，可以让你们看懂最浅的文言文。我八岁的时候，在大岙老家时，就是由我的祖父（你们的老太公）亲自教我读《三国》的。先是看不懂，慢慢地就懂了。这封信，叫小丰也读一读。天热，不多说了。

爷爷

廿九日①

［注释］

①此信写于 1978 年 6 月。

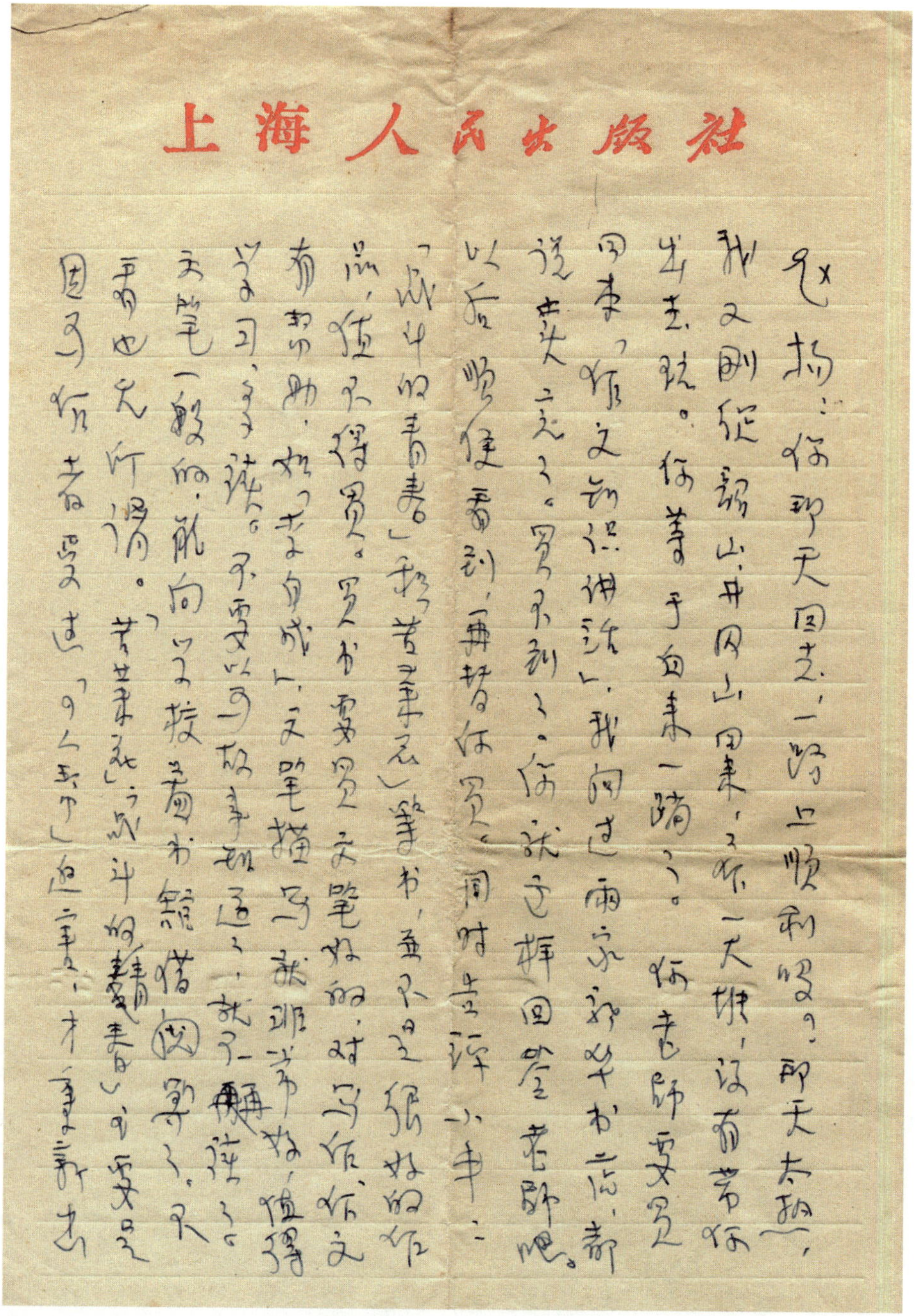

上海人民出版社

赵扬：你那天回去，一路上顺利吗？那天太热，我又刚从韶山井冈山回来，又作一天讲，没有带你出去玩。你等于白来一趟了。你老师要买回来「作文知识讲话」，我问过两家新华书店，都说卖完了，买不到了。你就这样回答老师吧。以后顺便看到，再替你买，同时寄你小本子。

「战斗的青春」我看过，这本书并不是很好的作品，值不得买。买书要买文笔好的，对写作文有帮助。如「李自成」，文笔描写就非常好，值得学习，多多读。不要以为故事好看，就多读读。

致赵扬（1978） 3-8-1

上海人民出版社

版。你家《诗词选》应当选一些背下来。我买书是有选择的，《鲁滨孙飘流记》也是应该看一看的。我看的书，叫小平好好保存，过两三年，你也可以看得懂了。今年暑假，你考进初中后，不妨先看看《西游记》或《鲁滨孙》。今年上北京，打算买一部《三国演义》给你们，可以让你们看懂旧小说的文言文。我八岁的时候，在大峃老家时，就是由我的祖父（你们的老太公）亲自教我读《三国》的。先是看不懂，慢慢地就懂了。这封信，叫小平也读一读。天热，不多说了。

爷爷 廿九日

致赵扬（1978） 3-8-2

致小丰（十一通）

［原文 1］

小丰：

信收到了。你们上学，我很高兴，希望你们努力学习，天天有所进步。你说的《中学综合数学习题集》，我问了许多人，都说没有这本书。将来我见到这本书，或类似的数学习题书，一定替你买来。《班主任》是一篇很短的小说，登在《人民文学》上，二十分钟就可看完，并没有出书。将来你来玩时，到我们资料室找出来读一读就行了。另外告诉你的老师：辞海理科分册上下两本，今年国庆节，都将在新华书店公开出售，任何人都可买到，用不着我代买的。我给你们的自学丛书，缺少一本《立体几何》，现在我已替你买到一册，明后天寄给你。本月十一日，我要去西安、延安去参观，月底才能回来。

从你的来信看来，你的语文还很差。以后要加把劲，把语文学好。特别是要学习标点，不要写错字。

超构

四日①

［注释］

①此信写于 1978 年 9 月。

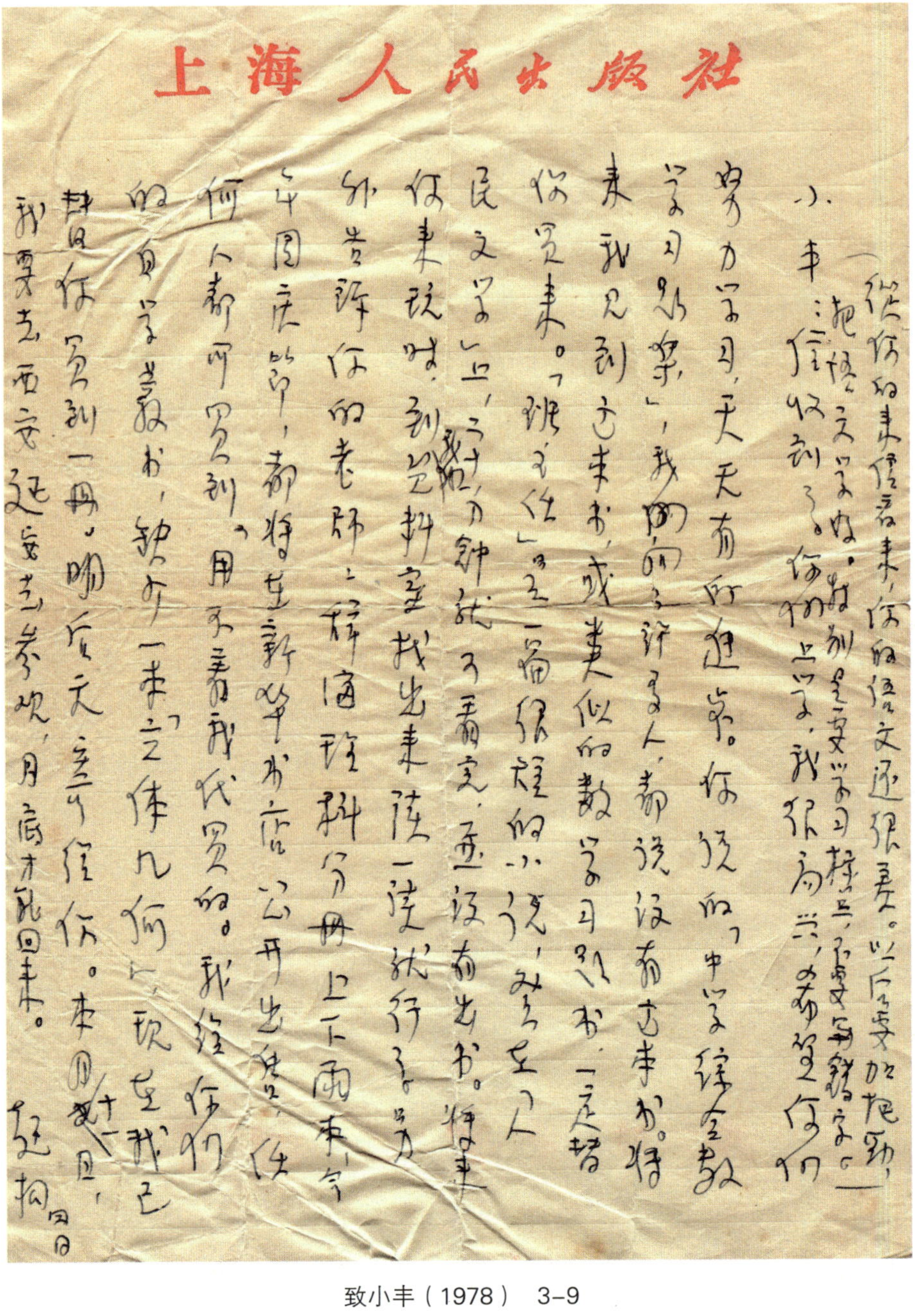

上海人民出版社

小丰：

信收到了。你们上学了，我很高兴，希望你们——从你的来信看来，你的语文还很差。以后要加把劲，把语文学好。特别是要学习标点，不要写错字。——努力学习，天天有所进步。你说的「中学综合数学习题集」，我问了许多人，都说没有这本书。将来我见到这本书，或类似的数学习题书，一定替你买来。「跳水」是一篇很短的小说，是外国人民文学上，三十分钟就可看完，并没有出书。将来你来玩时，到资料室找出来读一读就行了。另外告诉你的老师：辞海理科分册上下两本，今年国庆节，都将在新华书店公开出售，任何人都可买到，用不着我代买的。我给你们的自学丛书，缺少一本「立体几何」，现在我已替你买到一册，明后天就寄给你。本月廿一日，我要去西安、延安去参观，月底才能回来。

超构
四日

致小丰（1978） 3-9

[原文2]

小丰：

信看到了。比以前写得较有条理了。

告诉你校老师，我不会做语文方面的报告。写文章的人不一定能教别人写文章。写作和教学是两回事。写作没有什么窍门，多读、多看、多写，自然熟能生巧。主要靠实践。把这样的意思告诉老师，请他原谅。

斯巴达克思外面一抢就光了。无法再买。我们内部每三人分一部，大家争得很厉害，我也没分到。这部书我翻了一下，对话很冗长，谈的道理决不是青年人能看得懂的。并不好看。李自成也无法买到。历史小说也不大好读。将来有别的书，我当留意。但不知寄到大连西路，能收到否？你在六楼上，白天又没人，邮局的人肯送上六楼吗？如果有什么书，寄到哪里较妥当？便中回我一信。

下月起，我在外面活动较多，你那里到陕西北路很远，要是跑空路就划不来。没要紧就不必来了。来时先打电话535466问一声我在不在。国庆节你幸亏没有来。那三天我都不在单位。你那时生什么病？毛头[①]最近学习用功否？你今后小说要少看，用心把语文、政治、数理化学好。电视也少看。

我身体很好。就是忙。

超

十月二十二日[②]

[注释]

①即收信人弟弟赵扬小名。

②此信写于1978年。

上海人民出版社

小丰：信看到了。比以前写得较有条理了。

告诉你校老師，我不会做谈文方面的报告。写文章的人不一定能教别人写文章。写作和教学是两回事。写作没有什么窍门，多读、多看、多写，自然熟能生巧。主要靠实践。把这样的意思告诉老師，请他原谅。

斯巴达克思外面一抢就光了，无法再买。我们内部每三人分一部，大家争得很厉害，我也没分到。这部书我翻了一下，对话很冗长，说得的道理决不是青年人能看得懂的。并不好看。李自成也无法买到。历史小说也不大好读。将来有别的书，我会留意。但不知寄到大连西路，能收到否？你在六楼上，白天又没人，邮局的人肯走上六楼吗？如果有什么书，寄到哪里较妥当？便中回我一信。

下月份，我在外面活动较多，你那里到陕西北路很远，要是跑空路就划不来。没要紧就不必来了。来时先打电话535466问一声我在不在。国庆节你幸亏没有来。那三天我都不在单位。你那时生什么病？毛头最近学习用功否？你今后小说要少看，用心把语文、政治、数理化学好。电影也少看。

我身体很好。就是忙。

赵 十月22日

致小丰（1978） 3-10-1

[原文附录]

信内有两句话要改一改：

“我在家里看到了火树银花般的焰花”。前面说银花，焰花就重复了。应改为“焰火”。

“洞若观火地见到外滩的采（彩）灯”。“洞花（若）观火”四字已包括了“见到”的意思，这是不妥之一。“洞若观火”只能应用于看到阴暗难明的事物，灯彩是很明亮的，所以就不能用这四字。应改为：“遥远地看到外滩的彩灯”。（这里应用“看到”，不用“见到”）。

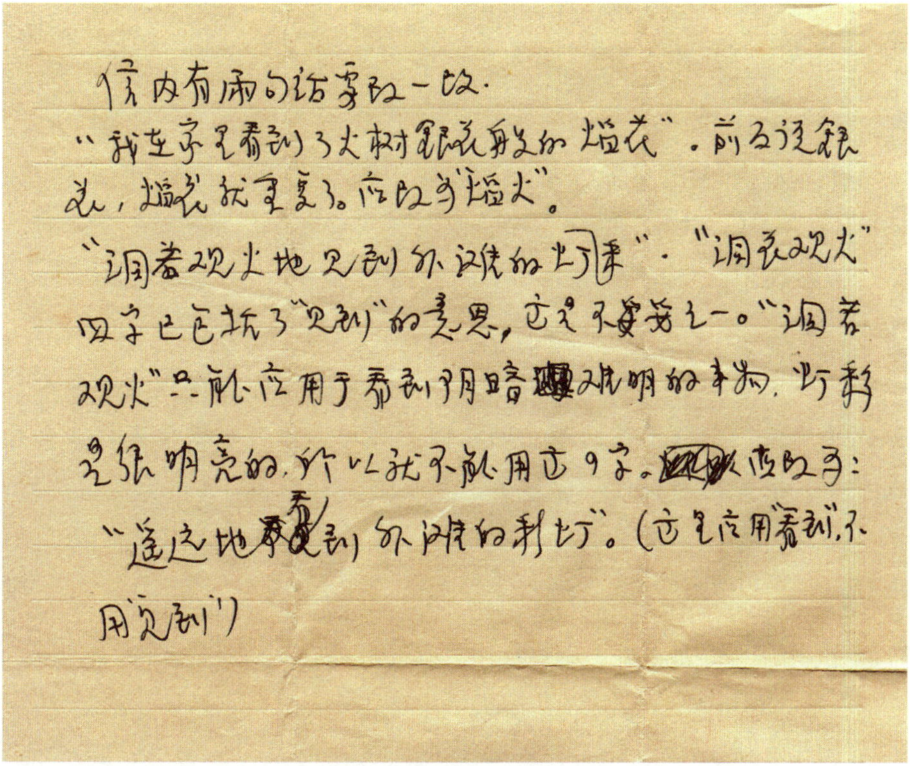

信内有两句话要改一改.
"我在家里看到了火树银花般的焰花"。前面说银花，焰花就重复了。应改为"焰火"。
"洞若观火地见到外滩的灯彩"·"洞花观火"四字已包括了"见到"的意思，这是不妥之一。"洞若观火"只能应用于看到阴暗难明的事物，灯彩是很明亮的，所以就不能用这四字。应改为：
"遥远地看到外滩的彩灯。（这里应用看到，不用见到）

致小丰（1978） 3-10-2

[原文3]

小丰：

信收到了。现在寄给你李自成二卷三册和辞海医卫分册一册（共四本），收到后回我一信。

《基督山》是外国二流作家的作品，书又紧张，值不得看。你们不要盲目听信别人的话，有些书，很热门，但你们不一定看得有兴趣。如斯达巴克思（《斯巴达克斯》），连我都不要看。物理习题已托人买，数学习题据说买不到了。我很忙，也老了，没有时间专跑书店了。只好托别人。你们目前最要紧的是把课本学好，不要增加太多的负担。奶奶已出院，在家里打金针。

超

廿六日①

[注释]

①此信写于1979年2月。

[原文4]

小丰：

我昨天才回来。寄给你们报纸订阅单十张，你可以分送给旁人，如你的同学、东戬单位同事、幼儿园、邻居。你可以凭票先订三个月或半年，报费将来我付给你好了。

要马上去订，报单也得马上分掉，过了廿二日就无效了。

超

十八日①

[注释]

①此信写于1981年12月。

上海辞书出版社

小丰：

信收到了。现在寄给你李自成二卷三册和辞海选工分册一册（共四本），收到后回我个信。

「茶亭山」是外国二流作家的作品，书不算好，值不得看。你们不要盲目听信别人的话。有些书很热闹的，但你们不一定看得有兴趣。如斯大巴克思，连我都不要看。

物理习题已托人买，数学习题指导买不到了。我很忙，也老了，没有时间去跑书店了，只好托别人。你们目前最要紧的是把课本学好，不要贪的太多的书。

奶奶已出院，在家里打金针。想。

赵

廿一日

致小丰（1979） 3–11

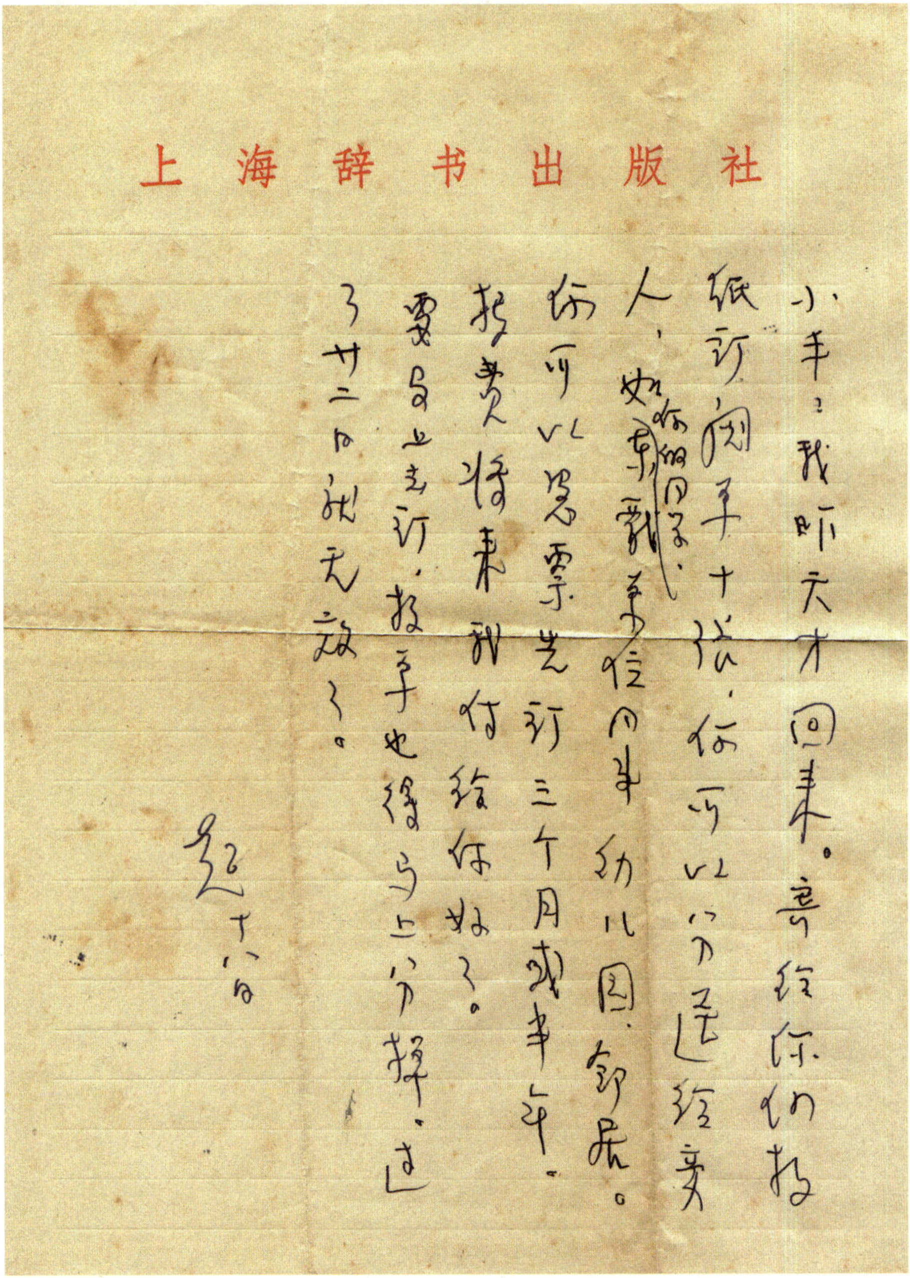
上海辞书出版社
小丰：我昨天才回来。寄给你们格
纸订阅单十张，你可以分送给亲
人，如亲戚朋友、同事、幼儿园、邻居。
你可以写票先订三个月或半年。
报费将来我付给你好了。
要马上去订，报亭也得马上分拣。过
了廿二日就无效了。
赵
十八日

致小丰（1981） 3-12

[原文5]

小丰：

信收到了。很高兴。英语考得好，但要长期用功，每天要读出声来，每天清晨读它一阵，最好能背得出。学外语是要长期努力，一天也不能中断的。记得你曾要我买英语九百句，不知现在还需要否？如果你要，可以给你买一部。一共六本，现在已出了三本。你的语文怎么考不好呢？是作文不行，还是成语测验不行？可能是你多看翻译小说，受了影响。翻译的文字多是生硬不通的。三国演义是浅近文言，文理很好，留到暑假看。我九岁的时候就看三国了。开头几回难读，读了三四回，慢慢地就能看懂。我们现仍在陕西南路25弄办公，地方很小，要到七月底才能搬回去。六月初又要去北京。看来要到暑假，你们弟兄才能来看我。好在我身体如常。奶奶比住医院的时候好多了，拿手杖可以走几步。生活上仍要人照料。寄给你的复习书，是整套的。你主要还是把学校教的基础课学好，复习书只能有空时看，不必弄得太紧张，免得弄垮身体。每天要做些体育运动，看书时注意光线，保护眼力。赵扬也要注意。

超

五·廿二日[①]

[注释]

①此信写于1979年。

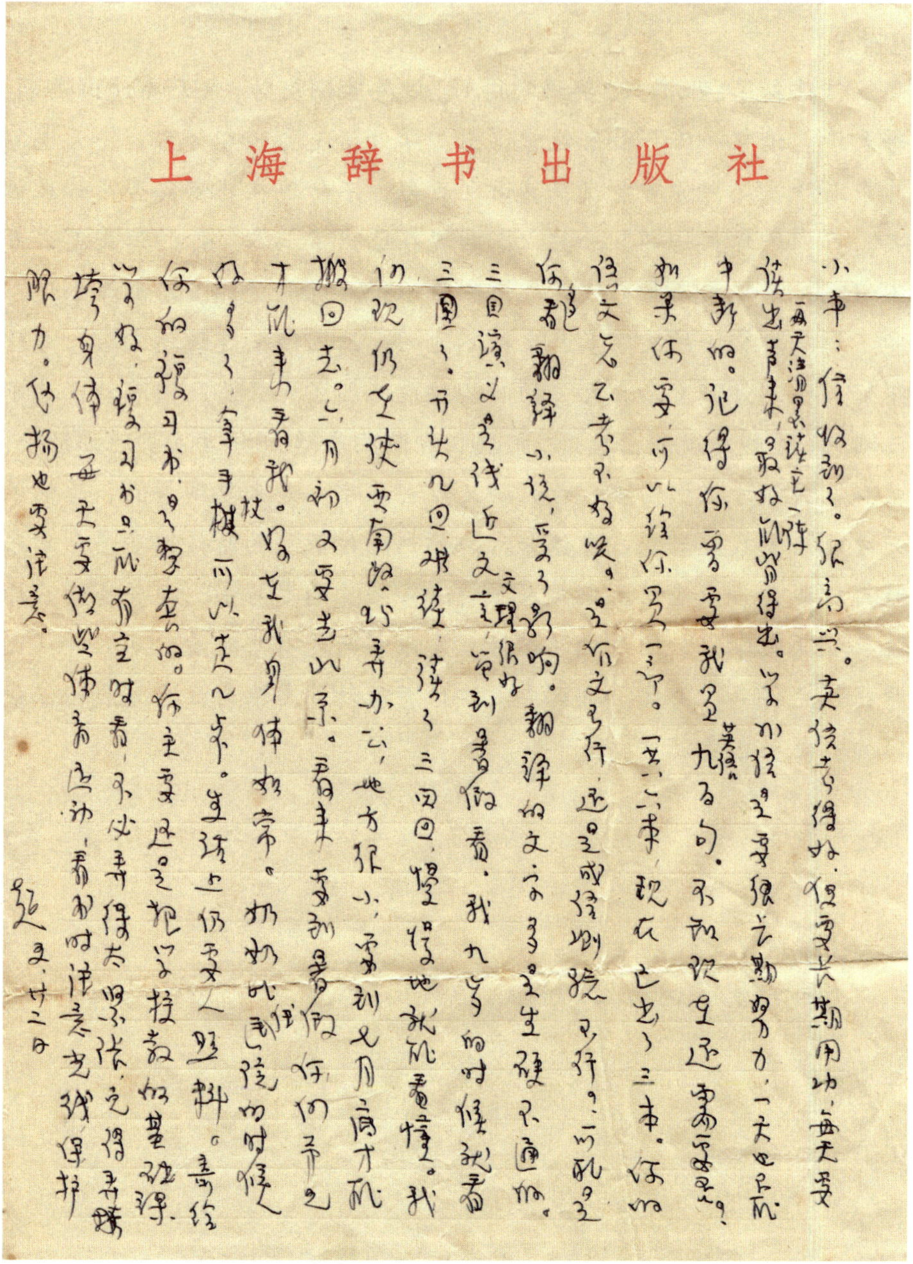

上海辞书出版社

小丰：信收到了。很高兴。英语学得好，但要长期用功，每天要读出声来（每天注意要读完一课），最好能背得出。学外语是要很长期努力，一天也不能中断的。记得你曾要我买英语九百句。不知现在还需要否？如果你要，可以给你买一部。一共六本，现在已出了三本。你的语文怎么样？学好语文很要紧，还是应该多读些好的文章。你看翻译小说，受了影响。翻译的文字多是生硬不通的。三国演义是很好的文章（文理很好），看到看得懂。我九岁的时候就看三国了。开头几回难读，读了三四回，慢慢地就能看懂了。我们现在仍在徐家汇办公，地方很小，要到七月底才能搬回去。六月初又要去北京。看来要到暑假你们才能来看我。好在我身体如常。奶奶比你们在医院的时候好多了，拿手杖可以走几步。生活上仍要人照料。喜欢你的复习功课，是要查的。你主要还是把学校教的基础课学好。复习功课只能有空时看，不必弄得太紧张，免得弄坏身体。每天要做些体育运动，看书时注意光线，保护眼力。你妈妈也要注意。

超 五、廿二日

致小丰（1979） 3–13

[原文6]

美国图书展览会参观是定日期的。给你两张，有时间就去看，没时间就算了。我已向人要了两次，都因为送到时已是当天的票，来不及寄。现在这两张是廿六日的。不知赶得上否？

爷爷

廿四日上午①

[注释]

①此信写于1979年某月。

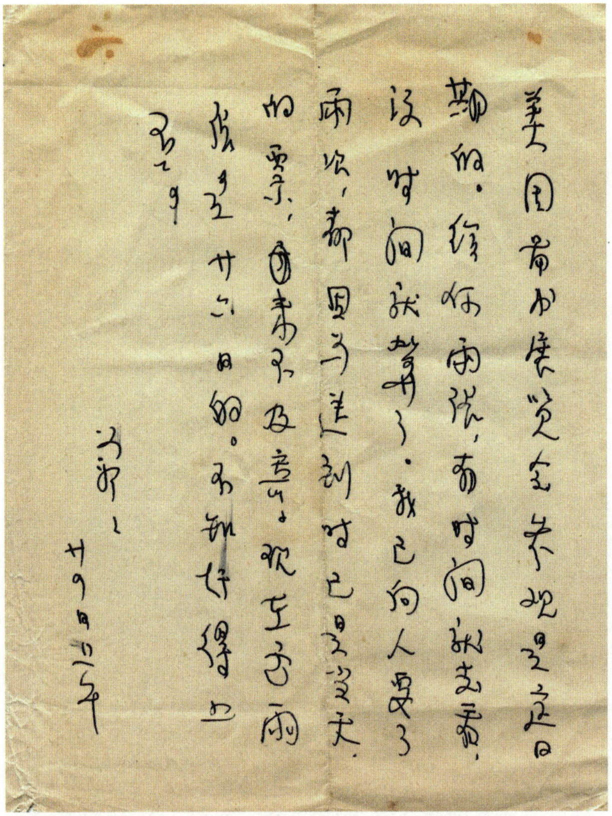

美国图书展览会参观是定日期的。给你两张，有时间就去看，没时间就算了。我已向人要了两次，都因为送到时已是当天的票，来不及寄。现在这两张是廿六日的。不知赶得上否？

爷爷

廿四日上午

致小丰（1979） 3–14

[原文 7]

小丰：

书市入场券两张，上下午都通用的。书市很拥挤，不能带拎包，检查很严。去看看开开眼界而已。我去过，只买一本书。你可以买些学习上用得着的。小说之类，就不必乱买了。剪报一份，给赵扬看看。

长风中学今年考进大学和大专的有多少人？占该学（校）考生的百分之几？

爷爷字

七日[①]

[注释]

①此信写于 1979 年。

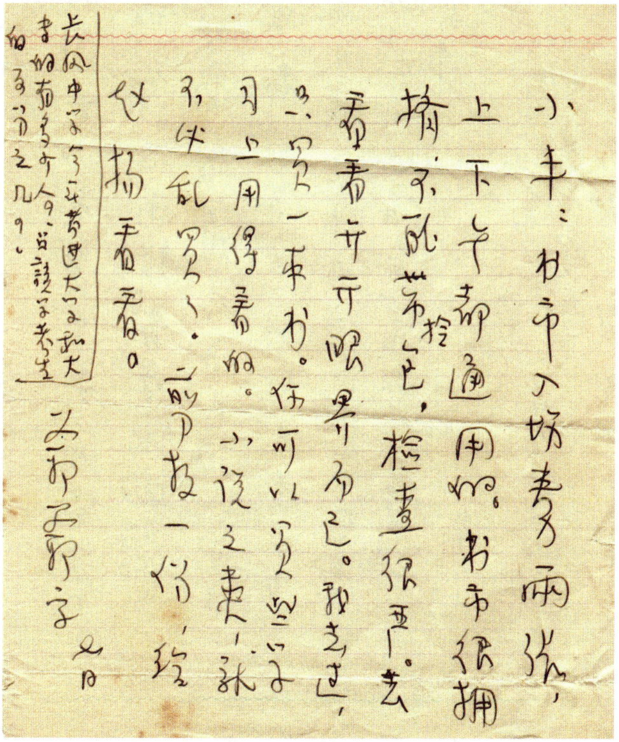
小丰：书市入场券两张，上下午都通用的。书市很拥挤，不能带拎包，检查很严。去看看开开眼界而已。我去过，只买一本书。你可以买些学习上用得着的。小说之类，就不必乱买了。剪报一份，给赵扬看看。
长风中学今年考进大学和大专的有多少人？占该学考生的百分之几？
爷爷字
七日

致小丰（1979） 3–15

[原文8]

小丰：

三月底看了你的一封信，因为我不大了解今年招生情况，没有回你的信。现在，知道今年大学录取率不高，大家都很紧张。我以为，紧张是不必要的。客观情况如此，主要是由于国家还穷，没办法多收大学生，考不上大学，不能怪学生，也决不是什么丢脸的事情，所以不必太紧张。一切按照正常的态度去对付。怎样叫正常态度呢？就是一句老话：“作最好的准备，作最坏的打算。”但在准备投考中，要保持身心健康，充分休息。特别是临近考期或检查体格时，切不可以紧张。有的学生身体本来正常，因为检查体格，心跳加快，结果被怀疑作心脏病人。考试时多带一枝钢笔备用。你年纪还轻，今年考不取，还有明年；明年考不取还有后年。即使考不取，作个技工，也还有业余大学可读。怕什么呢？

爷爷不会为了你考不取就怪你的。考大学，看来把握不大，那末考中专，我看是有希望的。填志愿时，跟家里商量好，我不便出主张。如果是我自己考的话，我的一个总的原则是相信有知识总比没有知识好，有本领才能对国家多作贡献。不一定死守上海这个地方，也可以考虑某些比较冷门的招生不满额的。当然，你们如果认为技工学校好，也可以。早点踏上工作岗位再用功业余学习，也是一条路。爷爷没有别的办法帮助你，但支持你的学习，多给你买点有用的书，是做得到的。（你前信所要求的那些小说，都是坏书，不必花时间看的。）

你的高中毕业考试考完了没有？你究竟准备考大学？中专？技校？家里商量好没有？星期天有空，写封详细的信给我，不要忘记。奶奶也很关心。我的九十一号舅舅的女儿，过去成绩很差，去年也给她考进技校了。所以最后还是希望你不要紧张，即使一个学校也考不上，也不必怕难为情。当然，尽可能地多准备，也是必要的，但不要弄得睡不着觉，临时也不必心跳不定。

爷爷①

[注释]

①此信写于1980年6月某日。

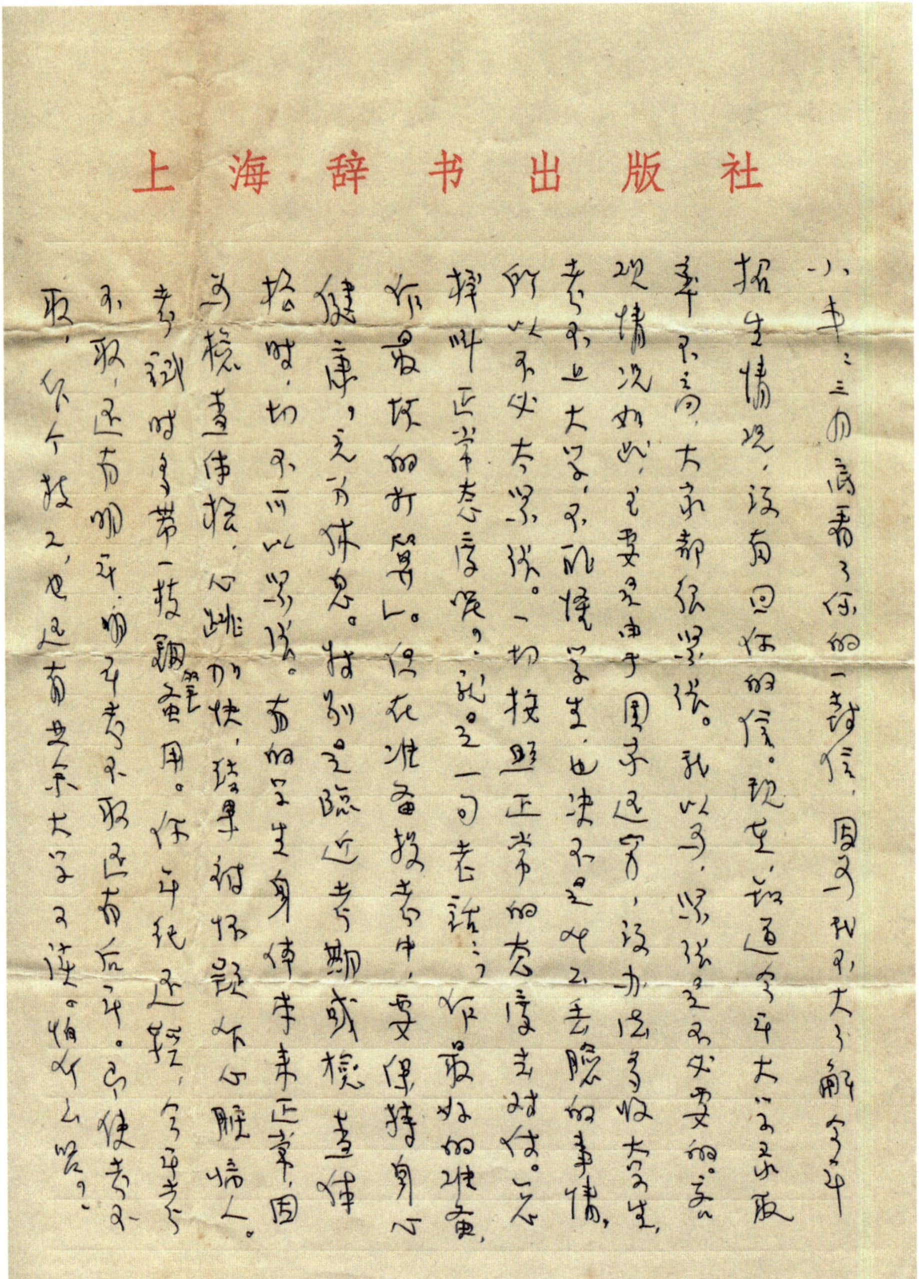

上海辞书出版社

小丰：三日晚看了你的一封信，因为我不大了解今年招生情况，没有回你的信。现在，知道今年大学录取率不高，大家都很紧张。我以为，紧张是不必要的。去年情况如此，主要是由于国家还穷，没办法多收大学生，考不上大学，不能怪学生，也决不是什么丢脸的事情，所以不必太紧张。一切按照正常的态度去对付。必择时正常态度呢，就是一句老话：作最好的准备，作最坏的打算。但在准备投考中，要保持身心健康，也要休息。特别是临近考期或检查体格时，切不可以紧张。有的学生身体本来正常，因为检查体格，心跳加快，结果被怀疑为心脏病人。考试时多带一枝钢笔备用。你今年纪还轻，今年考不取，还有明年，明年考不取还有后年。即使考不取，只个找工，也还有业余大学可读。怕什么呢？

致小丰（1980） 3-16-1

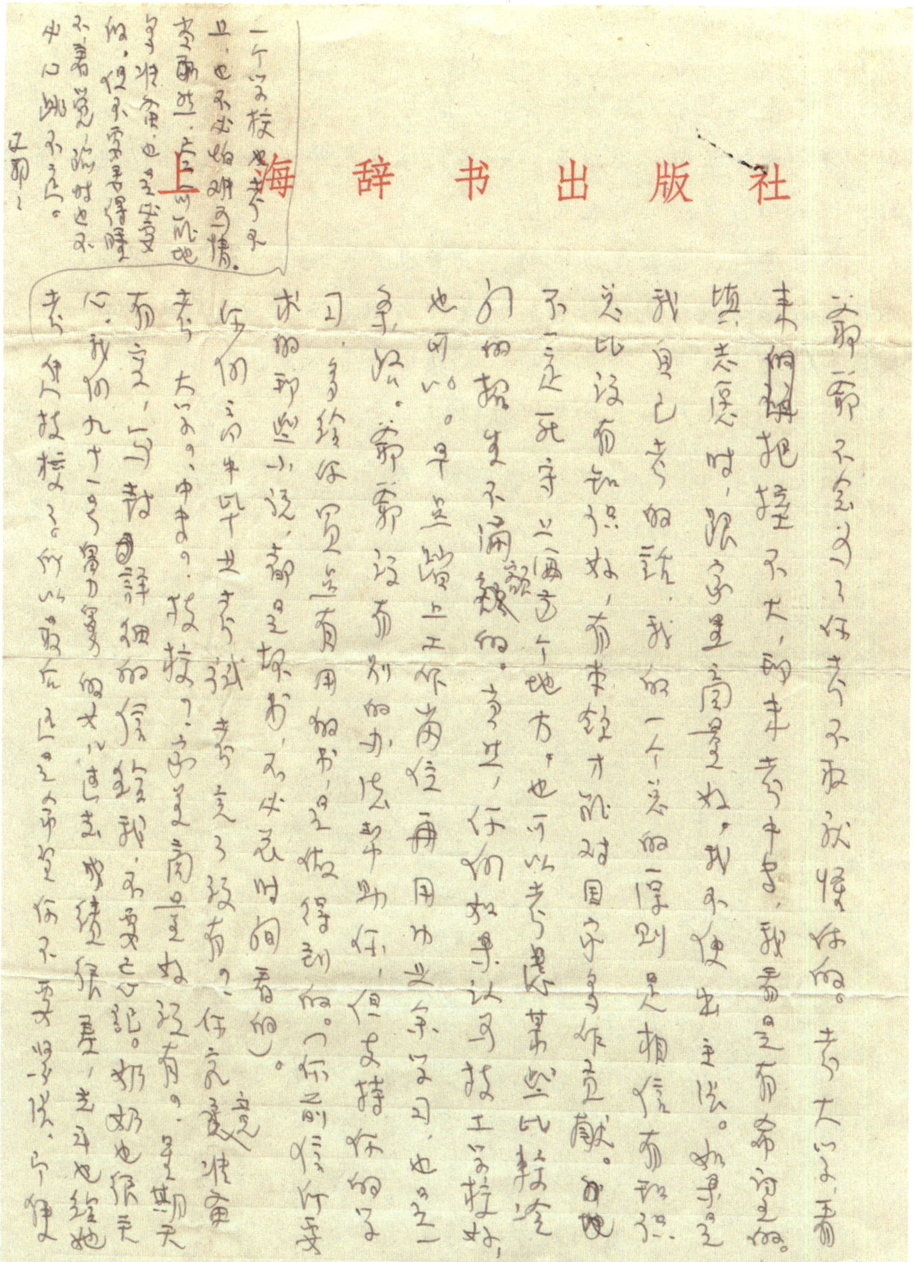

上海辞书出版社

翁翁不会为了你考不取就怪你的。考大学看来把握不大，明年考中专，我看是有希望的。填志愿时，跟家里商量好，我不便出主张。如果是我自己考的话，我的一个总的得到是相信有知识总比没有知识好，有本领才能对国家多作贡献。我也不一定死守上海这个地方，也可以考虑某些比较远的，招生不满额的。其次，你们如果认为技工学校好，也可以。早点踏上工作岗位，再用业余学习，也是一条路。翁翁没有别的办法帮助你，但支持你的学习，多给你买点有用的书，是做得到的。（你前信所要求的那些小说，都是坏书，不必花时间看的）。

你们六月中毕业考试，考完了没有？你究竟准备考大学的、中专的、技校？家里商量好没有？星期天有空，写封详细的信给我，不要忘记。奶奶也很关心。我们九十一号富力家的女儿进去成绩很差，去年也给她考进技校了。所以最后还是希望你不要紧张，万一连一个学校也考不上，也不必怕难为情。去考试时，应当沉着，身体保重，也要安定的，但不要弄得紧张不着急，临时也不出口就不乱。

翁翁

致小丰（1980） 3-16-2

[原文 9]

小丰：

我于今天上午飞北京开会。九时起飞，十一时就到了。

今年大学录取标准很高，一般大学也很难考上，这当然也不怪你的。但不知自费走读有无希望。

不管怎样，自费走读也好，中专也好，技校也好，如果有结果，你就写封信给我，免得挂念。就是什么都考不取，也应告诉我一声。我目前的通讯处是：“北京市八大处甲一号八五楼二三七号。”开会约两个星期，九月二十日大概可以回上海了。

超构

廿七日①

[注释]

①此信写于 1980 年 8 月。

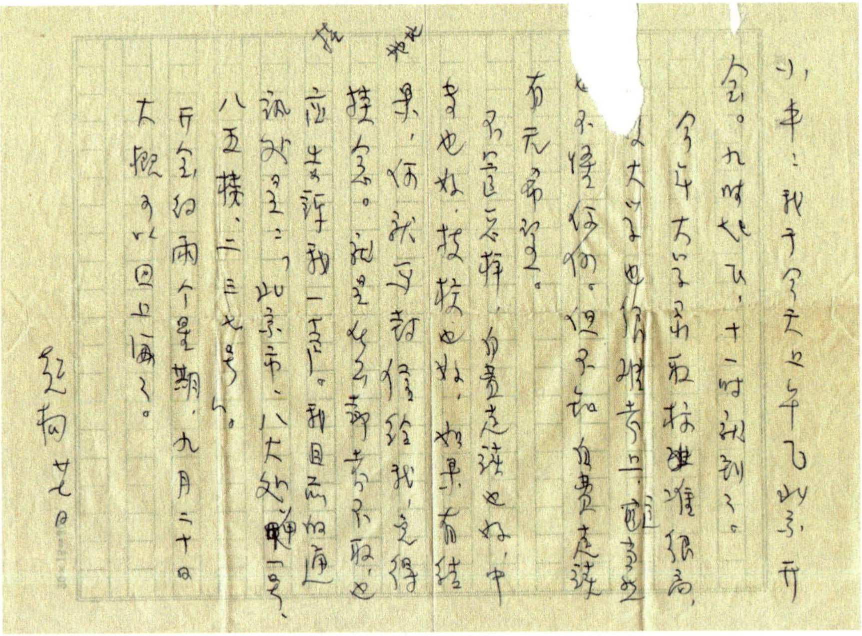
小丰：我于今天上午飞北京开会。九时起飞，十一时就到了。今年大学录取标准很高，一般大学也很难考上，这当然也不怪你的。但不知自费走读有无希望。不管怎样，自费走读也好，中专也好，技校也好，如果有结果，你就写封信给我，免得挂念。就是什么都考不取，也应告诉我一声。我目前的通讯处是：北京市八大处甲一号八五楼二三七号。开会约两个星期，九月二十日大概可以回上海了。

超构 廿七日

致小丰（1980） 3-17

[原文10]

小丰：

信早收到。回来大忙，又要传达，又要写文章。看了你的信，我觉得你录取之前太紧张了，录取之后现在你又太轻松了。好象问题一解决，以后“铁饭碗”就可到手了。假如有此想法，你就错了。现在正在改革制度，将来“铁饭碗”吃大锅饭的制度一定是要改掉的。今后，一定是优胜劣败，没本事的人是站不住脚的。因此，你学习时间仅有三年，这三年你一定要把专业课修好。你说的四门功课，都是很重要的。数学、英语也费时间。我劝你在这三年内兴趣不要分散，不要想东想西。小说之类，现在书店里多得很，翻译的往往文理不通，多读反而受害，还不是你能欣赏的。倘使有多余时间，你现在最要补充是各方面的知识，如中外历史、中外地理。前次给你的前后汉故事，就是历史性的知识。有这类书，我自然会买给你。这些书虽然枯燥一些，但是没有这种知识，将来会被人看不起。至于文艺小说，等你毕业后来看，那时欣赏水平提高了，或者可以得到益处。鲁迅就曾指导青年不要只是看文艺小说，要多读知识性的读物。

说到集邮，又花时间，又费钞票，这些爱好不能说坏，但必须是自己独立生活后来搞。倘使现在分心在这些事上，弄得入迷，就会影响学业。集邮的趣味就在于“集”，拿人家现成的邮票，算得是什么“集”邮呢？总之，从你的来信，我看出你有点飘飘然，太轻松了。或者至少是有了这个苗头。据几位大学校长告诉我，现在就有不少学生，一进大学，就以为自己“笃定太（泰）山”，不肯用功了。你是不是也有这种想法？你看，现在待业青年这么多，每年都有人淘汰下来，你有了今天这样的条件，还不专心学习，对得起国家吗？我倒没有象你所说的“一怒之下”，我是平心静气说给（你）听的。

首先把门门功课学好，经济管理，就得学政治经济学，这门功课是很难懂的；其次，学好课堂所教的材料之外，倘有时间，多看些科技英语（新华书店都有，都是三四角钱一本的），把英语学得更好。

再其次，有多余时间，多看些知识性的读物。三年时间是很快的，千万不要浪费时间在同学习无关的事情上去。打好坚实的基础，学好本领，报效国家。语文也要好好学，三国演义可以重读，把每一句话翻词典学懂，文言成语就够用了。

爷爷字

九月廿四①

[原文 11]

小丰：

收到你的信已一星期，因为忙于开会，今天才回信。你说身体不好，不知已好了一些没有。要注意：如果感到疲劳，精神不振，检查不出别的毛病，就应该查一查肝功能。肝炎病人没有别的症状，都是从疲劳、胃口不好开始的。切切注意。政治经济学本来是难学的，但是一些基本的概念，要尽力记住，以后反复地学，才能弄通。你对英语感兴趣，那很好，但是学英语要有个方向。你不可能学文艺，文艺方面的英语是没有底的，即使学上七八年也未必精通。你是学科技的，主攻方向是科技英语，课外英语读物也以多读科技英语为主。科技英语简单得多了，书店里科技方面的通俗英语（都有注释）很多，还是多读这方面的英语书吧，这样学上三四年也就可派上用场了。英语小说之类的，留到将来去学吧。你要“戳”字的铅字，这只能到印刷所去拿，但是我们现在没有印刷所。将来新民报办起排字房，才能拿到。四月上旬，上海的人代会和政协都开大会，我都要参加，比较忙。赵扬最近怎样？下半年还未考高中吧？他的语文学得怎么样？《爱的教育》他看了没有？下回应该写封信给我。我这里有一堆旧杂志，也不特别寄给你了，人代会过后随便哪个星期六来拿好了。

爷爷字

廿八日②

[注释]

①此信写于 1980 年。

②此信写于 1981 年 3 月。

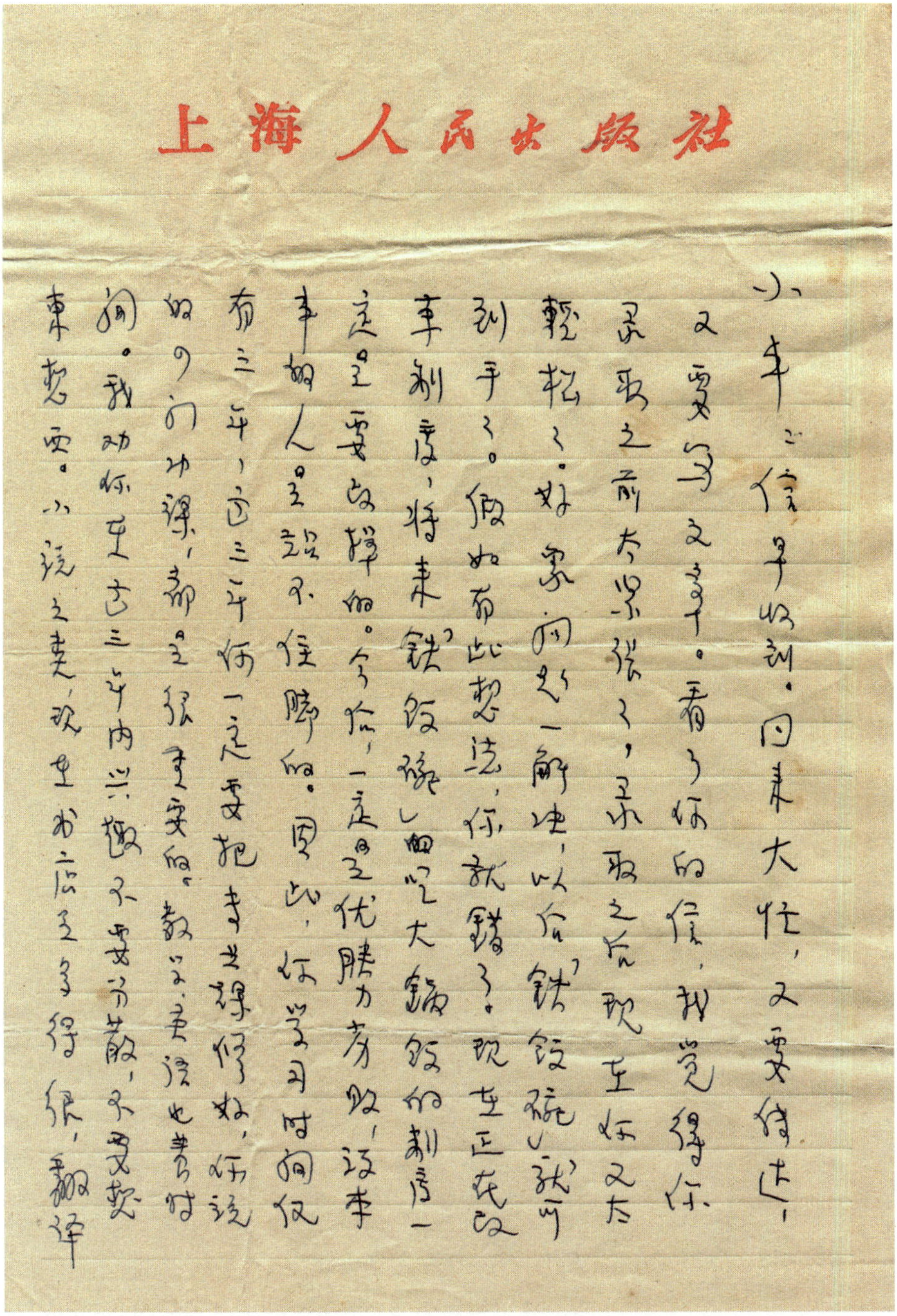
上海人民出版社

小丰：

信早收到。因来大忙，又要付还，又要写文章。看了你的信，我觉得你录取之前太紧张了，录取之后现在你又太轻松了。好象问题一解决，以后铁饭碗就可到手了。假如有此想法，你就错了。现在正在改革制度，将来铁饭碗、吃大锅饭的制度一定是要改掉的。今后，一定是优胜劣败，没本事的人是站不住脚的。因此，你学习时间仅有三年，这三年你一定要把专业课学好，你说的几门功课，都是很重要的。数学、英语也要对付。我劝你在这三年内不要分散，不要东想东想西。小说之类，现在书店里多得很，翻译

致小丰（1980） 3-18-1

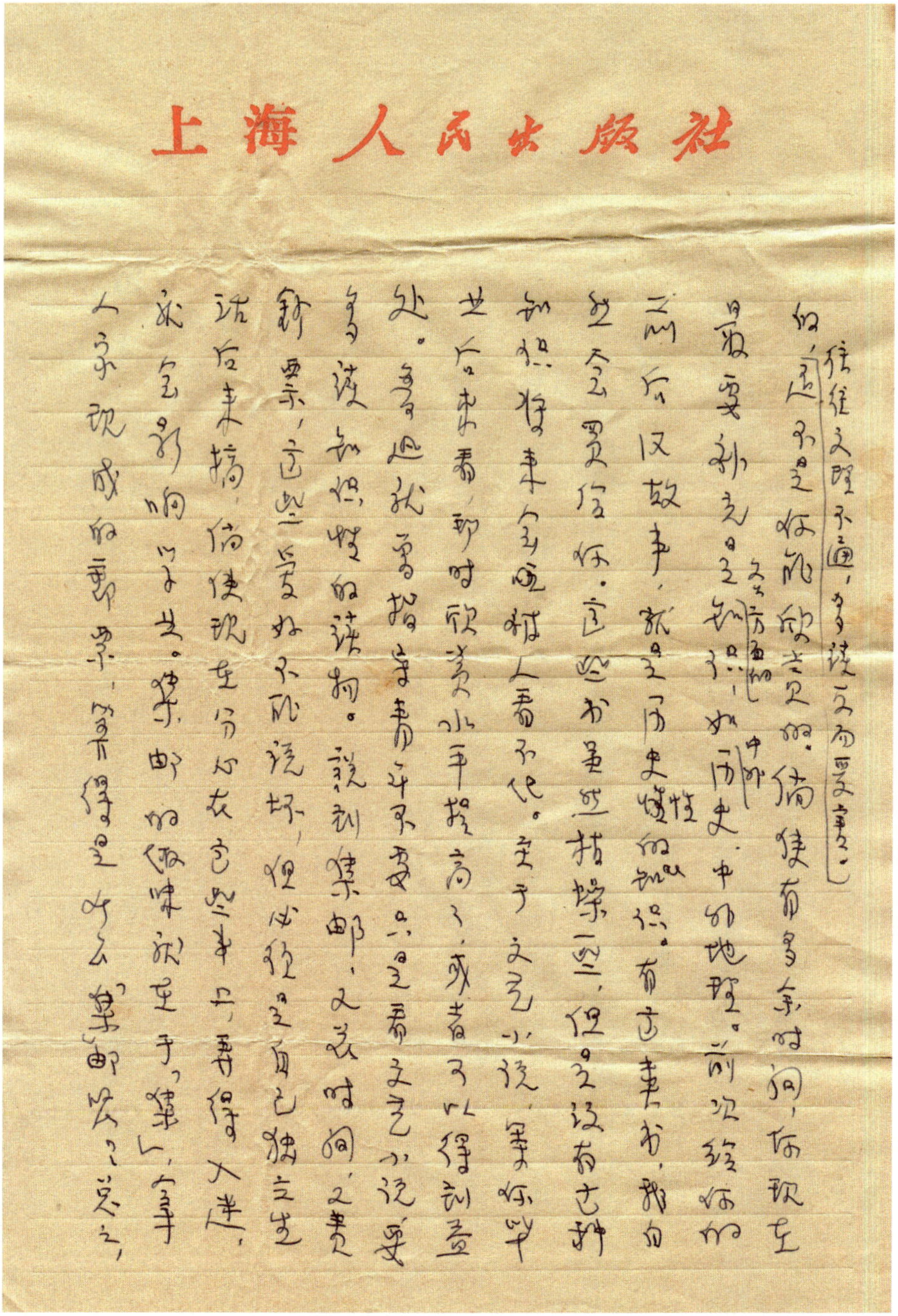

上海人民出版社

的，（往往文理不通，多读文而要写文章）还不是好能欣赏的。倘使有多余时间，你现在最好要补充一些文艺方面的知识，如中外历史、中外地理。前次给你的二册古代故事，就是历史性的知识。有这类书，我自然会买给你。这些书虽然枯燥一些，但是没有这种知识，将来会受到人家看不起。至于文艺小说，等你毕业后来看，那时欣赏水平提高了，或者可以得到益处。多看就会指导青年不要只是看文艺小说要多读知识性的读物。谈到集邮，又花时间，又费钞票，这些虽好不能说坏，但也还是自己独立生活后来搞，倘使现在分心在这些事上，要得大进，就会影响学业。集邮的价值就在于"集"，拿人家现成的邮票，算得是什么集邮呢？总之，

致小丰（1980） 3-18-2

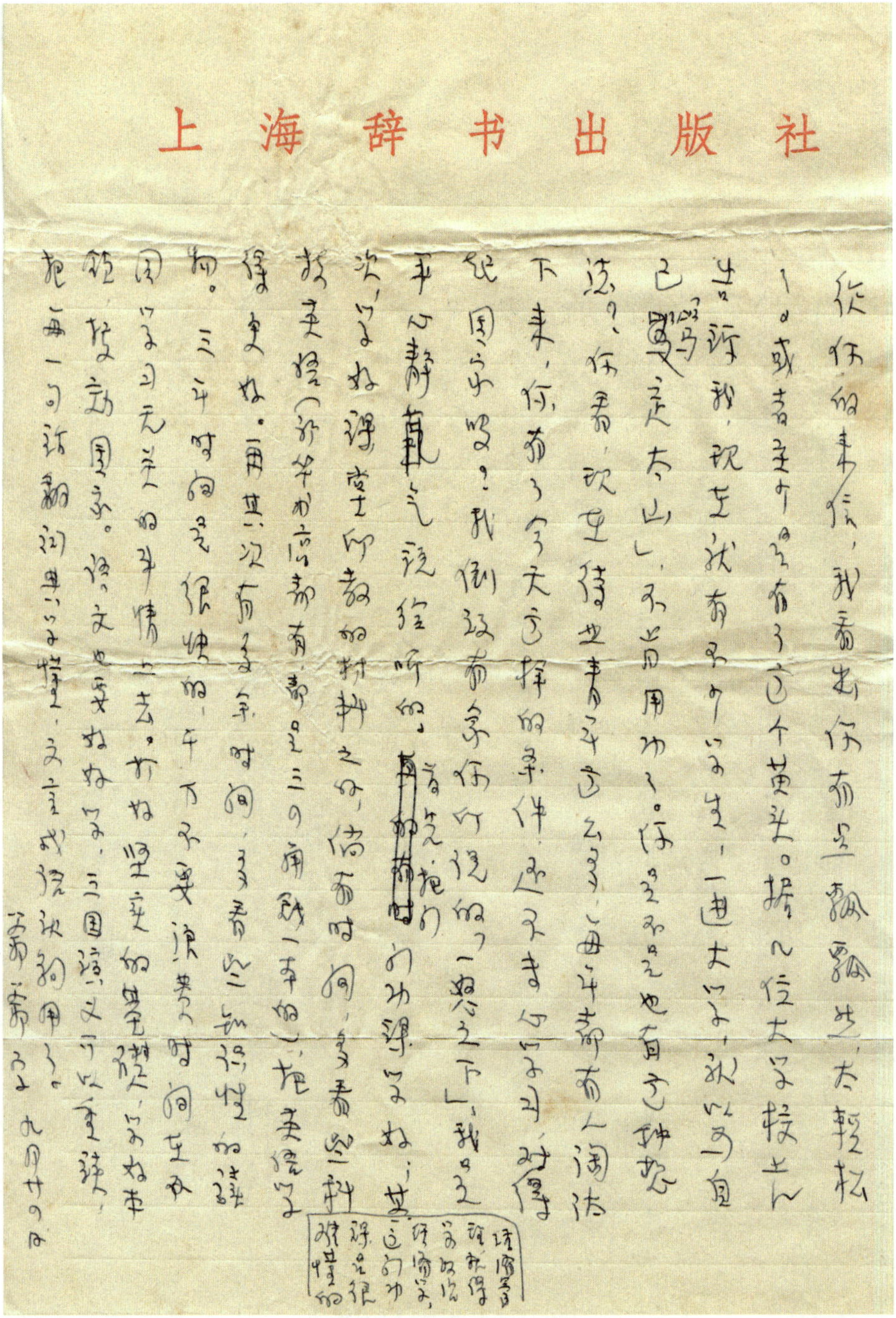
上海辞书出版社

从你的来信，我看出你有点飘飘然，太轻松了。或者说有了这个苗头。据几位大学校长告诉我，现在就有不少的学生，一进大学，就以为自己踏定泰山，不肯用功了。你是不是也有这种想法？你看，现在待业青年这么多，每年都有人淘汰下来，你有了今天这样的条件，还不去好好学习，对得起国家吗？我倒没有象你所说的「一怒之下」，我是平心静气说话的。看见他们的功课学好；其次，学好课堂所教的材料之外，倘有时间，多看些科技书籍（科学杂志都有，都是三四角钱一本的），把英语学得更好。再其次有多余时间，多看些知识性的读物。三年时间是很快的，千万不要浪费时间在无关的事情上去。打好坚实的基础，学好本领，将来报效国家。语文也要好好学，三国演义可以重读，把每一句话翻译出来，懂了，文言就能够用了。

爷爷 字 九月廿四日

致小丰（1980） 3-18-3

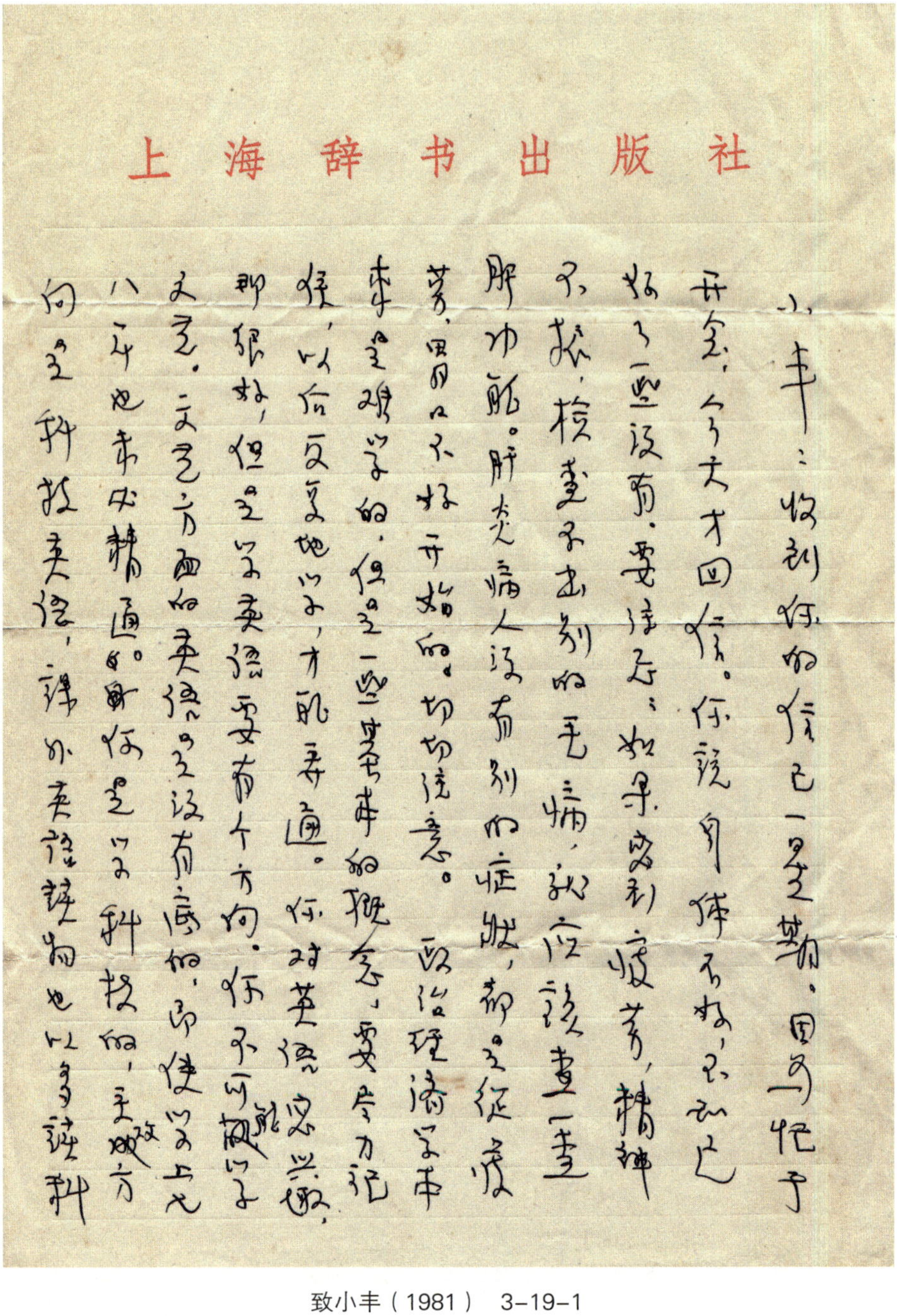

上海辞书出版社

小丰：收到你的信已一星期，因为忙于开会，今天才回信。你说身体不好，已经好了一些没有。要注意：如果感到疲劳，精神不振，检查不出别的毛病，就应该查一查肝功能。肝炎病人没有别的症状，都是从疲劳，胃口不好开始的。切切注意。政治经济学本来是难学的，但是一些基本的概念，要努力记住，以后反复地学习，才能弄通。你对英语感兴趣，那很好，但是学英语要有个方向。你不能学文学。文学方面的英语是没有底的，即使学上七八年也未必精通。如果你是学科技的，主攻方向是科技英语，读外文读物也以多读科

致小丰（1981） 3-19-1

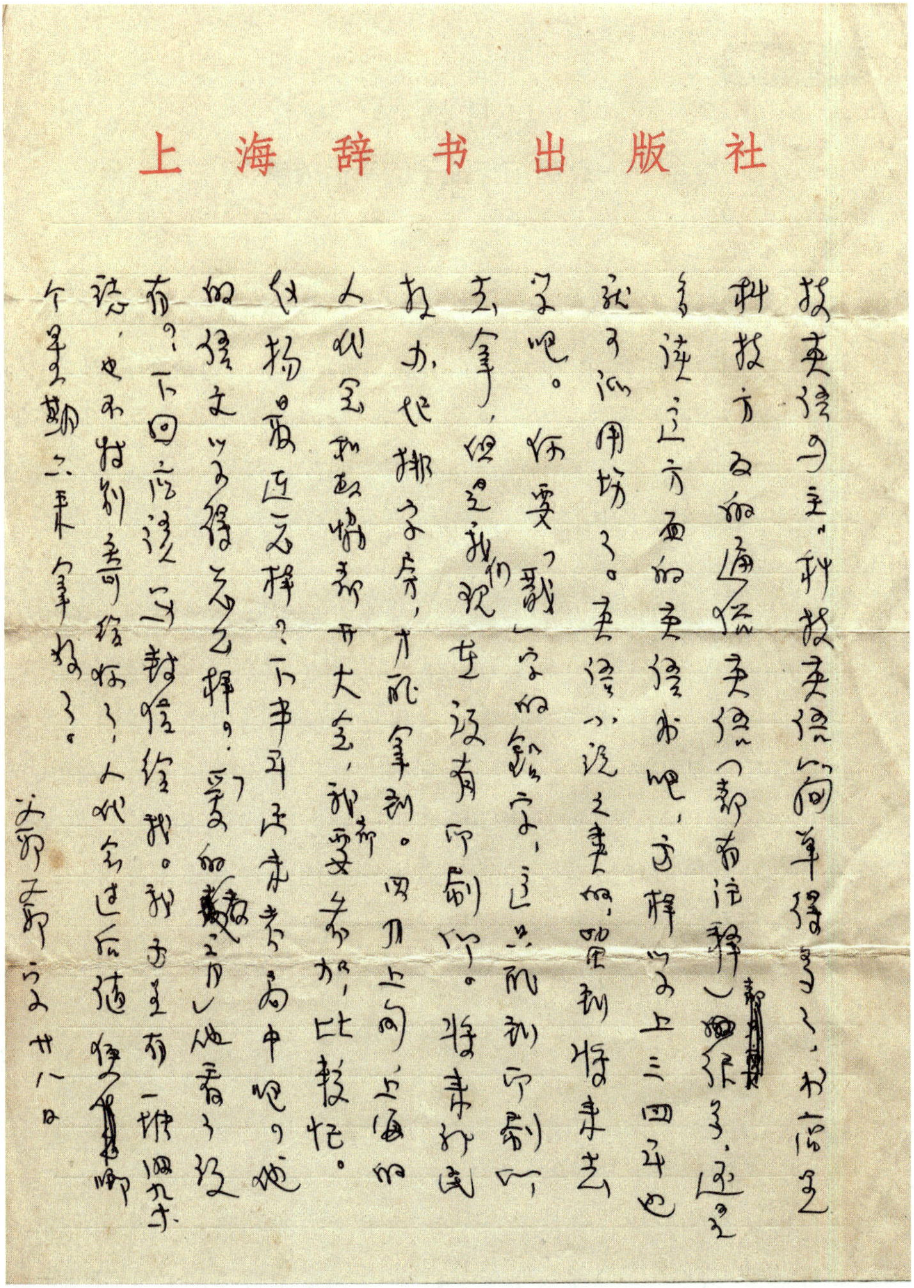
上海辞书出版社

技来信已到。科技来信简单得多了，我看是
科技方面的编辑来信（都有注释）要好得多，还是
多读这方面的来信为好吧，这样可以上三四年也
就可派用场了。来信小说之类的，留到将来去
学吧。你要“戴”字的铭字，这点我到印刷所
去拿，但是我们现在没有印刷所。将来我试
看办，把那字旁，才能拿到。四月上旬，上海的
人代会和政协都开大会，我都要参加，比较忙。
任杨最近怎样了？下半年还来考高中吧？她
的信文字写得怎么样？要她写几封信给她看看，没
有？下回应该让她写封信给我。我手里有一块烟斗，
送也不能特别喜欢给好了。人代会过后随便哪
个星期六来拿好了。

父 郭若愚 二月廿八日

致小丰（1981） 3-19-2

延伸解读

舐犊情深

——赵超构与孙子的亲情故事

夜幕降临，上海的大街小巷川流不息，沉浸在昏黄灯光的海洋之中。下班的赵超构拖着疲惫的身体踏进家门，迎候他的两个天真活泼的孙子扑上前，紧紧抱住他的大腿不放。每当这个时候，是赵超构最享受的时刻，往往来不及放下手中的提包，先与两个孙子亲热一番，尽情享受人世间难得的天伦之乐……

“隔代亲”是中国社会的一种普遍现象。赵超构一改过去“甩手老爸”的做派，对孙辈爱之深，护之切。赵家隔代的下辈，在爷爷的呵护下，度过了天真无忧的童年生活。赵丰、赵扬兄弟俩每当想念爷爷时，就拿出当年爷爷写给他们的信，认真阅读起来。这些信大都写于一九七八年至一九八二年间。多少年来，他们像宝贝一样收藏着爷爷的信，也保留了爷爷对下辈及第三代最诚挚的爱。重读这些信件，爷爷和蔼可亲的形象仿佛又浮现在眼前……

逛街·吃大餐·购书

在家里，赵超构不做别的，专事看书写作。每晚早早洗漱，上亭子间，抱一大枕头，靠在铁床上读书，每每读到妙处，便会摇头晃脑念出声来。赵丰、赵扬兄弟俩围坐在铁床边上，喜欢霸占爷爷那张写字台做作业，经常被爷爷读书的模样逗得哧哧笑。作业做完了，爷爷便给他们讲文成老家的往事，说他们的老太公给八九岁的爷爷讲《三国演义》口齿不清还老忘词……

小时候，兄弟俩很顽皮，没少给爷爷惹事。有一次，他俩出于好奇，竟然将爷爷的收藏珍品——一幅郭沫若亲笔题赠的字轴拆解开，差点弄坏无法修复。那次爷爷真生气了——哥儿俩自知闯祸，乖乖地靠着墙根站好，双目紧闭，双手举过头顶，任由爷爷处置。可爷爷高高举起的巴掌，最终还是停留在半空，没有落下来。他舍不得打，心疼。

爷爷奖罚分明，遇到好事就表扬。记得有一次，赵丰拉着爷爷到花鸟市场买回一只金丝鸟，不小心飞到路旁的树枝上。围观的路人蛮多，大家想了不少办法，但都无济于事。赵丰灵机一动，想到了一个手到擒来的办法。他从刚买的鸟食中抓了一把小米，金丝鸟一下子就飞落到他的手掌心上。围观的路人鼓起了掌，爷爷连声夸奖："小丰真聪明！"

瑞康里的房子太挤了，这年的暑假东戬一家四口搬到外面去住。新的居所在大连西路，房子不大，沿街，六楼顶层且没有电梯，两家共用一个卫生间，夏天更是燥热难耐，但聊以安家落户。赵超构在信中提及此，认为条件虽差些，但"房子是过得去的"。

东戬一家搬出瑞康里以后，赵超构很想念孙子。每到领工资的日子，他就约他们到单位或家里玩。那个时候，《新民晚报》还没复刊，他还在《辞海》编辑部上班，相对而言，他空闲的时间多一些。每月约定见面一次，有时逢上开会或工作冲突，偶有提前或延后。这种见面持续三四年，祖孙三人私底下冠其名曰"月约"。

赵超构致孙子的信，大都是这一时期写的。祖孙三人见面，无非是做三件事：一是逛街，二是吃大餐，三是购书。逛街，上海人说"荡马路"，温州人则说"轧马路"。爷爷的单位在陕西路，离南京路不远，因此逛得最多的是南京路。"荡"过去，又"轧"回来，漫无目的，悠然自得。

在那个物资匮乏的年代，赵超构领他们经常在外开小灶。什么油氽馒头、开洋葱油面、油墩子等小吃，应有尽有，让兄弟俩大饱口福。最难忘且有趣的是吃西餐。进店未待服务生开口，兄弟俩早抢着替爷爷开门迎候；爷爷说餐巾应该对折摊铺在大腿上，可兄弟俩就是喜欢将其当小孩围兜围在脖子上。兄弟俩最喜欢吃法式牛排，刀子、叉子齐上阵，堪比一场“刀光剑影的大厮杀”。每次吃西餐，都洋相百出，其乐无穷。那时的西餐店还不多，也很贵，但爷爷舍得花这个钱。

这三件事中，购书当然是重头戏。往往人还没见面，赵丰、赵扬已在信中或随带的练习本上开列要购买的书目。兄弟俩初高中阶段的全部学业辅导用书及课外阅读书籍，当爷爷的几乎一手包揽。赵超构既当导购员，又充当付款机。有些书，是他利用出差或开会的机会代买，有些是见面以后，带他们上书店自行挑选的。赵超构领兄弟俩经常逛的，有福州路外文旧书店，还有南京路新华书店等。每逢上海书市（**上海书展前身**）、国际图书博览会等大型书展开幕，祖孙仨就相约一起逛。赵超构倘若有事脱不开身，就写信告知或寄上门票，让他们自己逛。

一九七七年全国恢复高考，数理化丛书在社会上风行，出现一书难求的局面。这套丛书共计十二册，每种四册，原是给上山下乡知识青年自学用的，赵丰也想拥有一套。赵超构在信中告诫，“不要盲目地听别人传说”，“你有学校，有老师，有课本，每天把教来的习题做完，已不容易，哪里有时间再读这些书呢”。据赵丰回忆，最终爷爷还是拗不过他，乘着到北京开会，在人民大会堂内部书店为他购买了一套。记得共花费了十二块钱，当时可不是一个小数目。

到了后期，赵超构工作繁忙，加之年老多病，显得有点力不从心。正如他在信中所说的，“我很忙，也老了，没有时间专跑书店了”。他便拜托朋友或同事代办，原在《辞海》编辑部的同事卢润祥，就曾代他跑过腿，买过《历代笑话集》等书籍。

当年的赵丰兄弟俩课外阅读有着很强的文艺倾向，曾经有过像爷爷一样当作家的梦想。赵超构一直反对他们阅读文艺书籍，一方面是生怕他们耽误功课，另一方面也是不想他们往文艺方面发展。

赵家四个子女，除了长女静男从事大学教学和外国文学翻译，算是“女承父业”外，其他都是理工生。赵超构不希望子女学文，走他的老路。到了第三代孙辈，他仍然在信中这样写道：“小说，偶尔看一点可以，不能整天埋头看小说。你们将来要争取做科技人员，学好本领为祖国服务。我不希望你们做什么‘文学家’。”

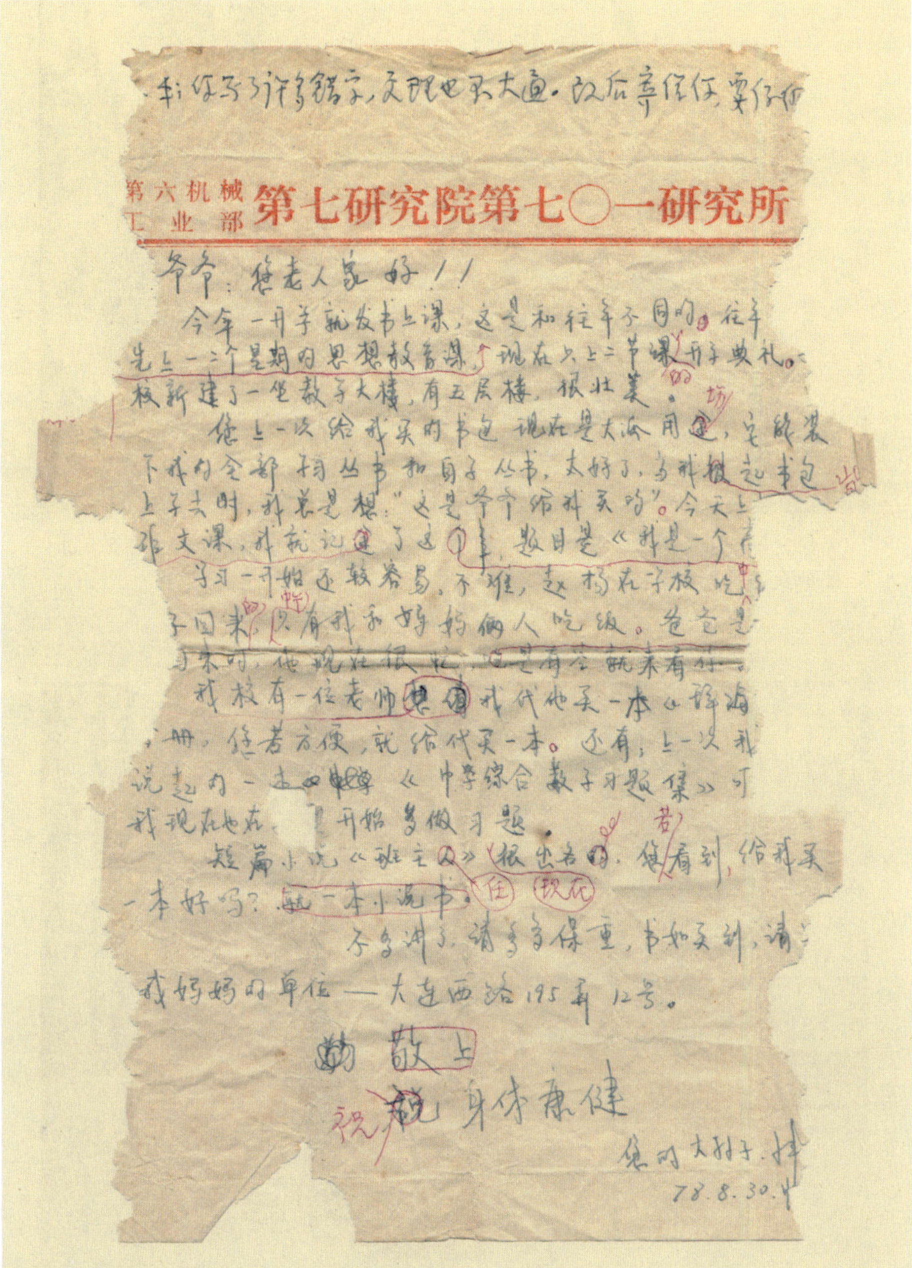
我信中有许多错字，文理也不大通。以后寄信须要仔细

第六机械工业部 第七研究院第七〇一研究所

爷爷：您老人家好！！

今年一开学就发书上课，这是和往年不同的。往年先上一二个星期的思想教育课，现在只上二节课的开学典礼。学校新建了一座教学大楼，有五层楼，很壮美。

您上一次给我买的书包现在是大派用场，它能装下我的全部科学丛书和自学丛书，太好了。当我提起书包上学去时，我总是想："这是爷爷给我买的"。今天上语文课，我就记起了这件事，题目是《我是一个……》

学习一开始还较容易，不难，赵杨在学校吃饭……子回来，只有我和妈妈俩人吃饭。爸爸是……来的，他现在很忙，……有空就来看看。

我校有一位老师想请我代他买一本《辞海》……册，您若方便，就给代买一本。还有，上一次我说起的一本《中学综合数学习题集》可……我现在也在……开始多做习题。

短篇小说《班主任》很出名，您若看到，给我买一本好吗？……一本小说书。

不多讲了，请多多保重，书如买到，请寄到我妈妈的单位——大连西路195弄12号。

敬上

祝身体康健

您的大孙子 丰

78.8.30.

1978年8月，赵超构收到孙子赵丰寄来的信，发现“许多错字，文理也不大通”，便在上面用红笔修改了寄还，并嘱咐要“仔细核查”

天伦之乐。20 世纪 60 年代初，赵超构、刘化丁夫妇与小女儿刘芭（左二）、外孙女刁爱光在一起

赵超构与两个孙子正在阅读《解放军画报》。摄于 1979 年

赵超构全家福。前排左起：赵超构、赵刘芭、刘化丁。后排左起：赵东戬、赵静男、赵东戡。摄于 20 世纪 60 年代

与小蚂蚁交朋友

从一座城市飞到另一座城市，天南地北满天飞……现为 RICS（英国皇家特许测量师学会）资深讲师，从事建筑造价大数据研究培训的赵丰，离不开英文。因为精通英文，他在这个行业如鱼得水，游刃有余，从而实现了自己的职业理想。

说起英语，爷爷赵超构对他的影响特别大。他是在耳濡目染中渐渐喜欢上英语的。记得很小的时候，有天傍晚，赵丰与弟弟在弄堂口走军棋。爷爷将一小片鱼刺放在地上，说是给小蚂蚁吃的。不一会儿，鱼刺上就爬满乌黑黑的小蚂蚁。儿时的赵丰很顽皮，用脚将鱼刺上的蚂蚁推到水沟里，淹死了。爷爷见状，狠狠地教训了他一顿。赵丰回忆说："这是爷爷第一次骂我。"

当天晚上，赵丰到书房主动向爷爷认错，并表示以后一定好好善待小蚂蚁。他在爷爷的书架上，第一次看到包装精美、书页上爬满密密麻麻蝇头字母的英文书籍。他歪着小脑袋，满怀好奇地问爷爷："这是什么东西？有什么用的啊？"

"这是书本上的小蚂蚁，叫作英文字母。"爷爷用手摸摸他的头，轻声细语地说，"如果你认识它们，跟它们交上朋友，就可以知道发生在世界上任何地方的秘密。"

"这是真的吗？小蚂蚁真的有那么神奇吗？"赵丰仰起头，瞪着两只稚气的眼睛问爷爷。

爷爷说："当然啦！爷爷还会骗你吗？你不信，可以试试看。"

打此以后，赵丰整天缠着爷爷不放手，要与小蚂蚁交朋友，一起到弄堂口玩小蚂蚁，还要与书本上的小蚂蚁对话。

长大稍懂事后，赵丰终于知道，干记者出身的爷爷，还真是一个外文自学爱好者。办报之余，他曾先后自学过英、日、俄三种语言，对英文尤为钟爱。他十四岁就开始学英文，当年考上的温州艺文中学，是一所开设英语课的教会学校。入学前，他从没接触过英语，因而英语成绩平平，但总算打下了一定的基础。

赵超构的书房里，有相当一部分书籍是外文图书，一些还是英、日、俄语与汉文对照的版本。当年家庭经济拮据，买不起新出版的精装版外文书籍，他就利用休息日，到常熟路、山东路等地段的旧书店淘书。他淘的外文图书大都是文学名著，译者最多的是伍光建，有雨果、托尔斯泰、马克·吐温等大家的作品，国内以鲁迅的作品居多。还有就是诸如《日语句子结构分析》之类学外文必备的工具书。翻开这些泛黄的书页，随处可见随手夹带的书签或折痕，用钢笔画成的横杠杠；在书页的空白处，还有用尖尖的铅笔书写的眉批或标注……

“文化大革命”后期到《辞海》编辑部后，赵超构作为资料员，经常需要寻找和翻译一些外文资料，还有资料组征订了好多外文书刊，也需要整理和运用，因此他又静下心重新捡起外语。此时他已年逾花甲，耳聋目钝，学外语的困难可想而知，家人笑他“临老学扎脚”，他说这是“老鸟先飞”。曾经有一段时间，赵家出现祖孙二代齐学外语的场景。房间墙壁、床头上，连茶杯、暖水瓶等生活用品，到处贴满了外语单词，爷孙俩每天早晚背诵，还精心制作了五花八门的卡片，随身携带，一有空暇就拿出来熟记。

在爷爷的言传身教之下，赵丰的英语大有长进。每次考试都在九十分以上，他还参加了学校的英语兴趣小组、学唱英文歌。参加工作后，他与同好创办了上海人民公园的“英语角”，阅读原版的 ***Reader's Digest***——《读者文摘》。

爷爷在信中结合自身学外语的经验，着重谈两点体会：一是贵在坚持，一定要“读出声来”。他告诫要“每天抽时间大声反复背诵”，“每天清晨读它一阵，最好背得出”，“一天也不能中断”。二是“要有个方向”。他说：“你不可能学文艺，文艺方面的英语是没有底的，即使学上七八年也未必精通。你是学科技的，主攻方向是科技英语，课外英语读物也以多读科技英语为主。科技英语简单得多了，书店里科技方面的通俗英语（都有注释）很多，还是多读这方面的英语书吧，这样学上三四年也就可派上用场了。英语小说之类的，留到将来去学吧。”

当时的国门刚刚打开，全国兴起了一股学外语的热潮。新华书店最抢销的英语教材是《英语九百句》，他想方设法给孙子购买了一整套，共计六本。当赵丰向爷爷提出要阅读他书房收藏的中英文对照版本时，赵超构在信中这样回答他："中英对照的书都很深，大学程度的，我找一找看，最浅的我会寄给你的。但目前最要紧是打基础，背熟英语。乱看反而不好。"

世界上有两种家长或老师，一种授以"面包"，一种授以"猎枪"。赵丰回忆说："爷爷永远是那个给我猎枪的人，他教会了我如何扣动扳机，如何打猎。爷爷的教导，使我受用一生。"

"写作没有窍门"

当学校的老师无意间发现，上海滩赫赫有名的杂文大家林放是赵丰的爷爷时，便想方设法通过赵丰发出邀请，请赵超构到学校做语文写作方面的讲座。赵超构在信中婉言谢绝："告诉你校老师，我不会做语文方面的报告。写文章的人不一定能教别人写文章。写作和教学是两回事。写作没有什么窍门，多读、多看、多写，自然熟能生巧。主要靠实践。把这样的意思告诉老师，请他原谅。"

一九七九年，赵丰还在上海虹口区重点中学——北郊中学上高中，弟弟赵扬即将进入长风中学念初中。当时"十年浩劫"刚结束，百废待兴，迎来一个书荒时代，市面上很多图书奇缺。赵超构在出版系统上班，市面上紧俏的书籍，偶尔会有内部供应，便经常有人找上门来代购书籍。赵丰、赵扬的老师曾交托购买《作文知识讲话》，还邀请赵超构到学校辅导作文写作。当时此书并无内部供应，只是市场紧俏而已，为此赵超构连跑了两家新华书店无果，只得实言相告。

赵超构在信中用寥寥数语，就将如何学好语文写作的要诀道破了。事实确实如此，语文写作没有什么经验可谈。他的两个孙子自小与他一起生活，耳濡目染，语文写作应该有所长进，而事实却恰恰相反。赵丰兄弟俩其他功课都还可以，就是语文写作让人操心。兄弟俩给爷爷写信，经常文理不通，错别字连篇，连标点符号也用错。爷爷在信中发现语句有问题，或者捉到错别字，便在回信中指出，有时他们的来信往往被爷爷改成大花脸。

赵超构在信中一再叮嘱：“从你的来信看来，你的语文还很差。以后要加把劲，把语文学好。”每一次语文考不好了，他就要帮忙寻找原因：“是作文不行，还是成语测验不行？可能是多看翻译小说，受了影响。”当然，也不单单是报忧不报喜，只要有一点点起色，他就会在信中予以表扬。譬如，“比以前写得较有条理了”之类赞赏的话。

私塾出身的赵超构，自幼背诵《三字经》《千字文》《幼学琼林》和“四书”等，国学根基深厚。他经常给两个孙子翻儿时阅读《三国演义》的老皇历：“我八岁的时候，在大岙老家时，就是由我的祖父（**你们的老太公**）亲自教我读《三国》的，先是看不懂，慢慢地就懂了。”

事实上，少年的赵超构也贪玩，算不上是最出色的，他的祖父赵廷儒经常搬来一张太师椅，悄悄放到他的座位背后，正襟危坐来督学。赵超构经常背不上书，或忘了先生的课业；每每到了此时，他只有摊手心的份，没少挨先生或祖父的板子。先生的板子不痛不痒，只不过是做个样子；而祖父的板子，可是当真的，打在手心钻心地痛。

赵超构所说的“多读”，无非就是多读中外名著。他认为，二流作家的书，“值不得买”，他将《基督山伯爵》《战斗的青春》《苦菜花》等，都归于此类。他说，“买书要买文笔好的，对写作、作文有帮助”，“文笔一般的，能（就）向学校图书馆借阅算了，不看也无所谓”。哪些书文笔好值得读呢？他购买给孙子或开列的书单中，有《三国演义》《西游记》《李自成》《鲁滨孙漂流记》《铁木儿和他的伙伴》等。《三国演义》《李自成》两部书，是他推荐孙子课外阅读的首选书目。他认为前者“是浅近文言，文理很好”，“可以重读，把每一句话翻词典学懂，文言成语就够用了”；后者“写得很好，要一句句看下去，不要只看故事情节。要学习他的描写、词汇，这样作文就会写得好”。

他所说的“多看”，绝非“多读”之重复，而是指“多观察”，正所谓“读万卷书，行千里路”，就是这个意思。“多写”，则不难理解，这是“熟能生巧”，重于“实践”的必然过程。之前他在一篇《关于写短评》的文章中就谈及此，他说：“文章越是经常写，题目会越多，写起来越顺当。……经常写，由此及彼，产生各种联想，思路是畅通的，又感到一种写作的气氛，因而能不断写下去。如三个月写一篇，往往一篇也写不出来，愈不动笔，笔头愈重，写起来愈困难。对于青年同志，我一向鼓励他们多写，写得多，熟能生巧，有利于写作习惯的养成。”

“逝者如斯夫，不舍昼夜。”书信里的爷爷如今已经一百多岁了，当年的懵懂少年也已然有了白发，即将步入晚年。赵丰、赵扬兄弟俩捧读着爷爷留给他们的书信，想起当年与爷爷相处的日子，心中充满了无限的怀念。他们多么想再次依偎在爷爷的怀里，重温那一去不复返的少年时光啊。

致乐平[1]同志（一通）

[评介]

这封信是张乐平登庐山“生了一场不大不小的病”出院后，赵超构写给他的问候信。

赵超构跟张乐平同庚，结识于二十世纪三四十年代。张乐平一直是《新民报》的漫画作者。诗文配画，是《新民报》的又一大特色，也是赵超构的保留节目。早在五六十年代，他与张乐平、乐小英，还有画牛出名的画家汪观清等，经常合作在报上发表诗配画，或文配画。一九七八年秋天，他和张乐平随同上海市政协参观团访问延安、西安，游览兵马俑、黄帝陵、半坡村等名胜古迹，瞻仰毛泽东、周恩来、朱德的旧居以及其他革命文物遗迹。赵超构写下六首诗，还配了说明文，张乐平共画了九幅速写。一诗一画，一文一题，相得益彰。

漫画与杂文历来是一对孪生兄弟。早在二十世纪五十年代，赵超构和张乐平就想合作创办漫画刊物。他们的愿望，等了三十年以后才得以实现。一九八五年《新民晚报》子报《漫画世界》正式创刊。赵超构邀请张乐平担任主编，他作为发起人，以个人名义撰写创刊词——《致〈漫画世界〉的读者同志》。特伟担任副主编，阿达、王往、詹同、叶岗、田遨、徐克仁、郑辛遥、杜建国等担任编委，报社还指派张林岚为常务副主编，主持日常编务。有了《漫画世界》，赵超构跟漫画界愈加走近；远在北京的华君武、丁聪等名家，成了画刊编外的领衔主角。上海的漫坛进入了一个“黄金时代”。

[原文]

乐平同志：

又是月余未见了。最近，才知道你在庐山生了一场不大不小的病，而且进了医院。这一方面是积劳成疾，同时也可见吾辈老头子抵抗力之弱，经不起气候变化的考验。现在，我猜想你一定已出院，在家休养了吧？古人说，“因病得闲殊不恶，安心是药无妙方”。希望你充分利用这时间好好养息，业务应该暂时挂起。上次咱俩的“双簧”②，听说反映还过得去，当天报纸也很快就卖光了。这首先是“三毛”作者的号召力，无庸否认的。本应趋府问候，最近连开十天多的民盟工作会议③，只能修函问好，改日再畅谈吧。

超构

十日④

[注释]

①即张乐平（1910—1992），原名张昇，浙江海盐人。著名漫画家。长期在解放日报社、上海少年儿童出版社任专业画家。曾担任上海市美术家协会副主席、《漫画世界》主编、中国美术家协会顾问等。著有《三毛迎解放》《二娃子》《父子春秋》等。

②指二人发表在 1978 年 10 月 15 日《解放日报》第四版《朝花》副刊上的诗文配画——《延安—西安之旅》。

③指民盟中央召开的华东区盟务座谈会。

④此信写于 1978 年 11 月。

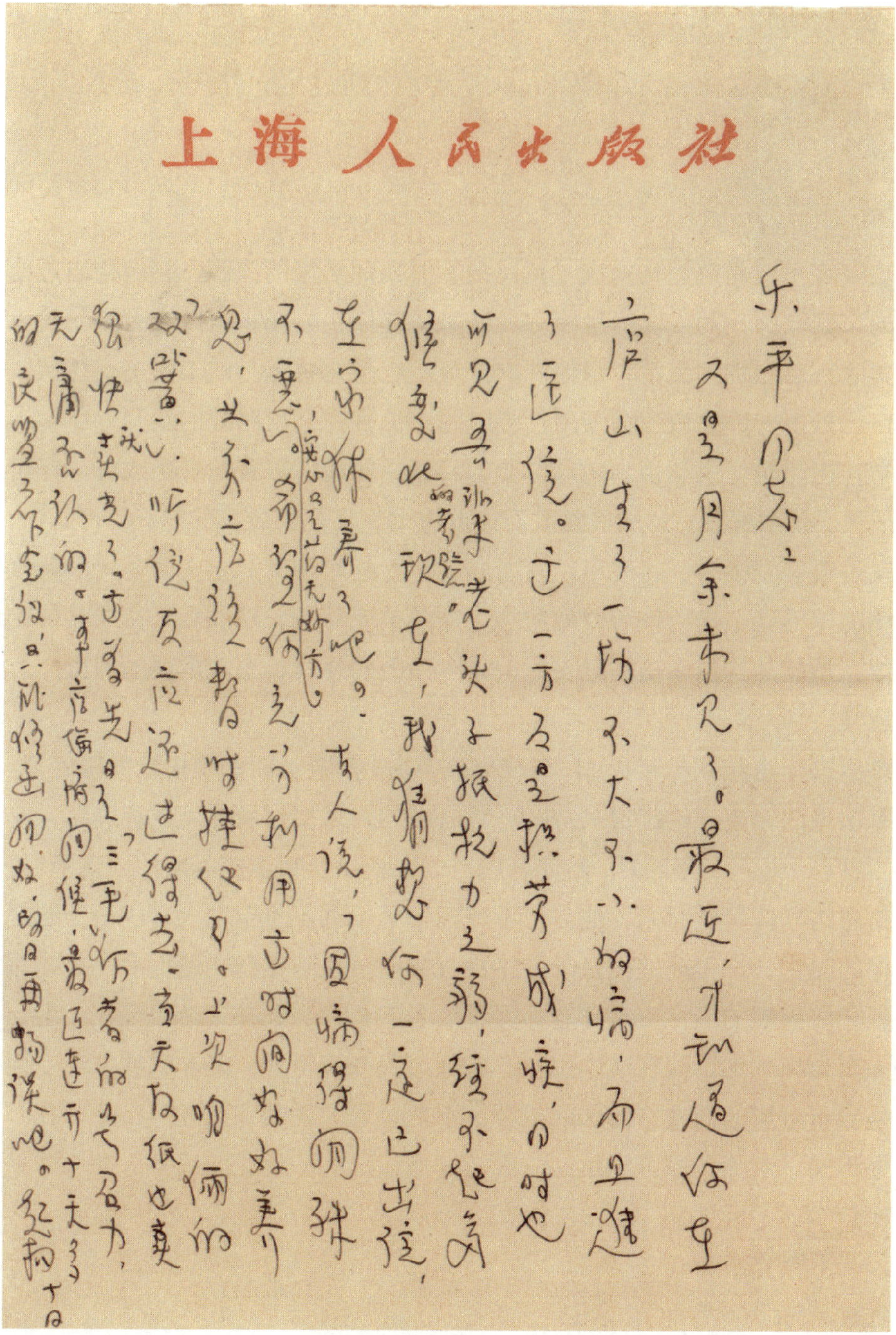

上海人民出版社

乐平同志：

又是月余未见了。最近，才知道你在庐山生了一场不大不小的病，而且进了医院。这一方面是积劳成疾，同时也可见吾辈那些老头子抵抗力之弱，经不起气候变化的考验。我猜想你一定已出院，在家休养了吧？有人说，因病得福，不要以（实际上是有好处的）。希望你充分利用这时间好好养息，其余应该暂时撇开。上次咱俩的对话，听说反应还过得去。前天在报也见张快要完了。我先生又三毛，你看的怎么样，天痛苦认的。事后偏偏间很，最近连开十天会的会议，实在没，只能待过几日再好好谈吧。纪鹏十日

致乐平同志（1978） 3–20

致可成[1]（一通）

［评介］

许可成是赵超构重庆《新民报》时期邻居家的孩子。赵超构当过他的家庭教师，两人以师生相称。许家受赵标生之托，由许太太安丽云负责照料赵超构的生活，帮他洗衣做饭。赵超构将每月的工资上交搭伙，自己只留一部分做生活零用。当时的许福官在三里路外的新开寺小学上学，赵超构便主动担当辅导作业的义务。他将许福官的名字改成“许可成”。他解释说：“国民党政府如此腐败，还是不做官的好。‘可成’，就是要好好读书，将来可望有所成就。”赵超构离开重庆时，将一条珍藏的羊毛毯子送给许可成做纪念。这条羊毛毯子，现收藏于文成县博物馆，是赵超构当年访问延安时毛泽东馈赠的礼物，有着重要的历史纪念意义。

二十世纪八十年代，许可成出差上海，都要上新民晚报社看望老师。每次见面，赵超构都很兴奋，不管有多忙，总要拉着许可成逛马路，吃西餐。一九八二年四月，当许可成在信中提出要写重庆时期的回忆录时，赵超构立即警觉起来，他自己不写回忆录，也不希望别人写。由于赵超构的阻拦，许可成的回忆录最终没写成。一直到赵超构逝世后，他才写了一篇简短的回忆文章《老师为我改名字》，刊登在《新民晚报》副刊《夜光杯》上。他在文中说：“老师，我今天写您，绝非吹嘘捧场，而是出于对您的崇敬，对您的爱戴，不把对您的爱戴和崇敬写出来，我心中不安。老师，原谅学生这一次，好吗？”

［原文］

可成：

信收到，知道你得到组织的信任，担任副厂长，并且增补为政协委员，我当然很高兴。希望你好好工作，听党的话，为四化贡献力量。

你说要写回忆，不知有什么目的。写不写，当然由你自己决定。但是回忆录中不要写上我的名字，也不要写我的事情，我生平最不喜欢吹嘘捧场。我七十多岁了，还没有写过一篇回忆录。你要写，写你自己其他方面的事情好了。

专复，即问

你们全家安好

超构

四月十七日[2]

[注释]

①即许可成，简介见 60 页注释。

②此信写于 1982 年。

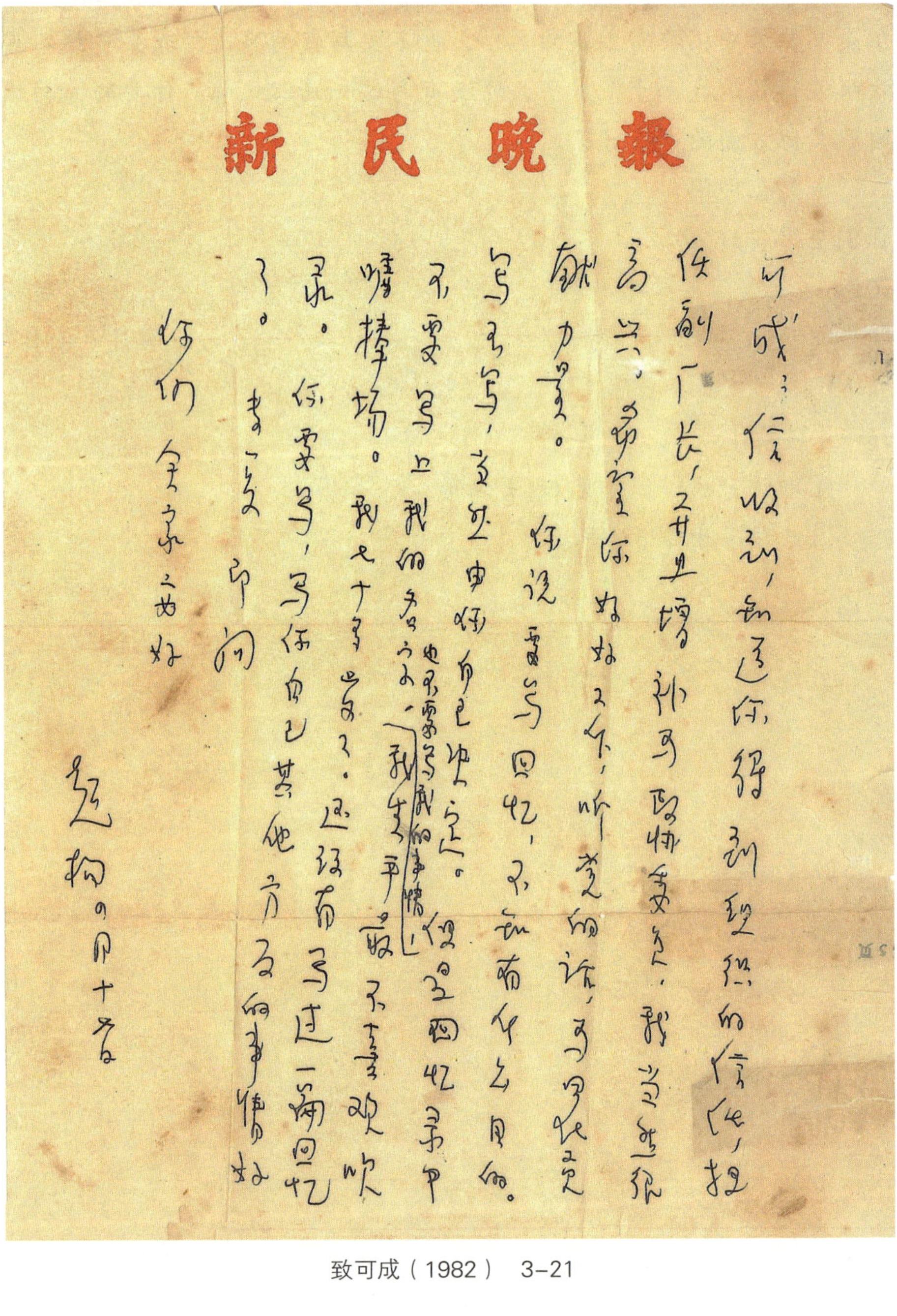

新民晚报

可成：信收到，知道你得到组织的信任，担任副厂长，工作上增补了政协委员，我当然很高兴。希望你好好工作，听党的话，为四化贡献力量。 你说要写回忆，不知有什么目的。写可以写，这当由你自己决定。但是回忆录中不要写上我的名字，也不要写我的事情，我生平最不喜欢吹嘘捧场。我七十多岁了。还没有写过一篇回忆录。你要写，写你自己其他方面的事情好了。 专复 即问

你们全家好

超构 四月十五日

致可成（1982） 3-21

致元明[①]同志（二通）

［评介］

这两封致《人民日报》蒋元明的信，一封是约稿的回复，另一封是请他为《列宁毛泽东鲁迅杂文欣赏》一书写序的复函。

晚年的赵超构，长期自费订阅《人民日报》，坚持每天阅读，而且他撰写的众多杂文名篇的由头和灵感就源于此。他总认为，《人民日报》是大报，他“不敢给大报写稿”。可他自谦“在报上乱写”的“一些东西”，却频频在《人民日报》上见报，如《“下不为例”之风不可长》《成堆有什么不好？》《“溢美”也能成灾》等，这些文章都是编辑从《新民晚报》“未晚谈”栏目上转载的。

一九九一年年初，正在编选《列宁毛泽东鲁迅杂文欣赏》的蒋元明，写信请赵超构指导并作序。赵超构很快复函，并表示了肯定，“您（你）们编的这本书是很有意义”，研究列宁、毛泽东的杂文“当自你编这本书开始”。但是他认为自己不够水平，“不能妄自评论他们的文章，更不敢为此作‘序’”。蒋元明觉得赵超构说得在理，便干脆不再请人写序，而是自己在书的前面写了《编者的话》，他在前言中谈到了赵超构，也提到了这封信。

［原文 1］

元明同志：

信早收到。生了两星期的病，稽答为歉。我在报上乱写了一些东西，多承党报一再予以鼓励，既感且愧。年老笔秃，不耐深思，替新民报写写，随感而发，还可勉强。给党报写稿，总觉得有点紧张，难以下笔，这种情况，相信您是能够理解的。严修[②]同志的文章，实在是奖誉过当。党报发表，只能作为对我的鞭策吧。惭愧之至。

专复，即祝

撰安！

赵超构

十月五日[3]

[原文 2]

元明同志：

惠书读悉。您（你）们编的这本书是很有意义，又是很有勇气的。诚如来信所说，列、毛不仅是政治、理论的导师，也有很多杂文名篇，足供我们观摩学习。但至今还没有人接触研究他们的杂文问题，有之，当自您编的这本书开始。可喜可贺！但是，我只能表示高兴，不能妄自评论他们的文章，更不敢为此作“序”，我没有那个水平。这必须找一位精通马列而又懂文章的大手笔来写。这样的大手笔，北京城里是有的。希望您另请高明为幸。谨此奉复，语出至诚，有负雅意，请谅之！

即祝

撰安

赵超构

五·廿三日[4]

[注释]

①即蒋元明（1949— ），重庆人。高级编辑，作家。1975 年南开大学毕业分配到人民日报社，历任编辑、副刊主编、文艺部副主任。北京市杂文学会常务副会长，中国写作学会杂文专业委员会会长。著有《嫩姜集》《人生小品》《人生有缘》等。

②严修系严秀。严秀（1919—2015），原名曾彦修，著名杂文家。四川宜宾人。1937 年年底赴延安，翌年加入中国共产党。参与创办《南方日报》，曾担任人民出版社社长、总编辑等。著有《审干杂谈》《半杯水集》《微觉此生未整人》《平生六记》等。

③此信写于 1983 年。

④此信写于 1991 年。

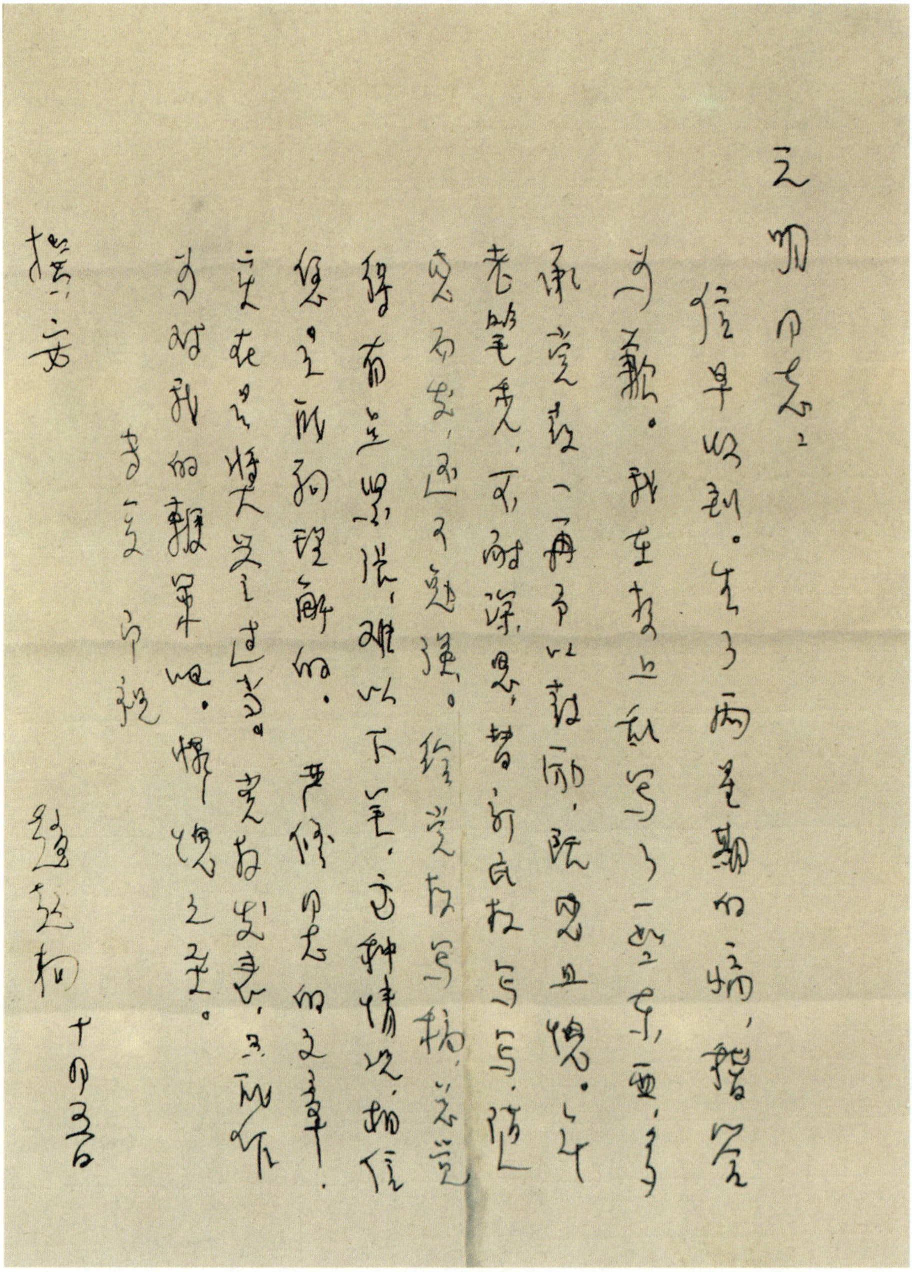

元明同志：

信早收到。生了两星期的病，稽答为歉。我在报上乱写了一些东西，多承赏识，再予以鼓励，既感且愧。今老笔秃，不耐深思，替新民报写写，随意而发，还不勉强。给党校写稿，总觉得有些紧张，难以下笔，这种情况，相信您是能够理解的。严修同志的文章，实在是奖誉之过当。党校发表，只能作为对我的鞭策吧。惭愧之至。

专复 即颂

撰安

赵超构 十月五日

致元明同志（1983） 3-22

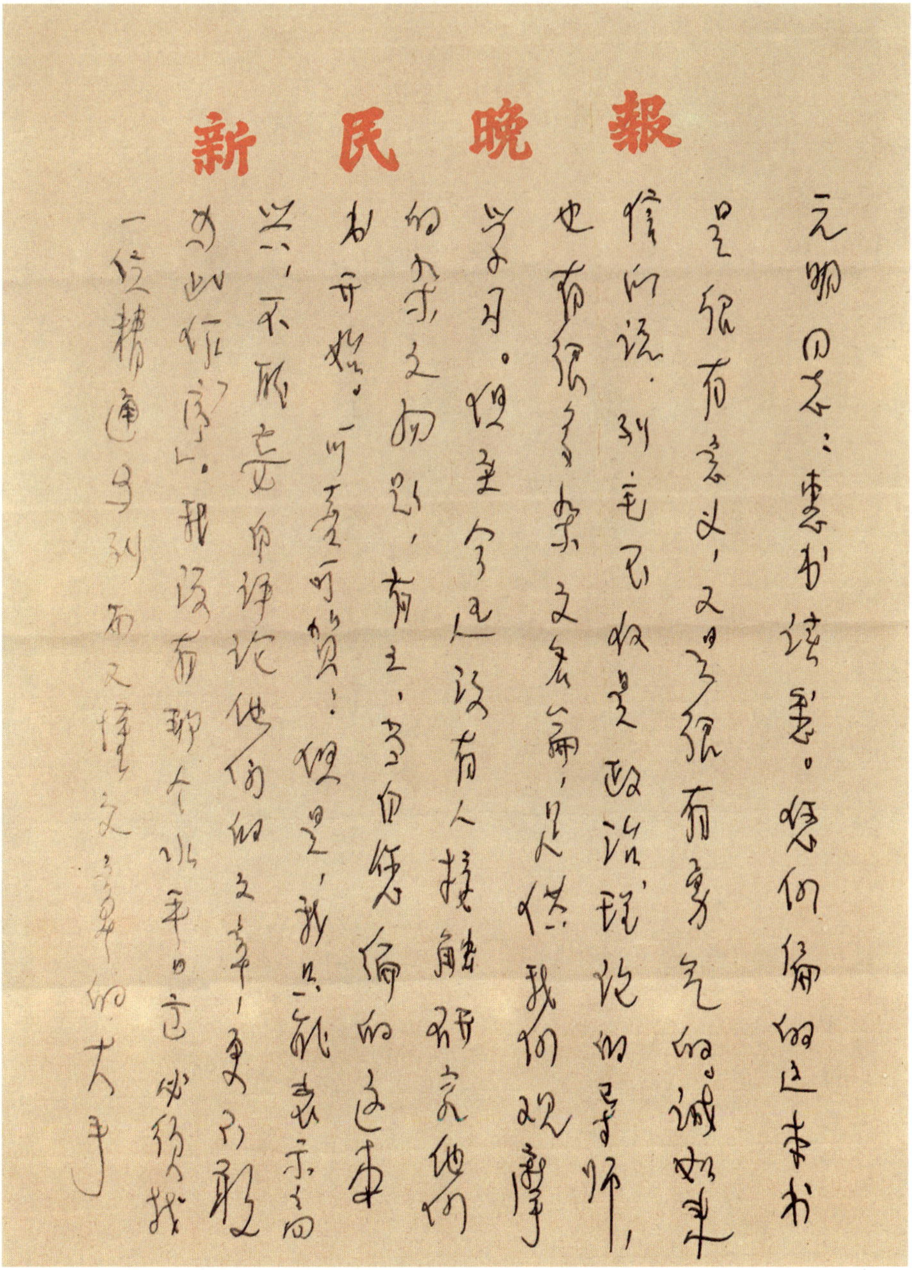

新民晚報

元明同志：惠书读悉。您们编的这本书是很有意义，又是很有勇气的。诚如来信所说，列、毛既是政治理论的导师，也有很多杂文名篇，足以供我们观摩学习。但至今还没有人接触研究他们的杂文创作，有之，当自您编的这本书开始。可喜可贺！但是，我只能表示高兴，不能妄自评论他们的文章，更不敢为此作序。我没有那个水平。这必须找一位精通马列而又懂文学的大手

致元明同志（1991） 3-23-1

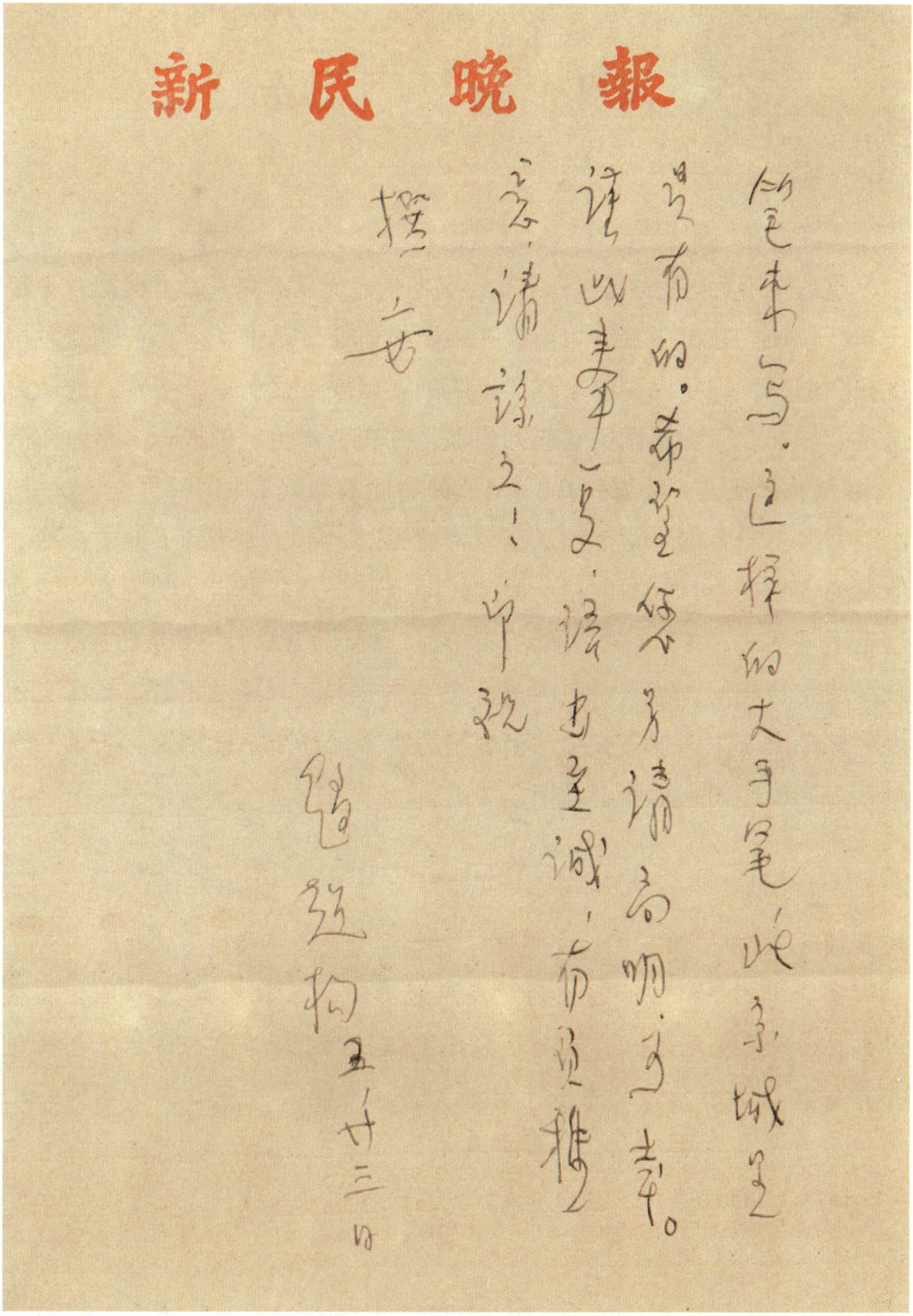

新民晚報

信毛来写。这样的大手笔此系城里没有的。希望你多请高明，多学。读此事一文，话出至诚，希望推之言，请谅之谅之。即颂

撰安

赵超构 五/廿三日

致元明同志（1991） 3-23-2

致均生[1]同志（一通）

［评介］

赵超构给尹均生共写过三封信，另两信已无从考究。二十世纪八十年代初，长江文艺出版社编辑出版《中国报告文学丛书》。执行编委尹均生在图书馆发现了民国三十三年出版的《延安一月》草纸版本，他认为这是“一部敢于突破国民党新闻封锁，并有艺术价值的报告文学力作”（《赵超构先生与〈延安一月〉》），便将此书列入《中国报告文学丛书》出版书目。当尹均生写信征求赵超构意见时，不想却遭到了他的拒绝。他认为《延安一月》写的是一般的新闻报道，并非报告文学。尹均生通过电话与信函，力陈这本书的历史价值，畅述它独有的报告文学特性，最终使赵超构同意收入《中国报告文学丛书》。时隔七年后，长江文艺出版社推出《中国报告文学丛书》精选本《毛泽东访问记》，《延安一月》再次被作为头篇收录其中。

［原文］

均生同志：

寄来照片[2]和信，都收到。我患冠心绞痛，住医院已一月。未能对来件[3]多提意见为憾。前湖北人民出版社[4]汇来稿费 480 元，也收到并寄去收据，勿念。此事多承斡旋，甚以为感。我冠心病已多年，此次较厉害。写作生活也只得暂停矣。

专复，顺祝

笔健

赵超构

十一月二日[5]于病院 83

（寄来报告文学一书[6]也收到了）

[注释]

①尹均生（1936—），笔名楚均，湖北丹江口人。曾任华中师大中文系教授、华中师大出版社总编辑等职。长期从事报告文学理论研究和评论。著有《报告文学纵横谈》（与杨如鹏合著）、《国际报告文学的源起与发展》、《新闻体裁写作》、《写作范文丛书·散文卷》、《斯诺评传》（与安危合著）等。

②据尹均生教授称，此系供赵超构参阅用的当年在武汉召开的纪念美国记者埃德加·斯诺全国学术会议的现场照片。

③指尹均生所写的林放小传。

④此处并非笔误，当年出版《延安一月》的长江文艺出版社，尚未独立核算，还属于湖北人民出版社下属分社，稿费由湖北人民出版社统一核发。

⑤此信写于1983年。“83”系收件人标注。

⑥即收录有《延安一月》的《中国报告文学丛书》第二辑第六分册。

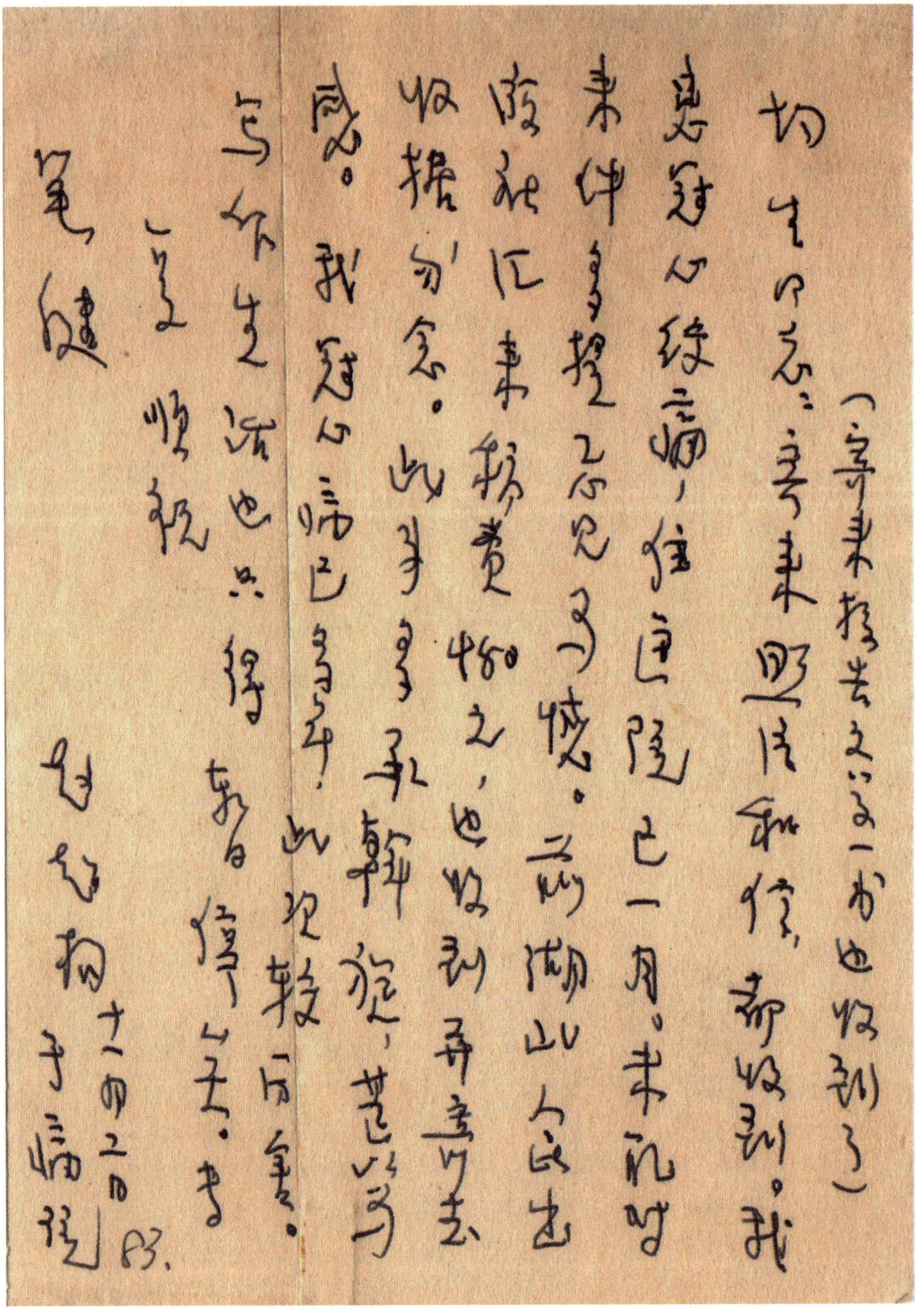

均生同志：（寄来稿子之一部分也收到了）

寄来照片和信，都收到。我患冠心绞痛，住医院已一月。未及时来件多搁迟，不胜遗憾。前湖山人民出版社汇来稿费480元，也收到，并寄去收据，勿念。此事多承斡旋，甚以为感。我冠心病已多年，此次较前重，写作生活也只得暂停些天。专此 顺祝

笔健

赵超构手启 十一月二日 83.

致均生同志（1983） 3–24

致一吟[1]同志（二通）

［评介］

这两封信，是赵超构与丰子恺、丰一吟父女两代人友情的见证。

丰子恺年长一轮，属于赵超构“老师一辈的长者”。二十世纪六十年代初，赵超构与丰子恺一同被选为上海市文联副主席，经常一起下乡。一次，他们到奉贤县萧塘人民公社考察参观。丰子恺第一次向赵超构谈起翻译《源氏物语》的事，表示待正式出版后一定要送一套给他。可事与愿违，丰子恺生前并未看到此书出版，译稿直到二十世纪八十年代初才陆续出版。

当丰一吟无意间从沈毓刚处了解到这件事时，她便认真了。她认为这是父亲未完成的遗愿；现在父亲不在了，理应由她完成。她当即将家里留存的一套《源氏物语》三卷全译本打包寄给赵超构，还附信表达歉意。赵超构收到后深受感动。他在复信中所说的“父债子还”，当然是一种带有调侃意味的话语，更多的却是他对丰家父女“较真”的秉性表示由衷的赞叹与欣赏。

一九九〇年五月，正值赵超构八十寿辰。丰一吟寄上《丰子恺儿童漫画集》为贺。赵超构在信中嘱咐“多为‘新晚’写点稿子”，过去的几年，丰一吟偶有稿子见刊晚报。这次又写来“千字文”。此时，丰子恺离世已有十五个年头，然赵超构与丰家两代人的情谊，还在绵绵不断地延续着……

［原文 1］

一吟同志：

承赠源氏物语三卷，先后都收到了，一并致谢。

说起来是我多嘴了。一次和沈毓刚[2]同志谈起子恺先生的事，我无意地说起某年在奉贤萧塘公社参观时，丰先生谈起这部“日本的《红楼梦》”，说如果出版一定送我一部。我料不到毓刚同志会把我的话传到您那里去的，当然也料不到您竟是那么认真。真的做到“父债子还”的。当然，既然承您厚意送来，我自然是十分高兴的。丰先生还亲手送过我一部夏目漱石的著作，现在还保存着。看到他的亲笔签名，常常使我想起那年我们在乡下闲谈的情景。收到您寄来的书和短信，我忽然又想起这些事情来了。这也是老年人爱翻旧事的通病吧。

即此奉复，并祝

笔健

赵超构

八四·六廿八日③

还希望您能多为“新晚”④写点稿子

[注释]

①即丰一吟（1929—2021），画家、翻译学家，丰子恺之女。浙江桐乡人。长期从事丰子恺研究工作。曾担任上海市文史研究馆馆员，丰子恺研究会名誉会长、顾问等。著有《潇洒风神——我的父亲丰子恺》等多部。

②沈毓刚简介，见第 59 页注释。

③此信写于 1984 年 6 月。“八四”系收信人标注。

④《新民晚报》简称。

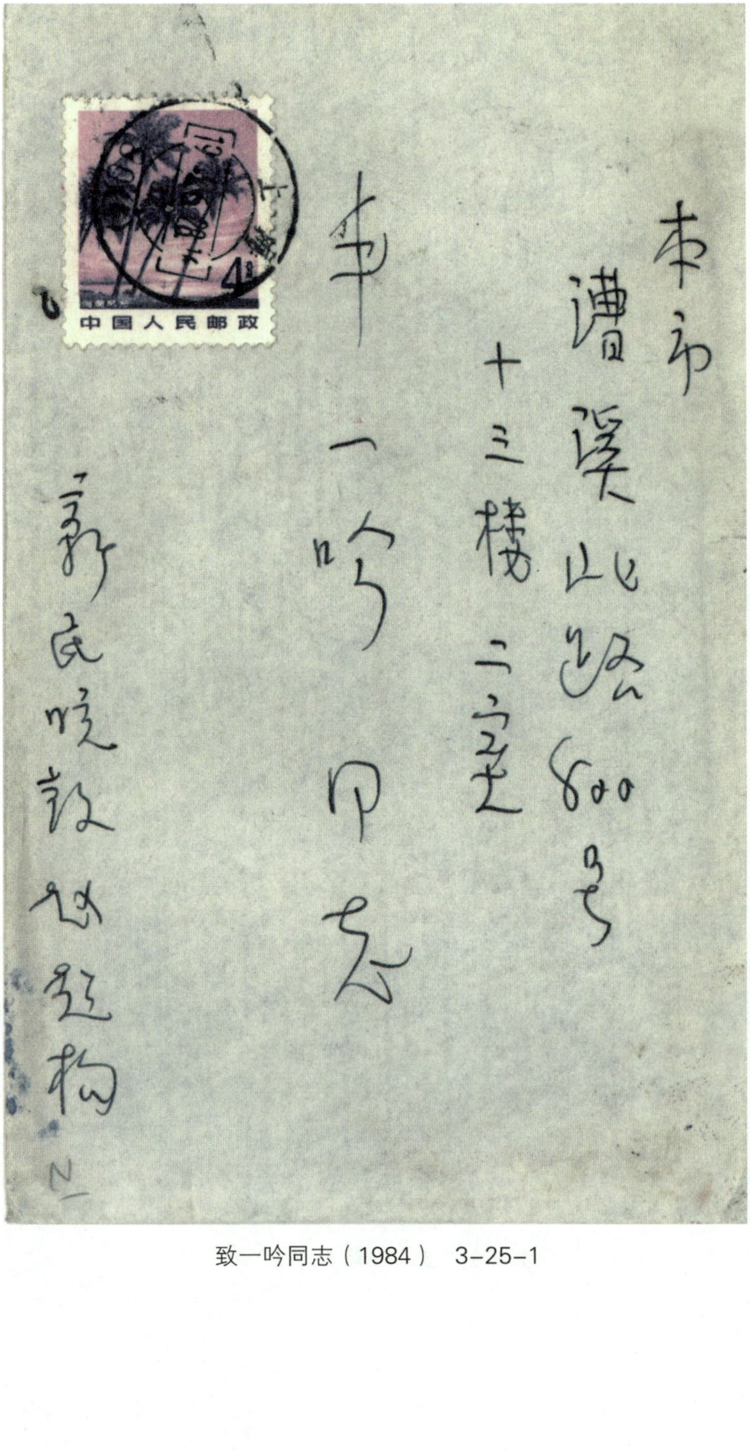

致一吟同志（1984） 3-25-1

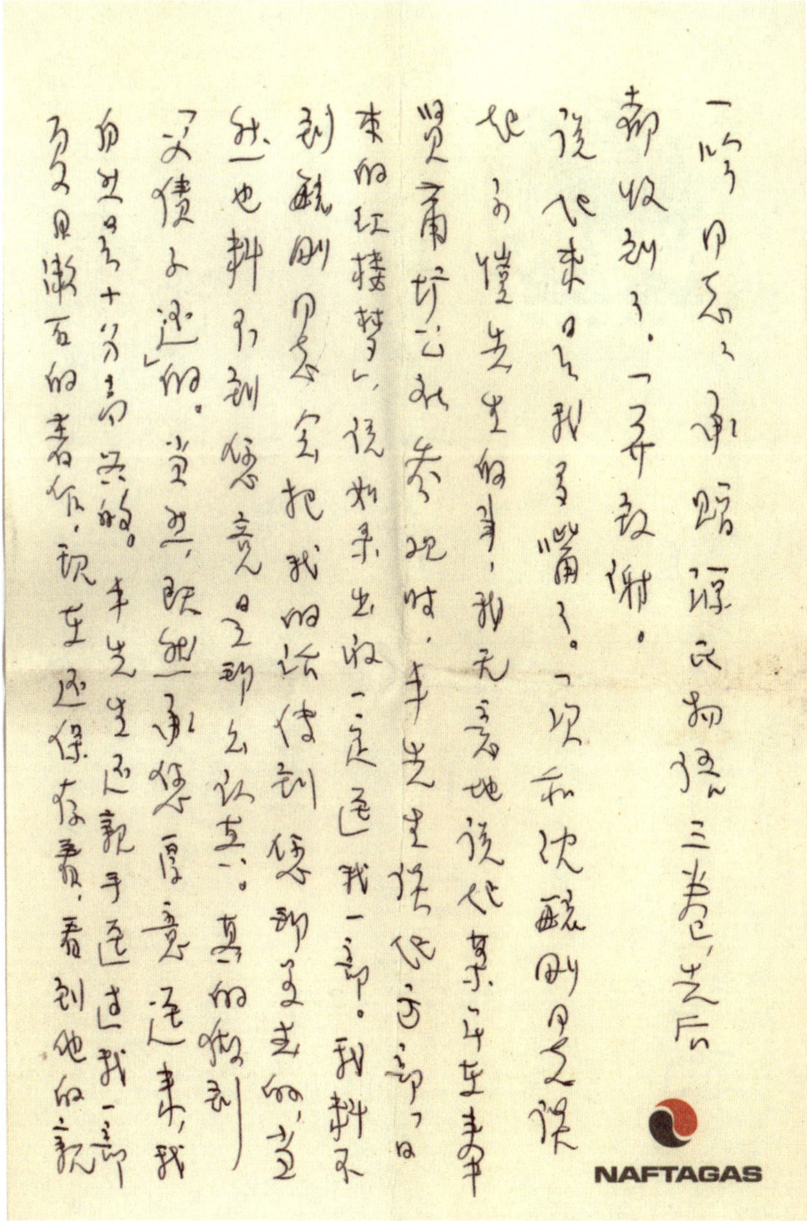

一吟同志：承赠《淳化阁帖》三卷，先后
都收到了。一并致谢。
说起来是我多嘴了。只和沈鹏同志谈
起了丰先生的事，我无意地说起某年在丰
觉庵访问他老人家时，丰先生说他有一部日
本的《红楼梦》，说将来出版一定送我一部。我料不
到沈鹏同志竟把我的话传到您那里去的，竟
然也料不到您竟是那么认真。真的做到
“文债不还”的。当然，既然承您厚意送来，我
自然是十分高兴的。丰先生还亲手送过我一部
乃又且数百的书信，现在还保存着，看到他的亲

致一吟同志（1984） 3-25-2

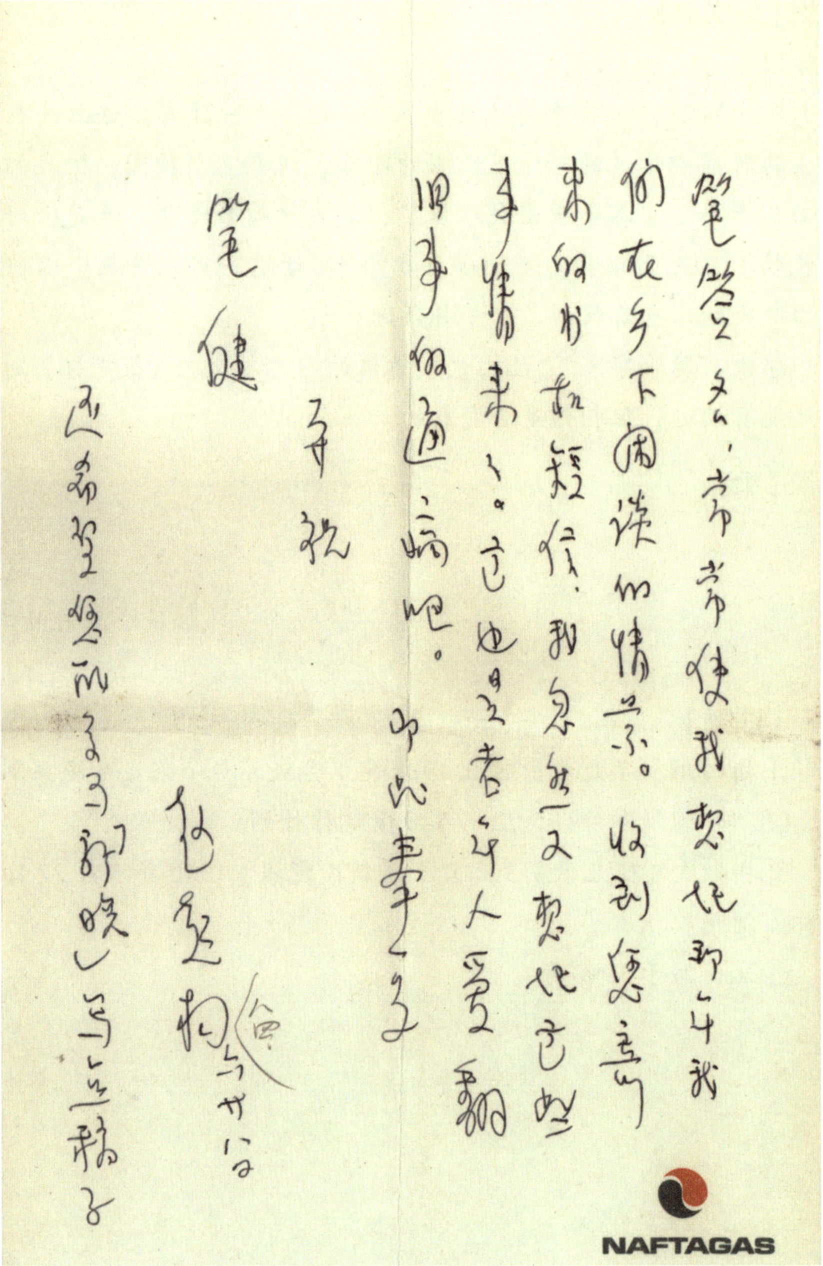

[illegible]多么，常常使我想起[illegible]我们在乡下闲谈的情景。收到您寄来的书和短信，我总是又想起这些事情来了。这也是老年人爱翻旧事的通病吧。

即此奉复
并祝
笔健

[illegible]
[illegible]月廿八日

还希望您[illegible]

致一吟同志（1984） 3-25-3

[原文2]

一吟同志：

八十贱辰，承寄丰先生儿童画[1]一册，十分欣喜。这画，在我做学生的时候都读过的，留下很深的印象，现在重新披阅，把我的年华推回几十年了。八十岁变成八岁了，复我童心数十年，真是很好的生日礼物。这几天正和四岁的小外甥[2]一同读这一册儿童画。以前您寄赠的源氏物语也都收到了，一并致谢！

您说有篇千字文[3]，已由代我拆信的同志转交给《夜光杯》副刊，虽然没有读过，但相信是会发表的。

专复，即祝

笔健

赵超构

五月廿四日[4]

[注释]

①指四川少年儿童出版社1988年1月版《丰子恺儿童漫画集》。

②“外甥”即外孙，温州人习惯统称外甥。

③指散文《听儿歌》，刊发于《新民晚报》1990年5月27日《夜光杯》副刊。

④此信写于1990年。

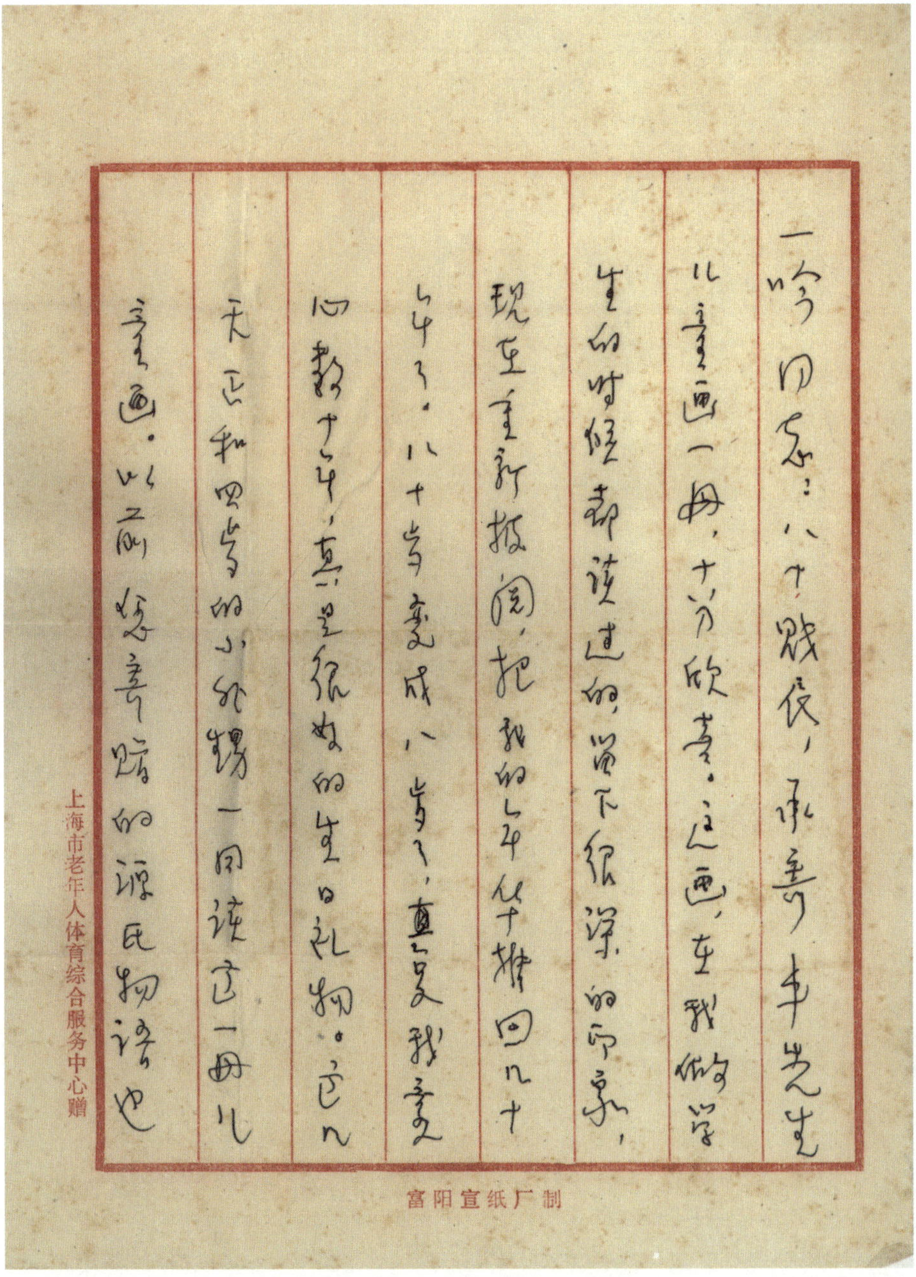
一吟同志：八十贱辰，承寄丰先生儿童画一册，十分欣喜。这画，在我做学生的时候都读过的，留下很深的印象，现在重新披阅，把我的年华推回几十年了。八十岁变成八岁了，直又我童心数十年，真是很好的生日礼物。这几天正和四岁的小外甥一同读这一册儿童画。以前您亲赠的源氏物语译也

致一吟同志（1990） 3-26-1

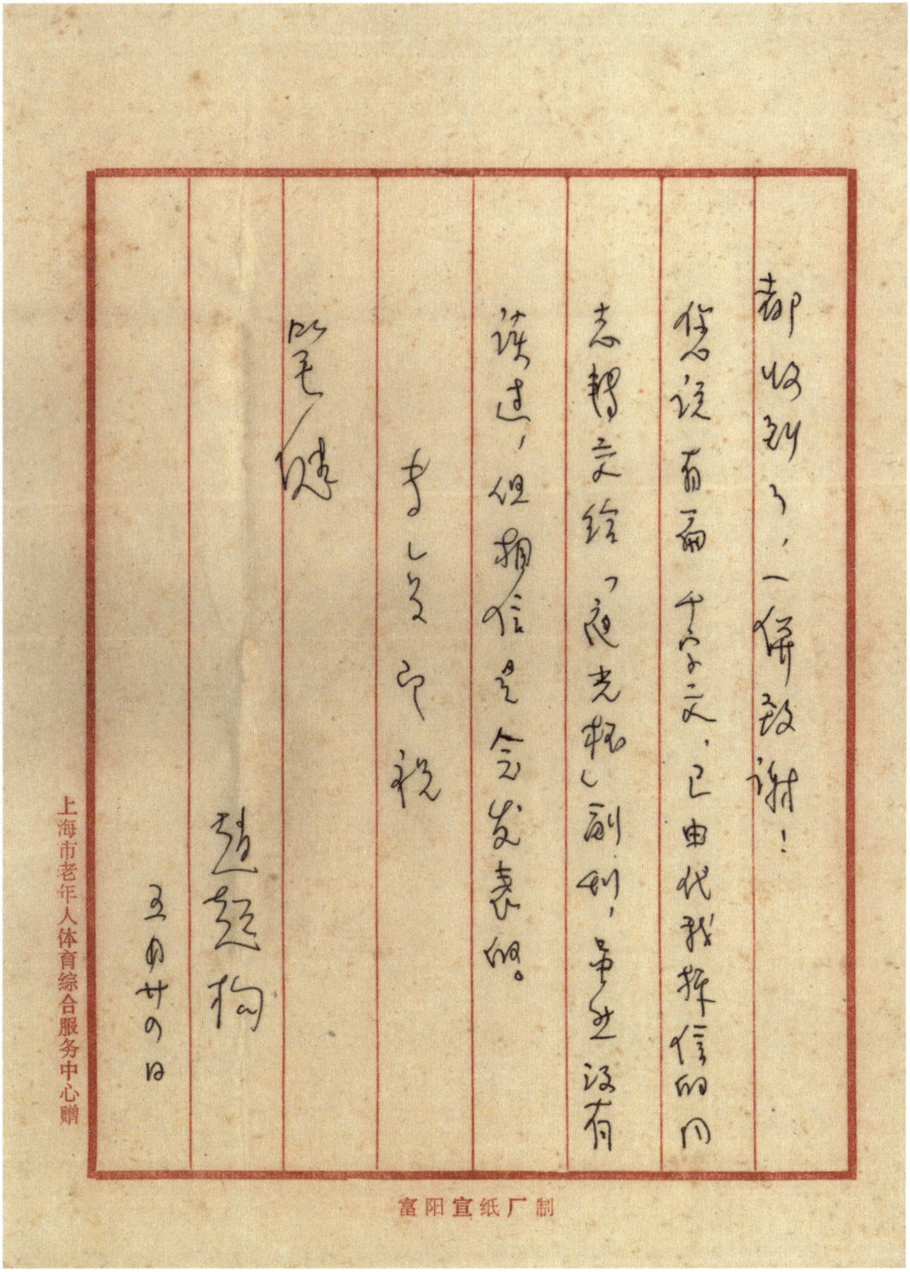
都收到了，一併致谢！
您说有篇千字文，已由代我拆信的同志转交给"夜光杯"副刊，至今没有读过，但相信是会发表的。
专此即复
笔健
赵超构
五月廿四日

上海市老年人体育综合服务中心赠
富阳宣纸厂制

致一吟同志（1990） 3-26-2

致芸孙[①]（三通）

［评介］

这三封信，是赵超构在二十世纪八十年代中期写给瑞安堂妹赵云孙的家信，由沙开胜、朱振强提供。

一九二四年，赵超构一家从文成龙川迁居瑞安城郊屿头。同一年，赵超构便考到温州上中学，因此他实际待在屿头的时间并不长。赵超构在这三封信中，主要谈了两件事。

一是涉及父辈的家事，主要是父亲坟山维修及继母晚年生活的安排及其身后事。一九三二年，赵超构生母富氏夫人过世以后，父亲便又续了弦。一九四八年三月父亲病故于屿头，匆匆下葬于田螺山上，坟山有待重新修整。但他在信中回复称，“反复考虑”后，修坟之事“暂不考虑”，除了经济状况方面的因素外，也还有人事繁杂无暇顾及的原因。继母没生活来源，赵超构按月从上海汇寄生活费赡养。继母晚年的日常起居、生病苦痛全赖堂妹赵云孙代为照料，赵超构鞭长莫及，除了“负责多寄一些钱”外，没有其他办法。其间由他出钱雇请过临时保姆。一九八六年继母去世，他力主丧事简办。

二是房子的问题。第一封信中提到的房子，是指瑞安城区西门街二号，三间二层，建于一九四八年年初，属朱隆正、赵云孙夫妇私房。第二、第三封信中谈到的房子，即赵父标生与三弟钦佐、六弟钦察，还有堂弟律躬合建的房子，坐落于瑞安城郊屿头，为法国建筑风格的两层楼房，当地人称“大洋房”“跑马楼”。土地改革以后，该老屋被政府征收，用于公益事业。赵超构为这两处房屋归还，没少费心思，曾向有关领导写信反映情况。其实赵超构未曾想要回房子，复信中有透露他真实的心迹，“既然早已归公，那就让他去了。我也不想多添麻烦”。后来，他之所以出面调停，纯粹是为堂妹赵云孙及其他亲戚的利益考虑。对于房子的问题，赵超构在复信中也流露了畏难的情绪，“占房的人都有来头，请他搬也不肯”，“上面的政策，到下头都推脱，不落实”。

晚年赵超构心绪不佳，从他回的信中也隐约可以看出一些消极情绪。家庭经济困难，负担重，幼女刘芭年近而立仍未婚配。另外更要命的是一家人都生病。想起这些，赵超构“心烦得很”。正如他在信中所感叹的：“在自地许多人看来，好像我在外很活跃，哪里知道我们的生活和内心的苦恼呢？”

［原文 1］

芸孙：

你的信来了好几个月了。我又忙，又懒，情绪也不大好，拖到今天才写这封信，请勿见怪。

我现在的冠心病仍未好，动多了就心疼。关于我父坟山修理一事，我也反复考虑过了。首先这一笔修理费还是很困难。现在做生意的专业户，赚个几千上万不稀奇。而我这样的，名气大，却还是两手空空。一个女儿的嫁妆都办不起，还拿得出余钱来修坟山吗？知识分子本来就该穷，我也不怨。不过，现在物价上涨，一个月的收入勉强只够支出。所以修坟之事也暂不考虑了。而且，社会风气不好，你花钱修好了，不久又会有人来偷砖头破坏了的。只好留等阿婶②百年之后一起修理了。现在我的大事是：第一，保卫我自己的健康，我一死，连阿婶的 20 元也没有人负担（阿戡③、刘芭④至今还是五六十元一月）。第二，希望刘芭婚事早点解决。阿丁⑤还是那样，但是越来越没有力气了，一会坐，一会睡，不过糊里糊涂也有好处，什么事都不愁。你们的生活想来也是艰难的。房子还没有收回吧？上海也是这样。占房子的人都有来头，请他搬也不肯。有理说不清。阿婶总算得到你的照顾，我应该感谢你们。但是我实在也没有办法照顾她。但愿她能在我死之前（很可能我先去的，心脏病就是这么一回事）离开人世，少吃些苦。在自地许多人看来，好象我在外很活跃，哪里知道我们的生活和内心的苦恼呢？因为咱们是兄妹，所以向你说些真心话，不必同外人说起也。

专复　即问

子珊⑥健康

（本月半要到新疆开会）

超构

八·十二日⑦

[注释]

①云孙，即赵云孙（1911—2008），又名云荪、芸孙，系赵超构堂妹，为三叔赵钦佐之女。

②阿婶，即继母裘德华。裘德华（1900—1986），浙江杭州人。

③阿戡，即赵东戡（1935—2023），赵超构长子。出生于浙江文成。高级工程师。1956 年考取南京工学院动力系，毕业后分配到上海华东电力研究所工作，主编《华东电力》杂志。

④刘芭，即赵超构小女儿赵刘芭。赵刘芭（1955—2015），出生于上海。初中毕业到长兴岛插队。1976 年推送至上海华东师大读书，毕业分配上海水利局。1992 年 7 月进入《新民晚报》研究室，担任《新民业务》刊物编辑，参与《赵超构文集》编选工作。

⑤阿丁，即赵超构妻子刘化丁（1910—1990），家庭妇女，浙江文成人。

⑥子珊，即赵超构堂妹赵云孙丈夫。朱隆正（1910—1995），字子珊，浙江瑞安人。17 岁考取浙江警官学校，1932 年就读于中央黄埔军校政讯处第一期。

⑦此信写于 1984 年。

[原文 2]

子珊、芸孙：

子珊两封信，早收到了。一来因为我身体不好，二来因为来信所说社头①房子的事，我反复思量，也想不出什么办法。所以迟迟不能写回信。请你们原谅。关于社头房子的过去情况，子珊来信所说的都是实情。简单地说：这所房子的一半，是属于你俩夫妇所有的。我父亲只占四分之一，另四分之一属于律躬叔的。前几年社头小学有位同志写信给我，问我对房子（的）意见，这是我想不到的。当时想既然早已归公，那就让他去了。我也不想多添麻烦。所以回信给他说，让公家去处理。当时也没有听说有什么政策，我至今也还不知道对于这种已经被公家征用的房子有什么政策。当然要说清楚，我回答他们的话，只限于我父亲所有的那一部分，不能代表你俩所有的和律躬叔所有的那部分。这一点，你可以向有关机关说说清楚的。我现在所能做的事，只是你们的报告上去后，可以请他们向我调查，我一定负责写证明信。证明你俩对这所房子有一半的产权。

关于阿婶的事，也是想不出好办法，只好拜托你俩帮忙处理了。我想，如果有邻居能带便（不是专请一人）照料一下阿婶，代做一点重生活（挑水、洗大件衣服等等），每月送一点东西或小额报酬，我当然要负责多寄一些钱回去。这事请芸孙妹费心，有便告诉我。我的身体很不好，有冠心病、肺气肿、胃炎，天天吃药，走路都吃力。看来也只能活三五年了。老了真是没办法。阿丁现在整天卧床，坐也坐不住了。想起这些事，心烦得很。当然，你们也有麻烦的事，家家都如此。关于房子的事，我看是很难办得好的。因为上面的政策，到下头都推拖，不落实。上海也如此，不仅各个小地方。不多写了。

祝

健康

超构

九月十五日②

[注释]

①即地名屿头。“社”与“屿”温州话同音，因此也称“社头”。

②此信写于 1986 年。

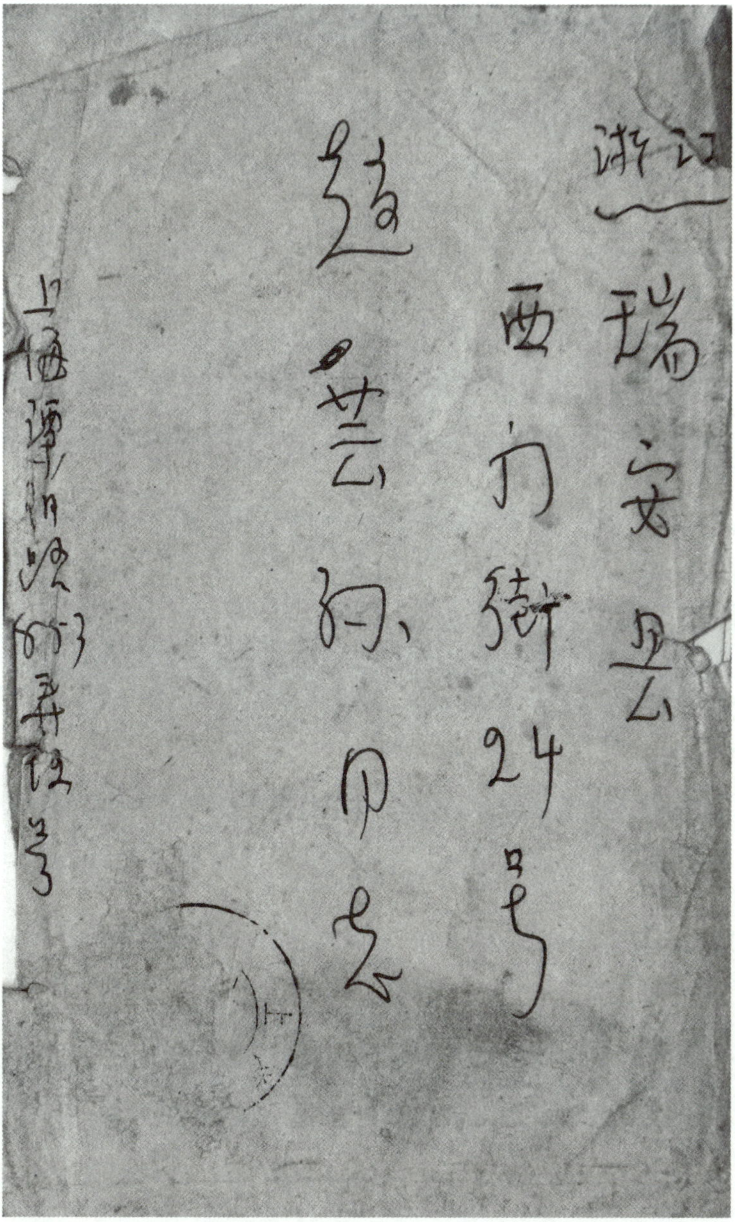

致芸孙（1984） 3-27-1

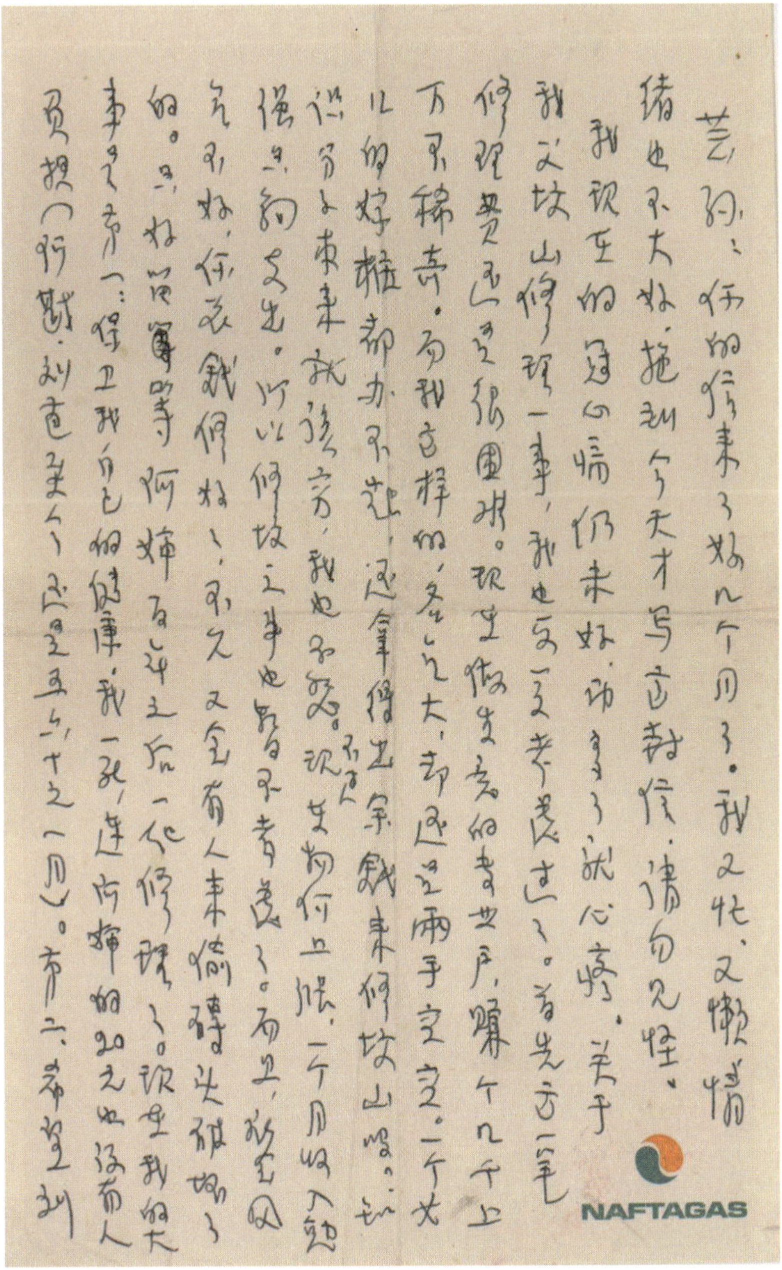
芸孙：你的信来了好几个月了。我又忙，又懒，情绪也不大好，拖到今天才写这封信，请勿见怪。

我现在的身心情况仍未好，动手了，就心疼。关于我父坟山修理一事，我也写一文寄老家去了。首先写一笔修理费还要很困难。现在做生意的专业户，赚个几千上万不稀奇。而我这样的，岁之大，却还是两手空空。一个大儿的好糖都办不起，还拿得出余钱来修坟山吗？就说分文未来，我孩子穷，我也不够。现在为何只能一个月收入勉强点，够生活。所以修坟之事也管不着了。而且，我觉得风气不好，你若钱修好了，不久又会有人来偷砖头破坏了的。只好留等阿婶百年之后一起修理了。现在我的大事是：(一)保卫我自己的健康，我一死，连你婶的20元也没有人负担(何谈，到达八十岁)还望再六十之一(月)。第二，希望到

致芸孙（1984） 3-27-2

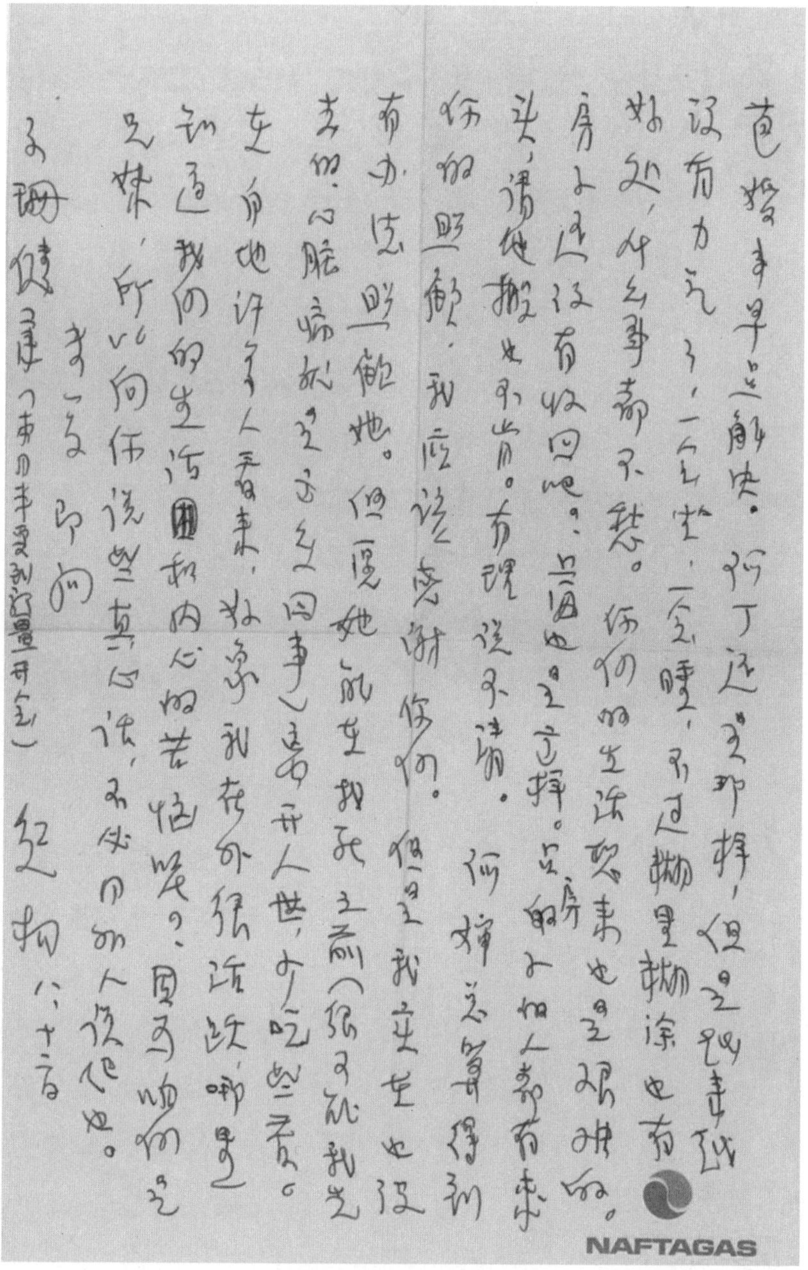

致芸孙（1984） 3-27-3

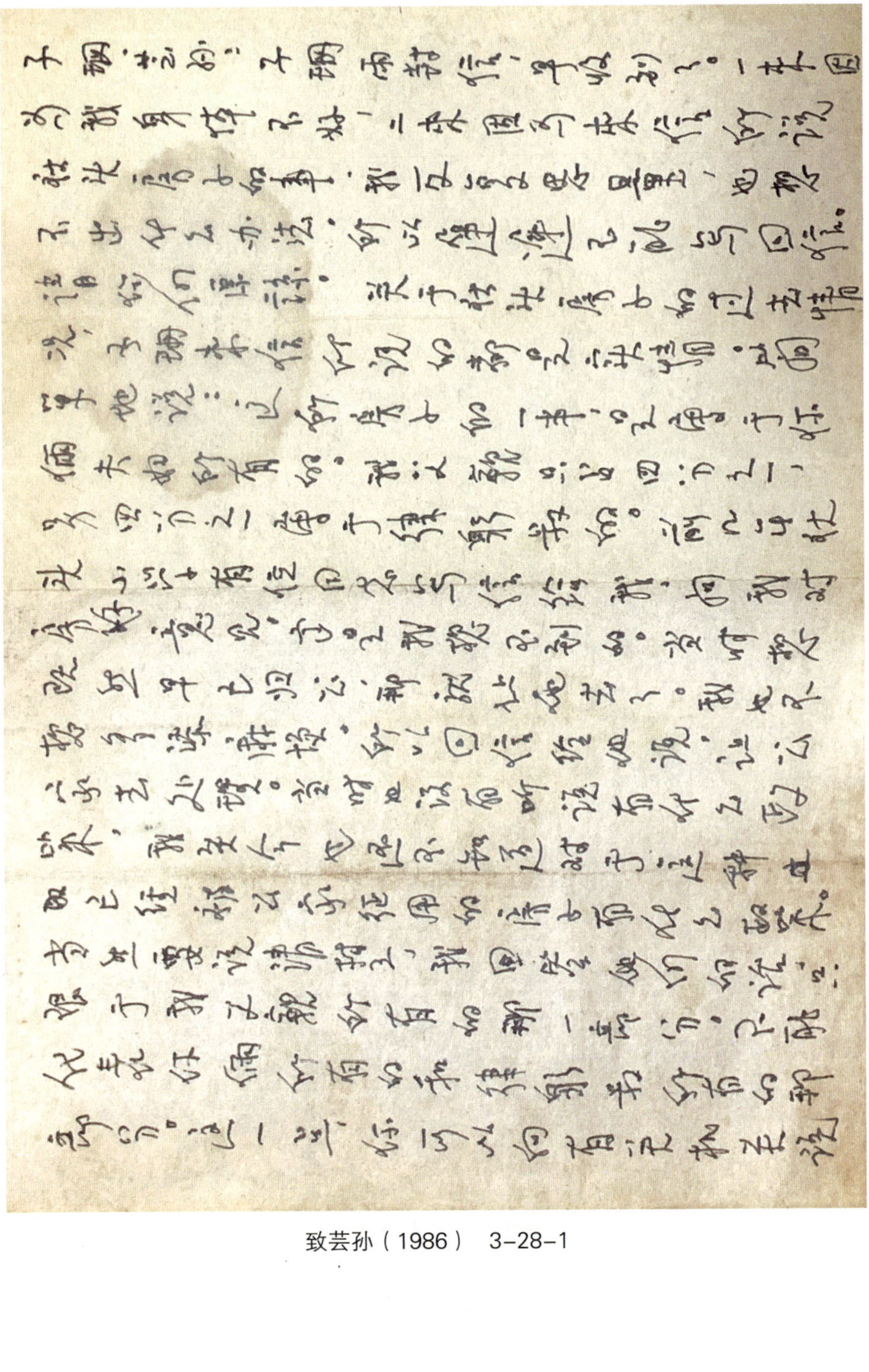

致芸孙（1986） 3-28-1

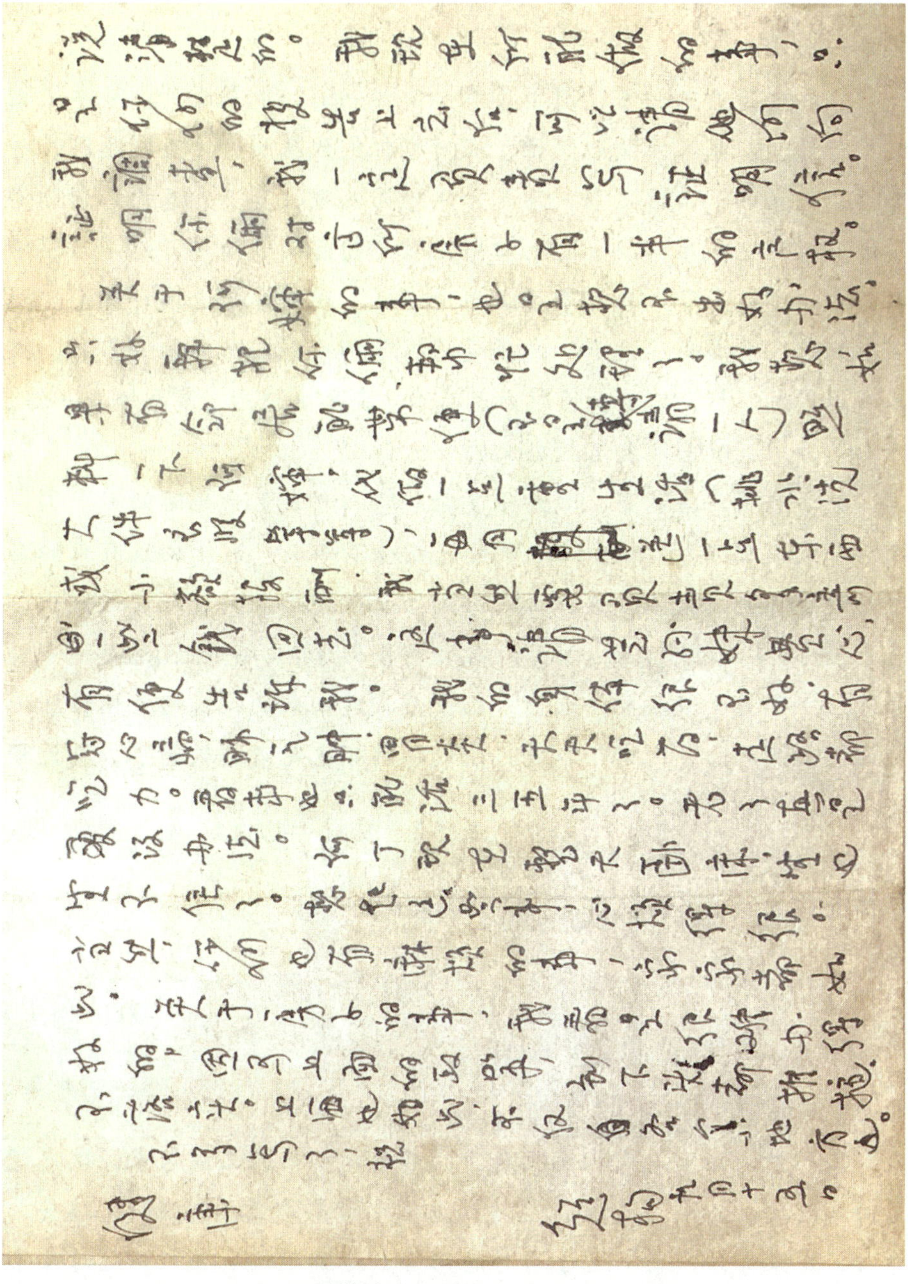

致芸孙（1986） 3-28-2

[原文3]

芸孙妹：

信和电报都收到了。阿审（婶）突然病逝，很是意外。多年来她过了苦日子，我又无法照料她，还好有你们代我照料。直到临终，也是你去侍候的。丧后之事，又是你俩代为处理，真不知怎样感谢你们才好。接到电报后，我一时也心中无数。想得比较简单，以为只要请人抬上坟山就是了。我也不了解当地情况。现在才知道估计不足。现在不知道已安葬好了没有，我是要力求节约办事。一者怕做佛事、摆酒席的影响不好，二是我的财力也有限。丧事办好后，请即给我一信，开支了多少，我当然要汇款补上的。

关于屿头房屋的事，我看很复杂。四八年我父亲死时回家一次，以后即没有回乡①。土地证的事我一点也不知道，为什么只有我的名字而没有你的，也不知是什么人办的。土改之后，阿婶即被迫搬出，连屋里的家具都被征收了。……（此处因涉及隐私，略去130余字——编著者注）下月十日我要去北京，约一星期就回来的，我的身体仍然不大好，全身无力，人老了，没办法的。阿丁也越来越软弱了，整天睡在床上。

专复即祝

你们安好

超构

九月廿九日②

[注释]

①此处笔误。真实的情况是，此后赵超构未回文成老家，瑞安还是回来过的。1958年春夏，赵超构遵循毛泽东的嘱托到温州、瑞安、青田、龙泉等地采访，迫于当时的形势，他到了屿头并未与继母及亲戚见面。

②此信写于1986年。

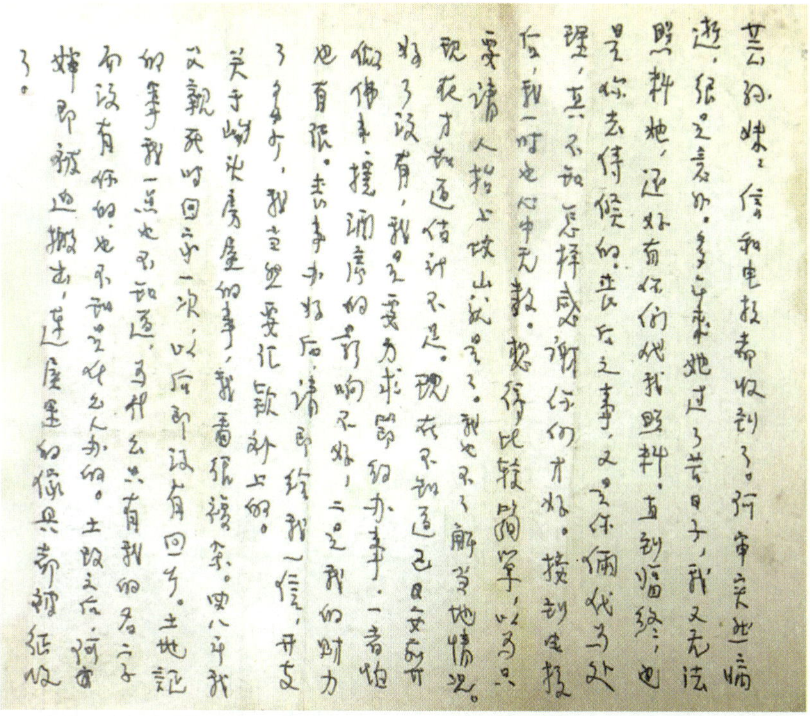

芸孙妹妹：信和电报都收到了。阿审突然病逝，很是意外。多年来她过了苦日子，我又无法照料她，还好有你们代我照料，直到临终，也是你去侍候的。丧葬之事，又是你俩代为处理，真不知怎样感谢你们才好。接到电报后，我一时也心中无数。想得比较简单，以为只要请人抬上坟山就是了。我也不了解当地情况。现在才知道估计不足。现在不知道已安葬好了没有，我是要力求节约办事，一者怕做佛事，搞铺席的影响不好，二是我的财力也有限。丧事办好后，请即给我一信，开支了多少，我立即要汇款补上的。

关于赎回房屋的事，我看很复杂。四八年我父亲死时回家一次，以后即没有回去。土地证的事我一点也不知道，当时可能有我的名字而没有你的，也不知是什么人办的。土改之后，阿审婶即被迫搬出，连屋里的傢具都被征收了。

致芸孙（1986）　3-29-1

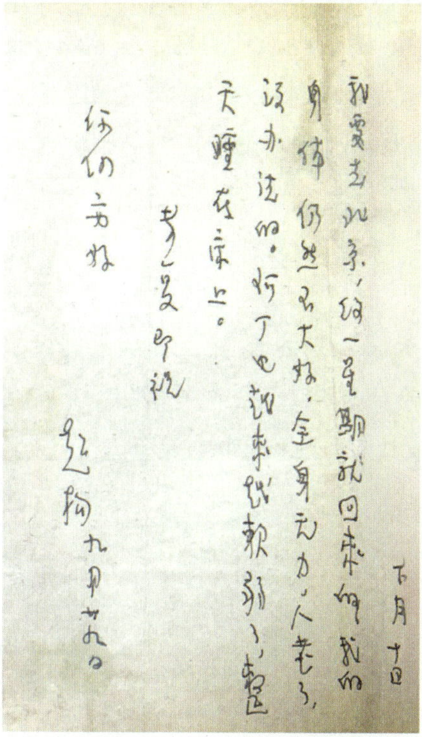

下月十日我要去北京，约一星期就回来的。我的身体仍然不大好，全身无力，人老了，没办法的。阿丁也越来越软弱了，整天睡在床上。

专此即祝

你们安好

廷构　九月廿九日

致芸孙（1986）　3-29-2

致葛昆元[1]同志（一通）

［评介］

收信人葛昆元在《新民晚报》副刊《夜光杯》上发表了一篇回忆文章《那年，赵超构先生拒绝了我》。作者曾担任《书讯报》编辑，当年他上门向赵超构约稿：一是为张恨水的《金粉世家》发表评论，二是为“我的第一本书”栏目写一篇文章。赵超构均未应允。关于《金粉世家》，赵超构在函中已说得很清楚，此处不再赘述。关于第一本书，赵超构说“我实在谈不上”。葛昆元在文章中也谈及，赵超构说“我的第一本书不值得写”，“不值得宣传”。赵超构的第一本书并非《延安一月》，而是一九三八年出版于重庆独立出版社的《战时各国宣传方策》。这是当年他滞留武汉，仅花费半个月仓促编撰而成的，属赚取稿费的应景之作。后来时过境迁，赵超构当然不愿再提了。然始料不及的是，在赵超构谢世二十年后，这本书又被国家图书馆出版社选定编入“民国文献资料丛编”，作为《中国人民大学新闻学院藏稀见民国新闻史料汇编》出版发行。

［原文］

葛昆元同志：

辱承枉驾，失迎为歉。恨水先生的《金粉世家》，我从未读过，无法发表评论，因此就不必为此再劳往返了。“第一本书”[2]我实在谈不上。这是应请文坛上的作家来谈的。我的事杂，体虚，实在无法写这类稿子，务请曲谅是幸。

专复　即致

敬礼

赵超构

廿五日[3]

[注释]

①葛昆元（1952— ），笔名天珂，江苏海安人。曾任《书讯报》主编，《上海滩》编辑部主任、编审等。编著有《沈寂口述历史》《百年秘闻》等。

②指《书讯报》开设的专栏“我的第一本书”。

③此信写于 1985 年 4 月 25 日。

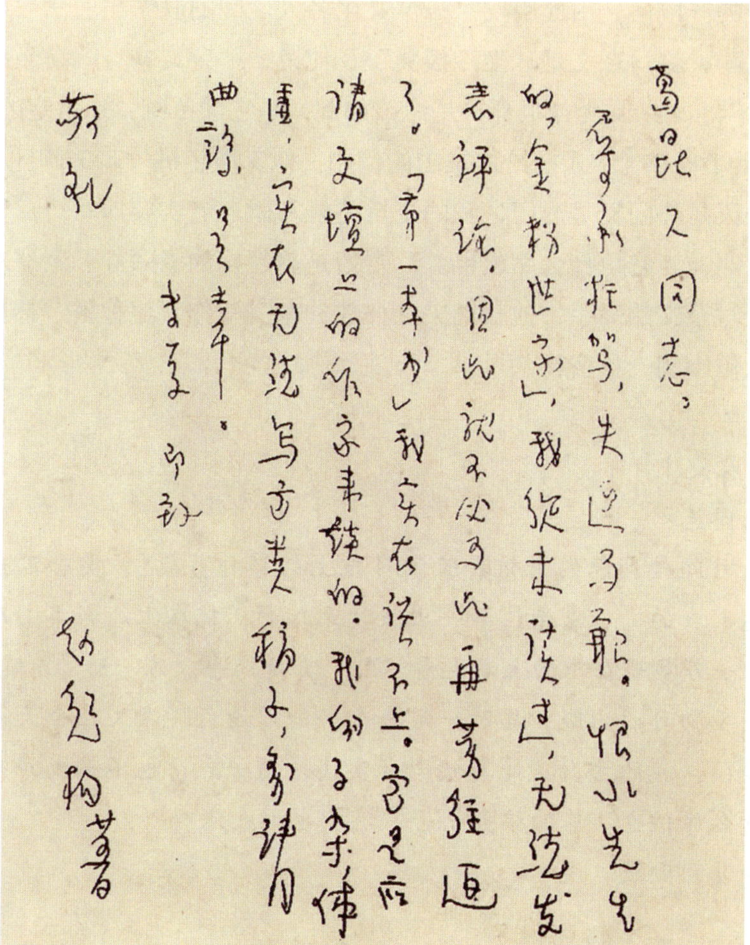
葛昆元同志：

[illegible]恨水先生的《金粉世家》，我从来没读过，无法发表评论，因此就不必再劳往返了。《第一本书》我实在谈不上。[illegible]

致葛昆元同志（1985） 3-30

致白雉山[1]同志（二通）

[评介]

一九八五年，赵超构出版杂文集《未晚谈》请夏衍写序。夏衍在序中引用了白雉山发表于《长江日报》上一篇题为《迟了，总算来了！》杂文中的一段话，由此引发了三位文化名人之间的联系与通信。赵超构有个比喻，称写杂文是“坐冷板凳”，他说，“杂文本身就是坐冷板凳的文章”，“杂文坐冷板凳，是命该如此，是它的传统，是坐定的了”。（《坐定了冷板凳》）在给白雉山的信中，他又做了进一步的阐述：“杂文在今天是热门又是冷门，我的主旨是能写就老老实实地写一点，也不必大声叫喊为它争什么席位也。”夏衍是赵超构的老领导、老朋友，也是一位写杂文的高手，他长期关注林放的杂文写作，他称赞“林放就是这支队伍中的一员宿将”。

[原文1]

白雉山同志：

五月间接到您的来信和长江日报上的尊作剪稿[2]，奖誉过当，甚以为愧。我的《世象杂谈》一出版便无踪影，就在上海新华书店都买不到。一万多册在市面上看也看不到，真是怪事。另一册《未晚谈》，大约明年初可以出版，届时一定奉上一册以请教。杂文在今天是热门又是冷门，我的主旨是能写就老老实实地写一点，也不必大声叫喊为它争什么席位也。您的编务忙否，有空也写一点吗？

专复，顺致

敬礼

林放

十二月五日[3]

[原文2]

白雉山同志：

承赠书，收到甚谢。

您寄夏公[4]的书，请直接寄北京文化部转，不必由我转寄之。

专复　即祝

新春愉快

赵超构

八六年[5]元月四日

[注释]

①白雉山，本名杨村，号白雉山人。1934年生，湖北鄂州市人。作家、诗人。历任文工团创作员、记者、总编助理、宣传部部长等职务。著有《名人趣闻录》《黄鹤楼楹联选注》《白雉山诗选》《名联三百副评注》《秀才人情》等。

②指发表于1985年5月14日的推介文章《迟了，总算来了！》。

③此信写于1985年。

④即夏衍。夏衍（1900—1995），原名沈乃熙，字端先，浙江杭州人。著名文学、电影、戏剧作家和社会活动家，中国左翼电影运动的开拓者、组织者和领导者之一。1949年后，历任上海市委常委、宣传部部长，文化部副部长，中国文联副主席等职务。代表著作有《法西斯细菌》《包身工》《上海屋檐下》等。

⑤此年份系收信人白雉山后加。

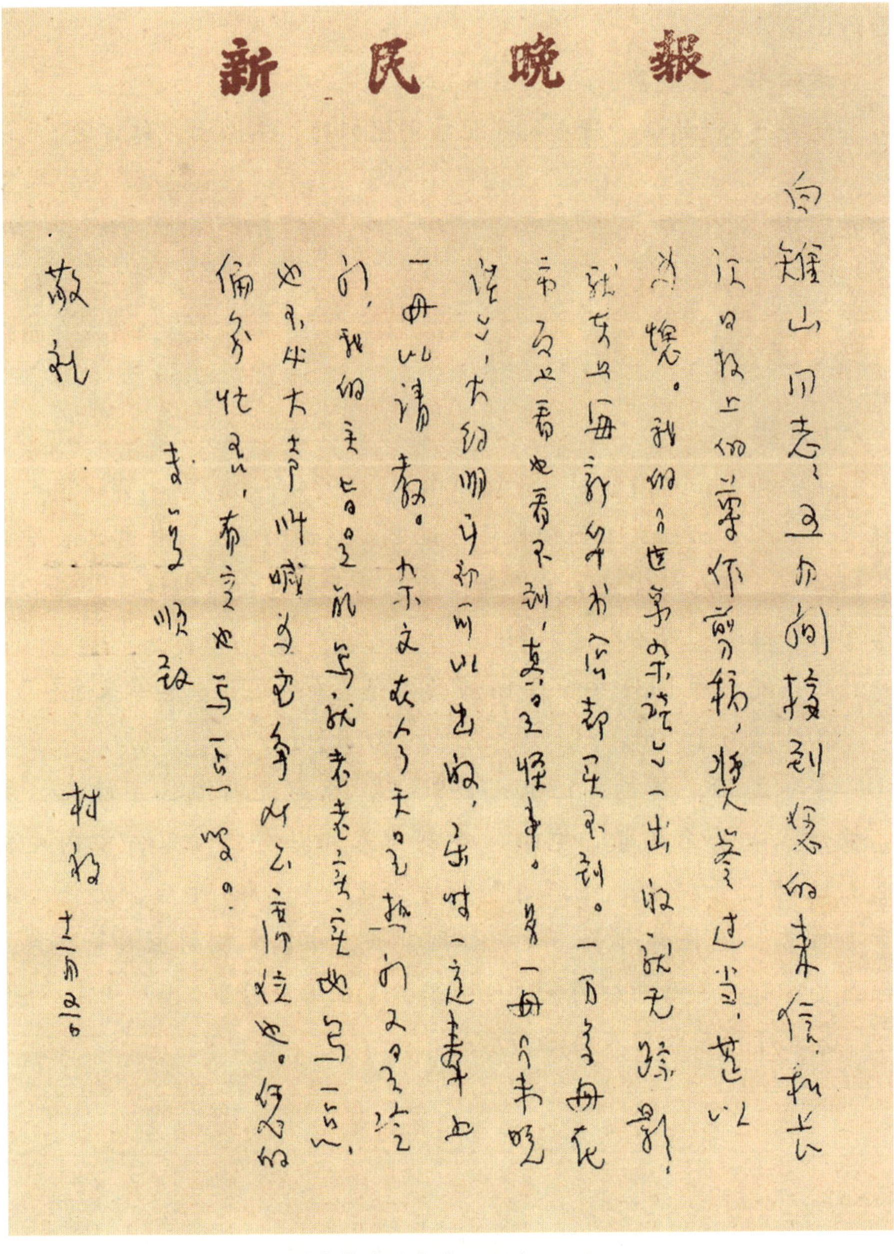

新民晚报

白雉山同志：五月前接到您的来信和长
篇的报告文学作品剪稿，赞誉过当，甚以
为愧。我们这些年来的杂志之出版，就无踪影，
就是上海新华书店都买不到。一万多册花
东西也看不到，真是怪事。第一册已来晚
陆续，大约明年初可以出版，届时一定奉上
一册以请教。杂文成了关注热门的文字之
门，我们主旨是就写就来来写它也写一点，
也不是大事件做文章以免丢掉这也。您的
偏劳忙点，希望也写一点吧。
专此 顺致
敬礼
林放 十二月五日

致白雉山同志（1985） 3-31

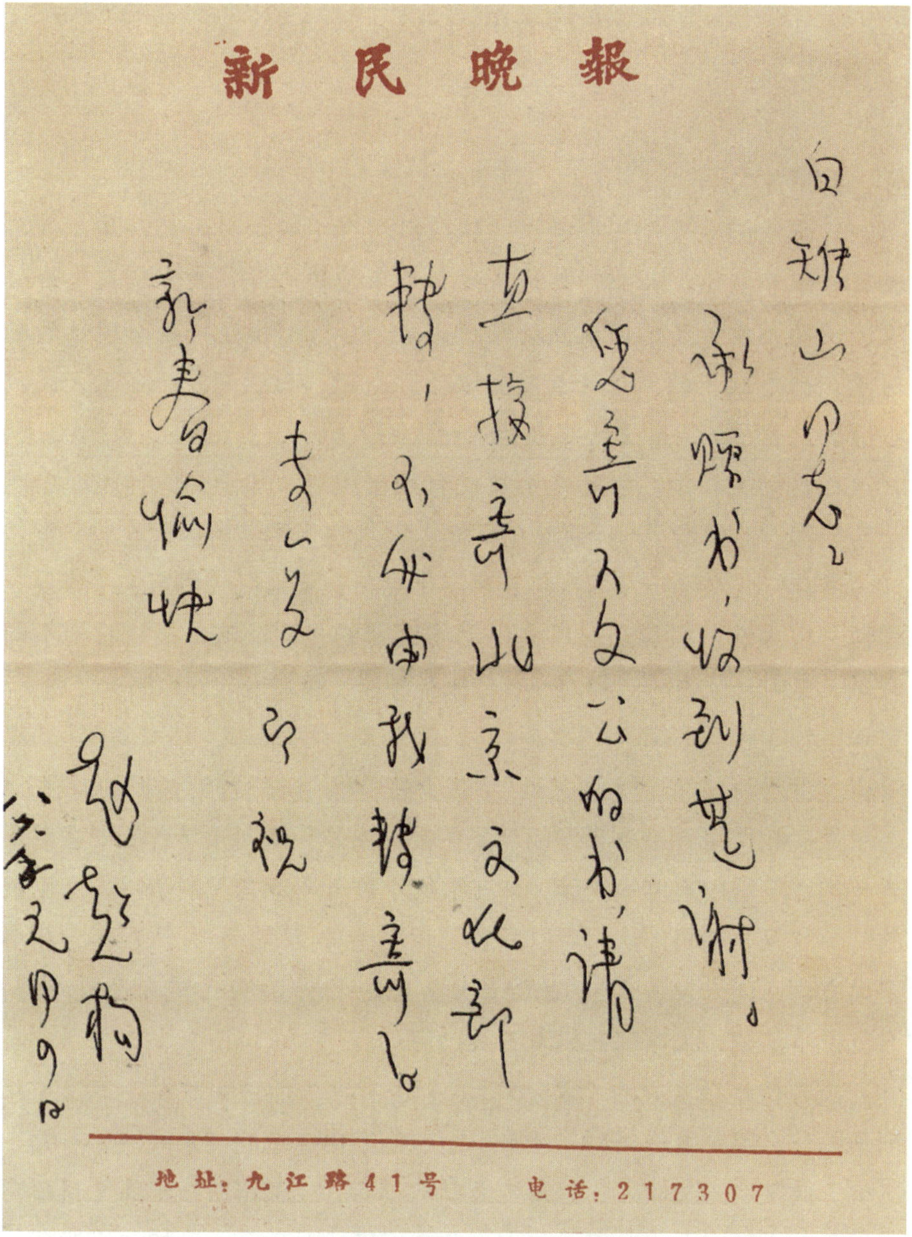
新民晚報

白雄山同志：

承赠书，收到甚谢。您寄夏公的书，请直接寄北京文化部转，不必由我转寄了。

专此复

即祝

新春愉快

赵超构

八六年元月四日

地址：九江路41号　　电话：217307

致白雄山同志（1986）　3–32

致邹士方[1]同志（二通）

［评介］

二十世纪八十年代后期，“蛇口风波”（蛇口举行的一场“青年教育专家李燕杰、曲啸、彭清与蛇口青年座谈会”，双方就人生价值观等问题，展开了不同观点的激烈论战，后来引发了一场全国性的触及意识形态改革的大讨论）发生以后，赵超构有感而发，在《人民政协报》发表了一篇杂文《深圳走的什么路》。

在这篇文章里，赵超构虽然没有直接质疑，却隐隐约约表现出迷茫与担忧，他提出了一个尖锐的问题：深圳这个经济特区，走的究竟是什么道路？此文于一九八八年九月二十七日在《人民政协报》“华夏”副刊“自由谈”栏目刊出后，引起了读者的强烈反响。报社收到不同意见，其中一位叫胡喆华的作者的来稿《读〈深圳走的什么路〉之后》，言辞比较尖锐。他不同意“赵超构君”的观点，认为赵文“有失偏颇”，“见着树木便当森林”；“大谬之处”，在于将特区当成“香港老板的特区”。

人民政协报社准备刊发胡喆华的批评文章，便向原作者征求意见。赵超构在复信中态度很明确，“在报纸上展开不同意见的争鸣，是正常的”，“只要编辑部认为可以发表，我决无异议”。一九八八年，邓小平南方讲话还未发表，中国的改革开放正处于十字路口，向东还是向西，谁也说不清楚，大家都在摸着石头过河。

赵超构是杂文界的“常青树”，但也有马失前蹄的时候，杂文《深圳走的什么路》算作一例。后来，赵超构亲自编选的《未晚谈》一编、二编，此文均未予收入；赵超构逝世七年后，文汇出版社出版《赵超构文集》（六卷本），也未予收入。此文成了一篇佚文，一如“流浪在外迷失方向的孩子”。

［原文1］

邹士方同志：

您的来信是三月八日发的，十八日才收到，京沪之间竟走了十天，而我又忙于开会。按照来信的要求，要写散文，而我一向是写不来散文体的文章的。只得交白卷了。勉强写点感想②，不是想发表，只是表明我没有偷懒而已。能够废弃不用就好了。

专复　即祝

笔健

赵超构

二十日③

［注释］

①邹士方，简介见40页注释。

②指杂文《奸商们给我们上课了》，此文后来刊发于《人民政协报》副刊。

③此信写于1988年3月。

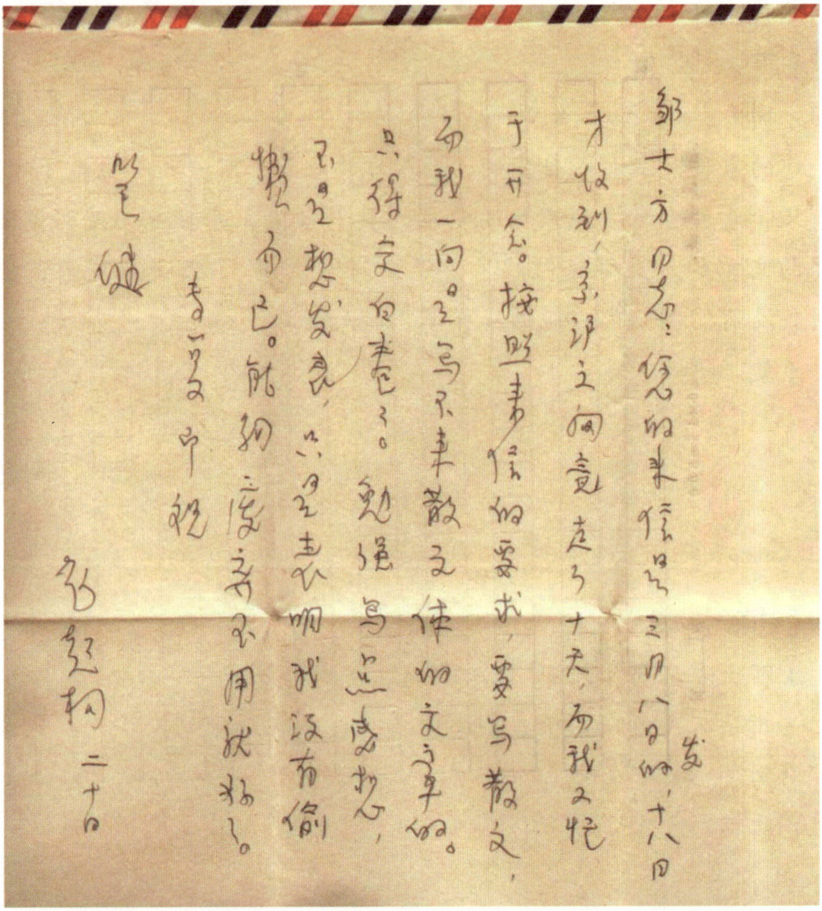

邹士方同志：您的来信三月八日发，十八日才收到，京沪之间竟走了十天，而我又忙于开会。按照来信的要求，要写散文，而我一向是写不来散文体的文章的。只得交白卷了。勉强写点感想，不是想发表，只是表明我没有偷懒而已。能够应景就采用，就好了。

专复　即祝

笔健

赵超构　二十日

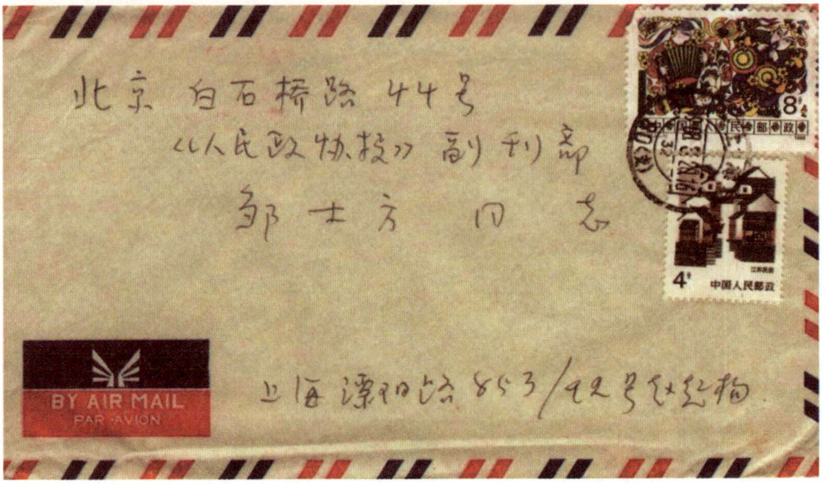

北京　白石桥路44号

《人民政协报》副刊部

邹士方同志

上海溧阳路853/44号赵超构

致邹士方同志（1988）　3-33

[原文2]

邹士方同志：

信、稿[①]，都收阅了。在报纸上展开不同意见的争鸣，是正常的。何况我们自己都在强调“双百”方针。因此，对于此稿，只要编辑部认为可以发表，我决无异议。请勿必多所考虑。“叶公好龙”，传为笑话。我相信自己还不至于步叶公之后也。

专复　即祝

撰安

赵超构

十二月五日[②]

（我已迁居[③]，以后来信请寄新民报）

[注释]

①即一位叫胡喆华的作者的来稿《读〈深圳走的什么路〉之后》，后来发表在《人民政协报》副刊上。

②此信写于1988年。

③赵超构故居位于上海溧阳路853弄瑞康里92号（现四平路52弄92号），1988年迁居吴兴路246弄1号。

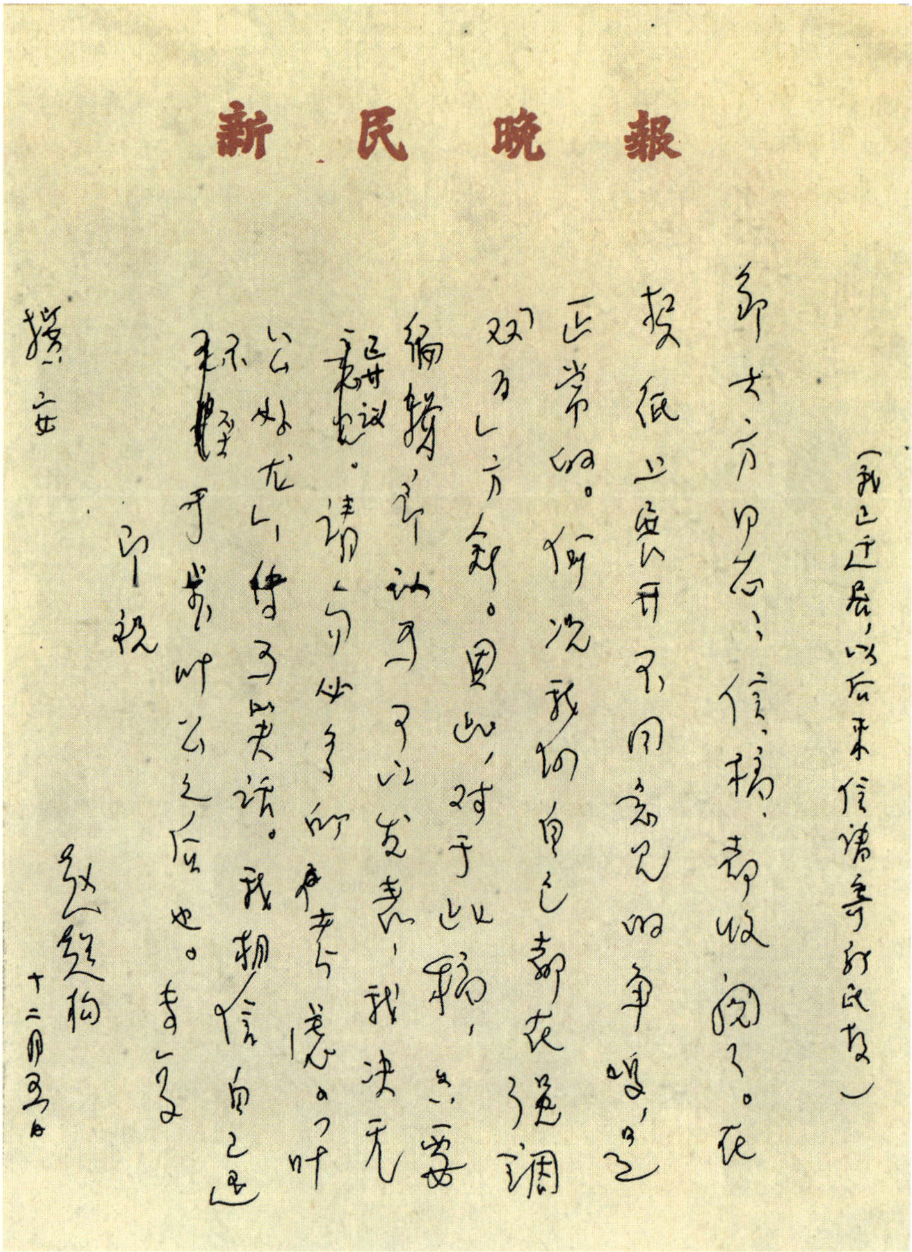

新民晚報

（我已迁居，以后来信请寄新民报）

邹士方同志：

信、稿，都收阅了。在报纸上发表不同意见的争鸣，是正常的。何况我们自己都在强调双方方针。因此，对于此稿，主要编辑部认可了，以发表，我决无讨论。请勿以此多所顾虑，以叶公好龙，传为笑话。我相信自己还不至于干出叶公之为也。专复

即颂

撰安

赵超构

十二月五日

致邹士方同志（1988） 3–34

致一平[1]同志（一通）

［评介］

一九八五年五月，赵超构会同范征夫、寿进文等前往扬州考察。顾一平是接待方的陪同人员。参观团游览了瘦西湖、何园、个园等名胜古迹。赵超构诗兴大发，“几乎每到一处都留下了诗篇”，写下了《五一游大明寺纪事》《瓜洲渡》《过史公祠有感》。《瓜洲渡》由同行的经济学家寿进文书赠瓜洲闸。后来，顾一平将此诗编入《瓜洲古今诗选》一书。时隔四年之久——一九八九年八月底，当赵超构收到顾一平的信和寄来的《瓜洲古今诗选》时，因顾一平的“顾”字写得潦草，竟难以辨认。这封信成了当年赵超构“烟花三月下扬州”的历史见证。

［原文］

一平同志：

惠赠诗词集[2]一册，收到至谢。谨遵嘱奉复，但因来信署名难于辨认，只得剪下来贴到信封上去。甚是不恭，敬请原谅！

敬礼

赵超构

九·一日[3]

［注释］

①即顾一平（1937—2024），原名顾汉忠，江苏兴化人。扬州文化学者、文史专家。著有《倪在田年谱》《邗上杂记》及《邗上杂记续编》等。

②顾一平主编的《瓜洲古今诗选》。

③信封邮戳为“1989.8.31”。“九·一日”应为笔误所致，不可能写信在后投递在前，写信时间应为8月31日或31日前。

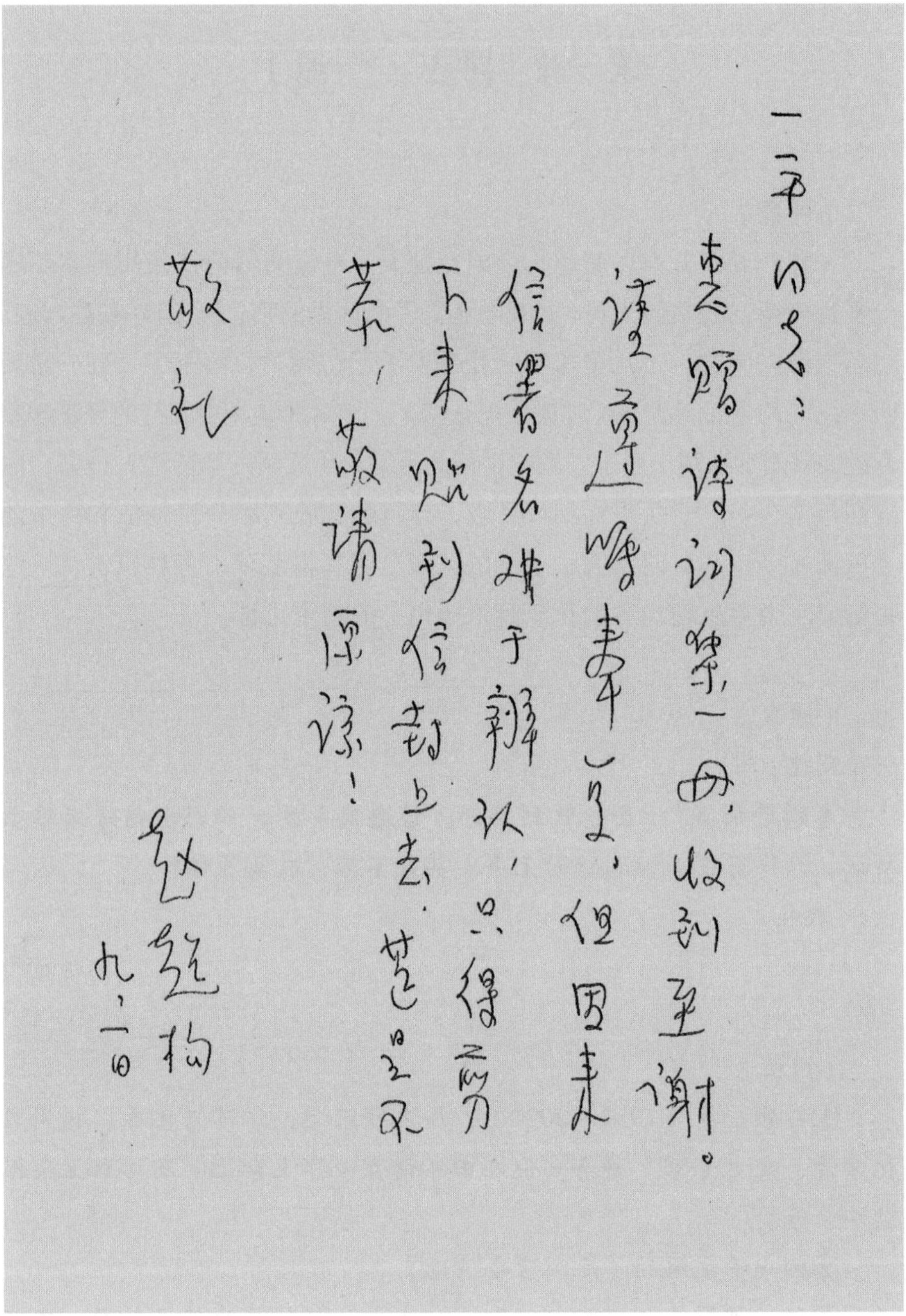

一平同志：

惠赠诗词集一册，收到，至谢。读过些首了，但因来信署名难于辨认，只得剪下来贴到信封上去，甚至不恭，敬请原谅！

敬礼

赵超构

九、一日

致一平同志（1989） 3-35

致显友[①]同志（三通）

［评介］

刘显佑是赵超构的亲戚，他曾多次赴上海赵宅拜访，还专门给赵超构拍照，两人保持通信多年。由于他俩都喜欢摄影，有着共同的兴趣与爱好，因此走得特别近。从这几封信件，可见他们之间浓浓的乡情与亲情。

刘显佑有一姐叫翠花，长他三十三载，姐夫即赵超演，也就是赵超构的堂哥。每次见面，刘显佑总是以“亲家叔”称之。一九八四年年底，当时的瑞安县委在上海召开恳谈会，邀请赵超构、黄宗英等在沪文化界名人为振兴家乡献计献策，正是刘显佑以亲戚的名义前往邀请的。

一九八九年十月，刘显佑上门为赵超构拍照。那张坐在沙发上掩卷读书的照片，赵超构最喜欢，曾多次嘱托刘显佑加印，放大加框悬挂于书房醒目处，还分送同事朋友做纪念。晚年的赵超构，身体每况愈下，住院动了手术，还安装了起搏器，但他仍然心系故土，念念不忘故乡的人与事。他在信中多次邀请刘显佑到家里聚聚，“谈谈乡情也好”；1991 年华东发生水灾，他顾念的是温州、文成会否“波及”；他不愿意写简历之类小传，但故乡父老要他写，他还是满口应允。他在信中说：“人总有一死，但能多活几年也还可量力多做些事，也是好的。”

［原文 1］

显友同志：

您寄来的放大照片，已收到，非常之好，已配上框子挂在书房里生色不少。报社的同事见了，都很赞赏，有些同志还向我索取小张的照片，以留纪念。因此，再请您能将这张照片再印十张四寸大小的给我，以赠亲友。或者把底片借我自印，用后即寄还。有件事您可能还不知道，上月十二日我突然昏迷，心跳降到每分只 28 次。当即到华东医院抢救，并立即动了手术，装上起搏器。手术很顺利，装上起搏器后，每分72跳，总算从死亡线上救回来了。现出院一个星期，体力还未完全恢复，但安全得多了。人总有一死，但能多活几年也还可量力多做些事，也是好的。把这事告诉您，想来您也会替我高兴吧。最近有机会来上海吗？来时即请到我家坐坐，谈谈乡情也好。

匆此　即祝

健康

赵超构

十一月十四日②

[注释]

①刘显佑（1934—），别名显友，笔名山泉、照君，浙江文成人。赵超构亲戚。中国摄影家协会会员、中国甲骨文书法艺术研究会顾问等。著有《刘显佑书法篆刻作品选》《刘显佑甲骨文论文·书法·篆刻·书信·报告·讲义集》等。

②此信写于1989年。

显友同志：你寄来的放大照片，已收到，非常之好，已配上框，挂在卧房里，生色不少。报社的同事见了，都很赞赏，有些同志还向我索取小张的照片，以留纪念。因此再请你能将这张照片再印十张四寸大小的给我，以赠亲友。或者把底片借我自印，用后即寄还。有件事你可能还不知道，六月十二日我突然昏迷，心跳降到每分钟28次。当即到华东医院抢救，并立即动了手

致显友同志（1989） 3-36-1

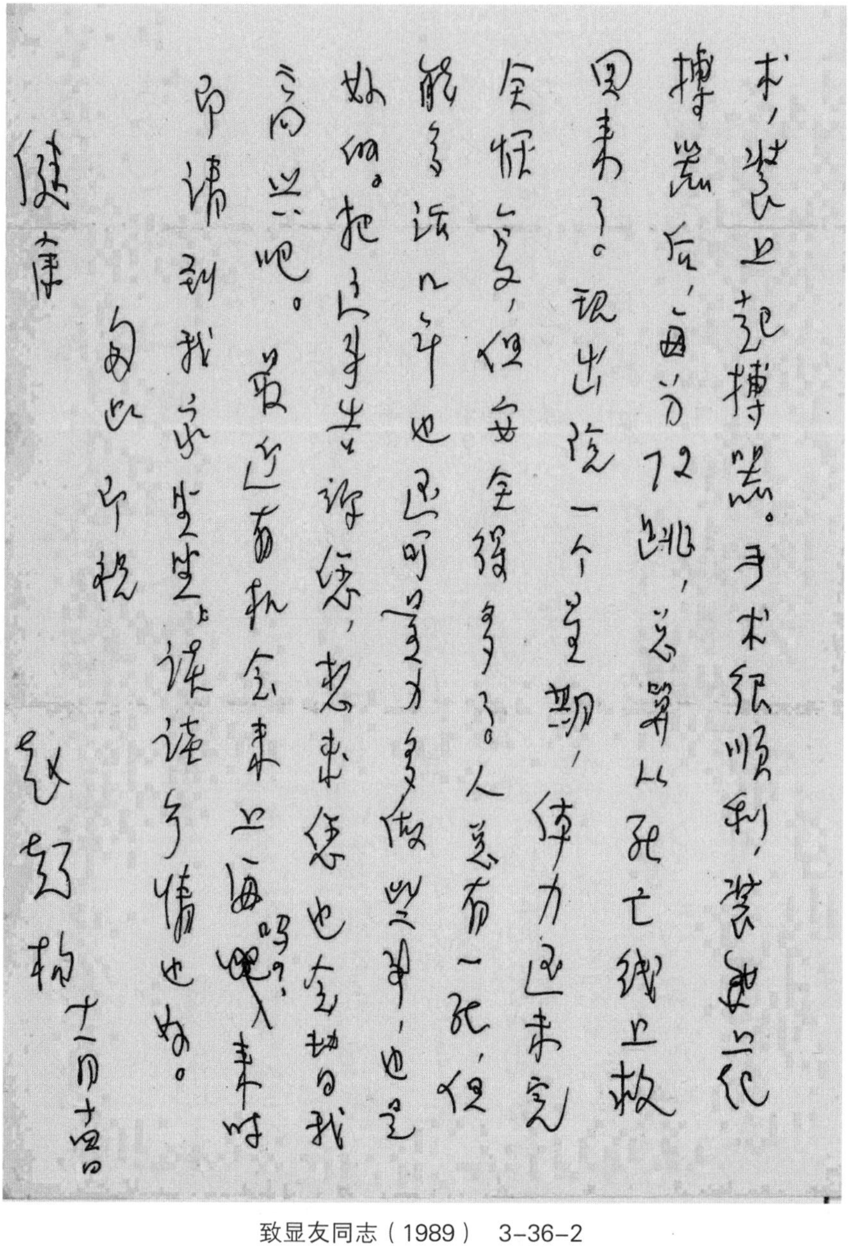

术，装上起搏器。手术很顺利，装妥起搏器后，每分72跳，总算从死亡线上救回来了。现出院一个星期，体力还未完全恢复，但安全得多了。人总有一死，但能多活几年也还可以多做些事，也是好的。把这事告诉您，想来您也会替我高兴吧。最近有机会来上海吗？来时即请到我家坐坐，谈谈乡情也好。

匆此 即颂

健康

赵超构

十二月十四

致显友同志（1989） 3-36-2

[原文 2]

显友同志：

多时不见，甚念。承寄照片早已收到。我今年身体还算好，但体力衰弱，那是没有办法的。来信说到那位池先生①，因为年代久远，一时回忆不起了。人生聚散，是很平常的。有人记得有人记不得，不足为怪。但是，他说我代他考进会计学校，则肯定是记错了。因为我在学校功课多不及格，算学尤其糟糕，没有资格代人应考的，而且，也没有考过什么学校。他大概认错了人了。这也不足为怪。我不直接回他信了，便中请代致意。有机会来上海，可到我家聚聚。专复。

（以后来信请写明邮政编号）

超构

六·二四日②

[原文 3]

显友同志：

来信及人名录已收到。稽答为歉。我是不大愿意写自己的小传的。既然是故乡父老要我写，只好写一篇简单的流水帐（账）寄上。我身体已大不如前，但还可以对付日常生活，勉勉强强而已。你忙得怎么样？今年大水灾，温州、文成还没有波及吧？甚念甚念。

专此奉复，即祝

健康！

（小传笔迹潦草，请代抄一份交卷）

赵超构

十·二日③

[注释]

①池先生，即瑞安县剧团著名美工池育林，生卒年不详。

②此信写于 1991 年。

③此信写于 1991 年。

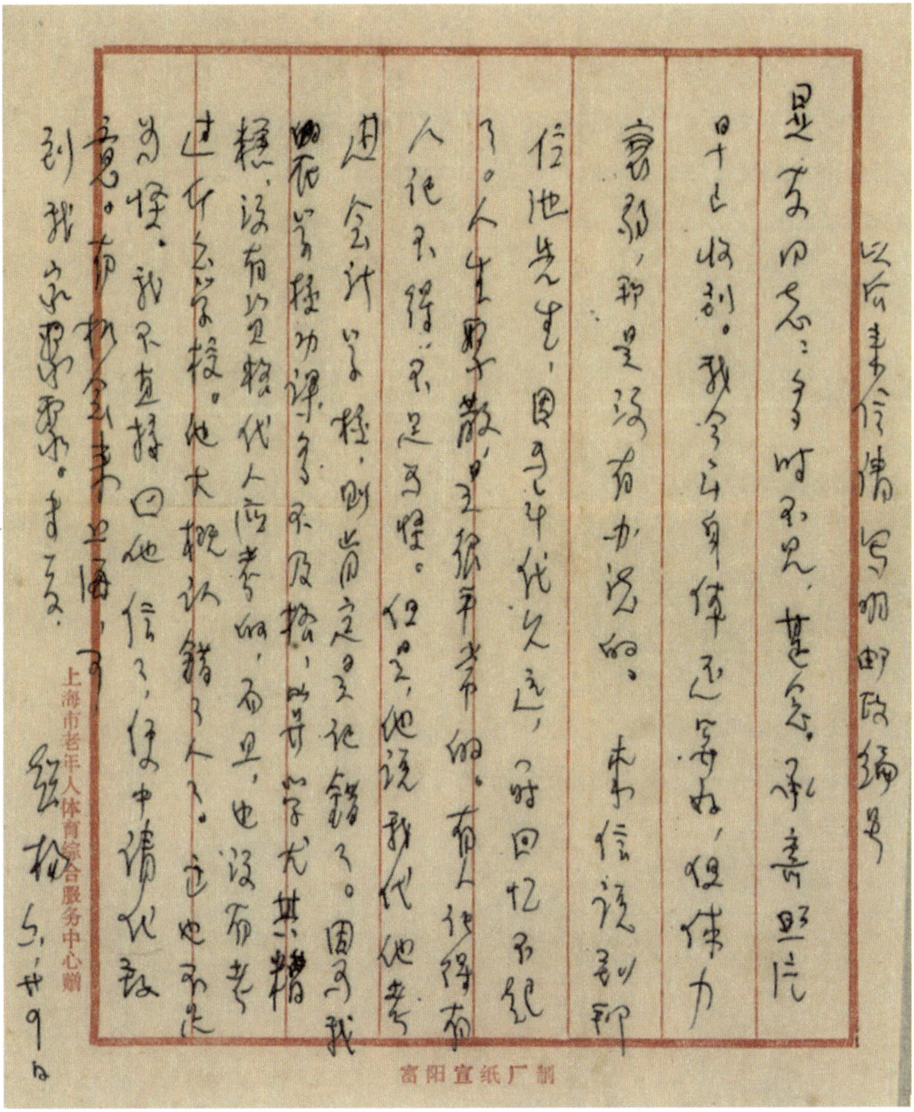

显友同志：

多时不见，甚念。承寄照片日前收到。我今年身体还算好，但体力衰弱，那是没有办法的。来信说到郑位池先生，因为年代久远，一时回忆不起了。人生聚散，是很平常的。有人记得有人记不得，不足为怪。但是，他说我代他考进会计学校，则肯定是记错了。因为我在学校功课多不及格，上海的学校尤其糟糕，没有资格代人应考的，而且，也没有考进什么学校。他大概认错了人了。这也不足为怪。我不直接回他信了，请你信中请代致意。有机会来上海，可到我家聚聚。专复。

超构 5·廿9日

以后来信请写明邮政编号

上海市老年人体育综合服务中心赠

富阳宣纸厂制

致显友同志（1991） 3–37

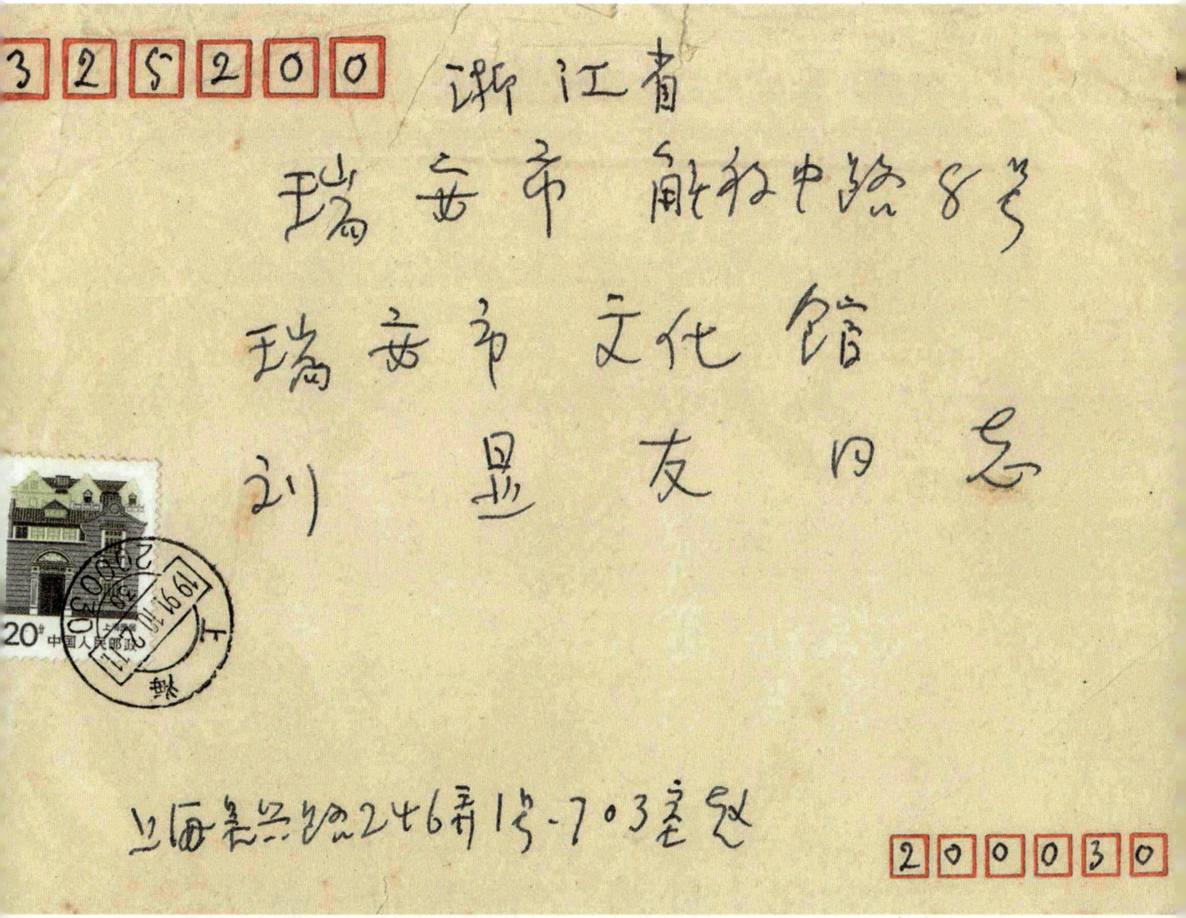

致显友同志（1989）　3-38-1

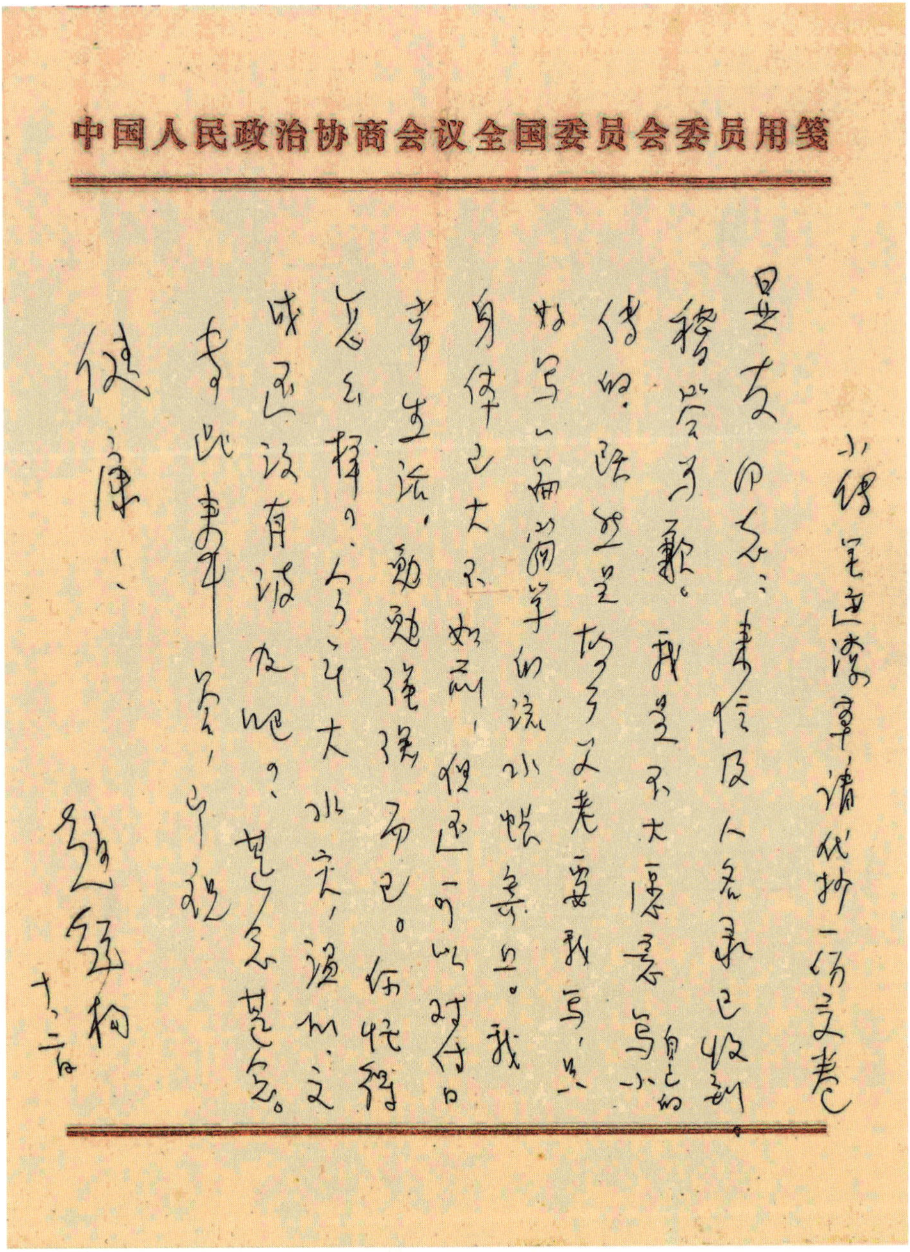

中国人民政治协商会议全国委员会委员用笺

小传笔迹潦草，请代抄一份交卷

显友同志：

来信及人名录已收到，稽延为歉。我並不太愿意写小传的，既然是故乡父老要我写，只好写一篇简单的流水帐奉上。我身体已大不如前，但还可以对付日常生活，勉勉强强而已。你忙得怎么样？今年大水灾，该地文成还没有被灾吧？甚念甚念。

专此奉复，即颂

健康！

赵超构

十二日

致显友同志（1991） 3–38–2

致建平[1]同志（一通）

［评介］

赵超构不喜欢写“应景文章”，但“人在江湖，身不由己”，每当逢年过节或遇上重大纪念日时，他总会收到这方面的约稿。这封信，是一位交往多年的文友提供给我的，原件不知收藏于何处。信中的收件人王建平，是赵超构原在《新民晚报》的老部下，提及的谢希德和毛经权是他共事多年的老上级。信中“勉强写一篇似不大合规格”的应景文章，即发表于一九八九年十月一日《联合时报》“群言 愉园”的《四十大庆，温故知新》。

［原文］

建平同志：

我已多年不写节日应景文章，勉强写一篇似不大合规格。你看行不行？我建议版面上最好约谢希德[2]同志或毛部长[3]写一篇从正面振作人心的纪念文章。四十大庆请领导同志出面也是必要的。我这篇顶多只能作塞版面的材料，切不可放在显著地位。

专此即祝

日安

超构

卅一[4]

［注释］

①即王建平（1938—），主任记者。1953 年就读于哈尔滨外语学院俄语系。先在《新民晚报》担任记者，后调《联合时报》任编委。著有剧本《大西洋电话》《光辉的前程》等。

②谢希德（1921—2000），福建省泉州人，著名物理学家、教育家、社会活动家。为中国半导体物理学科和表面物理学科的开创者和奠基人。曾担任中国科学院院士（学部委员）、复旦大学校长、上海市政协主席等。著有《半导体物理》等。

③即毛经权（1930—），上海市嘉定人。毕业于上海交通大学，先后在同济大学、上海铁道学院担任教授、副院长。1983年后，任上海市人民政府教育卫生办公室主任，市委常委、统战部长，市政协副主席等。

④时间应该是1989年8月31日。

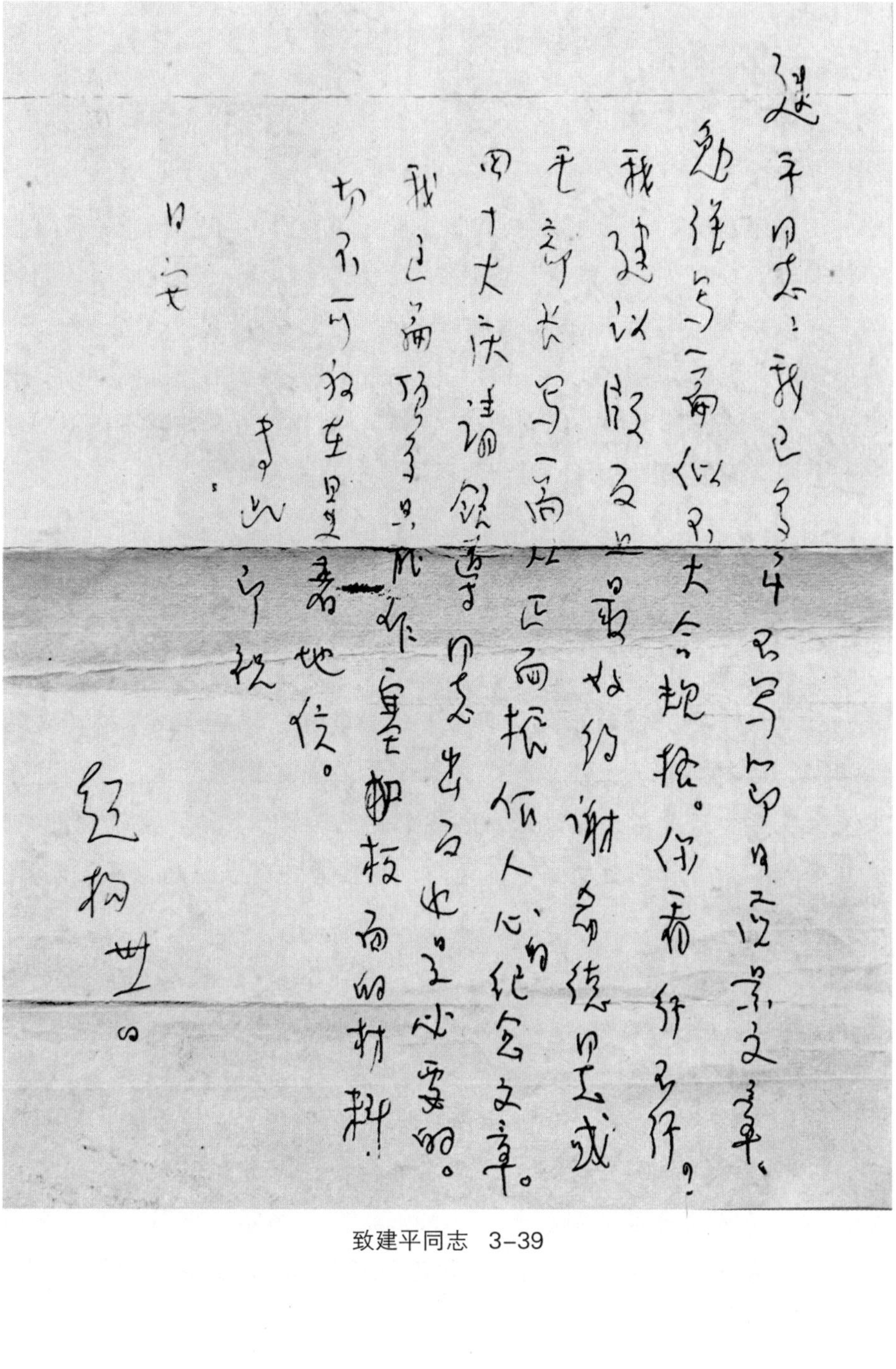
建平同志：我已多年不写节日应景文章，
勉强写一篇似不大合规格。你看行不行？
我建议能及早约谢觉哉同志或
王部长写一篇从正面抓住人心的纪念文章。
四十大庆请领导同志出面也是必要的。
我这篇须当只能作垫版面的材料！
切不可放在显著地位。
专此 即祝
日安
赵树理

致建平同志 3–39

致王老师[1]（一通）

［评介］

信是赵超构写给王镫令的，但谈的全是陈虞孙。赵超构与陈虞孙“相交数十年”，“文化大革命”后期在《辞海》编辑部还一度同事。赵超构“常表关怀，中饭后还拉着他散步一回”。噩梦过后，二人重返文坛。晚年陈虞孙患阿尔茨海默症，口不能言。王镫令将新书《陈虞孙杂文随笔选》加盖陈虞孙印章，代为赠送。赵超构睹物思人，伤感不已：“他是一个多么爱说话的人啊！怎么会落下个一言不发呢？”

［原文］

王老师：

送来虞孙[2]同志杂文集，收到，至谢。虞孙同志是我们的老兄长，我们相交数十年，他的短文，我都看过，甚具独特风格。承您为之结集出版，古道热肠，至堪钦佩。不久前，在华东医院看他，他的样子没有大变化，只是不大能说话。他是个爱说话的人，终于生了这种病，真是令人痛惜。收到他的书，不免想到这些事，有点伤感，不多谈了。

即祝

健康

赵超构[3]

［注释］

①即王镫令（1945—），上海作家。著有《我的夜光杯》等。

②陈虞孙（1904—1994），又名陈椿年，江苏江阴人，杂文家。生前曾任《解放日报》副社长、《文汇报》总编辑、中国大百科全书出版社上海分社社长等职。著有《访港散记》《陈虞孙杂志随笔选》等。

③此信写于 1990 年 6 月。

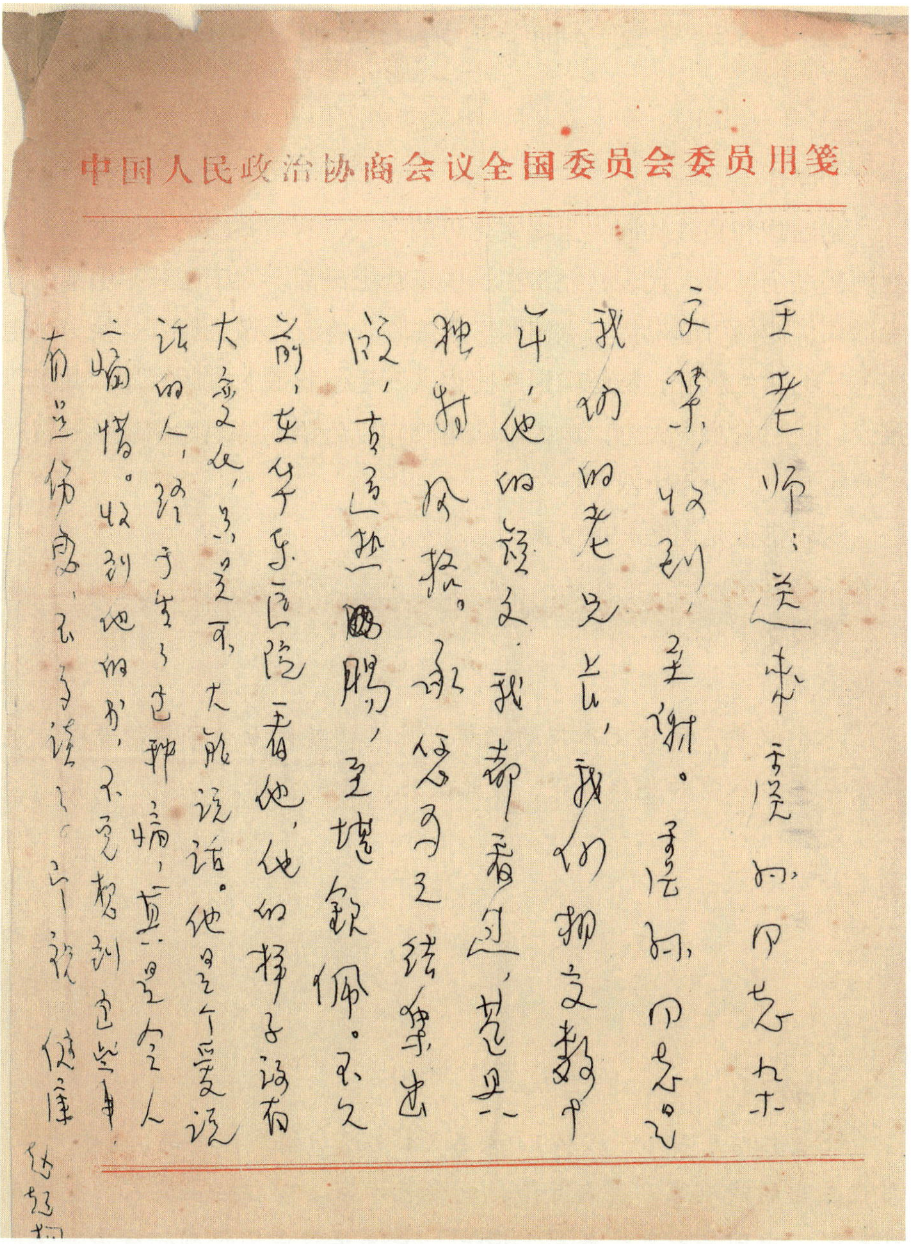

中国人民政治协商会议全国委员会委员用笺

王老师：送来秀滨的回忆九本
文集，收到，至谢。秀滨的回忆
我们的老先生，我们在文教中
年，他的诗文，我都看过，甚是
独树一格。承你寄与诗集出
版，专送我册，至堪钦佩。不久
前，在华东医院看他，他的样子没有
大变化，只是不大能说话。他是个爱说
话的人，终于失了这种[illegible]，真是令人
痛惜。收到他的书，不觉想到这些事，
有些伤感，不多谈了，即颂　健康
赵超构

致王老师（1990）　3-40

致佐临[1]老兄（一通）

[评介]

赵超构和黄佐临同为上海文化界的名人，有着共同的“朋友圈”。他俩都是全国人大代表，经常在一些场合上碰面。对于张乐平塑造的三毛形象，他俩可以说都有点渊源。黄佐临曾将三毛搬上银幕，执导过电影《三毛学生意》；赵超构则专门为《三毛迎解放》重版写序，并予以推介。赵超构八十大寿，黄佐临套用一句广告语，特地写信表示祝贺：“今年八十，明年十八。”

这封信便是赵超构的复函。

[原文]

佐临老兄：

八十贱辰，承赐十八岁的祝辞，让我回复六七十年前的童心，足见您也在十八岁的年华自娱，彼此彼此，甚感甚谢。

祝

长寿

超构

五月廿四日[2]

[注释]

①黄佐临（1906—1994），原名黄作霖，祖籍广东番禺，生于天津。当代杰出的戏剧家，著名导演、电影艺术家。曾担任上海人民艺术剧院院长、中国戏剧家协会副主席等，1988 年获中国话剧研究振兴话剧导演奖。著有《导演的话》《我与写意戏剧观》等作品。

②此信写于 1991 年。

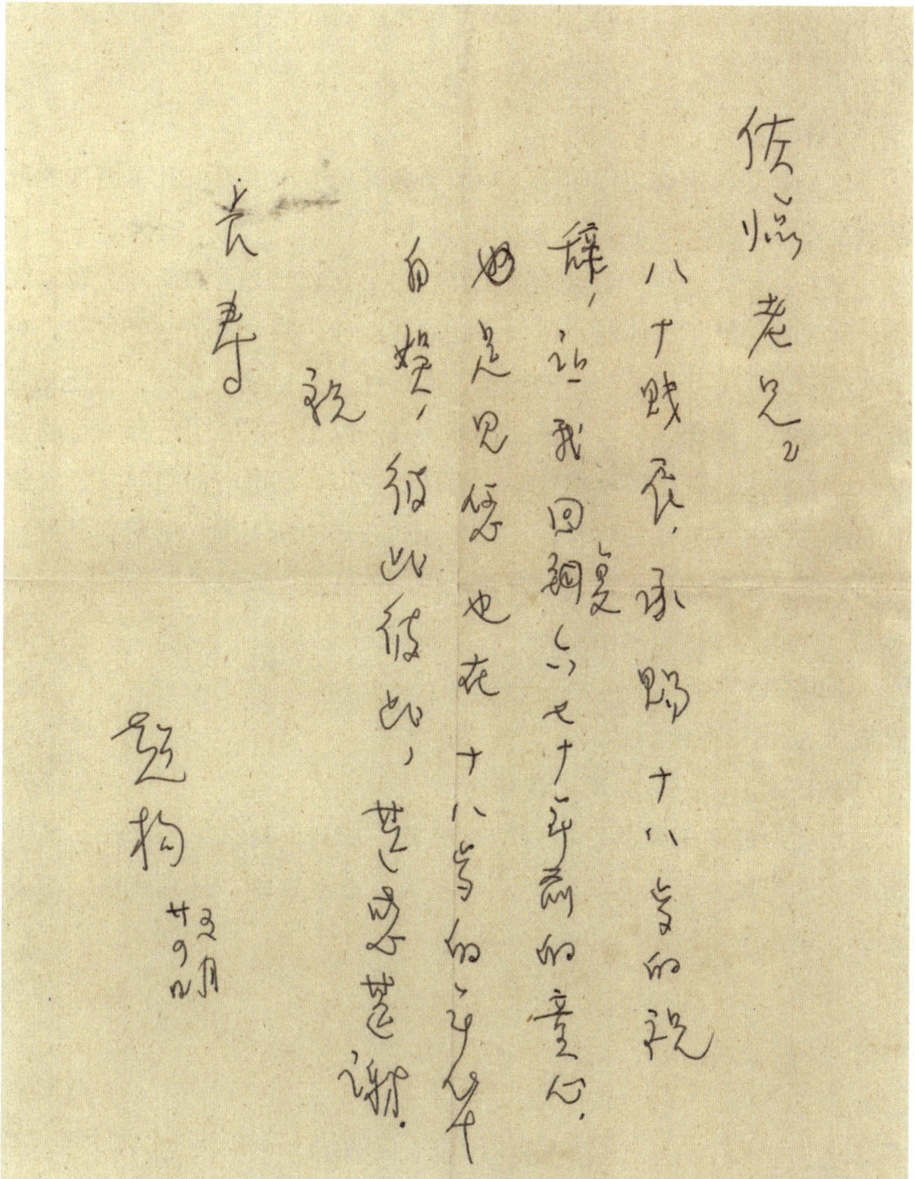
佐临老兄：

八十贱辰，承赐十八岁的祝辞，让我回复六七十年前的童心，妙是兄竟也在十八岁的少年自娱，彼此彼此，甚感甚谢。

祝

长寿

延构

五月廿四日

致佐临老兄（1991） 3-41

致国栋[1]同志（一通）

[评介]

这是赵超构南粤之行归来，写给会务接待方羊城晚报社关国栋的致谢信。

一九九一年十月，全国晚报工作者协会在广州举行短新闻大赛总评会，赵超构虽然年老体弱，但他还是欣然前往，共逗留了一个星期。对于这块中国改革开放最前沿的热土，他神往久矣！除了开会，他还先后走访了番禺、顺德、南海、佛山等地。在一家工厂职工俱乐部举行的卡拉 OK 晚会上，赵超构欣然登台，手持麦克风，高歌一曲当年从延安学来的陕北民歌《大红公鸡》。正如赵超构在信中所写的："所到之处，一片繁忙，民丰物阜，意气风发，足见改革开放之硕果。"

[原文]

国栋同志：

十日返沪，一路顺风，请释念。

此次南游多承照拂，得以从容观花。所到之处，一片繁忙，民丰物阜，意气风发，足见改革开放之硕果。老年目睹，倍感欢畅。振奋之余，谨此道谢。

即祝

撰安

赵超构

十月十三日[2]

家文[3]、司徒[4]、德民[5]诸公和蔡壁、张琳、宋珍等[6]同志并此致意。

[注释]

①即关国栋（1932—2022），笔名戈东、戈冬、亦稚，祖籍南海，生于河北山海关。高级编辑。曾担任《羊城晚报》总编辑、中国晚报工作者协会副会长等职务。著有《杂拌集》《缺一不可》等。

②此信写于 1991 年。

③即杨家文（1923—2004），笔名周敏，湖北浠水人。作家。历任《南方日报》编辑部主任，《广州日报》《羊城晚报》副总编辑等职。著有《花期》《过客集》等。

④即司徒烱昌，广东开平人。时任《羊城晚报》副总编辑。

⑤即骆德民（1940—2003），广东广州人。已故。时任《羊城晚报》编委。

⑥蔡璧、张琳、宋珍，均为《羊城晚报》工作人员。

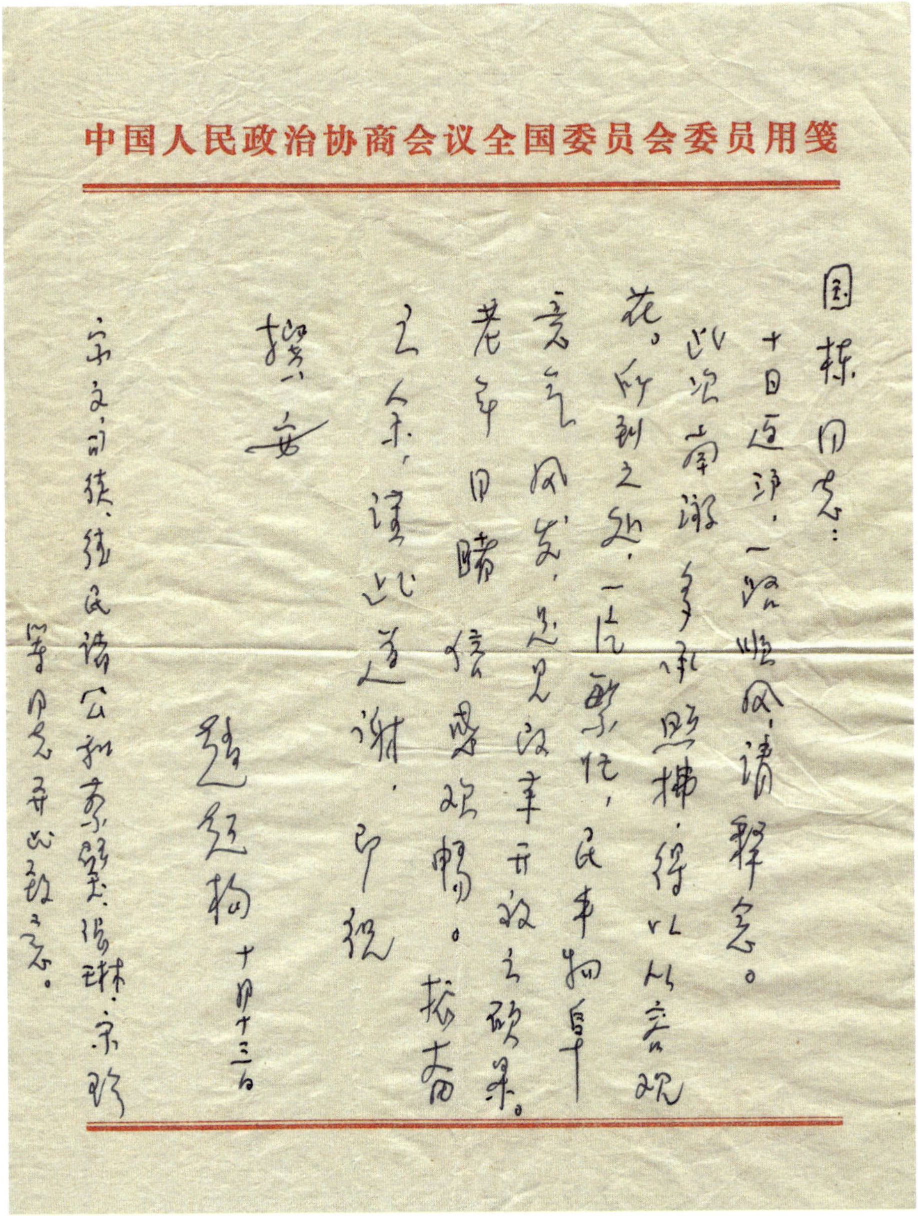

中国人民政治协商会议全国委员会委员用笺

国栋同志：

十日返沪，一路顺风，请释念。

此次南游，多承照拂，得以从容观花，所到之处，一片繁忙，民丰物阜，十意气风发，足见改革开放之硕果。老年目睹，倍感欢畅。拟春之余，谨此道谢，即颂

撰安

赵超构 十月十三日

宋文、司徒、伟民诸公和东骥、伯琳、宋珍等同志并此致意。

致国栋同志（1991） 3-42

致福康[1]同志（一通）

［原文］

福康同志：

来信所列名单，那批民主人士的姓名、关系都是不错的。但是你记上△的人名[2]，我也不清楚。因为我们在香港上船，香港的地下党派来的工作人员，和党员赴北京的，我们就不大熟悉了。两个项姓的小朋友，不一定是吴全衡的孩子。吴是胡绳[3]同志的夫人孩子不会姓项吧？包达三[4]有女儿，郑振铎[5]有女儿，都是不错的。

专复。

赵超构

七日[6]

［注释］

①即陈福康（1950—），浙江湖州人。上海外国语大学文学研究院研究员、教授、博士生导师。现为福州外语外贸学院郑振铎研究所所长。代表作有《郑振铎年谱》《郑振铎论》《郑振铎传》《中国译学史》《陈福康文史考论集》等。

②指郭琇莹、邱若明、刘德福、叶其章等存疑的人名。

③胡绳（1918—2000），原名项志逖，笔名蒲韧、卜人、李念青等，祖籍安徽歙县，生于江苏苏州。中国著名哲学家、近代史专家、马克思主义理论家。曾担任中国社会科学院院长、全国政协副主席等。著有《帝国主义与中国政治》《从鸦片战争到五四运动》等。吴全衡（1918—2001），江苏常熟人。曾担任中华全国妇女联合会书记处书记、宋庆龄基金会副主席。“两个项姓的小朋友”，即他们的幼子项伊郎和项锦州。

④包达三(1884—1957)，浙江镇海人。我国民主革命先驱、爱国实业家。曾任第一届政协全国委员会委员，第一届全国人民代表大会代表，中央人民政府财政经济委员会委员，浙江省人民政府副主席、副省长等。女儿包启亚同船。

⑤郑振铎（1898—1958），字西谛，出生于浙江温州，祖籍福建长乐。著名作家、考古学家、文学史家、社会活动家。1919 年参加五四运动并开始发表作品。曾任中国科学院考古研究所所长，文化部副部长等。主要著作有《中国俗文学史》《近百年古城古墓发掘史》《文学大纲》等。女儿郑小箴同船。

⑥此信写于 1991 年 1 月 7 日。

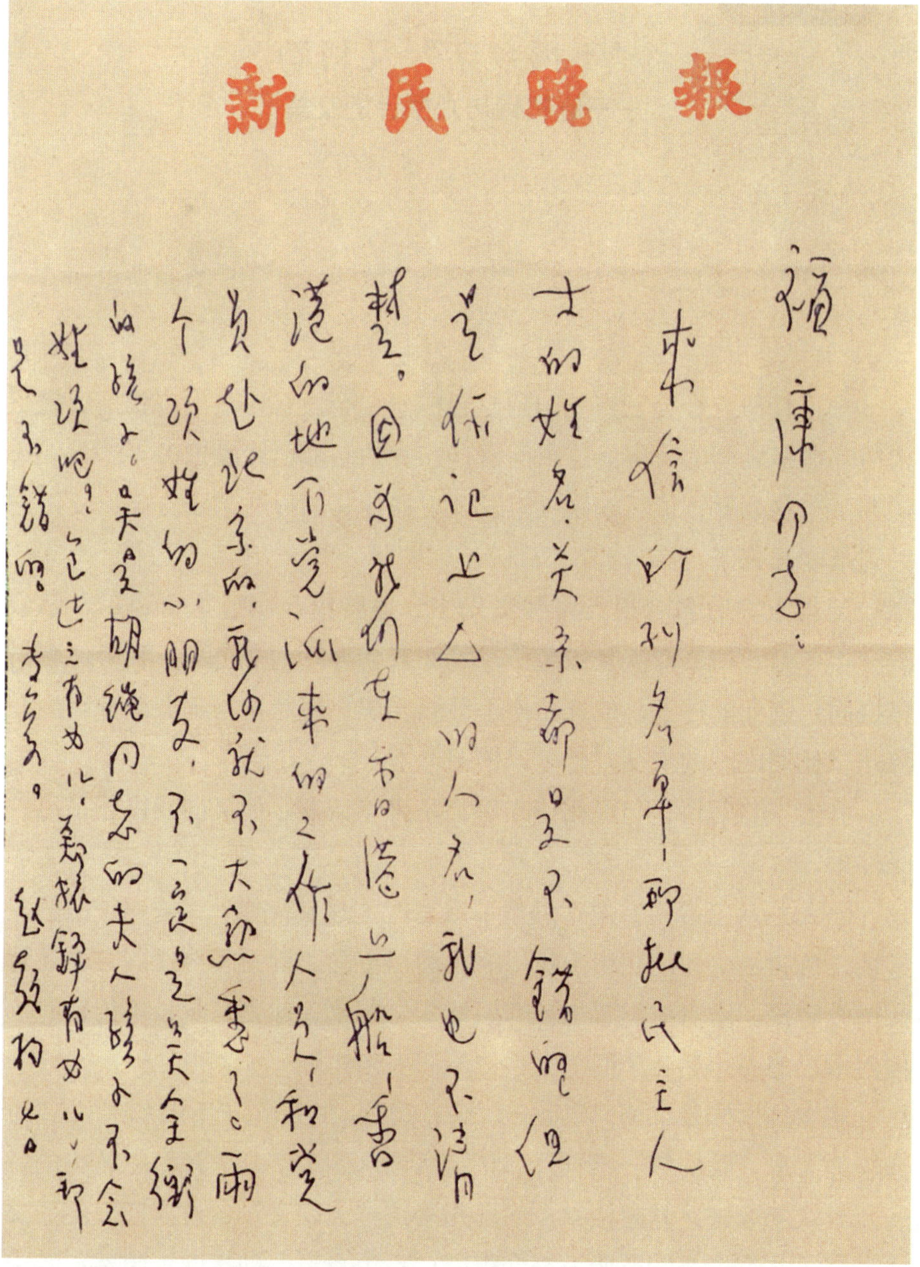

新民晚報

福康同志：

来信所列名单，都是民主人士的姓名，关系都是不错的。但是你记上△的人名，我也不清楚。因为我们在香港只一般，香港的地下党派来的工作人员，和党负责此事的，我也就不大熟悉了。两个吴姓的小朋友，不一定是吴全衡的孩子。吴是胡绳同志的夫人，孩子不会姓吴吧？至于王芸生有女儿，郑振铎有女儿，那是不错的。专此奉复。

致敬　超构上

致福康同志（1991）　3-43

延伸解读

“不识乡亲”又何妨

——赵超构与郑振铎的交集

一

郑振铎研究会会长卢礼阳到赵超构研究会做客，多次向我提到赵超构与郑振铎之间的交集。这个问题，在我的脑海已经盘桓多年。我手头掌握了一些素材，但后来因没有发现更加翔实的材料予以支撑，便将它丢到爪哇国去了。

记得上海著名老报人张林岚先生，也曾给我出过这个题目。二〇一一年冬月，在肇嘉浜景福苑张宅那间兼会客厅的书房里，我听他聊新民报同仁创业的往事。他突然停下话题，说，赵超构与郑振铎都出生在温州，他们之间的来往，你可以挖掘一下。

张老早年写诗，与温州诗人唐湜是青年诗友。他又向我讲述了另外一件事。

一九九八年春天，他到温州采访写作《赵超构传》，曾到市区的花柳塘拜访唐湜。他们在街上找了家小酒馆小酌，酒酣耳热之际，他还就此请教唐湜。唐老对赵超构与郑振铎两位前辈，知之甚少，不善言辞的他用结巴的温州话吐了四个字：“不识乡亲！”

张老当时未及细问，对此一直不明就里。在温州，“不识乡亲”是“生分”的意思。我的第一感觉，即认定唐老这四个字是“捋”赵超构的。一九五八年春末，赵超构奉命回温州采访“大跃进”，过家门而不回文成老家。此有悖乡情的所为符合唐老“不识乡亲”的指向。当然，其中也有疑惑，赵超构不回文成，天下人都知其有苦衷，难道“九叶派”诗人唐湜老类同于龙川街坊搬弄闲言碎语的大爷大妈不成？

现如今，唐湜、张林岚老早已遽归道山，但这个疑问一直还在。前几天，我无意中读到曹凌云撰写的《唐湜与他的八位诗伴》一文，竟另有所获。文中说：

唐湜还应李健吾之约，为《文艺复兴》的“现代文学专号”写了《中国新诗与散文的发展道路》《中国新小说的发展道路》两个长篇论文，是中国现代文学史领域的研究。两个文稿被《文艺复兴》另一位主编、唐湜的温州老乡郑振铎看到，郑振铎知道唐湜还在浙江大学读书，又见文稿中对七月派和陈敬容、曹辛之、唐祈、辛笛等少壮诗人、小说家多加赞赏，不无轻蔑地说：“这个区区大学生信口雌黄。”这两篇论文就被他从“现代文学专号”中抽了下来。（《作家通讯》二〇二二年第九期）

读罢这段文字，终于明白唐老当年生发感慨另有隐情。为避免再犯臆想症，我就此请教曹凌云先生。他说，文中所述之事，乃唐老生前亲口所说，而且在唐老文章中也有提及。郑振铎说唐湜“区区大学生信口雌黄”，作者还用了个颇为扎眼的词“不无轻蔑”，个中内情，我等不知矣。

当然这都是题外话，扯远了。

二

过不几天，礼阳兄给我带来好消息。上海外国语大学退休教授、郑振铎研究会顾问陈福康先生藏有一通赵超构亲笔信。我惊喜不已。陈福康是国内著名的郑振铎研究大家，著有《郑振铎年谱》《郑振铎论》《郑振铎传》等多部。他收藏的赵超构信函，一定涉及郑振铎。拿信读过，果不其然。赵超构在信中说：“来信所列名单，那批民主人士的姓名、关系都是不错的。但是你记上△的人名，我也不清楚。”

一九九一年一月，正值年富力强的陈福康在撰写《郑振铎论》，他草拟了一份当年民主人士北上参加新政协的人员名录，写信请亲历者赵超构予以确认。

一九四九年二月，赵超构与郑振铎、叶圣陶、柳亚子、马寅初、徐铸成、王芸生、刘尊棋等二十七位民主人士乘坐“华中号”货轮从香港北上，共同迎接新中国的诞生。为不引起海关的注意，他们化装易服，装扮成生意人或勤杂人员。马寅初为账房先生，赵超构则是他手下的司磅，郑振铎与傅彬然则为押货员。在“华中号”上，他们打牌弈棋，赋诗吟诵，唱戏演出，内心充满着对新生活的无限向往；他们还就“在文化及一般社会方面如何推进社会主义之实现”等议题，展开热烈的讨论。在山东德州途中，赵超构与郑振铎、宋云彬、傅彬然等赴市购买烧鸡、酱肉等配酒食，会同叶圣陶等同道共饮，无不充满着要在新社会大干一场的壮志豪情……

与郑振铎同行的还有他的女儿郑小箴。信中提及的胡绳的夫人吴全衡是地下党员，她还有一个使命，就是受中共香港工委书记夏衍指派，前往护送这批民主人士北上。赵超构等人“奉命北上”，对内幕并不知情。信中提到“两个项姓的小朋友”，赵超构竟然不知他们是吴全衡的幼儿，甚至没有搞清楚胡绳原来姓项，可见他们彼此并不是很了解。从这封信上，我们可以了解“知北游”一个大致情形，以及赵超构晚年对这段历史真实的思想状态。

三

我与陈福康先生，先是由礼阳兄做“传声筒”，后来我们彼此加了微信直接对话。老人住上海松江，十分健谈，话匣子打开滔滔不绝。他说记忆力衰退，很多事忘记；眼睛劳损，视力不佳。聊及那封信，他说卢礼阳会长盯得紧，马上就找到了。他坦言，家里到处堆满书，东西难找，这回算是一个奇迹。

赵超构当年的复信，对陈福康的学术研究并没有发生直接的作用。

郑振铎与女儿郑小箴在前往山东解放区的轮船上。摄于1949年
温州博物馆提供

1948年，赵超构与张林岚（左一）同游上海三井花园

他们虽然同处一座城市，但始终没有见过面，年迈的赵超构事务多，他不忍打扰。陈先生说，郑振铎在《新民晚报》副刊发表过文章，至于是否通过赵超构发表的，他就不得而知了。

正当我感到失望时，我竟然在路边旧书摊一本旧杂志上，找到一篇提及赵超构和郑振铎的文章。一位叫伏琛的作者撰文称：林放杂文《关羽·马谡·军令状》所引“金圣叹对此（指《三国演义》）批曰”之文，并非金圣叹的话，而是另一评点家毛宗岗的话。贯华堂藏版《三国演义》卷首虽有“顺治岁次甲申嘉平朔日金人瑞圣叹氏题”的序文，但这篇序文颇为可疑，郑振铎早就指出。（《读书》一九八七年第一期）

很显然，这是篇跟赵超构与郑振铎八竿子打不着边的文章。先暂不去说它有何作用，而最关键的一点，还在于寻找并发现它也实属不易，且罕见。

在“知北游”的“知友”中，赵超构与叶圣陶、柳亚子、徐铸成等均有深厚的交谊。郑振铎本来是赵超构的“半个温州老乡”，按常理应该更亲近些，但他们除了同乘一艘轮船，朝夕相处近二十天，其中会同一帮朋友外出买过一只烧鸡之外，再也没有发现任何额外的有关个人交往的“只言片语”。对于这样一个结局，我是始料不及的，这岂不正好应验了“九叶派”诗人唐湜老所感慨的那句“不识乡亲”的老话了吗？

追寻先贤足迹的过程，那一定是寂寞的，而我却十分受用。我因此而遇见了远去的故人张林岚、唐湜前辈，遇见了一直陪伴左右相扶相携的卢礼阳、曹凌云二兄，遇见了心仪已久的陈福康先生……书山有路，学海无涯。学问者，学学问问，一路前行，四海是家。结果并不重要，重要的是遇见的人，遇见的事，遇见的一路风光，如此这般美好，这就足够了。

致君勉[1]兄

[评介]

这是赵超构写的最后一封信。一九九二年一月十三日夜，患重感冒的他，勉强写完这封回函。一月二十八日住院，他再也没能从医院里出来。

洪瑞钊与赵超构有同乡之谊。一九二四年，赵超构全家从龙川搬到瑞安城郊屿头前，赵家与洪家便有了来往，他们因此而相识。到了晚年，他们同住在上海，偶有见面。洪瑞钊十分钦佩赵超构的为人，有心事喜欢向他倾诉，称赞他“不愧为革命知识分子之楷模”（**洪瑞钊一九九一年五月十七日致赵超构函**）。赵超构因搬了新家，洪瑞钊来信中途费了周折，赵超构大半年后才收到。

“病危贻手札”，洪瑞钊收到回信没几天，就从报上看到赵超构逝世的消息。

[原文]

君勉兄：

信收到，但地址“溧阳路”已过时了。我于一九八八年就搬了家，现住吴兴路246弄一号楼703室。以后来信请寄延安路新民晚报为便。

寄来的信和诗，都拜读了。诗意浑厚雄健，信佳作也。弟今已八十二岁，已是老态龙钟，走不大动了。您比我还长几岁，有此雅兴，实深钦佩。过去我以为您已去北京定居了，所以鲜有问候，至歉至歉！

顺颂

新年如意！

弟　赵超构

十三日[2]

［注释］

①即洪瑞钊（1906—1996），字君勉，浙江瑞安城关人。社会学家兼文化论者。出身于书香门第，仕宦之家。曾任民革上海市委常委、民革中央团结委员会委员。著有《革命与恋爱》等。

②此信写于 1992 年 1 月。

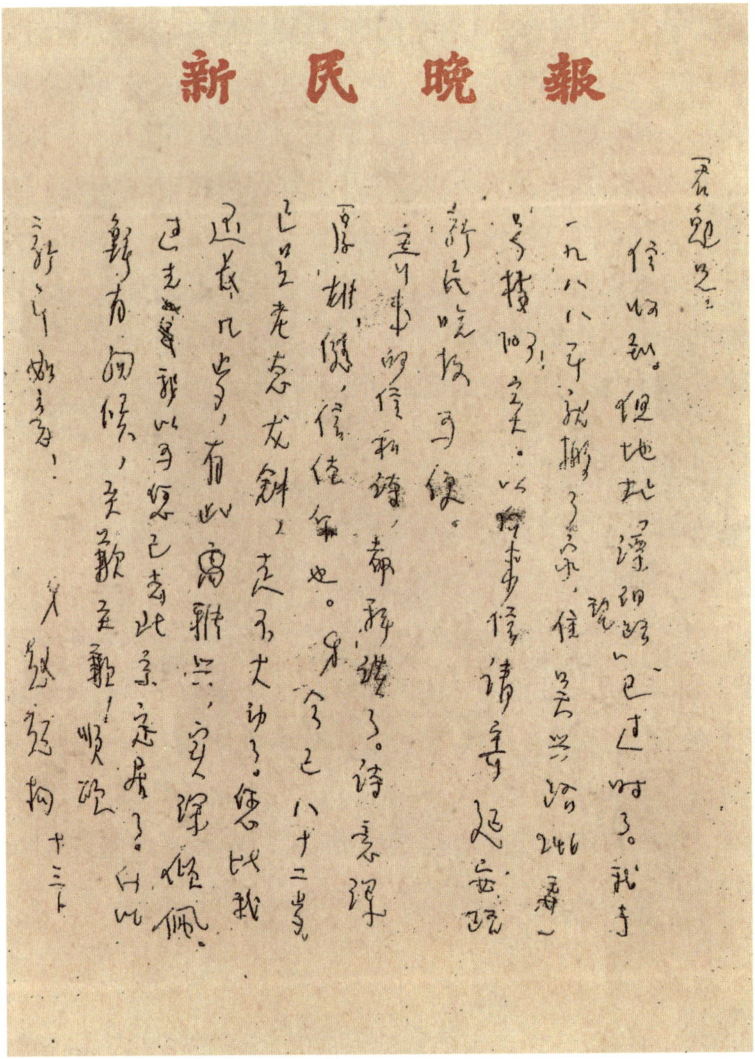

新民晚報

君勉兄：

信收到。但地址还沿用旧号码，已过时了。我于一九八八年就搬了家，住吴兴路246弄一号楼103室。以后来信请寄延安路新民晚报最便。

近来的信和诗，都拜读了。诗意深厚耐咀嚼，信佳气也。我今已八十二岁，已是老态龙钟，走不大动了。您比我还长几岁，有此高龄，实深佩服。过去我总以为您已去北京远居了。所以疏有问候，至歉至歉！顺颂

新年好！

弟 赵超构 十三日

致君勉兄（1992） 3-44

第四辑 其他

“飞入寻常百姓家”是赵超构办报思想的一句话，那么它又是怎样慢慢演变而成的？作为杰出的新闻工作者，他对新闻记者这一神圣职业，又有什么独到的见解？在生命即将结束的最后一个月里，赵超构又是怎样度过的？

这些问题，从本辑中或多或少可以寻找到一些答案。本辑共计十九件，内容有些驳杂。主要包含三方面。一是关于晚报改革方案和吸收人员的“一些意见”，还有抄录的《红楼梦》稿本简介，王季思、唐大郎等名家的诗词等。二是日常工作和生活中用到的简历小传、卡片、清单、批注，以及条子等。三是写在台历上最后的“生命日记”。

关于晚报改革的方案和最后的“生命日记”，堪称“拱璧之物”。前者收藏于新民晚报社资料室，后者收藏于文成县博物馆。它们涉及赵超构六十年报人生涯中最核心的两个问题：办报思想之根源和生命终结之余响。

关于晚报改革的方案

[评介]

此件为蒋文杰私人所藏，“文化大革命”期间曾被“造反派”抄走，十年浩劫后复得。《新民晚报》复刊后，蒋文杰提供给新民晚报社新闻研究室，并附致赵刘芭、梁维栋、丁贤才并转束纫秋说明函一通。一九五一年夏，赵超构组织报社有关人员对《新民报》版面进行改革，他结合大家意见亲自起草了该方案。据蒋文杰函中称，参加方案起草的除了他和赵超构外，还有程大千、钱谷风、梁维栋等。当年刚从朝鲜战场回上海的蒋文杰住陈某某家，先后在陈家讨论过多次，还吃了一顿精美的晚餐。方案中对上海小市民的分析，可谓惟妙惟肖，列举了包括喜欢起哄、不相信正面说教、爱听俏皮话等在内的十种上海小市民的脾气。正如蒋文杰所说的：“改版的指导思想，在今天，仍有点意思。特别是老将对小市民性格特点的分析，极精彩，表明老将对上海海情的了解，已到吃透了程度。”从方案中，可见赵超构当年不遗余力对晚报进行改革的蛛丝马迹及心路历程。

[原文]

关于内容的改进

1. 增加：漫画，铜图（程[①]）　要在新闻和副刊上至少各有一张铜图（钱[②]）特写专访与照相配合（赵[③]）

2. 增加：《今日论语》（程）　编者的话（蒋）　大家谈（梁[④]）增加：小品式的评论（钱）

3. 增加：日报新闻简述，以特殊的笔调写出（赵）

4. 一版经常保持一角辟栏，包含 A. 发展日报重要新闻之特写 B. 例如何香凝、陈赓之类的特写，（不要专靠剪报） C. 重要的华东区事件，不论社会现象或经济建设（钱）

增加人与地与事的新闻资料（赵） 增加侧面新闻（蒋⑤）

5. 京宁外埠新闻摘要（赵） 加强收发工作（蒋） 增加北京、南京专电，北京有派人必要（程） 北京、香港应有特派员（梁）

6. 经常要有一连载小说，剧本或快书一类之读物（程），好的章回小说或连环漫画（赵）

7. 增加体育新闻（钱）

8. 加强游艺界新闻（赵）

9. 恢复花絮点滴（赵）

10. 增加千字左右的特写（程）

11. 加强文娱消息，包括：各机关、工厂文娱活动，影剧新闻，艺文走廊，每日剧影指南（蒋）

12. 星期日刊一篇有益有趣的漫谈之类的文章

13. 常识介绍

第一版内容

要闻与本市新闻混编特重动态的新闻：

1. 小品式的评论

2. 日报新闻简述

3. 一角辟栏

4. 新闻资料 主要的是解释一些生疏事物、地方、人物的资料

5. 京宁电讯

6. 市场新闻

7. 新华社简讯

8. 漫画铜图

9. 宣传运动

第二版内容

1. 本市新闻（精简）警局、交通、法院、工商、职工、妇女、市政
2. 晚会副刊
3. 游艺、影剧、文娱专栏。
4. 花絮点滴
5. 短篇专访特写包括图画
6. 社团简讯、出版物
7. 服务版（包括常识介绍）
8. 连环漫画
9. 一种吸引家庭主妇的专栏
10. 影剧指南（广告版）
11. 学生生活花絮，体育活动

短评五百字　特写千二百字到千五百字　点滴专栏五百字

关于新闻路向

1. 改变新闻路线，不做日报尾巴。新华社稿，除重要的政治军事消息外，其余如评论、演说、次要新闻可以不用。各地通讯去芜存菁。（程）无特出性之消息是或以简讯方式表现。不重要的国际新闻可以省略。有许多消息食之无味弃之可惜者尽量用简讯方式使其不致缺漏。（钱）新华社稿除全国性者外，一律删弃。（蒋）

2. 为提高小市民对本报的关心，采访应转向与小市民生活密切相关的圈子里去。设法打进里弄区街各基层去找消息。（赵）

3. 市场新闻要规定一个不定形的地位，增加门类，以备有突发事件或重大变化。对各业随时兼顾指导。例如烧碱、铁工最近都有很好新闻，目的是做到重要的工商业为了了解当天上午市场的变化而有必看晚报的需要。（钱）工商园地取消，另辟“市场往来”之类的专栏，反映当日市场情况兼及一般日用必需品涨跌原因之分析。（程）扩大工商版，增加经济评论，无锡、汉口、广州、天津隔日行情，通讯。（蒋）

4. 社团新闻，尽量精简，集会报道侧重花絮人物。（赵）除了头等重要性的当天集会必须取正经写法外，其余集会应写得生动一点。不要八股化公式化。社团新闻列入社团活动专栏。（蒋）

5. 避免一切空洞的新闻。例如：一点一滴的增加生产，言之无物的建立新的劳动态度，以及一切不问情由，给每一件事情穿上进步的外衣。强调一切都变好了。（程）

6. 社会服务版不够充实精简。（程）社会服务老老实实地做，不撑场面。（赵）社会服务必须保持，因为它与市民生活太有关系。应求其密切配合。采访部对此先乱后弃的事实重新提出检讨。（钱）

7. 晚会改为娱乐版，偏重剧影杂耍（程）　副刊注重地方性（蒋）晚会这一角，乃整个报纸做到深入浅出，有教育意义而能为落后市民所接受的唯一的一角。今后整个报纸气氛应向这一角看齐。（钱）

8. 小市民喜欢刺激，但是现在不可再有“摊贩”“金潮”一类的刺激新闻。代替它的，是各种大示威大游行。对于这种新闻，必须紧紧抓住，有计划有步骤，图文配合全力做得热闹。（赵）

9. 除了杀人、女人、钞票三类新闻之外，其他趣味性的新闻，只要没有害处而与大家生活有关的，应放宽尺度刊登。（赵）

10. 对党报的号召，从侧面，以通俗化的方式，以深入一点的方式，以由小见大的方式来响应。

对小市民的理解

1. 是城市中的小资产阶级。在上海主要的是商人，职业青年，寓公式的有闲者，家庭妇女。

2. 上海小市民的脾气：A. 不肯多化脑筋。B. 不相信正面说教。C. 贪多贪便宜贪热闹。D. 喜欢起哄。E. 喜欢在合群中发挥正义感。F. 关心人家的身边琐事。G. 爱听俏皮话、牢骚话、风凉话。H. 特别喜欢名人名流的一举一动。对于新奇事物尤有兴趣。I. 唯恐天下不乱。J. 不求真，明知是谣言，也津津乐道。

本报革新的理想

1. 耐读性：每天报上总要有几篇市民发生兴趣的新闻稿子，总要有一两篇市民惯读或必读的专栏。不要让他一篇都不想读。

2. 篇幅虽小，要做到：A. 花样形式的繁多。B. 调子内容的参差。C. 天天能接触到上海本地的市民的生活。

3. 通俗化，但不是生硬的通俗，也不是太低的通俗，而是稍为中庸的通俗。

4. 轻松、□□脸孔，注意诱导，不做日报尾巴。

5. 任何宣传运动仍须把握，不偏离。

6. 确定每一时期的编采短期计划。

必须立刻加强的工作

1. 资料室，史地、人物的资料，图片。

2. 计划性：时间方面，今天和明天的编采准备。事件方面，即将发生的事件的资料准备。采访方面，不断的设计新的天地。

3. 主编、编辑、采访、副刊负责人之联系。

4. 本报摄影室和摄影工作。

5. 人员的配备。

6. 六号字

7. 印刷部朋友之联系。

应当理解的困难

1. 外边写稿的朋友决不多，可找的还是一些过去的写稿朋友。

2. 必然不免有偏向、错误，或外面的批评。

3. 需要一笔资金消耗。

[注释]

①即程大千，下同。程大千（1912—1979），原名程沧，常用笔名司马讦、史果、山雨等。四川成都人。新民老报人、作家。1932年开始从事新闻工作，先后在重庆、南京、上海《新民报》工作，曾任总编辑、副社长等职。著有《重庆客》《重庆奇谭》《重庆旁观者》《女将穆桂英》等多部。

②即钱谷风，下同。钱谷风（1907—1985），江苏江阴人。先后任过《东南日报》评论记者、评论课课长、南平版总编辑、上海版总主笔。1949年后，曾任《新民晚报》编委。著有《斯大林派来的人》《清王朝的覆灭》等。

③即赵超构，下同。

④即梁维栋，下同。梁维栋（1919—1996）原名梁裕民。湖南涟源人。新民老报人。1940年参加新闻工作，并赴赣西北游击区采写战地通讯。1944年起任重庆《新民报》以及该报南京版、上海版的一版主编、编辑主任。1949年后，曾任《新民报》晚刊副总编辑等。

⑤即蒋文杰，下同。蒋文杰（1920—2015），常用笔名虞丹，安徽歙县人。新民老报人，杂文家。1942年开始从事新闻工作，曾任《南方日报》、《东南日报》、《新民报》、香港《文汇报》编辑。1953年后担任《新民报》总编辑、党支部书记。著有《亨卡儿》（朝鲜战地通讯集）《做官与做人》《刀与笔》《聚砂集》等。

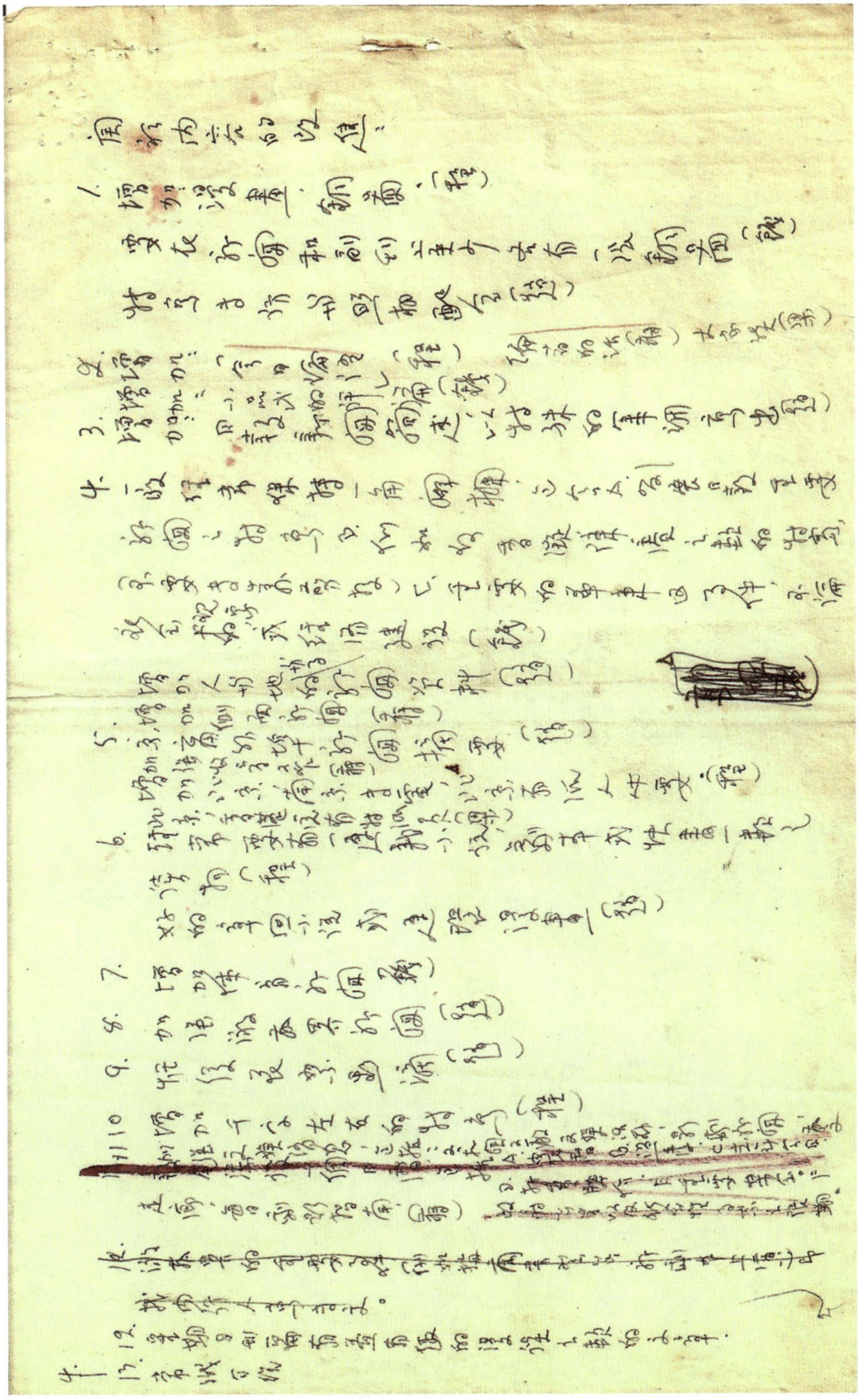

关于晚报改革的方案（1951） 4-1-1

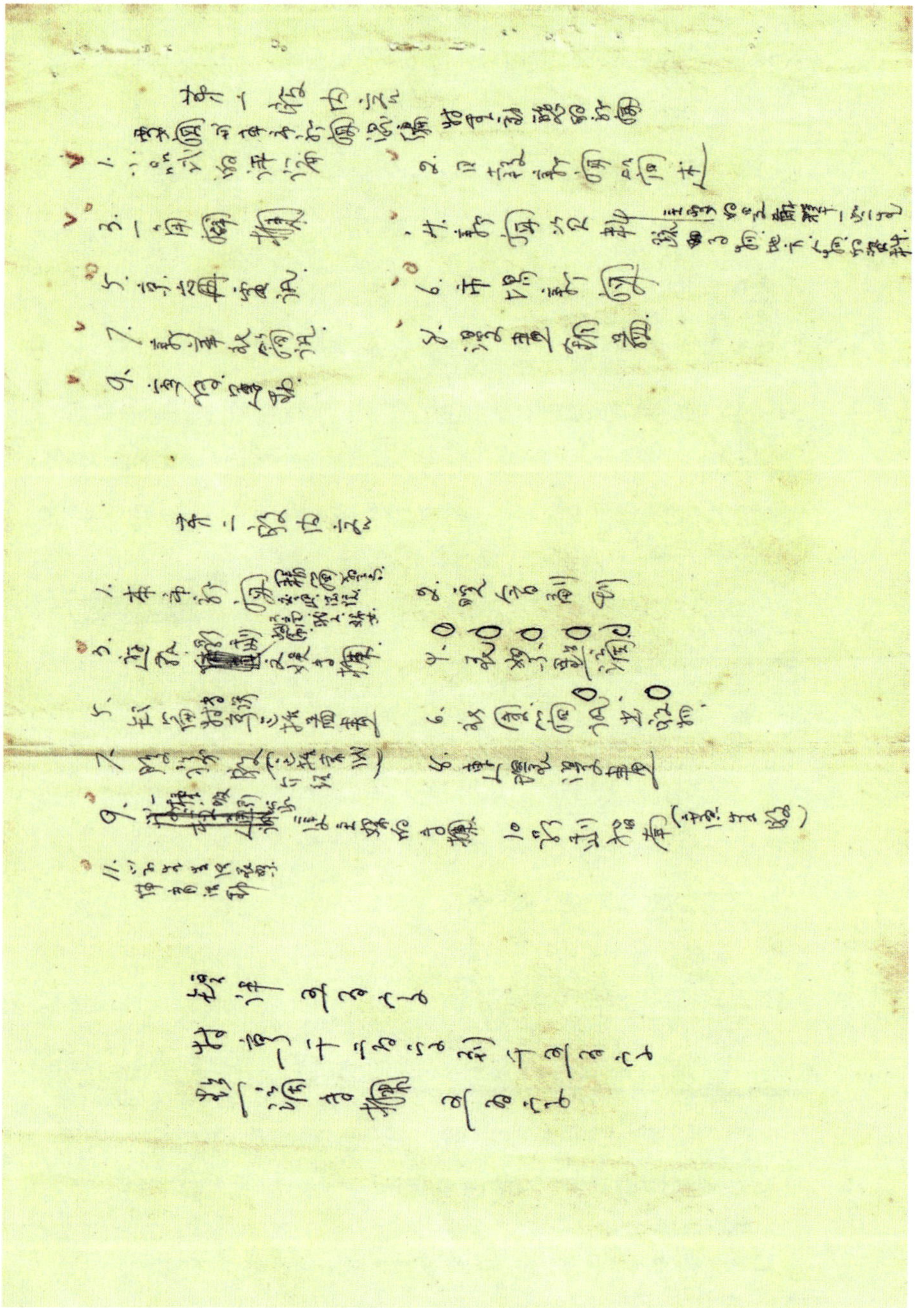

关于晚报改革的方案（1951） 4-1-2

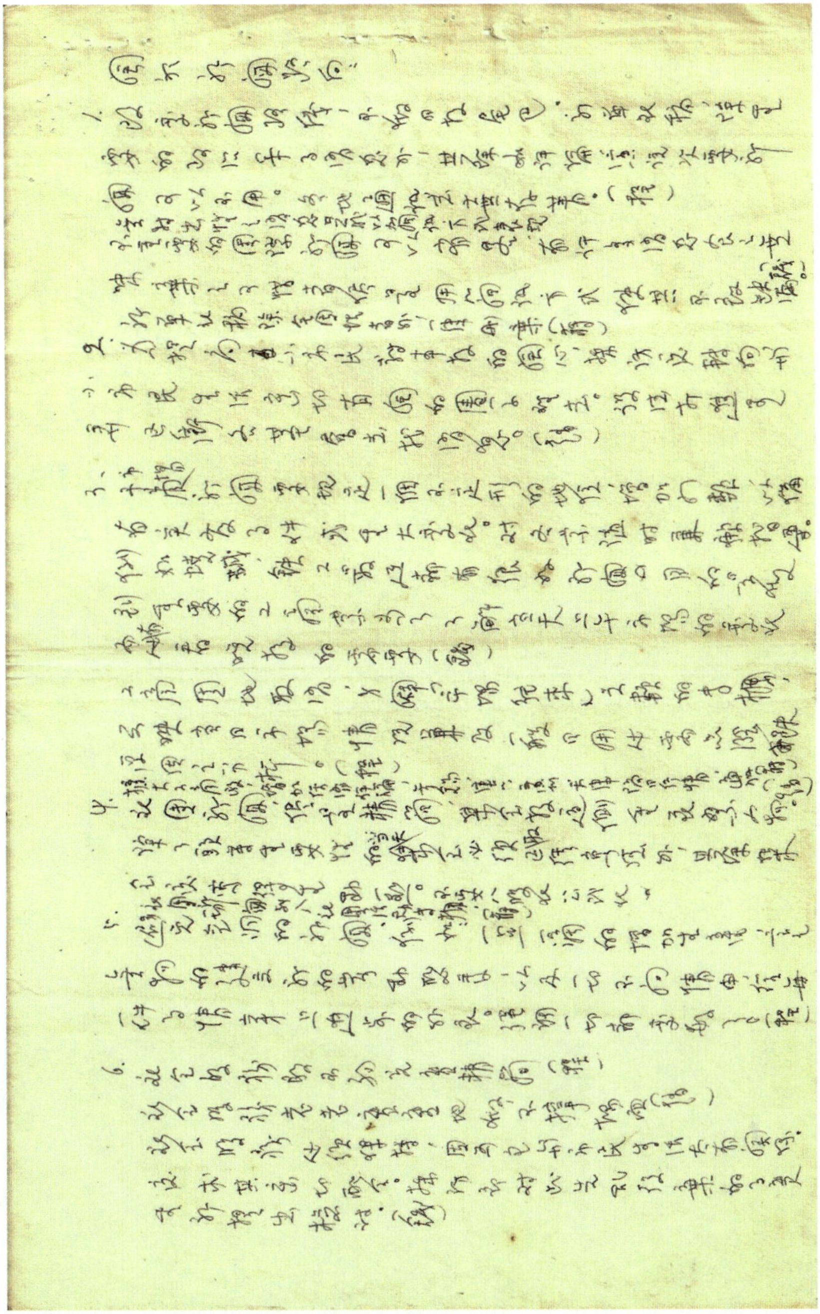

关于晚报改革的方案（1951） 4-1-3

第四辑

其他

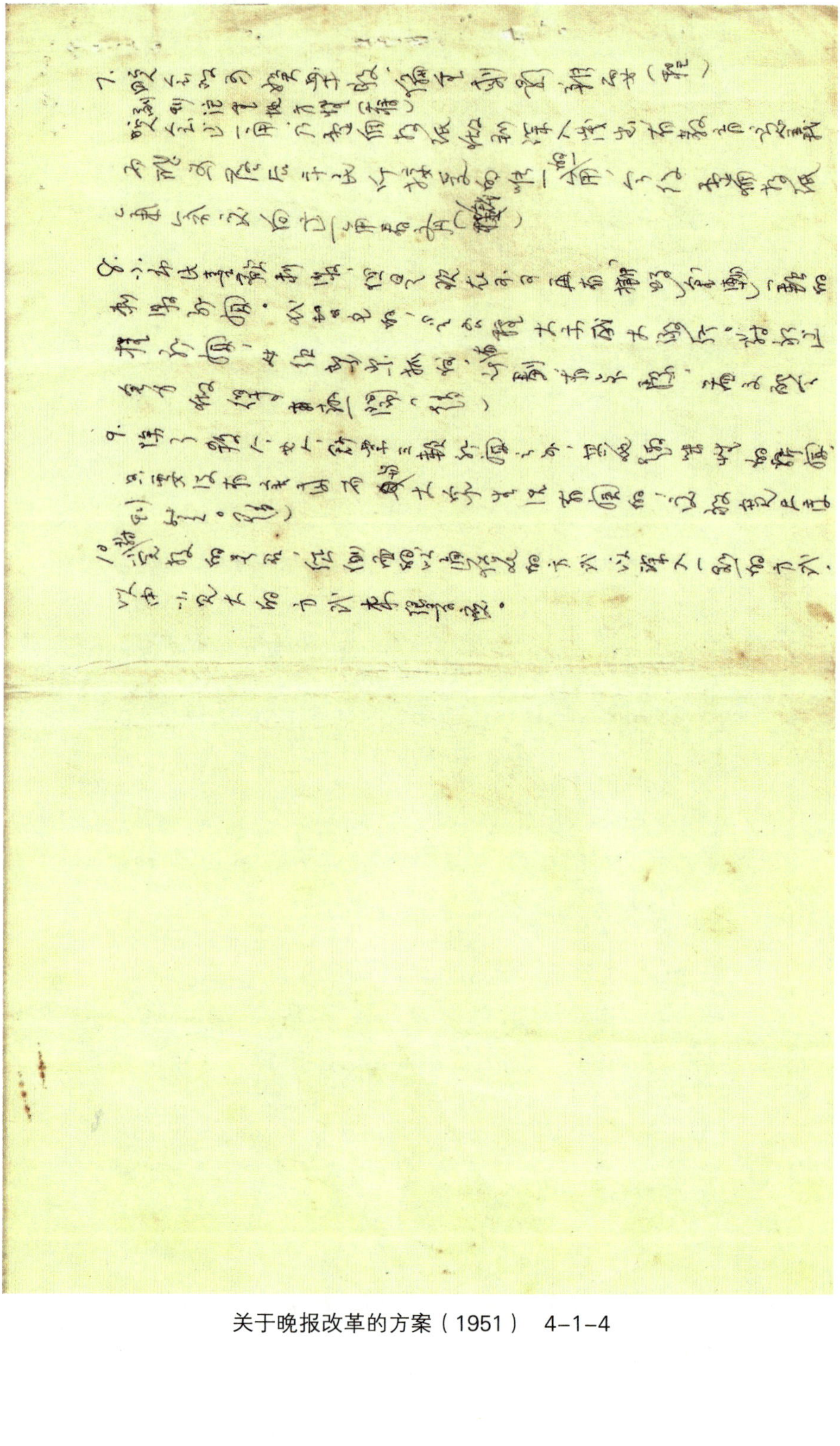

关于晚报改革的方案（1951） 4-1-4

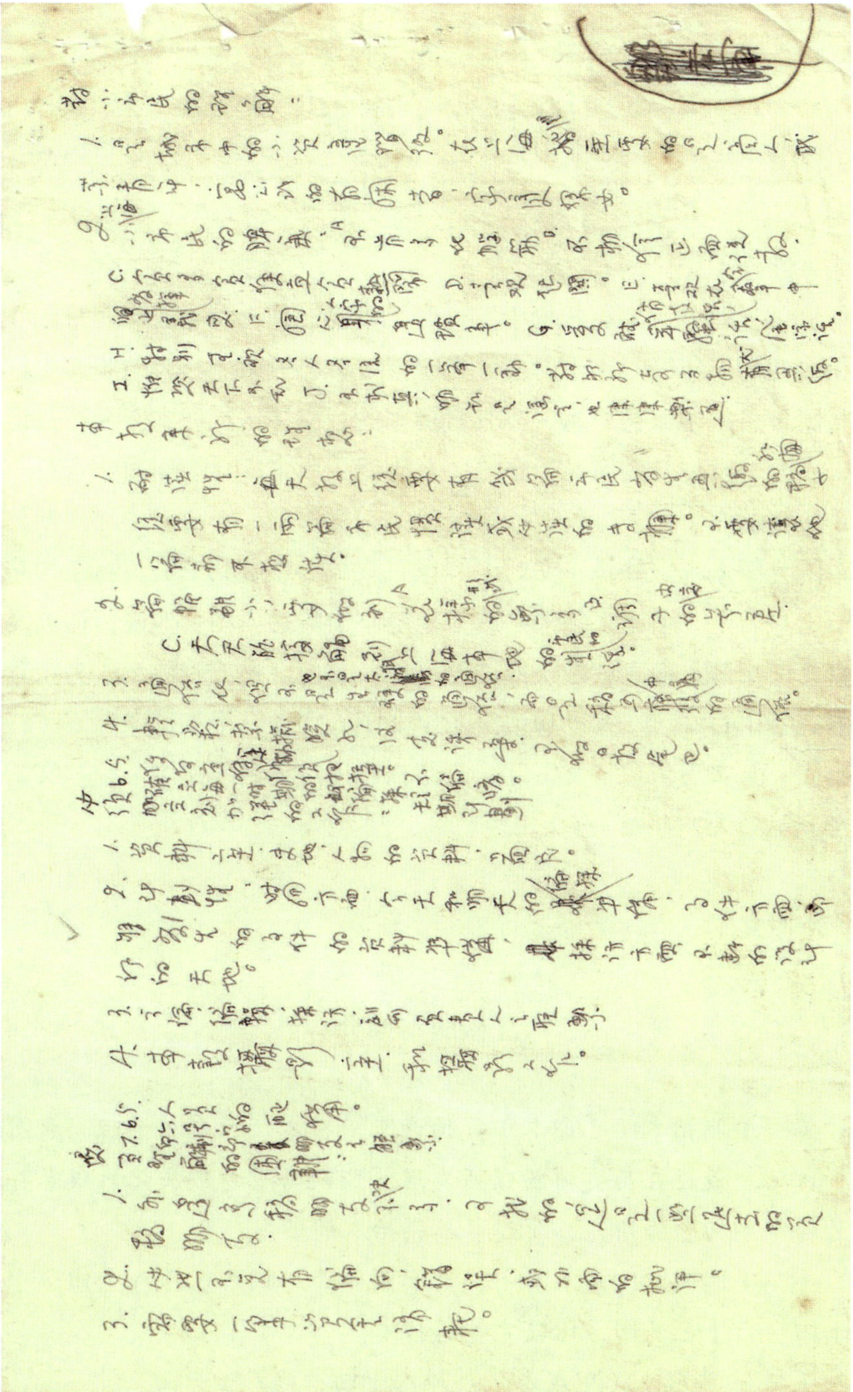

关于晚报改革的方案（1951） 4-1-5

红楼版本简介[1]

[评介]

此件无落款，系赵超构手迹无疑。抄录时间一九七五年三月底。内容见一九七五年三月二十四日《光明日报》第三版。当天的版面主打稿是我国著名红学家吴恩裕、冯其庸撰写的长文《“己卯本”〈石头记〉散失部分的发现及其意义》，《〈石头记〉版本简介》作为“资料”附发于版面的左下角。赵超构抄录的仅为正文部分，开头对《红楼梦》及稿本的介绍未录。抄录正文时内容也有删减。手迹共三页。赵超构精通“四大名著”，书中人物经常成为他笔下借喻之人物。他说，通读《红楼梦》前半部，简直就是一部“无事忙”，但全书典雅纯正，夹杂着丰富的民俗语言，“非常成功地显示出书中人物的性格和形象”。《红楼版本简介》文后署名“文雷”。赵超构曾用过笔名“文木”，“文雷”亦是其笔名否？存疑。

[原文]

红楼版本简介

（一）脂怡本（己卯本）：怡亲王府抄本。原本八十回，北图藏三十八回。最近在历史博物馆所发现《脂砚斋重评石头记》残卷存三回又两个半回。据研究，此残卷属脂怡本的散失部分。

（二）脂京本（庚辰本）：北大藏七十八回本。原八十回，中缺六十四、六十七两回，比较完整的抄本。

（三）脂残本（甲戌本）：原八十回，残存十六回。

（四）脂戚本（有正本）：有正石印，戚蓼生序《石头记》。存八十回，字体工整，石印精美。

（五）脂府本：清蒙古王府藏抄本《石头记》。十卷，一百二十回。前八十回大体同脂戚本。现藏北图。

（六）脂梦本（甲辰本）：梦觉斋主人序本《红楼梦》，八十回，全。一九六三年在山西发现，现藏北图。此本最早正式题名《红楼梦》。

中国科学院文学研究所藏《乾隆抄本百廿回红楼梦稿》，南图藏抄本《石头记》，北图藏残抄本《红楼梦》（两回），和舒元炜序本红楼梦抄本，也都是较珍贵的脂本。此外还有南京出现的夕葵书屋抄本《石头记》的过录本，和另一本流落在国外的抄本《石头记》。

一九七一年[②]，程伟元将曹雪芹的《红楼梦》前八十回和高鹗续作的后四十回一起刊印（程甲本），从此在红楼梦的版本史上结束了传抄时代，开始了高本（高续本）系统的刊印时代。一九九二（年）[③]，程、高又经过增删修改，再次刊印（程乙本）。在这个本子中被高增删的字数达二万五千多，削弱了《红楼梦》批儒反孔、反封建的斗争锋芒。

75.3.24 光明日报

［注释］

①见报稿标题为《〈红楼梦〉版本简介》。

②系误抄，正确年份系 1791 年。

③系误抄，正确年份系 1792 年。

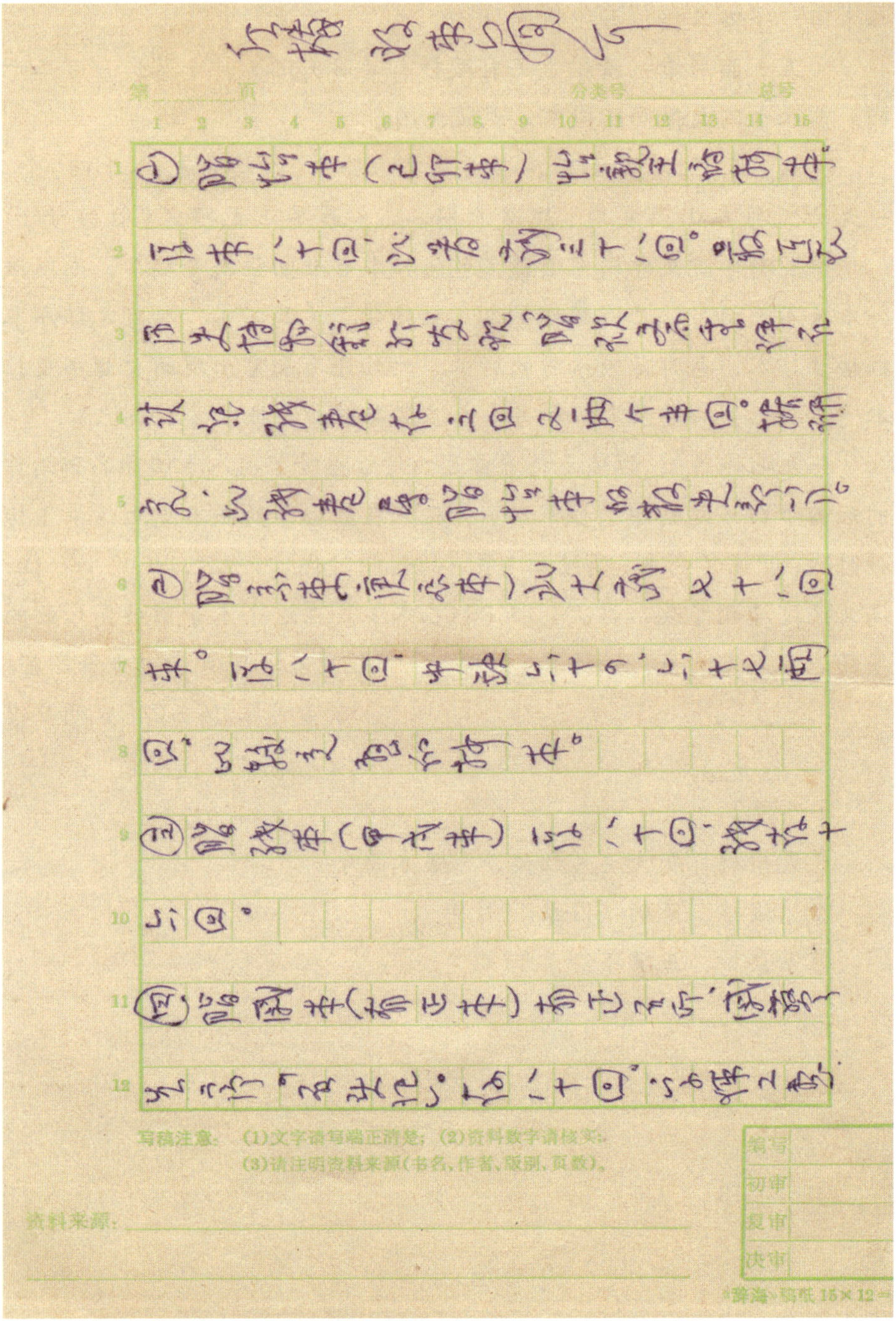

红楼版本简介（1975） 4-2-1

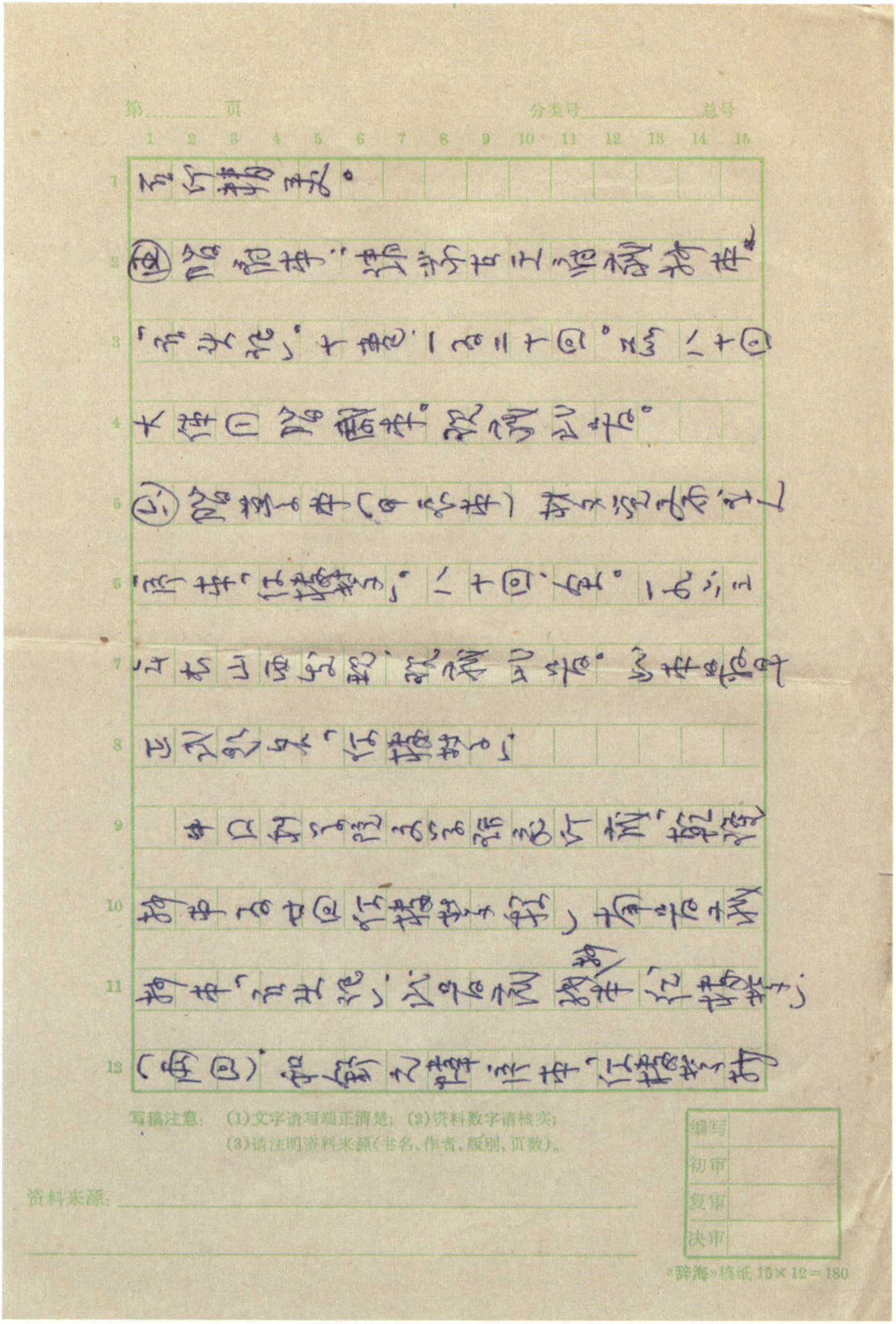

红楼版本简介（1975） 4-2-2

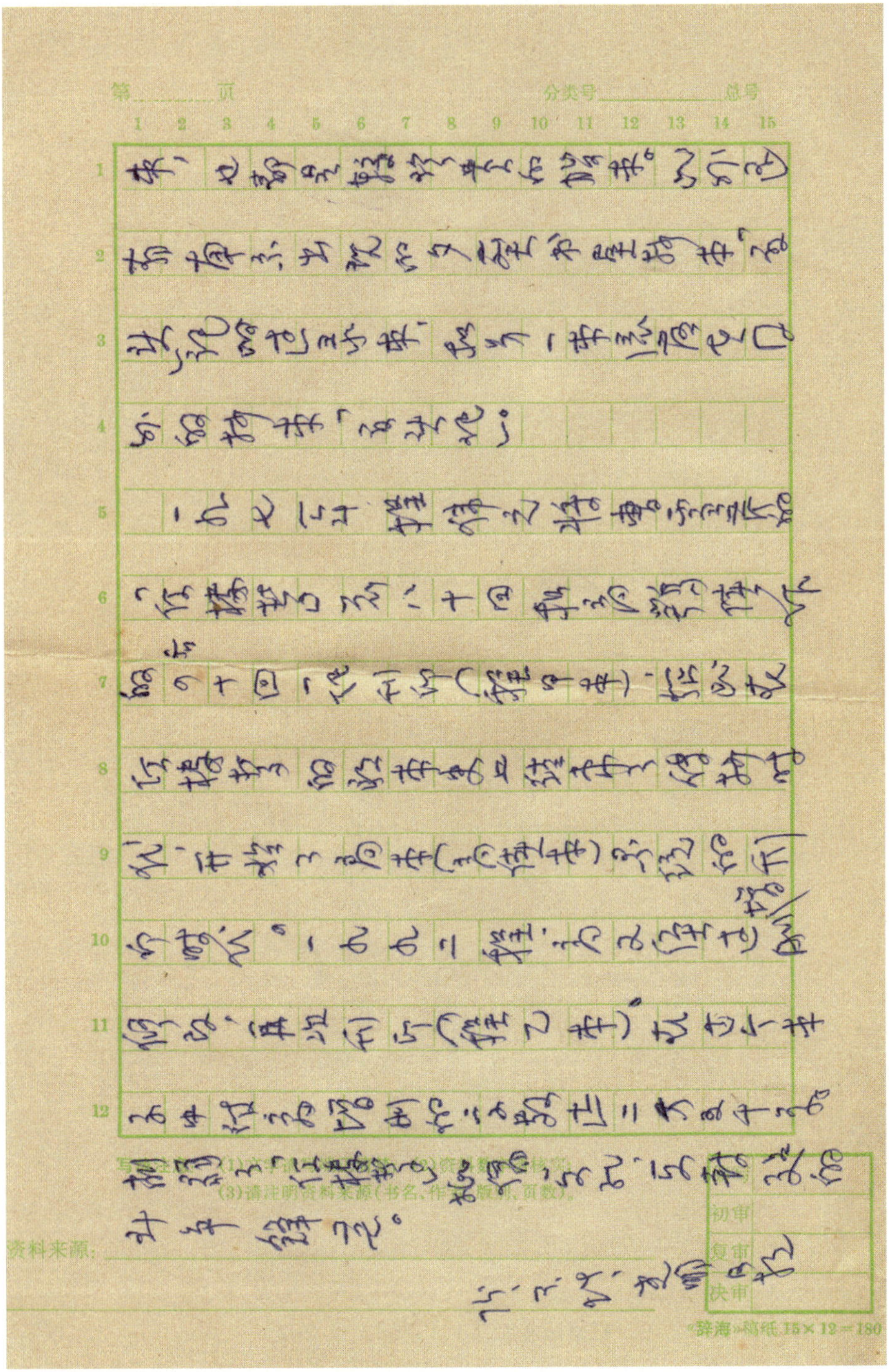

红楼版本简介（1975） 4-2-3

学日语书目清单和英语笔记

[评介]

赵超构十分重视外文。他在接受媒体采访时多次谈到，当记者的知识面一定要广，工具性的知识要掌握，语文是工具，掌握了才能搞好新闻工作，外语也要跟上。（蓝鸿文：《赵超构谈记者素质与文章写作》）在繁忙而紧张的报人生涯中，他先后自学过英、日、俄三国语言，对英文尤为钟爱，曾被身边知好戏称为“半个外文专家”。他十四岁考入开设英语课的教会学校——温州艺文中学。十九岁那年，他到日本游学，出国前他又突击进修，当时主要是学日文。二十世纪五六十年代，他又啃起了外文书，自学英文与俄文。这次学外语坚持时间最长，也是最用心的一次。

[原文]

日语动词使用法　许达年　世界书局
日语助动词使用法　许达年　世界
日文典纲要　钱歌川　中华
日文典纲要续编　钱歌川　中华
日本语法十二讲　张我军　人文
现代日本语法大全（两册）张我军　人人
日语翻译　许亦非　世界
速成日语翻译　中学生
日文华译法　傅思龄
现代日语（上下两册）　生活　蒋君辉
日语汉译读本　葛祖兰
新日语捷径　艾华　立达
高级日文星期讲座讲义录　张我军　人人书店
标准日华词典　赵立言　中学生
日语汉译词典　傅祺敏　中学生
汉译日语词典　李声甫　世界
模范日华新词典　黄鉴村　文艺
日语翻译词典　邓云衢　作者
日本语言大全汉译　日本新词典合璧　民智书局
速成日语用例　赵立言　中学生

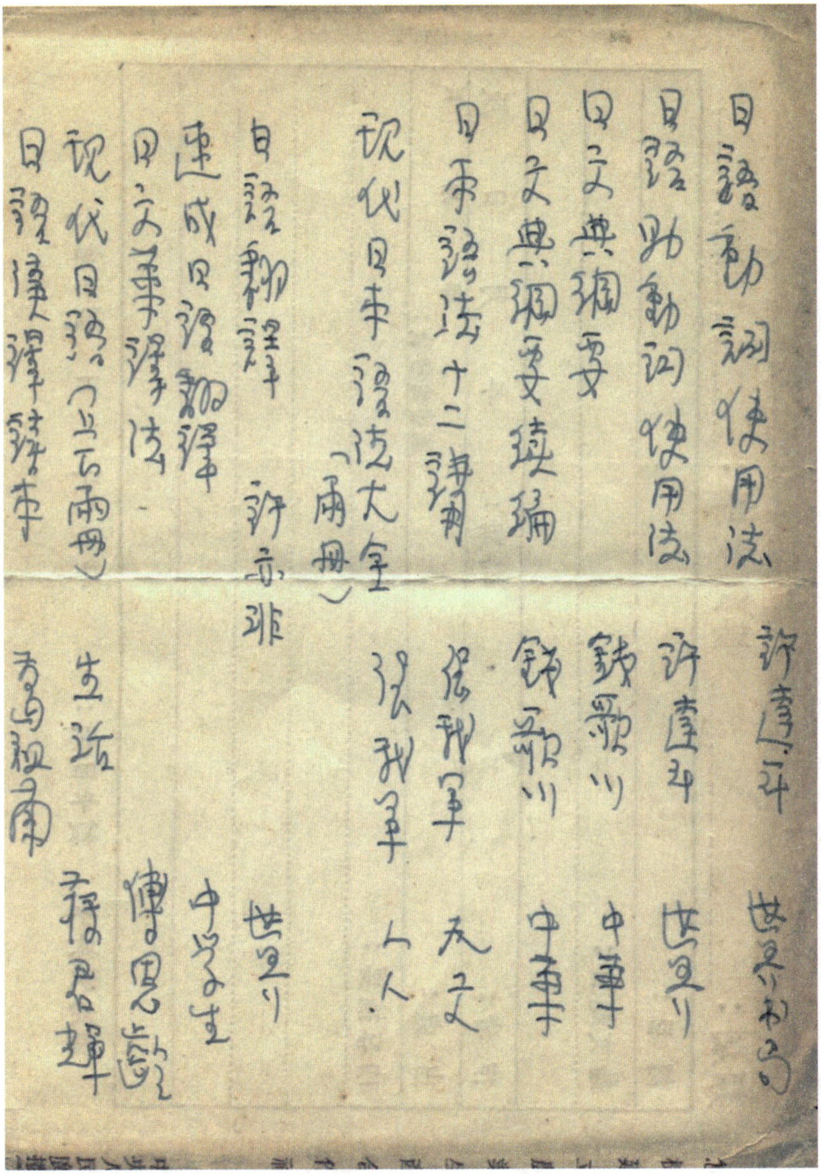
日語動詞使用法　許達年　世界書局
日語助動詞使用法　許達年　世界
日文典綱要　錢歌川　中華
日文典綱要續編　錢歌川　中華
日本語法十二講　張我軍　人文
現代日本語法大全（兩冊）　張我軍　人人
日語翻譯　許亦非　世界
速成日語翻譯　中學生
日文漢譯法　傅恩齡
現代日語（上下兩冊）　生活　孫君輝
日語漢譯讀本　[illegible]

学日语书目清单　4-3-1

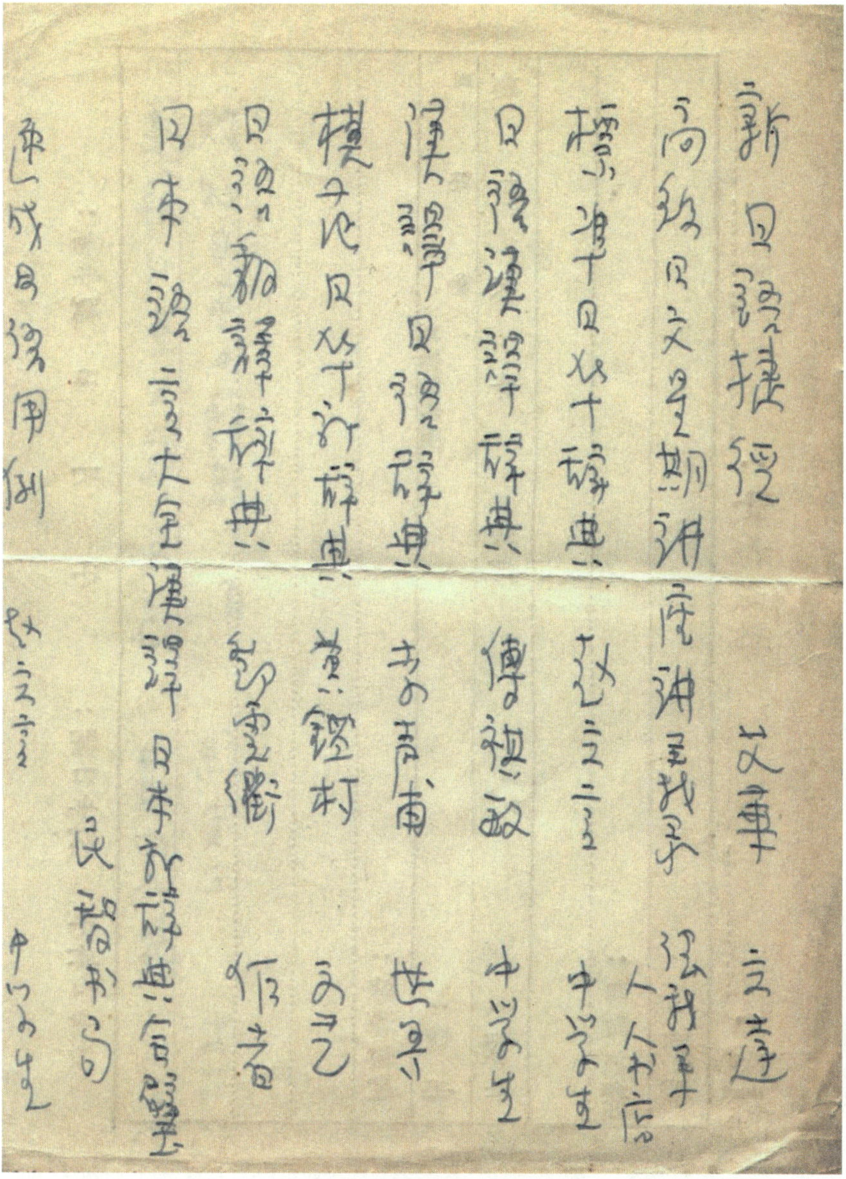
新日語捷徑　文庫　文達
高級日文星期講座講錄　張我軍　人人书店
標準日華辭典　趙文言　中學生
日語漢譯辭典　傅德毅　中學生
漢譯日語辭典　李香甫　世界
模範日華新辭典　黃鑑村　文藝
日語翻譯辭典　劉雲衛　作者
日本語言大全漢譯日本新辭典合璧　民智书局
速成日語用例　趙文言　中學生

学日语书目清单　4-3-2

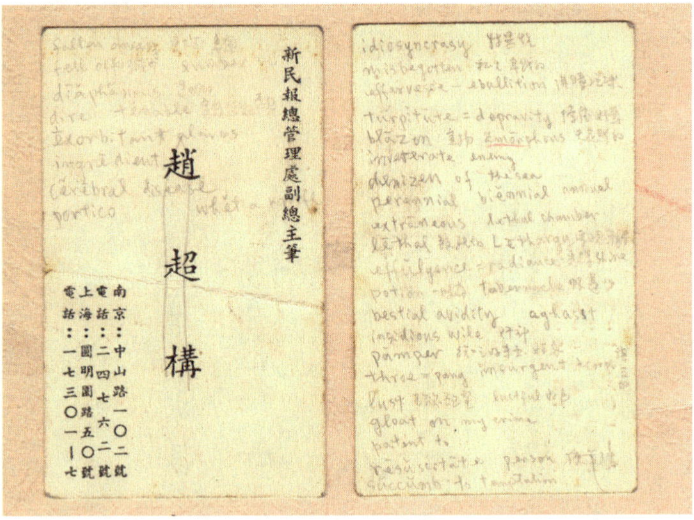
新民報總管理處副總主筆
趙超構
南京：中山路一〇二號
電話：二四七六二號
上海：圓明園路五〇號
電話：一七三〇一－七

名片英语卡片 4-4

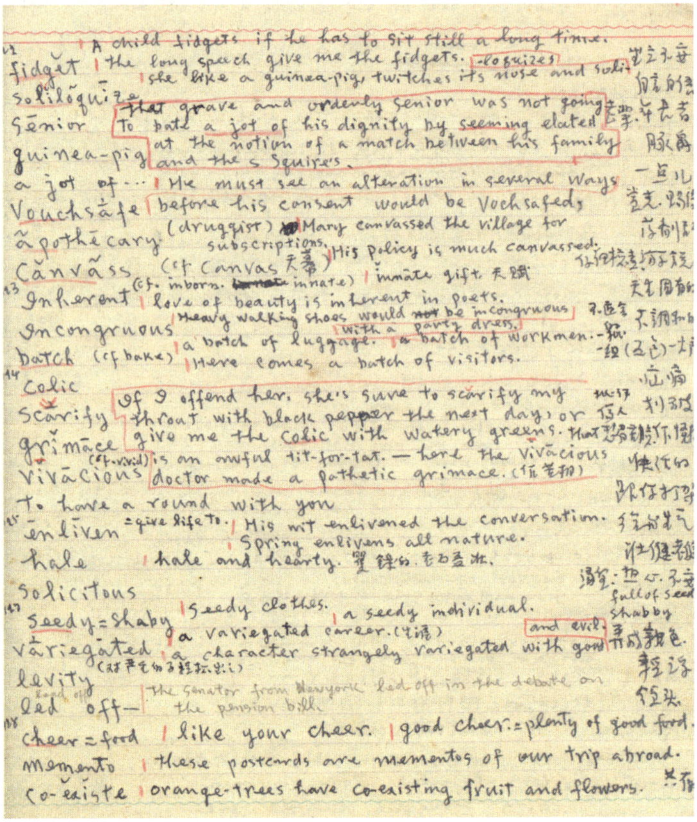
A child fidgets if he has to sit still a long time.
fidget | the long speech give me the fidgets. -loquizes
| she like a guinea-pig, twitches its nose and soli-
soliloquize
senior | That grave and orderly senior was not going
To bate a jot of his dignity by seeming elated
guinea-pig | at the notion of a match between his family
and the s Squire's.
a jot of … | He must see an alteration in several ways
Vouchsafe | before his consent would be Vochsafed,
apothecary (druggist) | Mary canvassed the village for
subscriptions. | His policy is much canvassed.
Canvass (cf Canvas 天幕)
(cf. inborn. innate) | innate gift 天賦
Inherent | love of beauty is inherent in poets.
Incongruous | Heavy walking shoes would be incongruous with a party dress.
batch (cf bake) | a batch of luggage. | a batch of workmen.
| Here comes a batch of visitors.
Colic
Scarify | If I offend her, she's sure to scarify my
throat with black pepper the next day, or
grimace | give me the colic with watery greens. That
(cf. vivid) is an awful tit-for-tat. — here the vivacious
vivacious | doctor made a pathetic grimace.
To have a round with you
enliven =give life to. | His wit enlivened the conversation.
| Spring enlivens all nature.
hale | hale and hearty.
solicitous
Seedy=Shaby | Seedy clothes. | a seedy individual.
full of seed
shabby
variegated | a variegated career.
| a character strangely variegated with good and evil.
levity
led off — | The Senator from Newyork led off in the debate on the pension bill.
cheer=food | like your cheer. | good cheer.=plenty of good food.
memento | these postcards are mementos of our trip abroad.
co-existe | orange-trees have co-existing fruit and flowers.

外文笔记手迹 4-5

夹带内容的小书签

［评介］

这是整理赵超构藏书时，在书页中发现的小书签。

赵超构的书签，可谓五花八门。有公函、便条、信封、剪报、名片、香烟壳，还有各种票据，如出租车票、轮船票、火车票、飞机票、购书发票，等等。他用得最多是请柬，他身兼数职，社会活动频繁，家里请柬成堆，成了他的当然书签。凡是他身边有可做书签之用的，均在他取用范围之内。

这种撕扯纸条夹带内容的小书签，最实用可行。在赵超构的许多藏书中，或多或少地夹带着诸如此类的书签。用到哪个片段或章节，他循着这些书签，便有了“达·芬奇密码”，如探囊取物。杜甫就曾有诗曰：“笔架沾窗雨，书签映隙曛。”从书签的使用与选择上，可以看出一个人的读书习惯，以及对待生活的品位或态度。

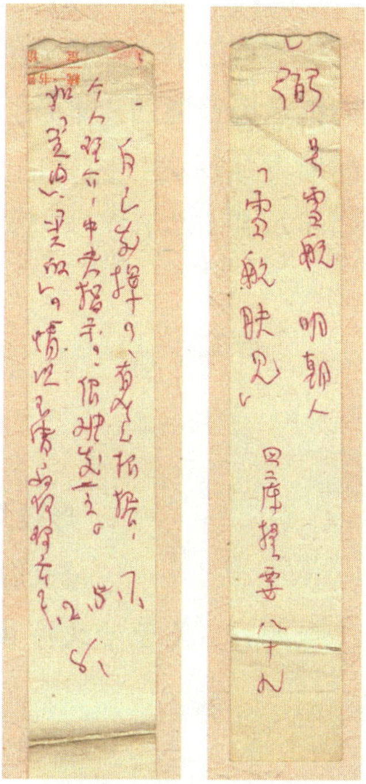

夹带书页的小书签　4–6

［原文］

其一：自己发挥？有什么根据。个人理介（解），中央指示？很难发言。如“□□”“□□”，情况不清，如何理介（解）？ 1.2.5.7.8.

其二：（赵）弼　号雪航　明朝人

《雪航肤见》四库提要八十九

抄录大郎[1]诗二首

[评介]

这是“文化大革命”后，唐大郎寄赵超构的诗简中的两首诗，赵超构抄录于笔记本上存念。唐大郎是赵超构共事多年的老朋友。他们经常有诗书往来，赵超构曾推荐他读《贝姨》。第一首诗是唐大郎题赠林放的。关于这首诗，赵超构曾经谈到过：“此信写于‘文革’结束后，我们初出‘牛棚’的时候。那时他已退休，我在《辞海》编辑部做南郭先生。信中有些恭维老朋友的话，似有互相标榜的气味。但要知道，那还是‘与人奋斗，其乐无穷’的年代，我们同在‘牛棚’生活了十来年。‘形迹疏时情转亲’，这点友情也算是经过‘牛棚’考验的了。那么，说些恭维的话，互相慰问，不也是一种‘相濡以沫’的意思吗？好在我们都是极普通的‘爬格子’朋友，并非什么大闻人，想来是不会招致‘我的朋友胡适之’的讥诮的。”（《大郎诗简》，《新民晚报》一九九〇年八月十二日）这二首诗收到后，赵超构曾以《消夏》诗回复。

[原文]

大郎诗二首

形迹疏时情转亲，文章到老识艰辛；
治义剔透玲珑体，五十年间第一人。[2]
原注：（予治文字生涯将半个世纪，所见同人著述服膺林放不置）

输诚护短当初惯，饮情歌呼是弄痴。
任遣旁人唤桑老，对君犹似李生时。
（赠桑弧[3]）　七五年八月所作　据廿八日来信[4]

[注释]

①大郎，即唐云旌（1908—1980），笔名云裳、刘郎等。江苏嘉定（今属上海市）人。著名老报人，人称“小报状元”。1949 年后创办《亦报》并任总编辑。1952 年年底，《亦报》归并于《新民晚报》，任编委主编副刊。著有《居闲集》等，后人编有《唐大郎文集》12 卷。

②此诗另一版本称：“才浣征衣蘸墨新，文章出手若神通；衍为剔透玲珑体，五十年间第一人。”

③桑弧（1916—2004），原名李培林，原籍浙江宁波，生于上海。中国著名导演、编剧。曾任上海电影制片厂艺委会副主任、上海电影家协会副主席等。代表作有《哀乐中年》《祝福》《梁山伯与祝英台》等。

④据推测，应该是 1978 年某月 28 日。

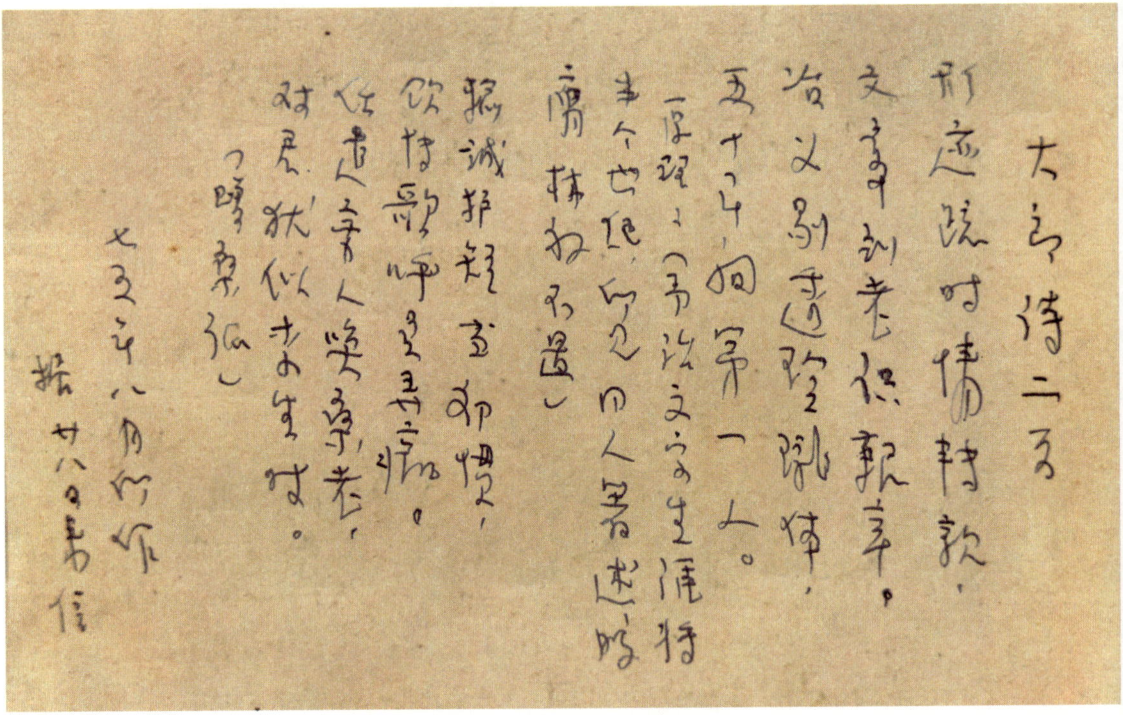

大郎诗二首

形迹疏时情转款，
文章到老识艰辛。
论文别透蹊跷律，
五十年间第一人。
（一度理之为治文字生涯特事，今世绝，何见同人著述略尽扫不遗）

探诚抒疑每如惯，
饮情歌呼更寻常。
作述无人哭宗老，
对君犹似我生时。
（晓东孤）

七八年八月所作

超 廿八日录信

抄录大郎诗二首（1978） 4–7

蝶恋花·杨开慧[1]故居

[评介]

在赵超构的藏书中，有关古诗词的书目占了一大半，每每空暇，他经常吟诵之。此诗未公开发表过，是他抄写在剪报笔记本上而留存的。

一九七八年五月底，上海市政协由副主席李干成为团长，组织政协学习参观团一行五十一人，赴湖南省韶山、江西省井冈山等地访问，前后历时二十二天。路途中，赵超构手持相机拍了不少摄影作品；每到一处，他都情绪高涨，吟诗作赋。《蝶恋花·杨开慧故居》是其中的一首，包含了他对毛泽东伴侣杨开慧的深切怀念，歌颂了革命先烈生死不渝的革命情怀。另一首《登黄洋界》写道："苍山似海接苍穹，一啸黄洋披险衢。绝壁深沟留战垒，丰碑豪句记英雄。"

[原文]

蝶恋花·杨开慧故居

赵超构

一九七八年访板仓旧作

日照珠峰花正妩，松竹青青古屋骄杨住。

记取锦霞红一缕，熊熊燃遍农奴炬。

舍得一身何所惧？戟指横眉哪怕天公妒。

伏虎功成迎战侣，吴刚捧酒嫦娥舞。

[注释]

①杨开慧（1901—1930），字云锦，湖南长沙人。1922 年加入中国共产党。革命烈士。教育家杨昌济女儿、毛泽东妻子。

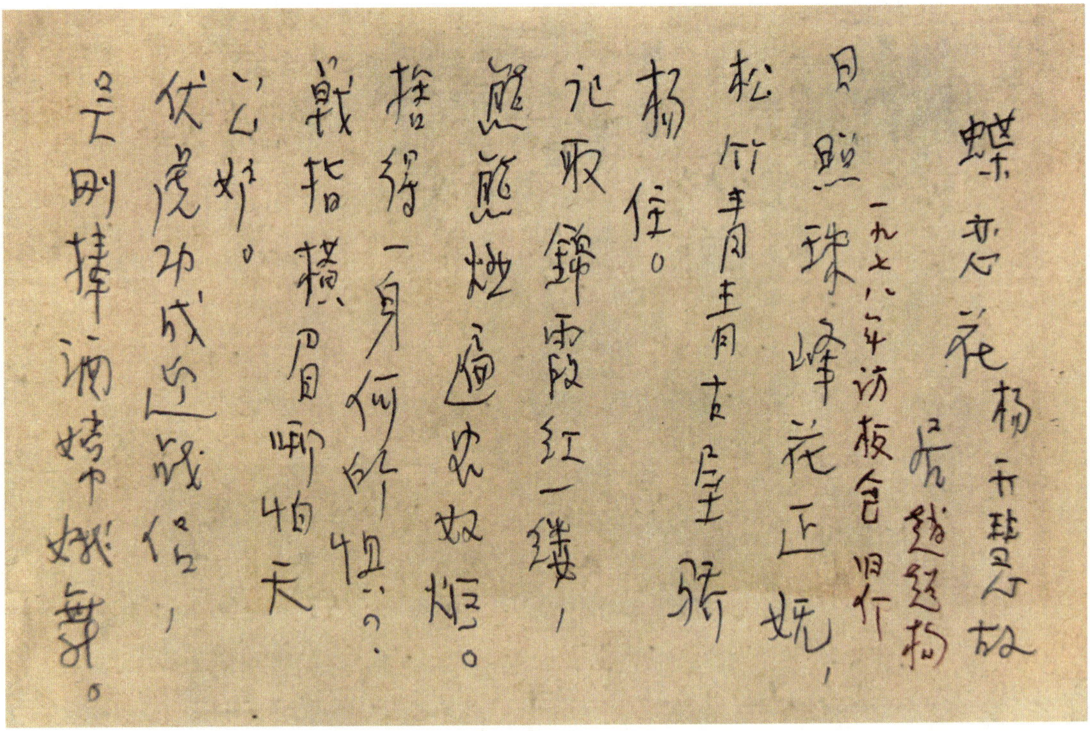

蝶恋花　杨开慧故居

一九七八年访板仓旧作

赵超构

日照珠峰花正妩，松竹青青古屋骄杨住。记取锦霞红一缕，悠悠燃遍农奴炬。捨得一身何所惧？戟指横眉，哪怕天公怒。伏虎功成迎战侣，吴刚捧酒嫦娥舞。

蝶恋花·杨开慧故居（1978）　4–8

抄录王季思[①]沁园春

[评介]

一九七九年，赵超构以摄影家的身份出席全国第四次文代会。这是王季思写于会议期间的一首诗词，在《光明日报》见报时，文代会还没结束，赵超构随手将其抄录于笔记本上。王季思是赵超构的温州老乡，他与赵超构家乡龙川有缘。抗战时期，他曾经避乱至此完成了他的代表作《西厢记校注》，还写下了《龙川杂兴二首》《我从龙川来》《龙川感赋》《别龙川》等著名诗篇。赵超构喜欢读王季思的诗词，他卧室书架上摆放着王季思的《西厢记校注》和《王季思诗词录》。

当年还有一位温州老乡董每戡也出席了这次文代会。这是"文化大革命"后文艺界召开的第一次代表大会，盛况空前，可谓群英荟萃，正如王季思诗中所说"今朝重会群英，觉万里秋空喜气盈"。据董每戡哲嗣董苗先生说："我父亲说过，在那次文代会上，除了夏衍和周扬之外，其余他熟悉的人大多碰面，包括赵超构。"赵超构与董每戡有见过面，那么他与王季思是否有见过面呢？没有任何文字记载，这似乎成了一个谜。

[原文]

沁园春·第四次文代会开幕喜赋

王季思

六十年来，文坛回首，战斗历程。记黄河咆哮，高歌反帝；大江汹涌，奋志扬舲[②]。南国红花，西山枫叶，尽是前驱血染成。头颅在，为求真理，不惜牺牲。

今朝重会群英，觉万里秋空喜气盈[③]。有沙场惯历，延安老将；义旗高举，“四五”新兵。历史无情，人生有限，莫使匆匆白发生[④]。为四化，愿同心同德，跃马长征。

七九年十一月四日光明

［注释］

①王季思（1906—1996），名起，字季思。浙江温州人。著名戏曲史论家。1941年后相继任浙江大学、之江文理学院、中山大学教授。校注《桃花扇》《西厢记》等，主编《中国十大古典悲剧集》《中国十大古典喜剧集》，著有《求索小集》《王季思诗词录》等多部。

②后作者改为“慷慨扬舲”。

③后作者改为“看万里秋空喜气凝”。

④后作者改为“莫负葱茏双鬓青”。

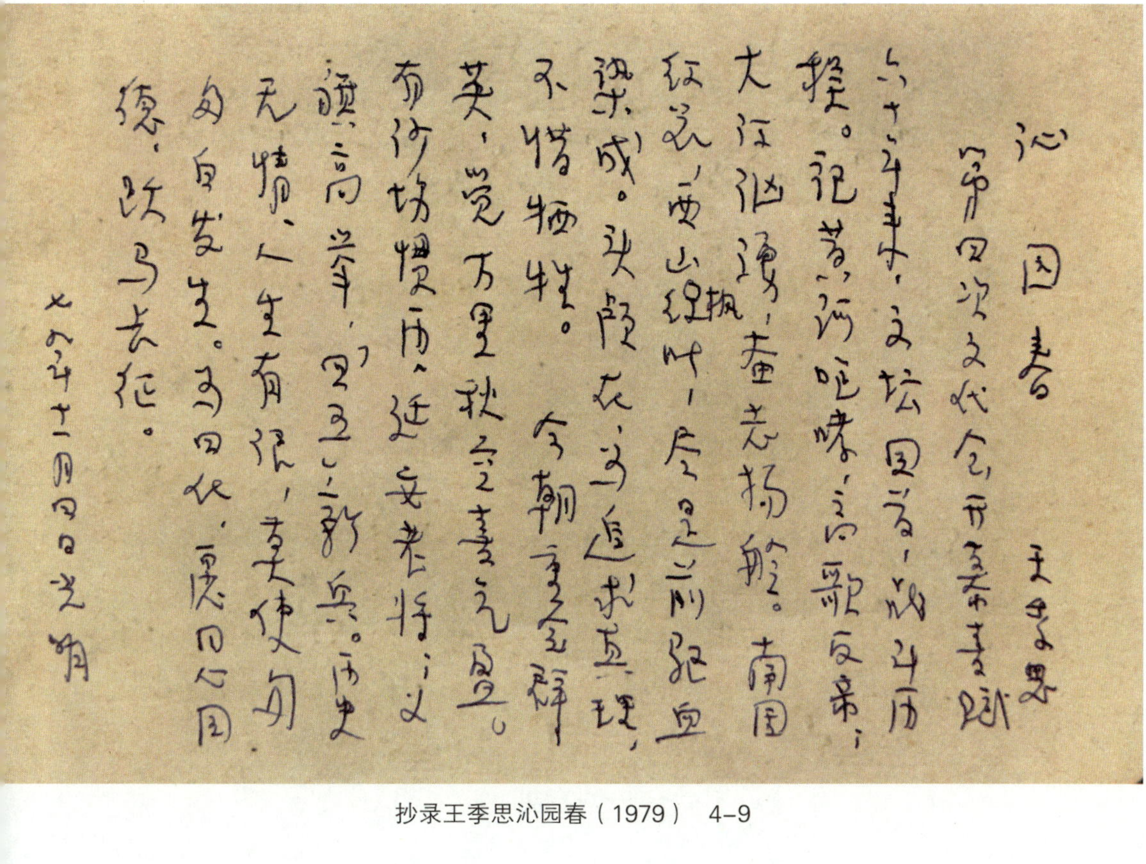

沁园春　王季思

第四次文代会开幕喜赋

六十年来，文坛因苦，几斗历程。记黄河咆哮，高歌反帝；大江汹涌，奋起扬舲。南国红花，西山枫叶，尽是前驱血染成。头颅在，为追求真理，不惜牺牲。　今朝喜会群英，觉万里秋空喜气盈。有沙场惯历，延安老将；文坛高举，四五新兵。历史无情，人生有限，要使丹心白发生。第四代，要同心同德，跃马长征。

七九年十一月四日　光明

抄录王季思沁园春（1979）　4-9

对吸收人员的“一些意见”

［评介］

据王玲记忆，这是一九八一年春《新民晚报》筹备复刊期间，赵超构对报社招收新人的“一些意见”。当时的复刊筹备组正在招兵买马，决定向外招收一批适合搞新闻的人才。报社将自荐信交给赵超构，并听取他的意见。赵超构对新闻记者这一职业，有其独到的见解。他提倡新闻记者要当杂家，做“多面手”。他在“意见”中特别指出，一些文艺爱好者，以为“读了好些文艺书”，“偶尔也有些作品在报刊上发表”，便以为“天然地可以当记者”，这完全是误解。在录用新同志中，赵超构提出首先应该录用“杂食动物”，报社亟需的是“学社会科学、科技、经济财贸、史地”，还会“懂音乐的，懂京剧、戏曲、昆剧”的人才。赵超构懂摄影，对于摄影记者，他说“完全可以自己培养”。

赵超构对吸收新人的“一些意见”，无疑是一位经验丰富的老新闻记者通过长期实践所积累的宝贵心得和智慧结晶。

［原文］

一些意见

现在自荐信中，文艺爱好者颇不少，这类青年大概读了好些文艺书（专看文艺，不看别的杂书），偶尔也有些作品在报刊上发表，便以为“天然地可以当记者了”。这是误解。新闻记者除文笔清通外，还要广泛知识和采访技能。一个文艺爱好者，往往把文艺看待“不得了”，而且自视甚高，不屑于搞那些细小平凡的采访写作。到报社来，摆起作家架子，那就弄得“既不能令，又不受命”，彼此都不合式

（适——编著者注，下同）。所以对这类自荐者要控制得严格一些。这类人，可能到文艺刊物是合式（适）的，不一定适宜当记者。

另一方面，自荐信中，学社会科学、科技、经济财贸、史地的人都很少。除文艺外，能多方面写稿的也不多。即说文艺中，想做作家的多（他们其实是想借报纸过渡一下，便于成名，再跳高枝），懂音乐的，懂京剧、戏曲、昆剧……也没有一个。

因此，我以为在录用新同志中，首先优先录用“杂食动物”，即知识面广泛，对上海情况熟悉，能适应各方面采访任务的。目前亟需的是政法（法院、里弄、底层新闻）。社会新闻将是我们的重点。其次是经济、市场方面的人。我们要用的，恐怕以熟悉本地情况为主。外地人（指从未在上海生活过的）恐怕是不大合式（适）的。

这位韩冰同志简历上，没有说明他是什么地方人。不知他是不是上海人？现在又在外地工作。虽然也能写（一般水平），但是看来他是想到上海来当作家的。未必能安心当一个跑一般消息的记者。

目前请注意，有没有懂得法律，懂得商业，能跑法院、里弄、市场的新人？其次是音乐、舞蹈、戏剧、体育，美术专业的。摄影完全可以自己培养。

看了韩冰的简历，也想到最近“文艺”爱好者来信特别多，因有所感，录供束①、王②同志参考。

赵超构

［注释］

①束，即束纫秋，简介见60页注释。

②王，即王玲（1932—2022），1956年参加新民报工作，人事科科长。

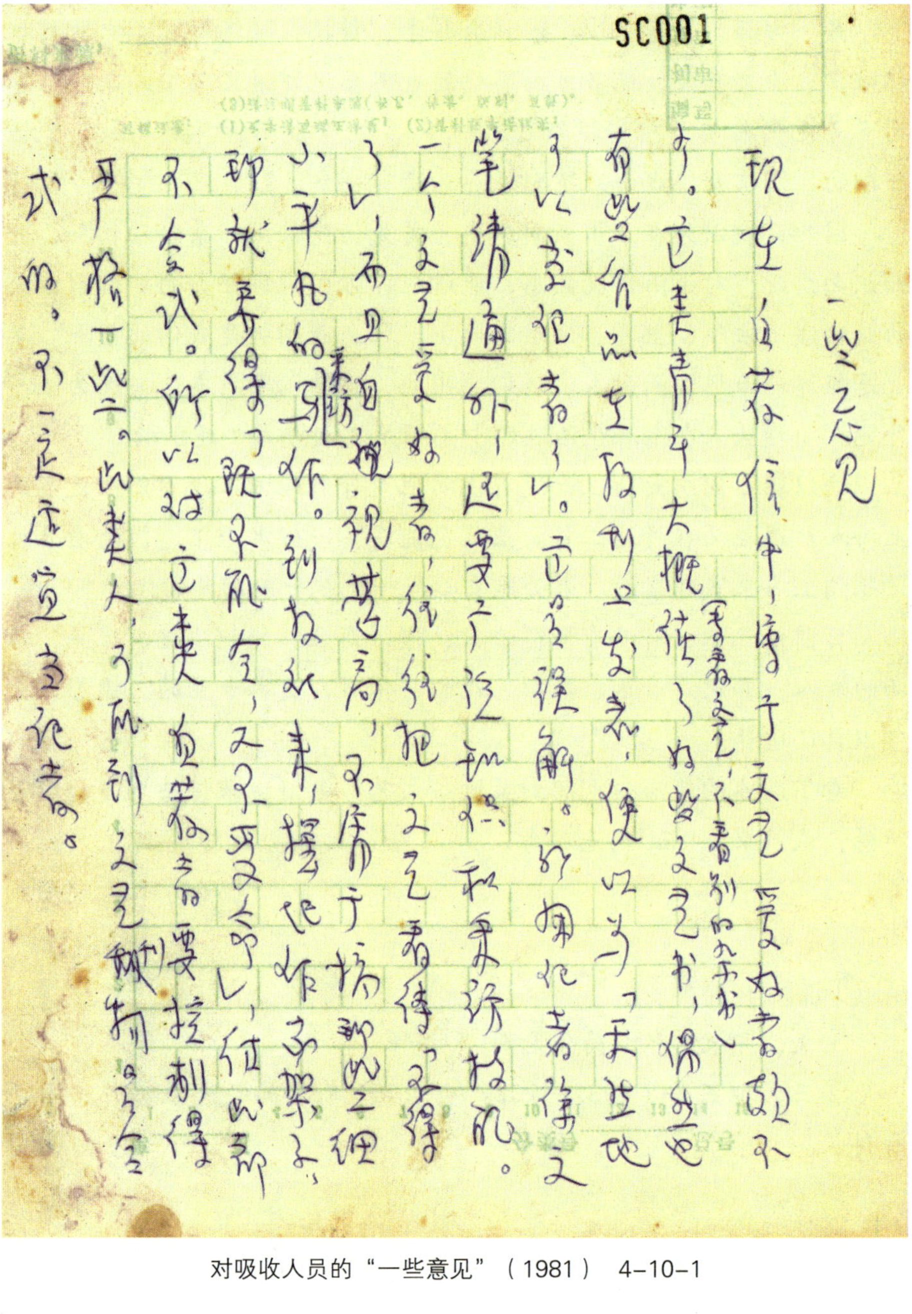

对吸收人员的“一些意见”（1981） 4-10-1

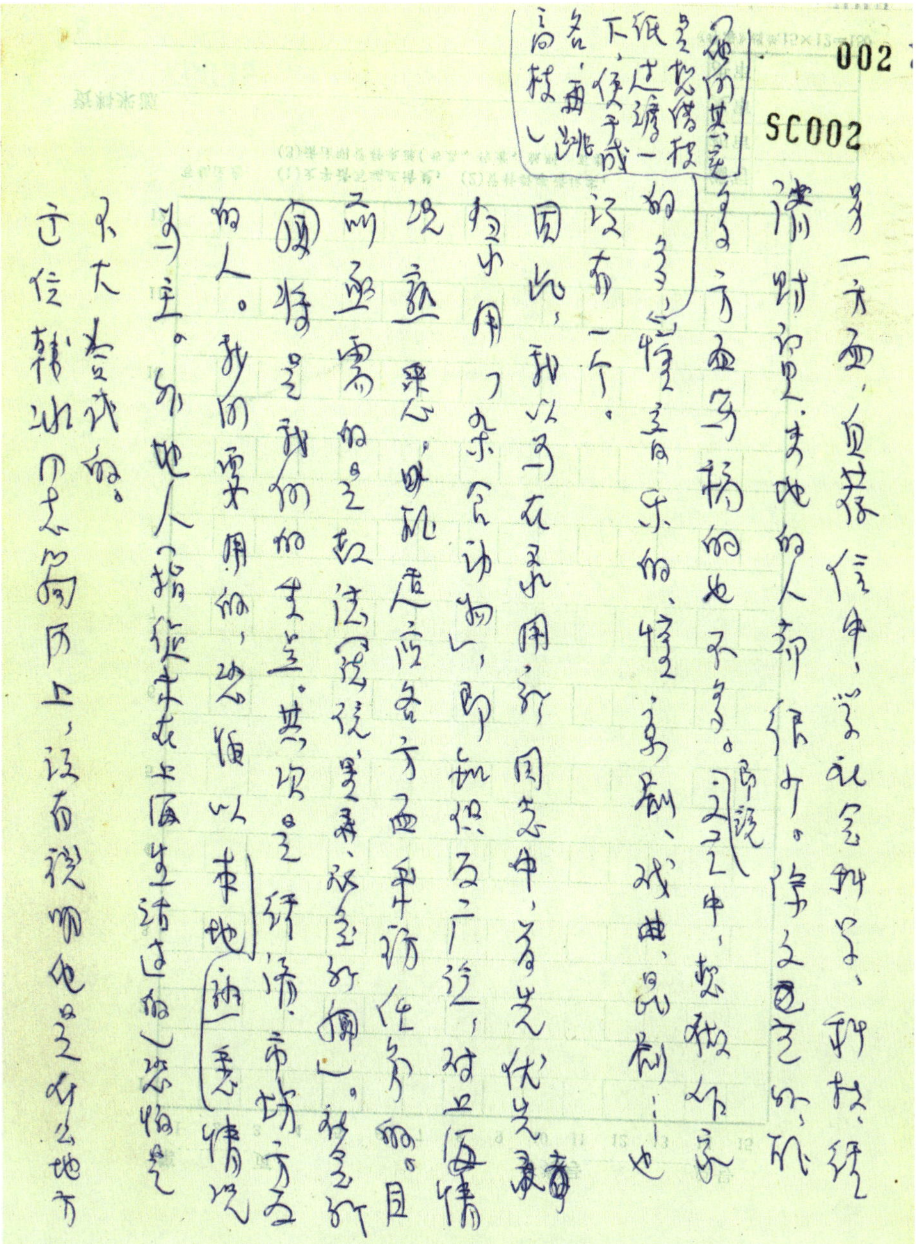

002

SC002

另一方面，负荷信中，学社会科学、科技、经济、财贸、史地的人都很少。像文艺理论，多方面写稿的也不多。（即说）文艺之中，要做作家的多，懂音乐的、懂京剧、戏曲、民剧……也没有一个。

（我们其实是想借校纸过渡一下，便于成名，再跳高校）

因此，我以为在录用的同志中，首先优先录取用了杂家的人，即知识面广，对上海情况熟悉，比较适应各方面采访任务的。且而更需的是技法（写作、采编、改写打稿）。我认为因将是我们的主要。其次是经济、市场方面的人。我们要用的，恐怕以本地（熟悉）情况为主。外地人（指从未在上海生活过的）恐怕是不大适宜的。

这位韩冰同志简历上，没有说明他是什么地方

对吸收人员的“一些意见”（1981） 4-10-2

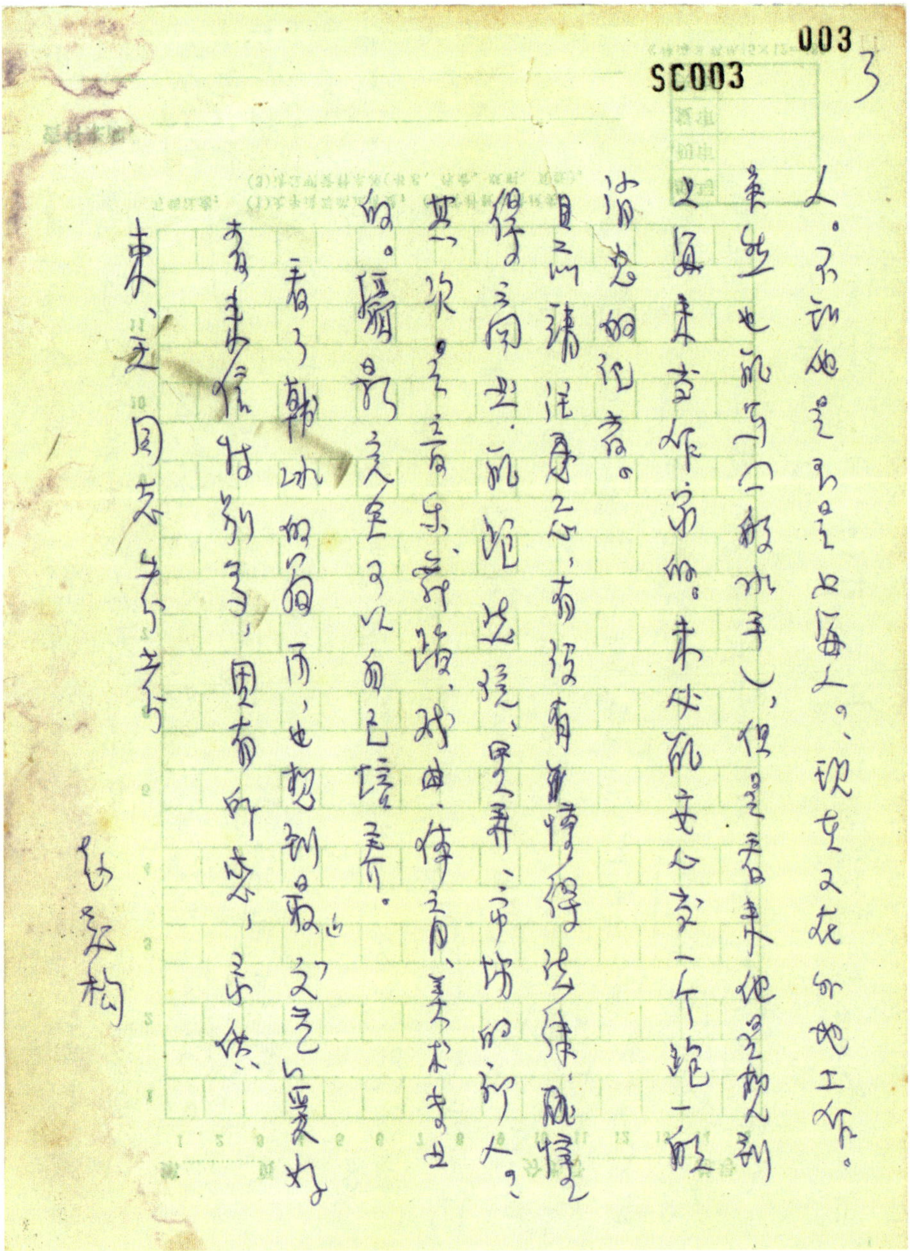
003

SC003

3

人。不论他是不是上海人、现在又在外地工作。来此也就写（一般水平），但是看来他是想到文写来当作家的。未必就安心当一个跑一般消息的记者。

目前请注意，有没有懂得法律、能懂得商业、航运、外汇、贸易、市场的好人。其次，是音乐、舞蹈、戏曲、体育、美术专业的。编辑是完全可以自己培养。

看了韩冰的简历，也想到最近的文艺爱好者来信特别多，因有所感，杂然

东、之同志参考

赵超构

对吸收人员的“一些意见”（1981） 4-10-3

《林放杂文选》后记

[评介]

《林放杂文选》是赵超构出版的第三本杂文集。

一九八七年，新华社新闻研究所和新华出版社共同编选一套《中国记者丛书》，准备在林放已出版的杂文集中编选一本文选。刚巧当时的湖南出版社也在编选一套《当代杂文选粹》丛书，也准备编选一本《林放杂文选》，主编曾彦修（严秀）、副主编林文山（牧惠）一再来信催促。对已出版过书的文章，赵超构历来是不大喜欢再编选的；再说同一书名，两个出版社都出不太好。当时赵超构住院动白内障手术，便委托老同事孙式正向曾彦修说明情况，决定由新华出版社出版《林放杂文选》。这篇后记并未在报刊上发表过，底稿手迹是其女婿陈舜胜教授在家中发现的。

[原文]

后记

我毕生从事新闻工作。作为新闻工作者，从事杂文、杂感和小言论的撰述， 算起来已有五十多个年头了。这一次，新华出版社准备为我出版一本小型的杂文选，我感到惶愧，也感到荣幸[①]。就编选这么一本小书，献给读者和同行的朋友，以便请教。

收录在本书里，只包括“文革”前六七年和“文革”结束后六七年写的杂文。因为年老体衰，资料困难，已没有精力去收集解放前的旧作，就[②]只得就已问世的两本杂文集中选录这些篇章。而编选的劳务，亦多承老友孙式正[③]同志的协助，这是应当在此表示感谢的。

在写作这些杂文的期间，也有不少热心的读者殷殷垂问有关写作的问题。对于这些问题，本书里有两篇短文可以说明，一篇是《多谈些社会问题，宣传好社会主义》；另一篇是《关于“投鼠忌器”[④]》。在前一篇短文里我认为我们写文章如果光谈主义，却不研究眼前迫切需要解决的社会问题，那就会空话连篇，言之无物。所以为了宣传好社会主义，也必须研究好社会问题。由于我写的题材多属于社会现象的批评，我就是按照“多谈些社会问题，宣传好社会主义”这个态度来写的。

再说，杂文多属针砭时弊之作，也不可避免地接触到我们社会的某些消极现象。这就经常会碰到一个“投鼠忌器”的问题。我们既要勇于投鼠，又要珍爱我们的容器。不伤害党和人民的利益[⑤]。因此我特别欣赏茅盾同志那一段话：

> 鼠可以指人，也可以指事，而且鼠有大小，而小鼠之后，有大鼠撑腰。故投鼠，亦非简单。器可以指社会主义制度，也可以指党。投鼠不中而伤器，这是极不应该的（意在投器的别有用心者，不与同例）。如何能击中老鼠而不伤器，且使器之光辉更加发扬，这就有赖于作者的思想水平，政策水平，分析综合能力，以至写作的技巧了。

要勇于投鼠而又不伤器，这是很不容易的，但是我们必须努力做到。在写作杂文中，我是经常以茅盾同志这段话来勉励自己的。至于有没有这个水平，做到了几分，那就有待于读者的指教了[⑥]。

［注释］

①“也感到荣幸”见书时被编辑删除。

②“就”字见书时被编辑删除。

③孙式正，1925年生于浙江嘉兴，新民老报人。1941年参加新闻工作。1953年进入《新民晚报》，任记者、群工组副组长、资料研究组负责人。

④见书时，编辑加了引号。

⑤“我们既要……利益”见书时被编辑删除。

⑥见书时编辑在文后加上了“作者 一九八七年二月三日”。

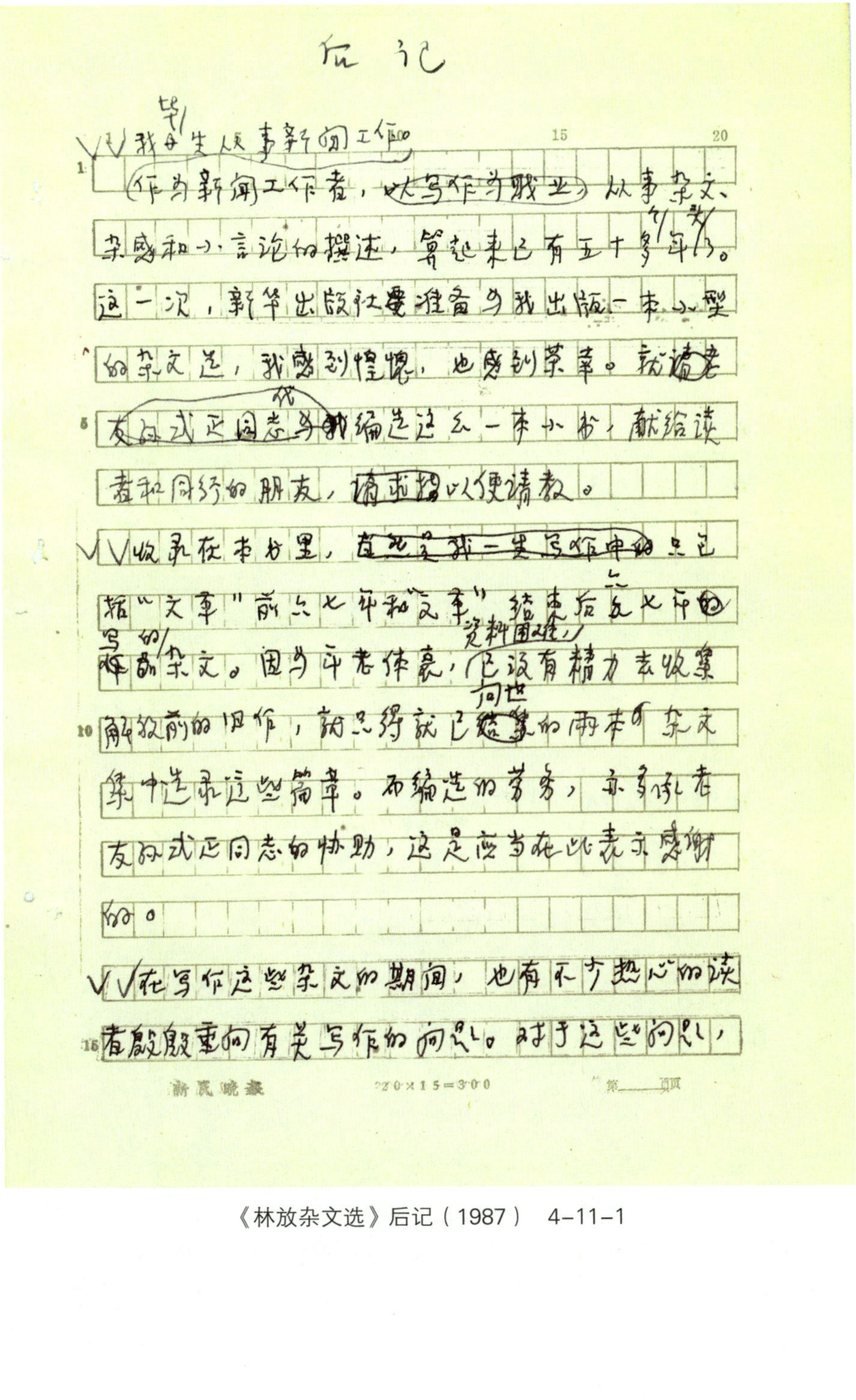
后记

我毕生从事新闻工作，（作为新闻工作者，以写作为职业，）从事杂文、杂感和小言论的撰述，算起来已有五十多年了。这一次，新华出版社要准备为我出版一本小型的杂文选，我感到惶愧，也感到荣幸。就请老友孙式正同志代我编选这么一本小书，献给读者和同行的朋友，请求指正以便请教。

收录在本书里，直至我一生写作中的只是指"文革"前六七年和"文革"结束后六七年间写的杂文。因为年老体衰，已没有精力去收集解放前的旧作，就只得从已经问世的两本杂文集中选录这些篇章。而编选的劳务，亦多承老友孙式正同志的协助，这是应当在此表示感谢的。

在写作这些杂文的期间，也有不少热心的读者殷殷垂询有关写作的问题。对于这些问题，

新民晚报　20×15=300　第　页

《林放杂文选》后记（1987）　4-11-1

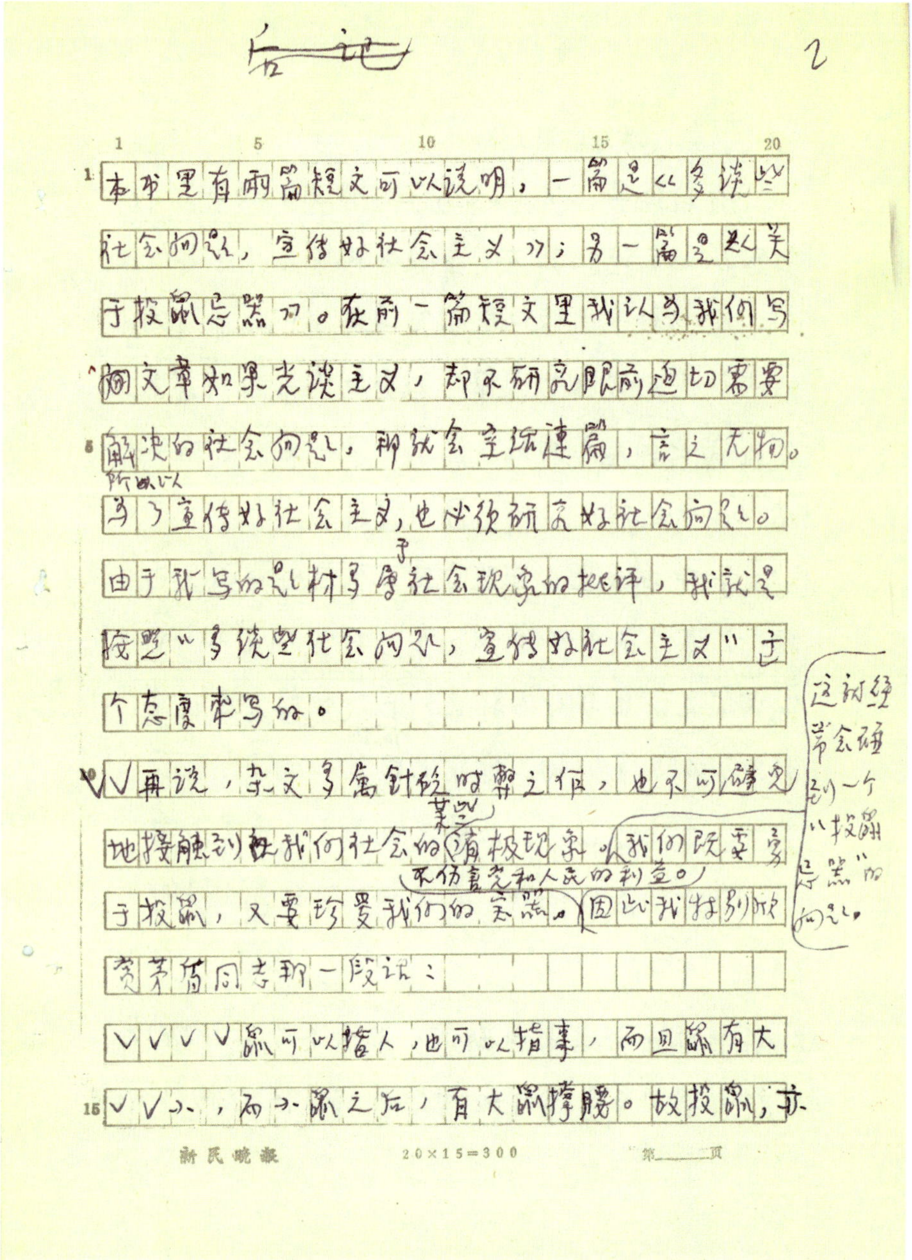

~~后记~~ 2

本书里有两篇短文可以说明，一篇是《多谈些社会问题，宣传好社会主义》；另一篇是《关于投鼠忌器》。在前一篇短文里我认为我们写的文章如果光谈主义，却不研究眼前迫切需要解决的社会问题，那就会空话连篇，言之无物。所以为了宣传好社会主义，也必须研究好社会问题。由于我写的题材多属于社会现象的批评，我就是按照"多谈些社会问题，宣传好社会主义"这个态度来写的。

再说，杂文多属针砭时弊之作，也不可避免地接触到我们社会的某些消极现象。这就经常会碰到一个"投鼠忌器"的问题。我们既要敢于投鼠，又要珍爱我们的宝器。（不伤害党和人民的利益。）因此我特别欣赏茅盾同志那一段话：

鼠可以指人，也可以指事，而且鼠有大小，而小鼠之后，有大鼠撑腰。故投鼠，于

新民晚报 20×15=300 第　页

《林放杂文选》后记（1987） 4-11-2

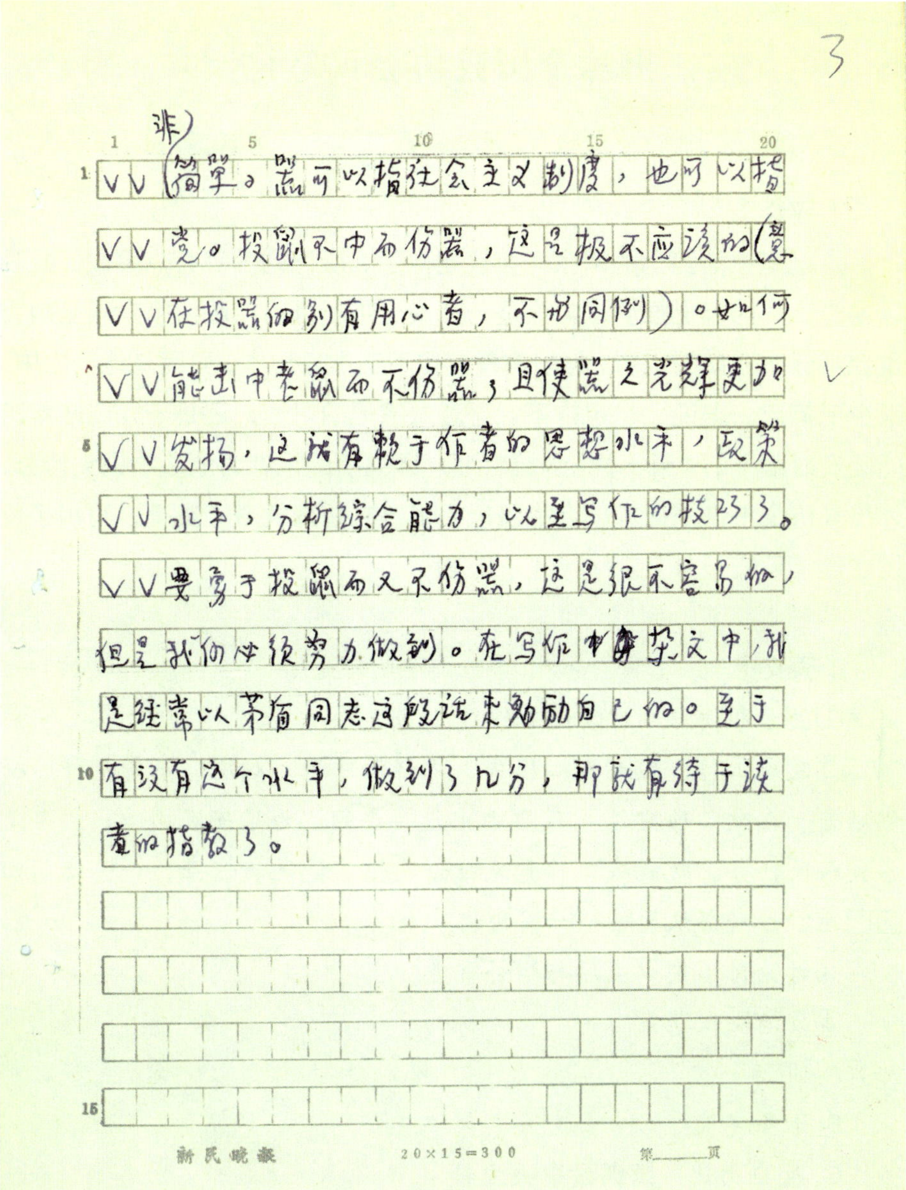
3

（非）简单。器可以指社会主义制度，也可以指党。投鼠不中而伤器，这是极不应该的（意在投器的别有用心者，不在此例）。如何能击中老鼠而不伤器，且使器之光辉更加发扬，这就有赖于作者的思想水平，政策水平，分析综合能力，以至写作的技巧了。要勇于投鼠而又不伤器，这是很不容易的，但是我们必须努力做到。在写作杂文中，我是经常以邓拓同志这段话来勉励自己的。至于有没有这个水平，做到了几分，那就有待于读者的指教了。

新民晚报　20×15=300　第＿＿页

《林放杂文选》后记（1987）　4-11-3

出席全国政协会议笔记

［评介］

这是写在信笺上的两张“会议笔记”。所记的内容有点零散，且难以连贯。从内容上推测，应该是一九八七年三月出席政协第六届全国委员会第五次会议的记录。赵超构没有留下工作日记本，原因是他一生中，很少记笔记。据说，赵超构不太愿意做笔记的习惯，还是一九四四年访问延安时落下的。当年，中外记者西北参观团的记者为蒙蔽国民党特务，外出采访全不带采访本，全靠脑记心记。赵超构凭着一支笔，写出了传世之作《延安一月》。

［原文］

①关于邓讲话　对政协工作

②政府工作　鼓舞人心报告　办好两件事，双增　浪费批评、提倡艰苦、在政二项宣传　反自由化是必要的。为了安定团结，两事是各族人民任务，就统战工作党风社会风气　□统、农业，……澳门回□□地○○兴奋认为——一国两制

③讨论付（副）主席与增补常委

④政治决议草案

A. 邓话

B. 六个不变

C. 反自由化　强调按中央方针

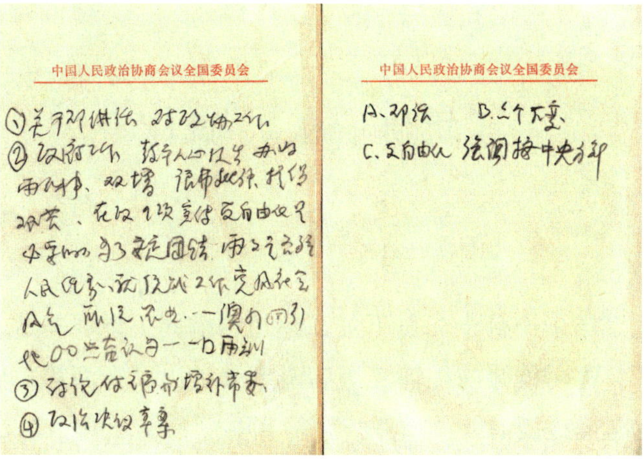
中国人民政治协商会议全国委员会

中国人民政治协商会议全国委员会

出席全国政协会议笔记（1987） 4-12-1

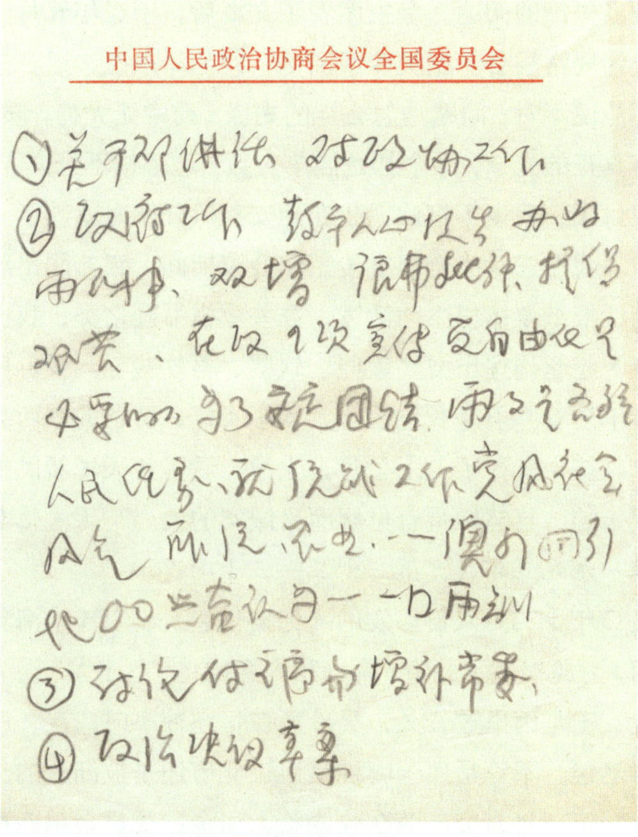
中国人民政治协商会议全国委员会

出席全国政协会议笔记（1987） 4-12-2

《记协信息》[①]批注

[评介]

一九九〇年十一月十二日下午，赵超构携同王维、马达、束纫秋、杨瑛、宋军、贾树枚等前往锦江饭店看望来沪出席上海第三届电视节的全国记协主席吴冷西。

吴冷西当着众人面，谈起了一九五七年林放写的杂文《先锋何在？》和提出的“短、广、软”的改革口号。赵超构在《先锋何在？》一文中提到赵子龙当先锋的问题。毛主席看了文章后，于当年五月十八日就此专门召开政治局常委会。据吴冷西回忆：“毛泽东说，记者是先锋，这在原则上不能说不对，问题是怎么样的先锋。蜀中无大将，廖化当先锋。说现在没有真正的先锋，个个都是滥竽充数，这恐怕不好说。毛泽东说，教条主义很讨厌，我也不喜欢。我在延安整风开始时就数了‘党八股’的八大罪状。我在三月间全国宣传工作会议期间，跟新闻出版界人士座谈时也说到，报纸要搞得生动活泼，登些琴棋书画之类，我也爱看。当时《新民报》赵超构提出要‘软些、软些、再软些’。我也反对太硬，太硬了读者不爱看。但是我也担心太软了不好，黄色的东西会出来，所以说两个‘软些’就行了。上个月去上海，看了几天《新民报》，办得还是比较严肃的。赵超构是有见解而又诚实的人。”（《忆毛泽东》，新华出版社一九九五年版，第三十三—三十七页）

一九九〇年十二月八日印发的《记协信息》，以《上海新闻界同志看望吴冷西》为题报道了此事，副题和内容均将“赵子龙”误为“廖化”。此处有二说：一是因事过长久，吴冷西在忆述往事时口误；二是记者在采写稿件时笔误。不管是属于哪种错误，此事还是被细心的吴冷西发现了。一九九一年三月，吴冷西在政协第七届全国委员会第四次会议上遇见赵超构和陆诒，便通过陆诒向上海市记协主席王维说明情况，并更正了这一错误。留在《记协信息》一版左边空白处的文字，就是赵超构根据此事写下的批注。此手迹现存文成县博物馆。

［原文］

九一年三月全国政协会②上，冷西③同志更正了“廖化”是赵子龙之误，并嘱陆诒④同志向王维⑤同志说明。

［注释］

①《记协信息》是上海新闻工作者协会主办的一份内刊。

②指政协第七届全国委员会第四次会议。

③吴冷西（1919—2002），广东新会人。长期在新闻战线工作，先后担任新华社社长、《人民日报》总编辑，以及中华全国新闻工作者协会主席等。著有《忆毛主席——我亲身经历的若干重大历史事件片断》《十年论战：1956—1966年中苏关系回忆录》。

④陆诒（1911—1997），字翼维，上海县鲁汇镇（今闵行区）人。著名战地记者。先后担任《大公报》记者、《新华日报》编委兼采访部主任。1949年后，参加《新闻日报》工作，担任编委兼采访部主任，1956年任《新闻日报》副总编辑。著有《前线巡礼》《热河失陷目击记》《战地萍踪》《文史杂忆》等。

⑤王维（1919—2023），原名王茂柏，浙江临海人。早年参加革命，先后任《新华日报》（华中版）副总编辑，《江淮日报》《皖北日报》社长兼总编辑。1954年后，先后任《解放日报》副总编辑、第二总编辑、党委书记、总编辑，中华全国新闻工作者协会副主席等。著有《把心扑在新闻上》。

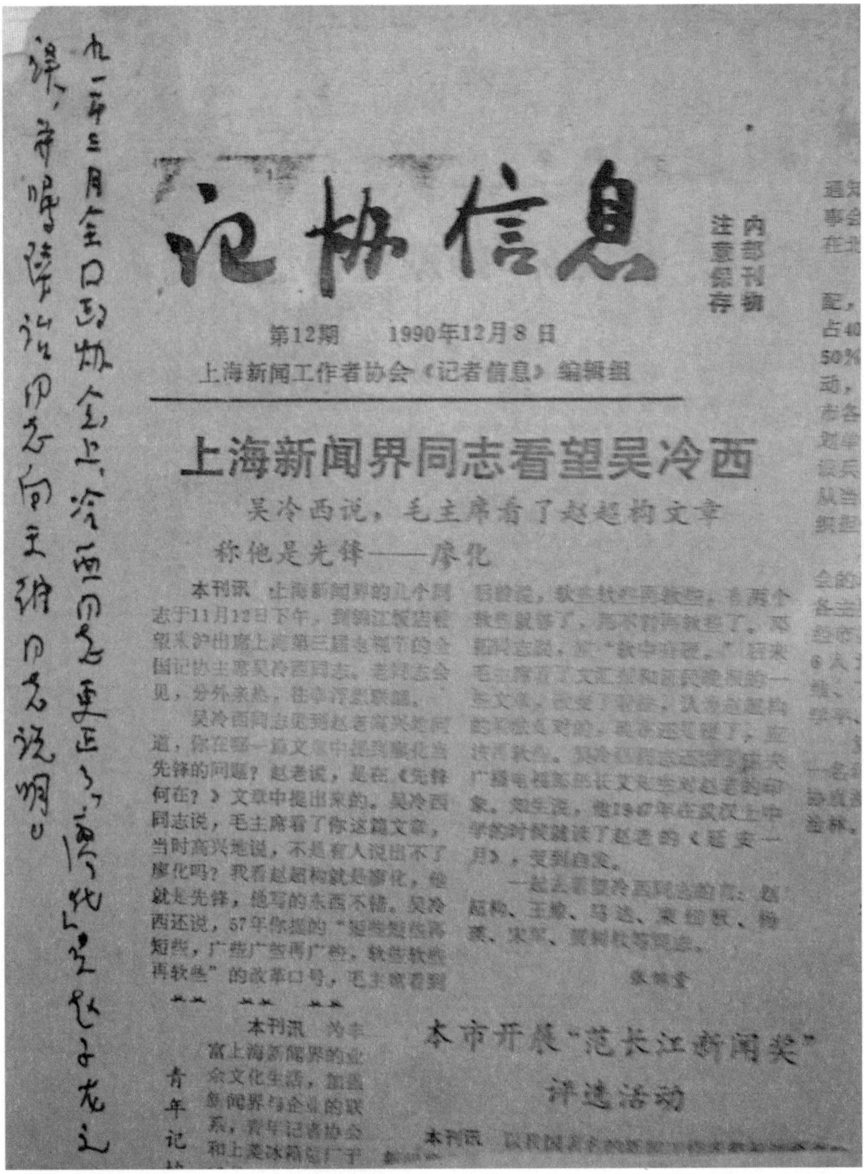

九一年三月全日到协会，吴冷西同志更正了"廖化"是赵子龙之误，希望陆诒同志向主编同志说明。

记协信息

内部刊物 注意保存

第12期　　1990年12月8日

上海新闻工作者协会《记者信息》编辑组

上海新闻界同志看望吴冷西

吴冷西说，毛主席看了赵超构文章 称他是先锋——廖化

本刊讯 上海新闻界的几个同志于11月12日下午，到锦江饭店看望来沪出席上海第三届电视节的全国记协主席吴冷西同志。老同志会见，分外亲热，往事历历联翩。

吴冷西同志见到赵老高兴地问道，你在哪一篇文章中提到廖化当先锋的问题？赵老说，是在《先锋何在？》文章中提出来的。吴冷西同志说，毛主席看了你这篇文章，当时高兴地说，不是有人说出不了廖化吗？我看赵超构就是廖化，他就是先锋，他写的东西不错。吴冷西还说，57年你提的"短些短些再短些，广些广些再广些，软些软些再软些"的改革口号，毛主席看到后曾说，软些软些再软些，有两个软些就够了，再不能再软些了。邓拓同志说，这"软中有硬。"后来毛主席看了文汇报和新民晚报的一些文章，改变了看法，认为赵超构的……是对的，是否过软了，应该再软些。吴冷西同志还谈到……对赵老的印象。他先说，他1947年在武汉上中学的时候就读了赵老的《延安一月》，受到启发。

一起去看望吴冷西同志的有：赵超构、王维、马达、束纫秋、杨燕、宋军、贾树枚等同志。

张林堂

本刊讯 为丰富上海新闻界的业余文化生活，加强新闻界与企业的联系，青年记者协会和上菱冰箱厂于……

青年记协

本市开展"范长江新闻奖"评选活动

本刊讯 以我国著名的新闻……

《记协信息》批注（1991）　4-13

自撰简历小传 · 改朱亚夫[①]“林放小传”

[评介]

赵超构到了晚年后，一些单位或团体经常来信、来人索取小传之类的文字。对此他能推则推；实在推辞不掉的，便由报社总编办或他人代写。一九八七年新华出版社出版《林放杂文选》，要在扉页上配作者小传。赵超构生怕别人写了被动，便自己动笔起草了一份小传，全文不到四百字，通篇找不到一个修饰词语。这篇被人戏称为“白开水”“流水账”的小传，成了他后来敷衍应景小传的范本。瑞安新闻工作者协会邀请他担任名誉主席兼顾问，通过他的亲戚刘显佑向他索取小传。他很快就将“流水账”寄了过去。

二十世纪八十年代，河北《杂文界》杂志社推出杂文百家专访活动，朱亚夫应对方之约，三访赵超构。在刊出专访文章之前，他专门撰写了一篇颇有点内容的“林放小传”。拿给当事人审阅时，赵超构大刀阔斧，又将其删成了“白开水”。什么“不怕风险”“毅然”“老当益壮”等修饰词语，一字不留；诸如说他的杂文“继承了鲁迅的‘清醒的现实主义’传统”等评论句式全被画掉。

[原文 1]

赵超构简历[②]

一九一〇年生，浙江省瑞安人。

一九三五年[③]毕业于上海中国公学大学部经济系。

一九三五年[④]至一九三七年，担任南京朝报编辑。

一九三八年至一九四六年，担任重庆新民报主笔。用“沙”字笔名，每天在报上撰写专栏“今日论语”。

一九四六年至一九六六年，担任上海新民晚报总主笔、总编辑、社长。用“沙”和“林放”笔名，撰写专栏《短评》《随笔》《未晚谈》。

现任上海辞书出版社副社长。

[原文2]

赵超构小传⑤

赵超构，1910年生于浙江瑞安龙川（今属文成）。高级记者、专栏作家，笔名林放。幼读私塾，曾在温州中学高中二年级肄业，1934年毕业于中国公学大学部，即入南京朝报担任编辑工作。1938年入重庆新民报，任主笔。1944年参加中外记者团访问延安，写有《延安一月》一书，客观地报道了陕甘宁边区的情况。1946年后担任上海新民晚报总主笔、社长等职，为《随笔》《未晚谈》等专栏撰稿。曾任第一届全国政协会议代表，第一、二、三、四、五届全国人民代表大会代表，第六届全国政协常务委员。全国新闻工作者协会副主席、全国晚报工作者协会会长。现任上海新民晚报社长、上海市政协副主席、第七届全国政协常委。出版有《延安一月》（通讯集）、《世象杂谈》（杂文集）、《未晚谈》（杂文集）、《未晚谈二编》（杂文集）。

[注释]

①朱亚夫（1943—），笔名方波、司马羊等。上海市人。曾任《上海老年报》总编辑助理兼副刊部主任、《军休天地》杂志主编等。著有《杂坛徜徉录》《亚夫杂文选》等。

② 1980年致尹均生，赵超构亲自起草的简历。

③记忆有误，应该是1934年。

④记忆有误，入职南京《朝报》应为1934年3月。

⑤ 1991年致家乡瑞安刘显佑，赵超构亲自起草的小传。

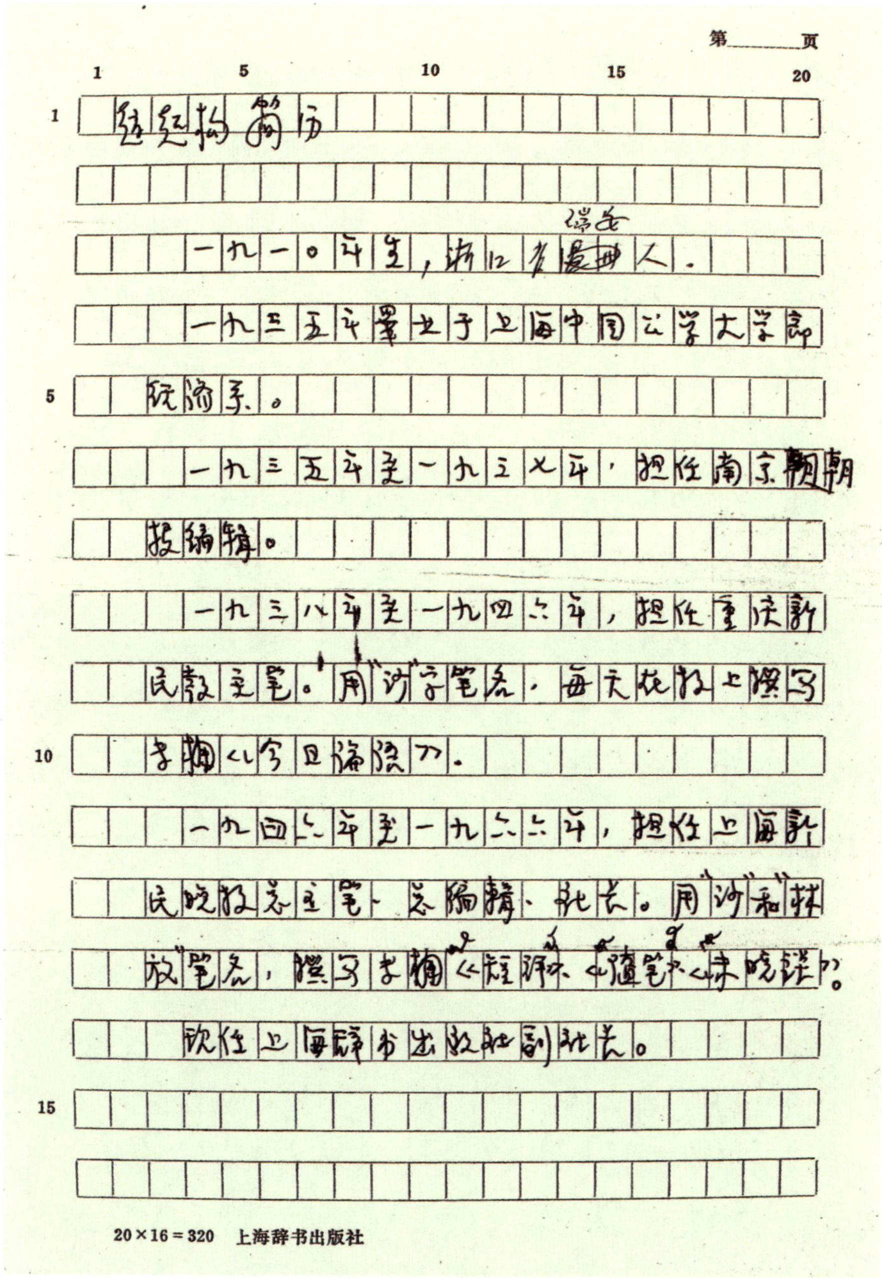

第　　页

赵超构简历

一九一〇年生，浙江省瑞安人。

一九三五年毕业于上海中国公学大学部经济系。

一九三五年至一九三七年，担任南京朝报编辑。

一九三八年至一九四六年，担任重庆新民报主笔。用"沙"字笔名，每天在报上撰写专栏《今日论语》。

一九四六年至一九六六年，担任上海新民晚报总主笔、总编辑、社长。用"沙"和"林放"笔名，撰写专栏《短评》《随笔》《未晚谈》。

现任上海辞书出版社副社长。

20×16＝320　上海辞书出版社

自撰的简历（1980）　4–14

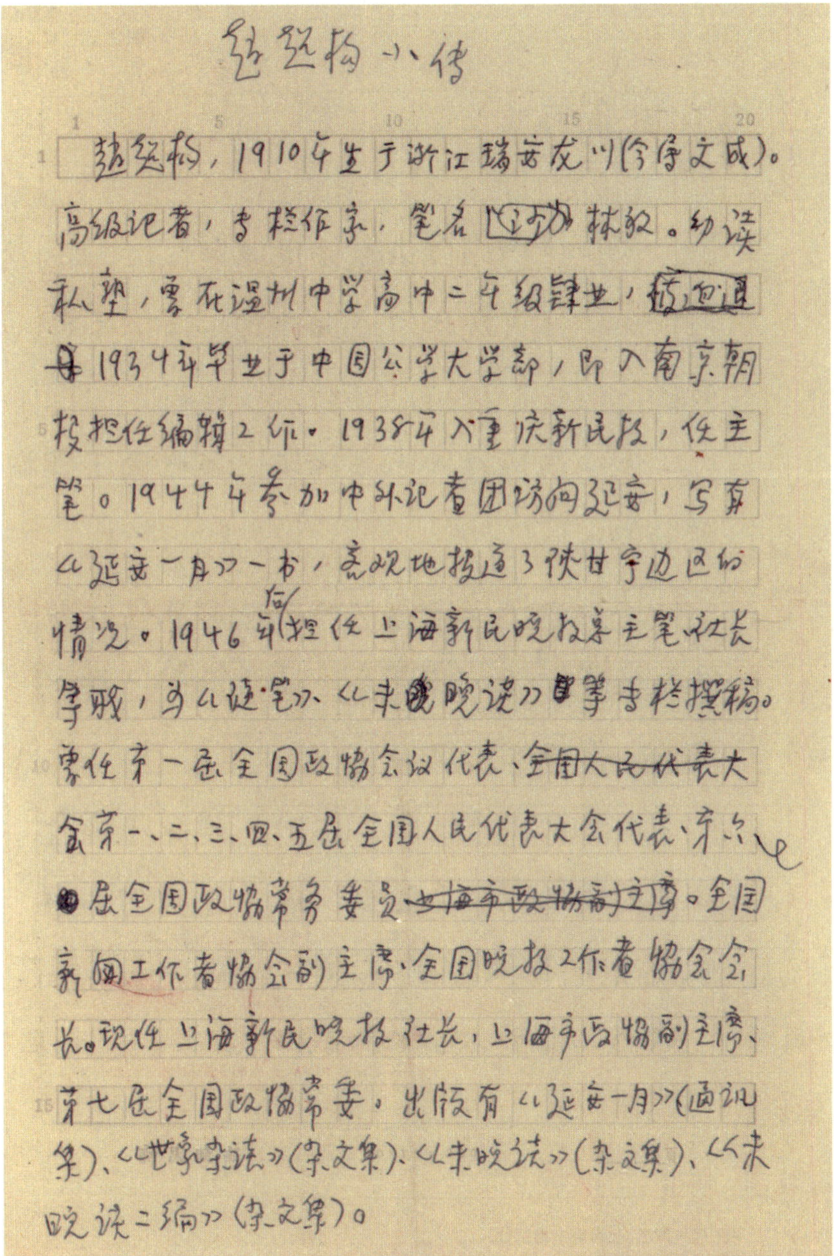

赵超构小传

赵超构，1910年生于浙江瑞安龙川（今属文成）。高级记者，专栏作家，笔名~~[illegible]~~林放。幼读私塾，曾在温州中学高中二年级肄业，~~后进~~1934年毕业于中国公学大学部，即入南京朝报担任编辑工作。1938年入重庆新民报，任主笔。1944年参加中外记者团访问延安，写有《延安一月》一书，客观地报道了陕甘宁边区的情况。1946年后担任上海新民晚报总主笔、社长等职，并为《随笔》、《未晚谈》等专栏撰稿。曾任第一届全国政协会议代表、~~全国人民代表大~~会第一、二、三、四、五届全国人民代表大会代表，第六届全国政协常务委员~~上海市政协副主席~~。全国新闻工作者协会副主席、全国晚报工作者协会会长。现任上海新民晚报社长，上海市政协副主席、第七届全国政协常委。出版有《延安一月》（通讯集）、《世象杂谈》（杂文集）、《未晚谈》（杂文集）、《未晚谈二编》（杂文集）。

自撰的小传（1991） 4–15

[原文3]

林放小传①

林放，原名赵超构，1910年生于浙江温州（瑞安县）。从中国公学大学（部）毕业后进报社当记者（进南京《朝报》任编辑），边从事新闻采访，边开始撰写言论。三十年代末，他主持（任）重庆《新民报》副刊（主笔），经常发表抨击时弊的杂文。抗战期间（一九四四年），曾不怕风险毅然赶赴延安（参加中外记者团访问延安），写成《延安一月》，把革命圣地的真情实况公之于世。周恩来曾把此书誉为中国的《西行漫记》，毛泽东也称赞说："能在重庆这个地方发表这样的文章，作者的胆识是可贵的。"

解放后，林放主持上海《新民晚报》，针对当时报纸盲目仿效苏联、缺乏生气的情况，大胆提出办报口号："短些、短些、再短些；广些、广些、再广些；软些、软些、再软些（后改为'软中有硬'）！"并带头付之实践，在中央到地方的报刊上（在各报上）刊发了许多直面人生、评说世象的杂文。"文革"中他也历尽艰辛，1982年，当重返《新民晚报》领导岗位之后，他重操旧业，老当益壮（继续撰写）"未晚谈"杂文几乎每天一篇。

林放的杂文继承了鲁迅的"清醒的现实主义"的精神，具有清新凝练、晓畅明快的独特风格。已经出版的杂文集有《世象杂谈》、《未晚谈》。林放现为全国政协常委、《新民晚报》社社长、上海市杂文学会名誉会长。

[注释]

①此为1986年朱亚夫应河北《杂文界》杂志之约草拟的"林放小传"，删改的内容（见画线和括号）为赵超构亲笔修改。

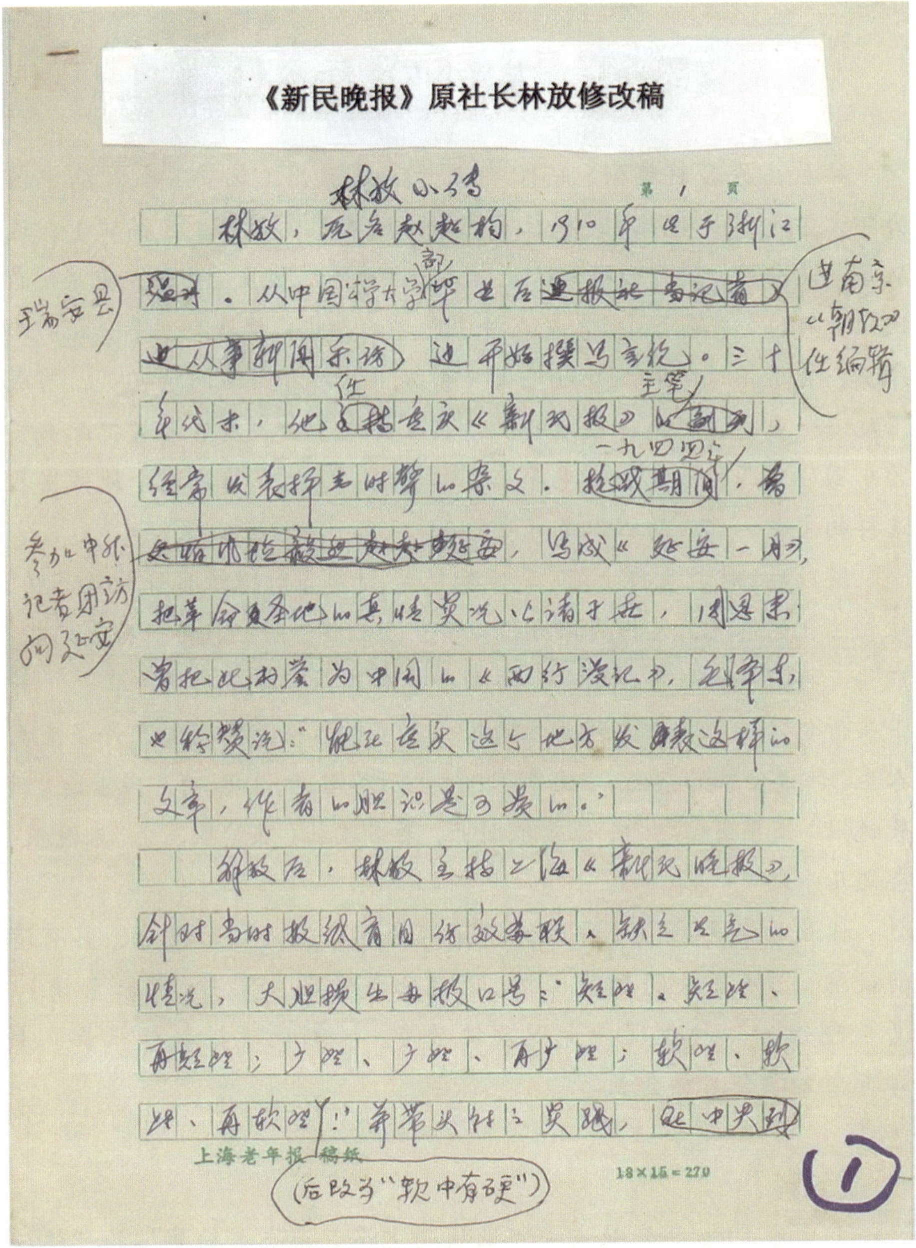

《新民晚报》原社长林放修改稿

林放小传　　第 1 页

林放，原名赵超构，1910年生于浙江瑞安县。从中国公学大学部毕业后进南京《朝报》任编辑，开始撰写言论。三十年代末，他任重庆《新民报》主笔，经常发表抨击时弊的杂文。一九四四年，参加中外记者团访问延安，写成《延安一月》，把革命圣地的真情实况公诸于世，周恩来曾把此书誉为中国的《西行漫记》，毛泽东也给赞说："能在重庆这个地方发表这样的文章，作者的胆识是可贵的。"

解放后，林放主持上海《新民晚报》，针对当时报纸有自行效苏联、缺乏特色的情况，大胆提出办报口号："短些、短些、再短些；广些、广些、再广些；软些、软些、再软些！"并带头付之实践，

(后改为"软中有硬")

上海老年报稿纸　　18×15＝270

①

林放改小传（1988）　4-16-1

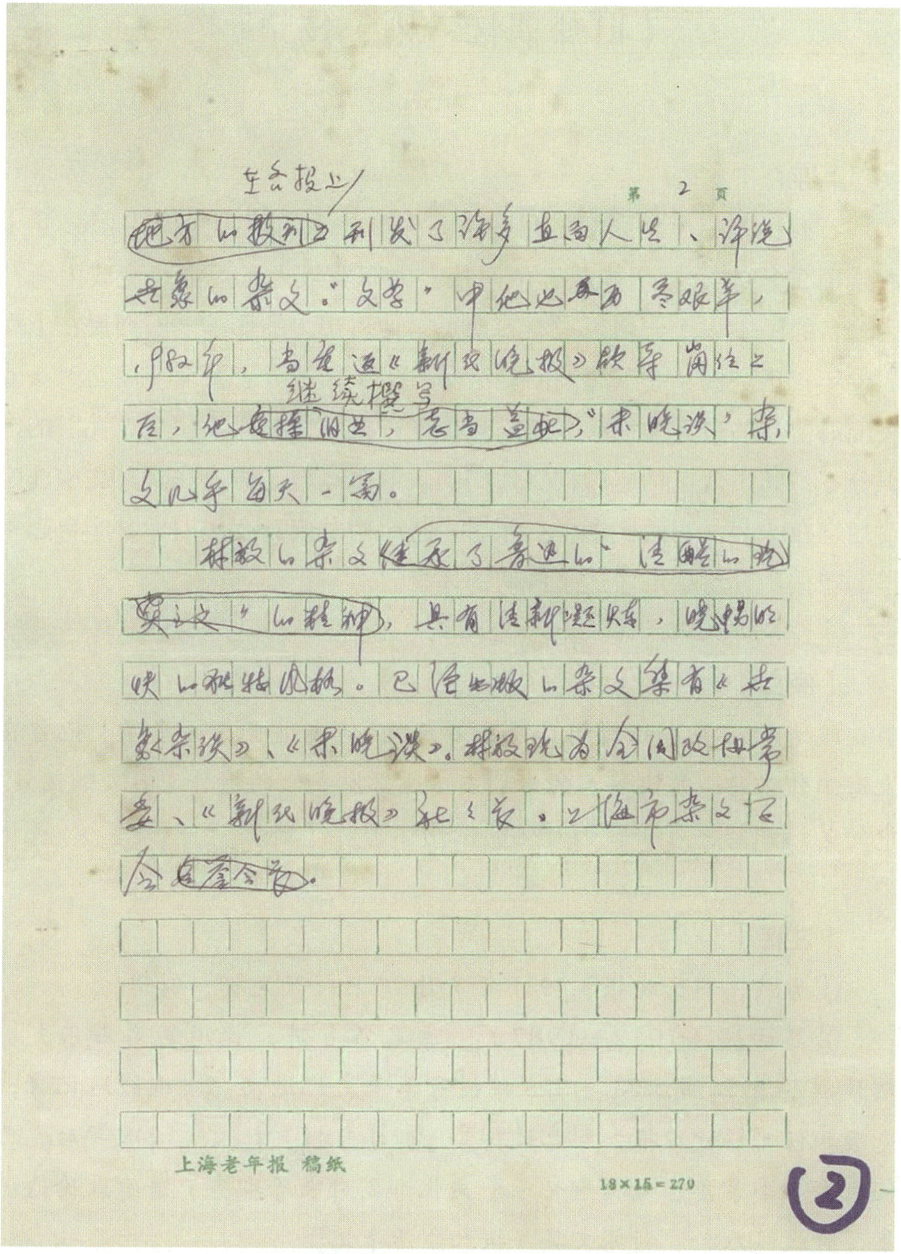
在各报上

第 2 页

地方的报刊上刊发了许多直面人生、针砭世象的杂文。"文革"中他也备尝艰辛。1982年，当复返《新民晚报》岗位之后，他又重操旧业，志当益壮，"未晚谈"杂文几乎每天一篇。

继续撰写

林放的杂文继承了鲁迅的"清醒的现实主义"的精神，具有清新凝炼，晓畅明快的独特风格。已经出版的杂文集有《世象杂谈》、《未晚谈》。林放现为全国政协常委、《新民晚报》社社长、上海市杂文学会名誉会长。

上海老年报 稿纸

18×15=270

②

林放改小传（1988） 4-16-2

《旧梦偶忆三则》按语[1]

[评介]

石西民是赵超构接触较早的中共党员，他们还是上海中国公学上大学时的校友。赵超构从一个旧社会的职业报人，逐渐蜕变成为新社会著名的民主人士，可以说有石西民对他思想上的影响。石西民在上海的十年，正是极“左”思潮回旋激荡，不少知识分子蒙冤受屈之时。他在上海留下的最大的口碑，就是保护了一批后来被斥为“臭老九”的知识分子，其中就包括赵超构。他们的政治命运与走势，在冥冥之中注定要捆绑在一起。石西民逝世三年后，赵超构发表石西民旧作并亲自起草“编者按”，对挚友表达了深切的怀念。

[原文]

编者按：著名的新闻界前辈石西民[2]同志逝世三年多了。他曾在上海工作多年，是上海人的老朋友。这里发表他的遗作《旧梦偶忆集》中的笔记三则，表示我们对他的深切怀念。

[注释]

①原载《新民晚报》1991 年 7 月 20 日《夜光杯》副刊。

②石西民（1912—1987），原名石士耕，曾用笔名石东夫、栖民等，浙江浦江人。1928 年投身革命文化运动。当过战地记者，先后担任《解放日报》副总编辑、《新华日报》社长。1949 年后，历任上海市委常委、宣传部部长，文化部副部长等职务。著有政论通讯集《时代鸿爪》、新闻文集《报人生活杂忆》。

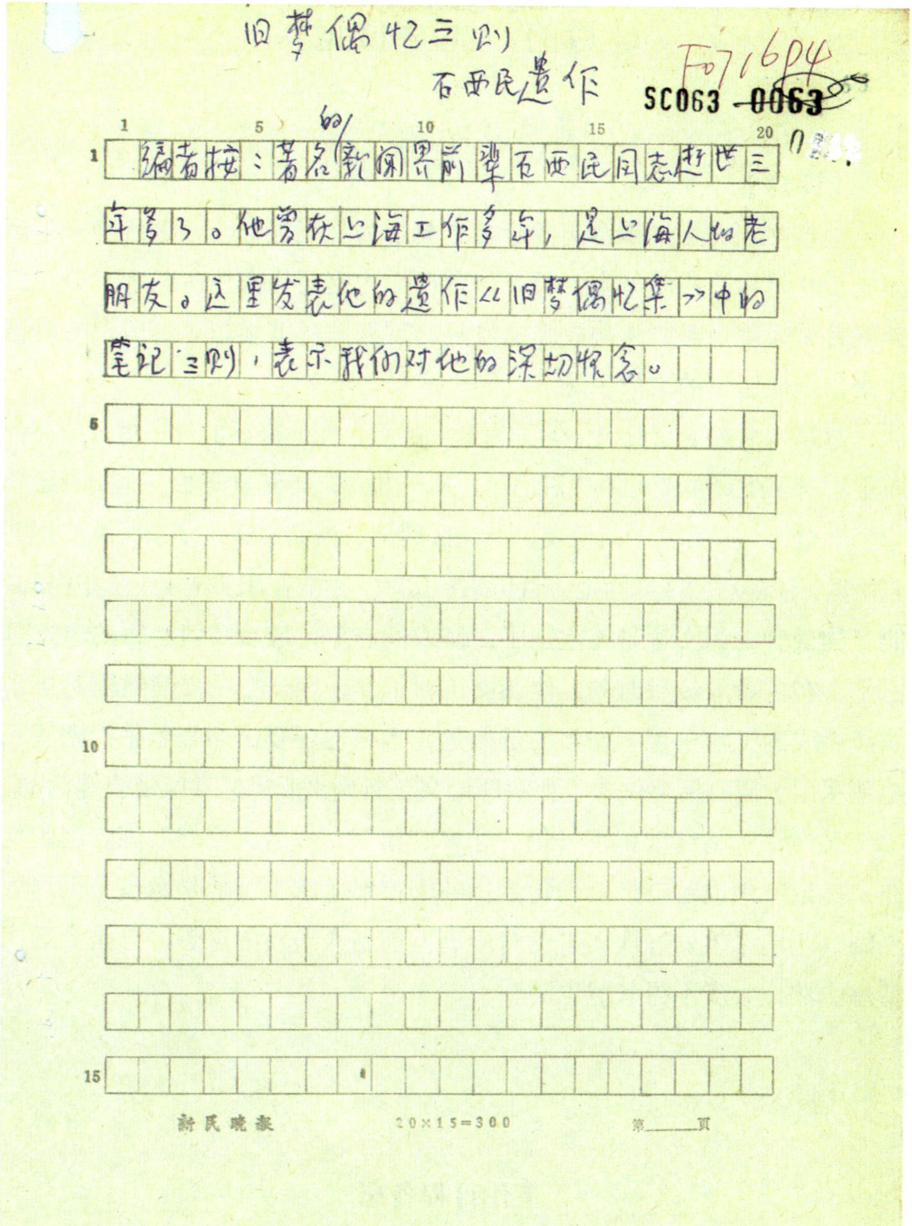
旧梦偶忆三则

石西民遗作

SC063 ~~0063~~ F071604

编者按：著名的新闻界前辈石西民同志逝世三年多了。他曾在上海工作多年，是上海人的老朋友。这里发表他的遗作《旧梦偶忆集》中的笔记三则，表示我们对他的深切怀念。

新民晚报　20×15=300　第　页

《旧梦偶忆三则》按语（1991）　4-17-1

最后的“生命日记”

[评介]

这本文汇养生知识台历（康复专辑）为文汇报社全一毛所赠，不想却成了赵超构的最后一本台历。该台历原为赵超构家属所藏，二〇一四年五月由家属捐赠赵超构故乡文成县，现藏该县博物馆。台历上的只言片语，是他留下的最后手迹。

赵超构从来不写日记，但颇为意外的是，在他最后的日子里，却在台历上写下了生命中最后的“日记”。从一九九二年元旦开始，他断断续续写了十七天。一月二十八日夜，他突卧瘫地，被紧急送入华东医院。据刘芭姐说，住院后父亲嘱咐她将台历拿到医院，摆放在床头柜上。从中得知，他写的最后一篇文章是《永别了，铸成同志》，最后登门会晤的老友是巴金。在生命的最后时刻，他还惦记着工作，在一个牛皮信封上写下了未能完成的工作日程。如果不是病危，本来他还要出席张乐平捐赠《三毛从军记》原稿授奖仪式、上海理论文艺新闻出版界迎春座谈会等活动。

弘一法师临终前留下一句“悲喜交集”，教后人浮想联翩。赵超构在“日记”中也留下最后一句话：吵闹得狠（很）。他是嫌这个世界太热闹，还是希望安静地离去？对于离世前名人最后的念想，总是令后人猜想。然，大多不得其解也。

[原文1]

工作日程备忘

28（二）[1]　张乐平三毛会[2]

29（三）　200号　二时宣传迎春会[3]

30（四） 9楼 二时 专委会迎春④

二月1日（六） 5.30 文化俱乐部 2.30 1321主席室⑤

31（五） 二时 200号 文联⑥

［注释］

①日期与星期。下同。

②指张乐平捐赠《三毛从军记》原稿授奖仪式。

③指在上海文艺中心底层大厅举行的上海理论文艺新闻出版界迎春座谈会。

④指上海市政协专委会迎春联欢会。

⑤指按日期到此两处开会座谈。

⑥指在文艺礼堂举行的上海市文联迎春茶话会。

［原文2］

台历上的日记

日历扉页：祝林放老师，健康长寿！全一毛①

1月1日：上午市政协团拜，午赴报社、吃饭

1月3日：感冒 写好追悼铸成②兄的文章

1月7日：铸成同志告别会

1月8日：《永别了，铸成同志》一文见《文汇报》③

1月9日：上午赴社 下午偕谈④翁⑤两兄探望镜人⑥同志

1月10日：将张镜人同志诗三首交《夜光杯》

1月11日：民盟常务会开会，上午出席半天

1月13日：张诗见报⑦

1月14日：上午打针去报社

1月16日：《扫六害》一文见《解放日报》 下午四时江泽民同志会见各界人士

1 月 18 日：下午四时半 old[⑧]同志在展览中心合影

1 月 22 日：夜，陈培余[⑨]同志来访，交还延安一月及资料。

1 月 24 日：上午，与毓刚[⑩]同去探望巴老[⑪]，承赠《讲真话的书》一厚册。

1 月 25 日：刘巴和小牛去海门[⑫]。上午去报社

1 月 27 日：夜 胸闷

1 月 28 日：住院 Zinacef（头孢呋辛） 二次 / 日

1 月 29 日：用呼吸器 BIPAP S/T-D ventilatory support system（呼吸支持系统）

日历最后一张衬纸：3273688（丁） 2472090 束 崔[⑬]3171688/11389 吵闹得狠

［注释］

①全一毛（1927—2000），原名全永锵，笔名霖萍、乙卯。浙江鄞县人。高级记者。1946 年从事新闻工作，先后担任《文汇报》（香港）驻浙东记者，《宁波人报》《宁波时报》采访部主任等。著有《浙东四月间》《愚园放谈》《记者随笔》等。时为《文汇报》编委。

②徐铸成（1907—1991），笔名荆紫、银丝、丁宁。江苏宜兴人。著名报人。先后担任《大公报》总编辑、《文汇报》总主笔兼总经理。1949 年后长期担任《文汇报》社长兼总编辑。与赵超构、陆诒并称为新闻界“香山三老”。著有《新闻丛谈》《新闻艺术》《旧闻杂忆》《报人张季鸾先生传》等。

③悼文实际见刊于 1 月 9 日《文汇报》副刊《笔会》。

④即谈家桢（1909—2008），浙江宁波人。国际遗传学家、中国现代遗传学奠基人。先后担任复旦大学遗传所所长、复旦大学副校长、生命科学院院长和校长顾问等职务。中国科学院院士。著有《基因与遗传》《生命的密码》《基因的萦梦》等。时为民盟上海市委主委。

⑤即翁曙冠（1921—2015），浙江慈溪人。1949 年 7 月，受上海市军管会委派，与陈云涛接管上海敬业中学，并任校长三十七年。曾

担任过上海市教育局副局长等职务。时为民盟上海市委副主委。

⑥即张镜人（1923—2009），上海人，中医理论家和中医临床学家。历任上海市第一人民医院中医科主任、上海医科大学教授、上海市卫生局副局长等职。为全国中医药学会副会长，获全国首届“国医大师”称号。时为民盟上海市委副主委。

⑦张诗实际见刊于1月14日。发表时标题改为《病中抒感》。

⑧英文，“老”的意思。

⑨陈培余（1942—2024），上海松江人。1961年参加中国人民解放军。上海政协系统干部，曾任《联合时报》编辑、总编办公室主任。

⑩沈毓刚，见第59页注释。

⑪即巴金（1904—2005），本名李尧棠，字芾甘，四川成都人。当代著名作家、翻译家，社会活动家、无党派爱国民主人士。曾担任全国政协副主席、中国作家协会主席等职务。年轻时著有《家》《春》《秋》三部曲，晚年著有《随想录》，被誉为“二十世纪中国文学的良心”。

⑫“刘巴”即赵超构小女儿赵刘芭，见269页注释。“小牛”为陈桥小名，赵刘芭儿子。“海门”为赵超构女婿陈舜胜老家，即现在的浙江省台州市椒江区。

⑬“丁”即丁法章（1940—），江苏盐城人。曾在复旦大学任教，主讲新闻写作、新闻评论等课程。担任过上海《青年报》总编辑。时任新民晚报党委书记、总编辑。著有《新闻评论学》《我当晚报老总》《丁法章散文选》《灯下走笔》等。“束”即束纫秋，见第60页注释。“崔”即崔恒宝，报社司机。

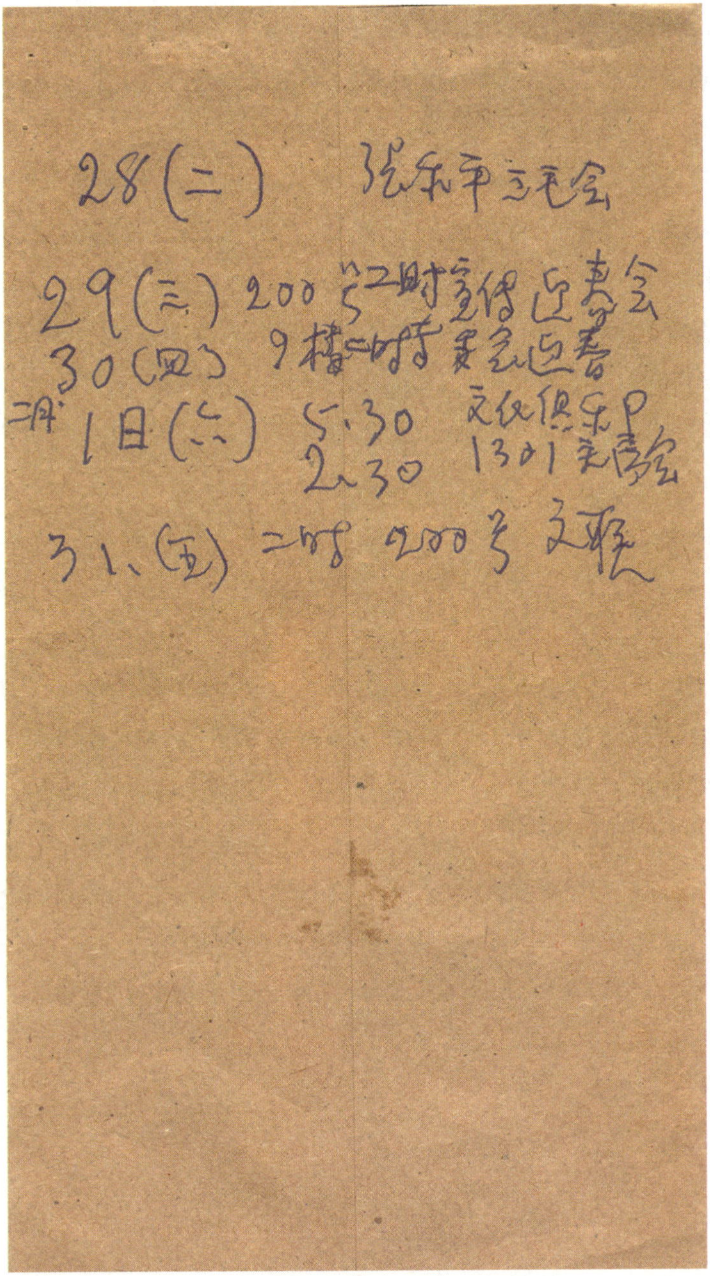
28(二) 张乐平三毛会
29(三) 200号二时宣传迎春会
30(四) 9楼二时要会迎春
二月1日(六) 5.30 文化俱乐部
2.30 1301宗委会
31(五) 二时 200号 文联

工作日程备忘 4–18

最后的“生命日记” 4–19–1

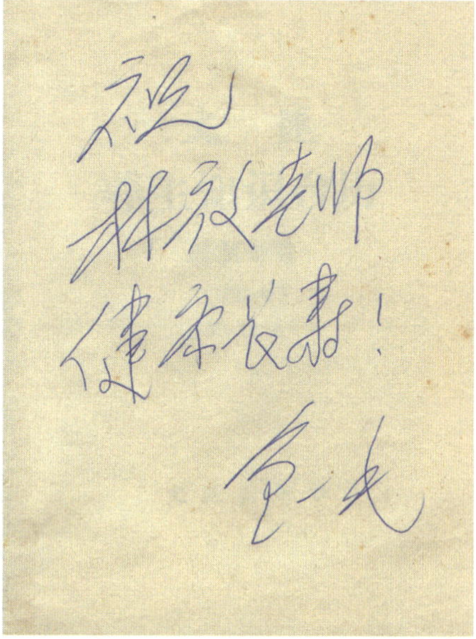

最后的“生命日记” 4–19–2

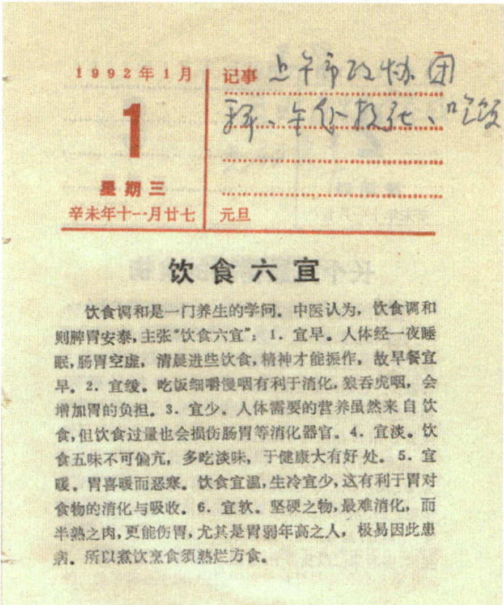
1992年1月 记事

1

星期三

辛未年十一月廿七 元旦

饮 食 六 宜

饮食调和是一门养生的学问。中医认为，饮食调和则脾胃安泰，主张“饮食六宜”：1．宜早。人体经一夜睡眠，肠胃空虚，清晨进些饮食，精神才能振作，故早餐宜早。2．宜缓。吃饭细嚼慢咽有利于消化，狼吞虎咽，会增加胃的负担。3．宜少。人体需要的营养虽然来自饮食，但饮食过量也会损伤肠胃等消化器官。4．宜淡。饮食五味不可偏亢，多吃淡味，于健康大有好处。5．宜暖。胃喜暖而恶寒。饮食宜温，生冷宜少，这有利于胃对食物的消化与吸收。6．宜软。坚硬之物，最难消化，而半熟之肉，更能伤胃，尤其是胃弱年高之人，极易因此患病。所以煮饮烹食须熟烂方食。

最后的“生命日记” 4–19–3

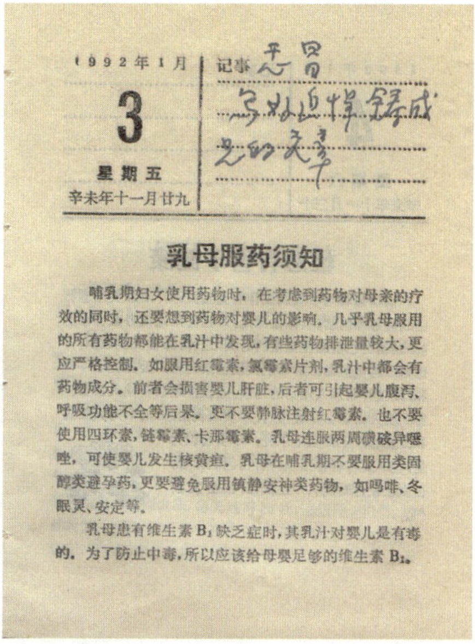
1992年1月 记事

3

星期五

辛未年十一月廿九

乳母服药须知

哺乳期妇女使用药物时，在考虑到药物对母亲的疗效的同时，还要想到药物对婴儿的影响。几乎乳母服用的所有药物都能在乳汁中发现，有些药物排泄量较大，更应严格控制。如服用红霉素，氯霉素片剂，乳汁中都会有药物成分。前者会损害婴儿肝脏，后者可引起婴儿腹泻、呼吸功能不全等后果。更不要静脉注射红霉素。也不要使用四环素，链霉素、卡那霉素。乳母连服两周磺胺异噁唑，可使婴儿发生核黄疸。乳母在哺乳期不要服用类固醇类避孕药，更要避免服用镇静安神类药物，如吗啡、冬眠灵、安定等。

乳母患有维生素B_1缺乏症时，其乳汁对婴儿是有毒的。为了防止中毒，所以应该给母婴足够的维生素B_1。

最后的“生命日记” 4–19–4

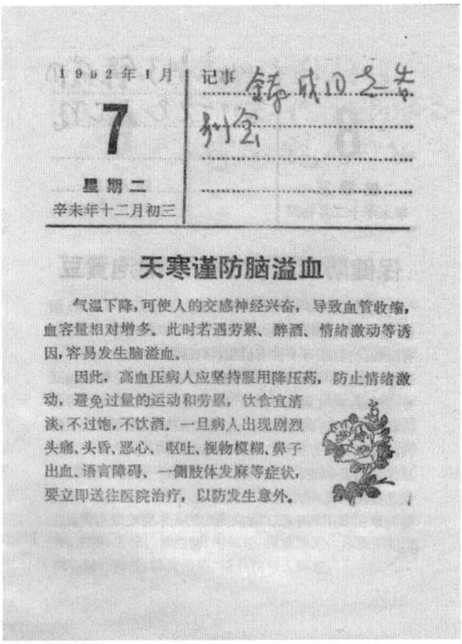

1992年1月

7

星期二

辛未年十二月初三

记事

天寒谨防脑溢血

气温下降，可使人的交感神经兴奋，导致血管收缩，血容量相对增多。此时若遇劳累、醉酒、情绪激动等诱因，容易发生脑溢血。

因此，高血压病人应坚持服用降压药，防止情绪激动，避免过量的运动和劳累，饮食宜清淡，不过饱，不饮酒。一旦病人出现剧烈头痛、头昏、恶心、呕吐、视物模糊、鼻子出血、语言障碍、一侧肢体发麻等症状，要立即送往医院治疗，以防发生意外。

最后的“生命日记” 4-19-5

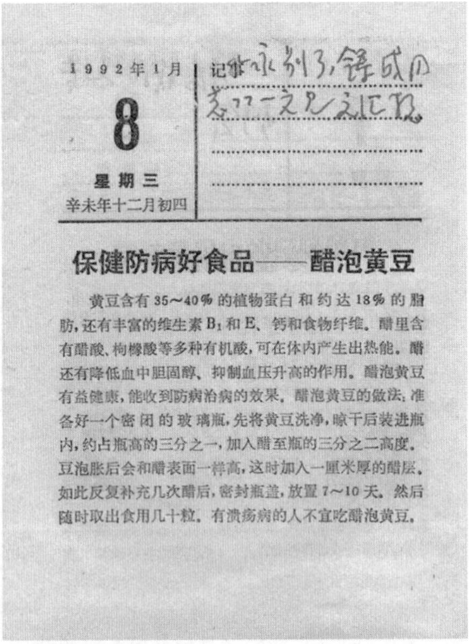

1992年1月

8

星期三

辛未年十二月初四

记事

保健防病好食品——醋泡黄豆

黄豆含有35～40%的植物蛋白和约达18%的脂肪，还有丰富的维生素B_1和E、钙和食物纤维。醋里含有醋酸、枸橼酸等多种有机酸，可在体内产生出热能。醋还有降低血中胆固醇、抑制血压升高的作用。醋泡黄豆有益健康，能收到防病治病的效果。醋泡黄豆的做法：准备好一个密闭的玻璃瓶，先将黄豆洗净，晾干后装进瓶内，约占瓶高的三分之一，加入醋至瓶的三分之二高度。豆泡胀后会和醋表面一样高，这时加入一厘米厚的醋层，如此反复补充几次醋后，密封瓶盖，放置7～10天。然后随时取出食用几十粒。有溃疡病的人不宜吃醋泡黄豆。

最后的“生命日记” 4-19-6

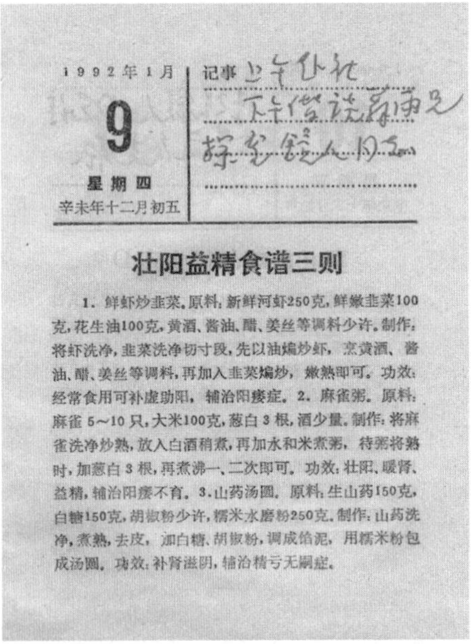

1992年1月

9

星期四

辛未年十二月初五

记事

壮阳益精食谱三则

1．鲜虾炒韭菜。原料：新鲜河虾250克，鲜嫩韭菜100克，花生油100克，黄酒、酱油、醋、姜丝等调料少许。制作：将虾洗净，韭菜洗净切寸段，先以油煸炒虾，烹黄酒、酱油、醋、姜丝等调料，再加入韭菜煸炒，嫩熟即可。功效：经常食用可补虚助阳，辅治阳痿症。2．麻雀粥。原料：麻雀5～10只，大米100克，葱白3根，酒少量。制作：将麻雀洗净炒熟，放入白酒稍煮，再加水和米煮粥，待粥将熟时，加葱白3根，再煮沸一、二次即可。功效：壮阳、暖肾、益精，辅治阳痿不育。3．山药汤圆。原料：生山药150克，白糖150克，胡椒粉少许，糯米水磨粉250克。制作：山药洗净，煮熟，去皮，加白糖、胡椒粉，调成馅泥，用糯米粉包成汤圆。功效：补肾滋阴，辅治精亏无嗣症。

最后的“生命日记” 4-19-7

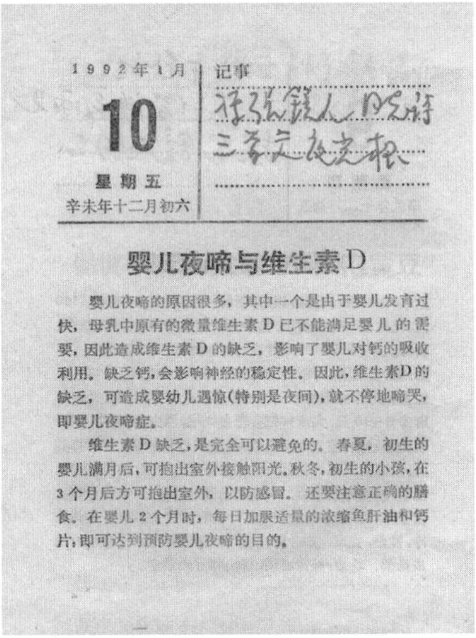

1992年1月

10

星期五

辛未年十二月初六

记事

婴儿夜啼与维生素D

婴儿夜啼的原因很多，其中一个是由于婴儿发育过快，母乳中原有的微量维生素D已不能满足婴儿的需要，因此造成维生素D的缺乏，影响了婴儿对钙的吸收利用。缺乏钙，会影响神经的稳定性。因此，维生素D的缺乏，可造成婴幼儿遇惊(特别是夜间)，就不停地啼哭，即婴儿夜啼症。

维生素D缺乏，是完全可以避免的。春夏，初生的婴儿满月后，可抱出室外接触阳光，秋冬，初生的小孩，在3个月后方可抱出室外，以防感冒。还要注意正确的膳食。在婴儿2个月时，每日加服适量的浓缩鱼肝油和钙片，即可达到预防婴儿夜啼的目的。

最后的“生命日记” 4-19-8

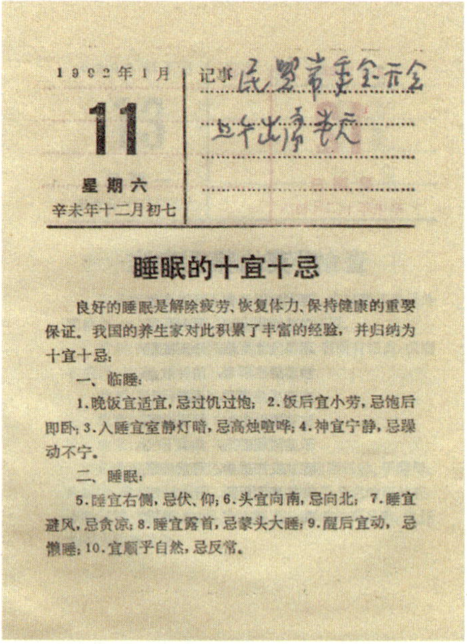

1992年1月

11

星期六

辛未年十二月初七

记事

睡眠的十宜十忌

良好的睡眠是解除疲劳、恢复体力、保持健康的重要保证。我国的养生家对此积累了丰富的经验，并归纳为十宜十忌：

一、临睡：

1.晚饭宜适宜，忌过饥过饱；2.饭后宜小劳，忌饱后即卧；3.入睡宜室静灯暗，忌高烛喧哗；4.神宜宁静，忌躁动不宁。

二、睡眠：

5.睡宜右侧，忌伏、仰；6.头宜向南，忌向北；7.睡宜避风，忌贪凉；8.睡宜露首，忌蒙头大睡；9.醒后宜动，忌懒睡；10.宜顺乎自然，忌反常。

最后的“生命日记” 4-19-9

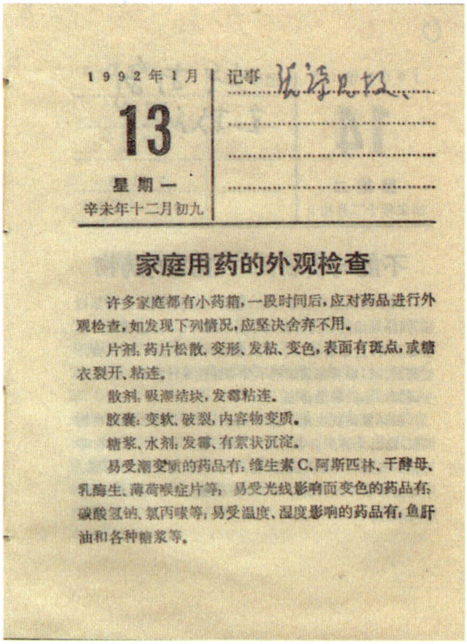

1992年1月

13

星期一

辛未年十二月初九

记事

家庭用药的外观检查

许多家庭都有小药箱，一段时间后，应对药品进行外观检查，如发现下列情况，应坚决舍弃不用。

片剂：药片松散、变形、发粘、变色，表面有斑点，或糖衣裂开、粘连。

散剂：吸潮结块，发霉粘连。

胶囊：变软、破裂，内容物变质。

糖浆、水剂：发霉、有絮状沉淀。

易受潮变质的药品有：维生素C、阿斯匹林、干酵母、乳酶生、薄荷喉症片等；易受光线影响而变色的药品有：碳酸氢钠、氯丙嗪等；易受温度、湿度影响的药品有：鱼肝油和各种糖浆等。

最后的“生命日记” 4-19-10

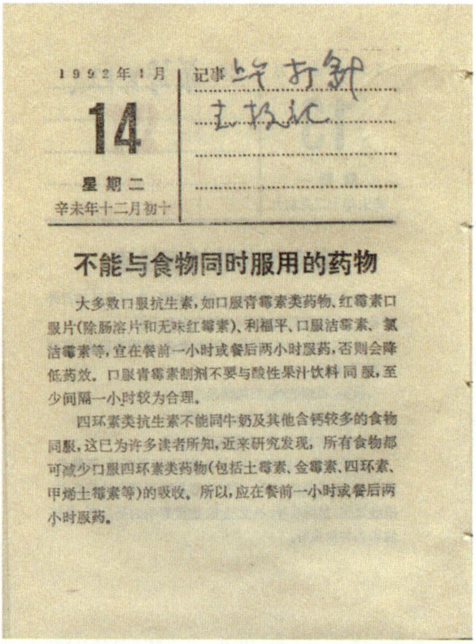

1992年1月

14

星期二

辛未年十二月初十

记事

不能与食物同时服用的药物

大多数口服抗生素，如口服青霉素类药物、红霉素口服片（除肠溶片和无味红霉素）、利福平、口服洁霉素、氯洁霉素等，宜在餐前一小时或餐后两小时服药，否则会降低药效。口服青霉素制剂不要与酸性果汁饮料同服，至少间隔一小时较为合理。

四环素类抗生素不能同牛奶及其他含钙较多的食物同服，这已为许多读者所知，近来研究发现，所有食物都可减少口服四环素类药物（包括土霉素、金霉素、四环素、甲烯土霉素等）的吸收。所以，应在餐前一小时或餐后两小时服药。

最后的“生命日记” 4-19-11

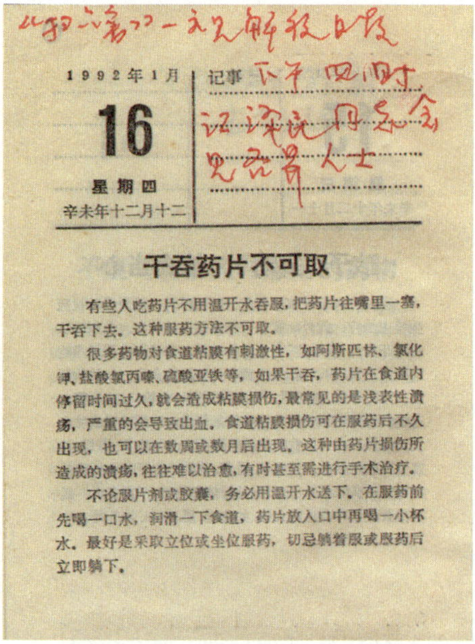

1992年1月

16

星期四

辛未年十二月十二

记事

干吞药片不可取

有些人吃药片不用温开水吞服，把药片往嘴里一塞，干吞下去。这种服药方法不可取。

很多药物对食道粘膜有刺激性，如阿斯匹林、氯化钾、盐酸氯丙嗪、硫酸亚铁等，如果干吞，药片在食道内停留时间过久，就会造成粘膜损伤，最常见的是浅表性溃疡，严重的会导致出血。食道粘膜损伤可在服药后不久出现，也可以在数周或数月后出现。这种由药片损伤所造成的溃疡，往往难以治愈，有时甚至需进行手术治疗。

不论服片剂或胶囊，务必用温开水送下。在服药前先喝一口水，润滑一下食道，药片放入口中再喝一小杯水。最好是采取立位或坐位服药，切忌躺着服或服药后立即躺下。

最后的“生命日记” 4-19-12

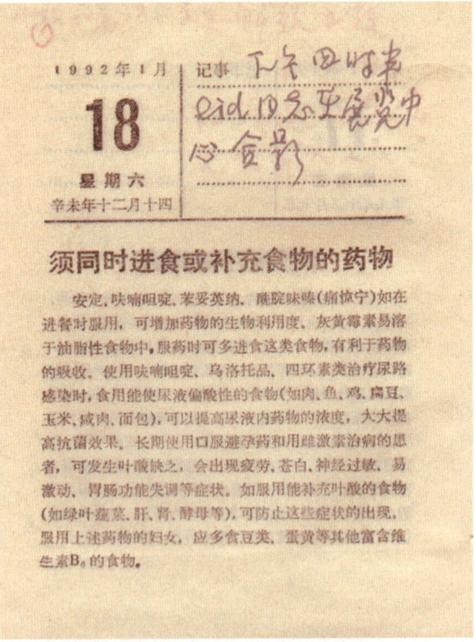

1992年1月

18

星期六

辛未年十二月十四

记事

须同时进食或补充食物的药物

安定、呋喃咀啶、苯妥英纳、藏旋味嗪（痛惊宁）如在进餐时服用，可增加药物的生物利用度、灰黄霉素易溶于油脂性食物中，服药时可多进食这类食物，有利于药物的吸收、使用呋喃咀啶、乌洛托品、四环素类治疗尿路感染时，食用能使尿液偏酸性的食物（如肉、鱼、鸡、扁豆、玉米、咸肉、面包），可以提高尿液内药物的浓度，大大提高抗菌效果。长期使用口服避孕药和用雌激素治病的患者，可发生叶酸缺乏，会出现疲劳、苍白、神经过敏、易激动、胃肠功能失调等症状。如服用能补充叶酸的食物（如绿叶蔬菜、肝、肾、酵母等），可防止这些症状的出现。服用上述药物的妇女，应多食豆类、蛋黄等其他富含维生素B_6的食物。

最后的“生命日记” 4-19-13

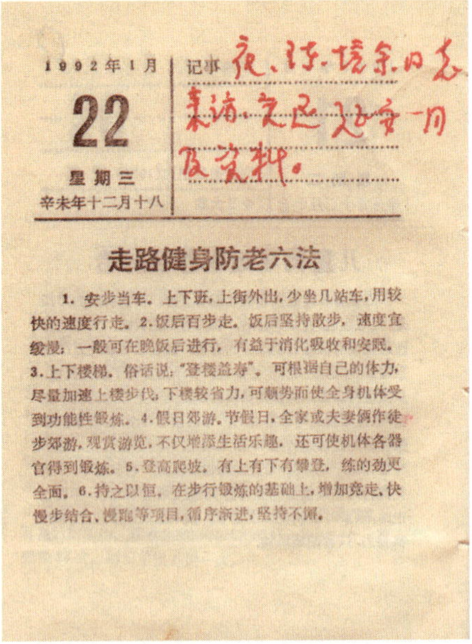

1992年1月

22

星期三

辛未年十二月十八

记事

走路健身防老六法

1. 安步当车。上下班，上街外出，少坐几站车，用较快的速度行走。2. 饭后百步走。饭后坚持散步，速度宜缓慢；一般可在晚饭后进行，有益于消化吸收和安眠。3. 上下楼梯。俗话说："登楼益寿"。可根据自己的体力，尽量加速上楼步伐；下楼较省力，可顺势而使全身机体受到功能性锻炼。4. 假日郊游。节假日，全家或夫妻俩作徒步郊游，观赏游览，不仅增添生活乐趣，还可使机体各器官得到锻炼。5. 登高爬坡。有上有下有攀登，练的劲更全面。6. 持之以恒。在步行锻炼的基础上，增加竞走、快慢步结合、慢跑等项目，循序渐进，坚持不懈。

最后的“生命日记” 4-19-14

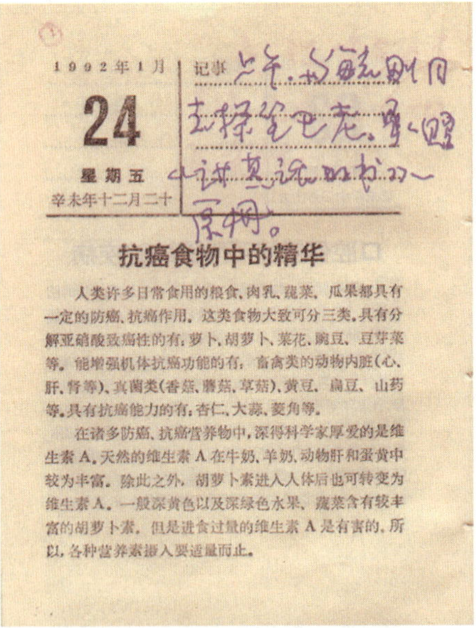

1992年1月

24

星期五

辛未年十二月二十

记事

抗癌食物中的精华

人类许多日常食用的粮食、肉乳、蔬菜、瓜果都具有一定的防癌、抗癌作用。这类食物大致可分三类。具有分解亚硝酸致癌性的有：萝卜、胡萝卜、菜花、豌豆、豆芽菜等。能增强机体抗癌功能的有：畜禽类的动物内脏（心、肝、肾等）、真菌类（香菇、蘑菇、草菇）、黄豆、扁豆、山药等。具有抗癌能力的有：杏仁、大蒜、菱角等。

在诸多防癌、抗癌营养物中，深得科学家厚爱的是维生素A。天然的维生素A在牛奶、羊奶、动物肝和蛋黄中较为丰富。除此之外，胡萝卜素进入人体后也可转变为维生素A。一般深黄色以及深绿色水果、蔬菜含有较丰富的胡萝卜素，但是进食过量的维生素A是有害的，所以，各种营养素摄入要适量而止。

最后的“生命日记” 4-19-15

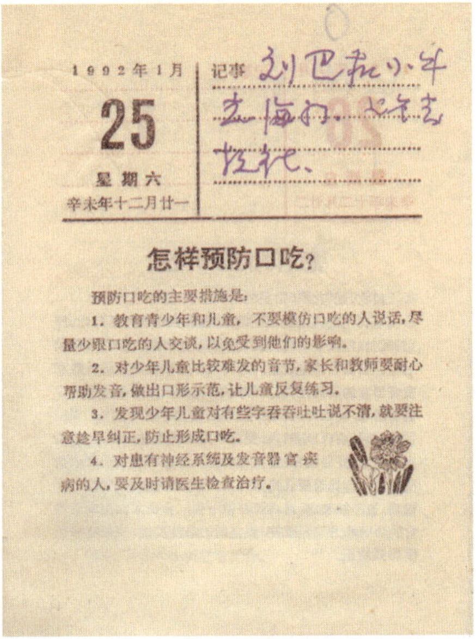

1992年1月

25

星期六

辛未年十二月廿一

记事

怎样预防口吃？

预防口吃的主要措施是：

1. 教育青少年和儿童，不要模仿口吃的人说话，尽量少跟口吃的人交谈，以免受到他们的影响。

2. 对少年儿童比较难发的音节，家长和教师要耐心帮助发音，做出口形示范，让儿童反复练习。

3. 发现少年儿童对有些字吞吞吐吐说不清，就要注意趁早纠正，防止形成口吃。

4. 对患有神经系统及发音器官疾病的人，要及时请医生检查治疗。

最后的“生命日记” 4-19-16

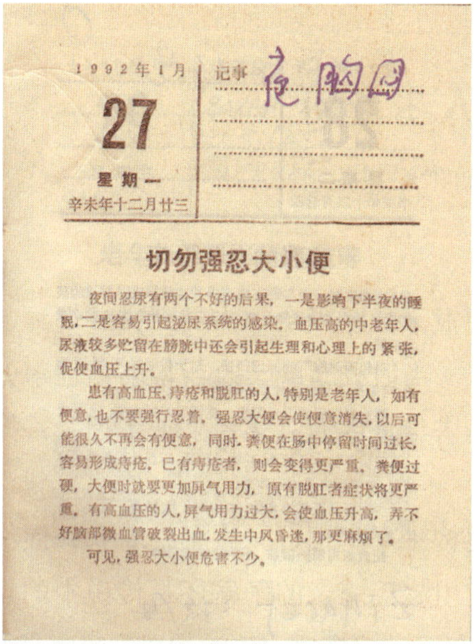

1992年1月

27

星期一

辛未年十二月廿三

记事 夜胸闷

切勿强忍大小便

夜间忍尿有两个不好的后果，一是影响下半夜的睡眠，二是容易引起泌尿系统的感染。血压高的中老年人，尿液较多贮留在膀胱中还会引起生理和心理上的紧张，促使血压上升。

患有高血压、痔疮和脱肛的人，特别是老年人，如有便意，也不要强行忍着。强忍大便会使便意消失，以后可能很久不再会有便意，同时，粪便在肠中停留时间过长，容易形成痔疮。已有痔疮者，则会变得更严重。粪便过硬，大便时就要更加屏气用力，原有脱肛者症状将更严重。有高血压的人，屏气用力过大，会使血压升高，弄不好脑部微血管破裂出血，发生中风昏迷，那更麻烦了。

可见，强忍大小便危害不少。

最后的“生命日记”　4-19-17

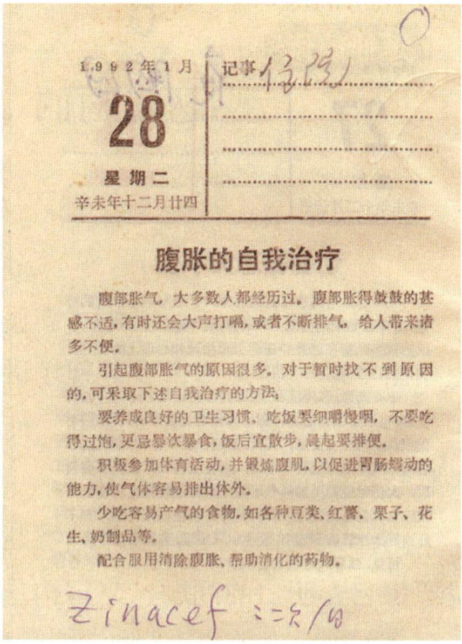

1992年1月

28

星期二

辛未年十二月廿四

记事

腹胀的自我治疗

腹部胀气，大多数人都经历过。腹部胀得鼓鼓的甚感不适，有时还会大声打嗝，或者不断排气，给人带来诸多不便。

引起腹部胀气的原因很多。对于暂时找不到原因的，可采取下述自我治疗的方法：

要养成良好的卫生习惯。吃饭要细嚼慢咽，不要吃得过饱，更忌暴饮暴食，饭后宜散步，晨起要排便。

积极参加体育活动，并锻炼腹肌，以促进胃肠蠕动的能力，使气体容易排出体外。

少吃容易产气的食物，如各种豆类、红薯、栗子、花生、奶制品等。

配合服用消除腹胀、帮助消化的药物。

Zinacef

最后的“生命日记”　4-19-18

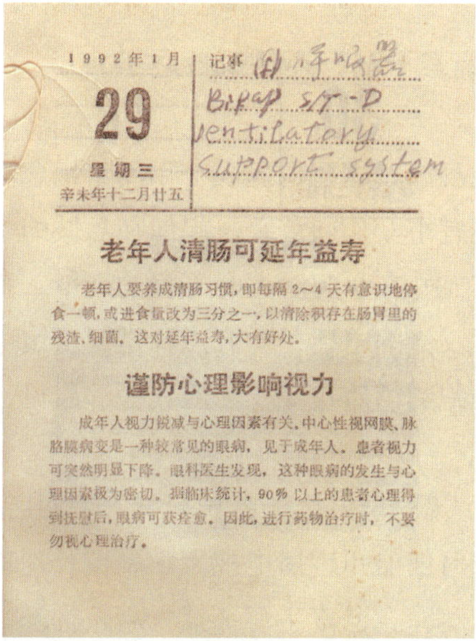

1992年1月

29

星期三

辛未年十二月廿五

记事 用呼吸器

Bipap S/T-D

ventilatory

support system

老年人清肠可延年益寿

老年人要养成清肠习惯，即每隔2～4天有意识地停食一顿，或进食量改为三分之一，以清除积存在肠胃里的残渣、细菌。这对延年益寿，大有好处。

谨防心理影响视力

成年人视力锐减与心理因素有关。中心性视网膜、脉络膜病变是一种较常见的眼病，见于成年人。患者视力可突然明显下降。眼科医生发现，这种眼病的发生与心理因素极为密切。据临床统计，90%以上的患者心理得到抚慰后，眼病可获痊愈。因此，进行药物治疗时，不要勿视心理治疗。

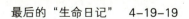

最后的“生命日记”　4-19-19

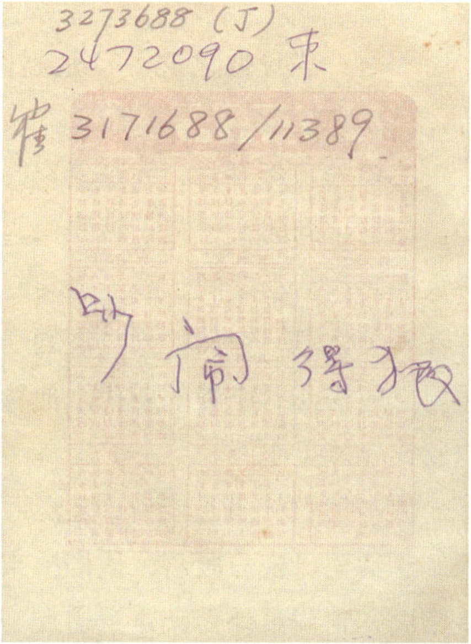

3273688 (J)

2472090 东

3171688/11389

最后的“生命日记”　4-19-20

延伸解读

赵超构的“人生谜团”

二〇一九年年末，上海《新民晚报》社区版全体人员到文成谒拜赵超构出生地，特地邀请我赴现场讲课。当时我写的《赵超构书信往事》刚好杀青，但我没有讲这本书，而是讲与书本无关的另外一个话题：报人赵超构的三大“人生谜团”。

这三大谜团，是我多年追寻赵超构生平真相，一直困扰着我，促使我要将它弄明白的问题：赵超构是龙川赵氏嫡亲的子嗣还是传说中的螟蛉之子？“文化大革命”期间他果真有回文成老家“政治避难”吗？“重庆会晤”到底是“竟日长谈”还是“半日会谈”？

一、“身世之谜”：是赵氏嫡亲子嗣，还是螟蛉之子？

二〇一〇年五月，我赴老家文成县出席赵超构诞辰一百周年纪念活动。与赵超构的长子赵东戡先生，还有小女儿刘芭姐一起住在县城的华侨大酒店。活动期间，我一直与赵家兄妹在一起。五月五日的下午，我正在宾馆休息，突然接到县规划局厉汉光的电话，对方声称是南田镇甲边村赵超构儿时奶娘的后代。他特地跑到酒店找我，希望我能够引见，与赵氏兄妹见个面。

我与厉汉光虽是老乡，但彼此不认识。恰好当天赵氏兄妹不在酒店，因纪念活动已告一段落，他们由亲戚时任温州广播电视大学副校长刘玲玲陪同，到珊溪外婆家走亲访友。当时，我已着手写《报人赵超构》，便与厉汉光一边喝茶一边聊赵超构。他向我爆出一个惊人的信息，说赵超构不是赵标生亲生的，赵超构不姓赵，姓厉，是他上辈嫡亲的四爷爷。

对于赵超构身世的质疑，我已经不是第一次听说过，文成坊间说法也很多，内容大抵与厉汉光说的一致，说他是螟蛉之子，是抱养的。那么，事实真相到底如何？他是龙川赵氏嫡亲的子嗣，还是传说中的螟蛉之子呢？

翻阅《赵氏家谱》，赵超构家族可称得上簪缨世家。据史料所载，赵氏祖先与温州有关：宋太祖赵匡胤长子德昭，帝位被叔光义夺去后，被封为魏王。其子名惟吉，封中顺大夫东平侯，曾镇守温州。关于龙川赵氏始祖允夫，谱牒如此记载："初任太守，继迁都务先锋，卒赠昭信将军。夫人林氏，生二子，南宋理宗嘉熙戊戌年（一二三八），公自闽告退东瓯，由东瓯迁居瑞邑五十二都峃镇之龙川家焉。"

历史的真相是一个千古之谜。有史以来，龙川赵氏一直认定身上流淌着宋代皇家帝王的血脉。赵超构父亲赵标生是龙川始祖允夫第二十九世裔孙，如果从宋太祖赵匡胤起算，那就是皇族第三十七代裔孙。皇族的血统，让龙川赵氏族人引以为豪，他们津津乐道赵氏的荣耀门庭。赵超构的曾祖父赵朝圭（号恒东）、祖父赵廷儒（号秋岩）、父亲赵钦安（号标生），为龙川人尊敬的"三代廪生"。

赵超构的祖父赵廷儒共生六个儿子。长子钦安，名准，字任道，即赵超构父亲，曾任国民党首都（南京）警察局东区分局局长；二子钦宰，字颂褒，号正一，潜心修炼拳术，武艺精湛，其门徒曾做过蒋介石"贴身保镖"；三子钦守，出任黑龙江省学务委员、广西省检察厅书记官；四子钦宽，名翊钧，字任迪，号侠群，省立师范院校毕业，执鞭教坛育人；五子钦审，又名严、翊运，号叔应，继承祖业开办同春堂南货商铺；六子钦察，名翊乾，号律躬，北平国立医大毕业，投笔从戎，曾担任国民党国防部警卫团少校秘书。

与龙川赵氏家族相比，南田甲边的厉氏家族就有点相形见绌了。厉家没有任何家世背景，几乎拿不出什么可以说道的，就中国农村普遍存在的普通农家。那么，赵超构到底是出身于龙川皇族名门之后，还是出身于南田甲边布衣之家呢？

厉汉光当着我的面拨通了当年已七十三岁的叔叔厉再溪的电话。厉再溪在电话的那一头，用一口带有一点沙哑的家乡话与我对话，他一口咬定赵超构不是赵标生亲生的，而是他的嫡亲四叔。他说，他的爷爷厉富藏共生育五个子女。当年家庭生活困难，老大出生不久就被送到邻县的泰顺给人当义子；他的父亲是老二，叫厉补禀，肖虎的，冥寿一百零八岁；老三叫厉补兴，冥寿一百零五岁；老四即赵超构，冥寿一百岁；赵超构之前还有一女儿，冥寿一百零三岁。

厉再溪说，赵标生与梧溪富氏大户人家结亲，可妻子连生多胎而夭折，最后便假装怀孕，半夜从南田甲边抱来新生儿即他的四叔当儿子，对外声称是自己所生。"三旦"后即又抱回到甲边，由厉再溪的祖婆即赵超构的亲娘所养。赵超构成年后在瑞安屿头结婚，他的祖父祖母还前往吃喜酒。当时他的祖母身体已经不太好，是雇人用竹椅抬到峃口坐船的。他的祖母在赵超构二十多岁时过世，祖父厉富藏活到一九六〇年。厉富藏曾托人给上海的赵超构写信，并想认亲。赵超构回过一信，否认了"螟蛉之说"。可惜信已失落。

当天晚上，当东戡先生和刘芭姐回到宾馆，我向他们提起这件事。赵氏兄妹说，他们很早就听说过这一说法。东戡先生说，最早有此说法的是上海作家苏叔迁。苏叔迁原名苏玉孚，号望坡，生于一九二七年，是赵超构在上海的文成老乡，曾是《儿童时代》的副编审，著有《陈伯吹传》《五星红旗设计者：曾联松》等。苏叔迁提此说法，是否受人之托？不得而知。东戡先生说，对此说法现如今只能当作笑话。苏叔迁曾在赵超构面前亲自问过此事，赵矢口否认。

刘芭姐则说，此事绝对不可能。她说，她与父亲堂兄同辈的姐妹，眼睛长得特别像，均是清一色的双眼皮，且稍微有一点眼袋。对此，他们不会再深究，认为没有实际意义。赵家兄妹说，厉家人如果是以父亲奶娘后人的身份来见他们，还是很欢迎的。厉汉光原来说好晚上找我去见赵氏兄妹的，不知何故，后来竟然没有来，可能是听到什么风声。

"螟蛉之说"难以成立。那么，这种说法又从何而来呢？原来，富氏夫人嫁到龙川赵家后，不幸染上了肺痨，身子虚弱，连生两胎都夭折。第三胎生下女儿赵富荪，怕传染上肺痨，婴儿一离母体就被抱走，寄托

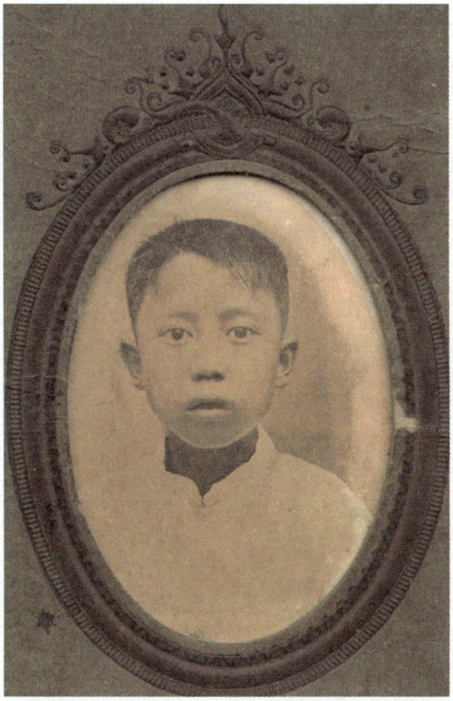

少年赵超构

1944 年赵超构在延安

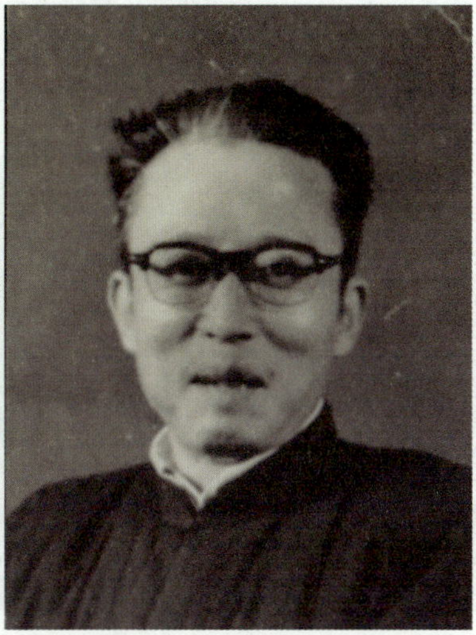

“文化大革命”时期的赵超构

赵超构（右二）全家福。父亲赵标生（左三）、母亲富氏（左一）、姐姐赵富荪（左二）。右一为赵超构的叔父

赵超构全家福。前排为赵超构及妻刘化丁、幼女刘芭，后排自左依次为长女静男、女婿刁绍华、长子东戡、次子东戬。摄于 1957 年

奶妈抚养总算保命。富氏夫人怀赵超构时，为能“烂贱”图个顺产，便按当地风俗到娘家梧溪生产。赵超构出生后，摆过“三旦酒”，即被抱到离梧溪不远的南田甲边一户姓厉的贫苦人家喂养。此奶娘即前文所提的厉汉光家上辈。待到脱离奶水以后，赵超构才又被抱回家抚养。

我曾就此事专门请教过赵超构生前好友、著名老报人张林岚先生，他说的一段话颇能说明问题。他说：“亲友间传说赵超构不是赵家亲生骨血，我当面问过老将，他没有回答，表情有点不耐烦。这种混淆视听的说法，我想很可能是他祖父母一代人制造出来的，原因还在于农村风俗使然，其目的就是促使他们的孙子免于夭折。”

二、“回乡之谜”：“过家门而不入”，返乡“政治避难”？

回乡之路，是赵超构一生中堵在心尖上的一个“痛”。一九五八年春末夏初，他奉毛主席之命回温州采访，去了瑞安，还有周边的丽水、青田、龙泉等地，唯独没有去近在咫尺的故乡文成县。

四十五年以后，赵超构作古也已十一个年头了，当我陪着他的小女儿刘芭姐回到文成老家问祖时，竟然还有人牢牢记着这件事，对远道而来的赵家后人予以责难。刘芭姐当着我的面抹眼泪，我们就此做过一次推心置腹的长谈。

已到了老家门口，赵超构为什么“过家门而不入”呢？刘芭姐说，当年父亲出此下策，纯属“迫于无奈”。温州之行是主席“钦赐”的，多少带有一点“以观后效”的意思。他到瑞安时，浙江省“大右派”、著名作家黄源正被下放到瑞安塘下邵宅劳动，上头反复交代不能让他们见面。

一九四九年后，赵超构在老家的亲戚，由于家庭出身问题，大都被打成了“黑五类”。姐夫陈仲公遭贬含冤病故，表侄女富瑰雅批斗时被折磨成重伤。多年反复无常的政治运动，使赵超构成为惊弓之鸟，不敢越雷池一步。更何况他肩负着宣扬“大跃进”的重任，文成是个山头小县，即便到了老家，也很难采访到“大跃进”的新闻。

赵超构自少年时离开文成老家，一九五八年家乡之行又错失良机，前后六十年间，就再也没有机会回文成老家了。赵超构“少小离家终不回”的人生境遇，成了其后人乃至文成乡亲尤其是赵氏族人难以释怀的一件事。

二〇一九年清明时节，我与赵超构之孙赵丰兄到文成接受央视拍摄有关赵超构的采访镜头，在饭桌上我们竟然听到了另外一种说法，说赵超构晚年有回过老家，“文化大革命”期间他曾经回文成避过难。龙川一位叫赵宪进的族亲当年还亲眼撞见过他。我最早听到说这番话的是《龙川人物》主编赵忠良老师。

当我和赵丰兄找到赵老师时，他当即领我们一起前往拜访见证人赵宪进。赵宪进时年七十七岁，已退养在家，家住文成县城伯温路一间通天楼房里。他小学教师出身，后来改行从政，曾担任过文成县副县长等职务。他说，大概是一九六九年，也有可能是一九七〇年，当时他还在珊溪小学教书。有天傍晚出来散步时，在路上撞见了赵超构。当时的赵超构正低头匆匆路过，与他打了个正照面，但没有对口说话。赵宪进说，当年的赵超构住在他的同事刘日中家里。他所说的刘日中是赵超构妻子刘化丁的侄子，即前文所涉刘玲玲的父亲。

一九五七年“反右”，赵超构在毛泽东的保护下，得以“蒙混过关”。“文化大革命”时期，国内政治形势日益严峻，毛泽东自顾不暇，赵超构知道没有人保护他了。上海是“两派”斗争的重灾区，《新民晚报》牌子被砸烂，赵超构被打成“资产阶级反动学术权威”和“‘三家村’黑掌柜”受到了冲击。他被揪出来示众批斗，继而关进牛棚，还被抄了家。最后，被遣送至奉贤县新寺，后转入海滨新闻出版系统“五七”干校，从事喂猪、种菜、挑水等农活。

有道是“小乱避城，大乱避乡”。从当时的政治形势来看，到乡下寻求政治避难，不是没有这种可能——当年的许世友将军，就曾避难大别山；但从另一方面看，赵超构是上海的文化界名人，是重点被监控的对象，凭他这种特殊的政治身份，他又怎么可能一下子从上海销声匿迹呢？

赵超构“文化大革命”期间“家乡避难”说，到底是真是假？时光流逝，物是人非，可以求证的人大都已不在。刘芭姐已过世，刘化丁的侄子刘日中也已不在。我向目前唯一健在、八十八岁高龄的赵超构长子东戡先生求证，他说：“这绝对不可能。我父亲‘文化大革命’期间没有离开过上海。他虽然受到了冲击，还被批斗，但大多数是‘明批暗保’，还不至于要逃到乡下避难。”

我们再回过头来，看看赵超构自己是怎么说的。一九八三年六月，他在应《浙南日报》之约而写的回忆文章《望乡之情》中，曾旧话重提：“一九五八年后，至今又已二十多年了，虽然多次动念，再回故乡看一看，迄未如愿。我想，总会有机会完成这个愿望的。这里，借《浙南日报》这次征文之便，捎个信息，先向故乡的父老们问好。”

从这段文字看，丝毫也看不出他一九五八年以后有回过老家的迹象，恰恰相反，进一步证实了他没有回老家的事实。难道是赵超构有什么苦衷不肯承认？抑或是族人赵宪进在路上认错了人，“回乡避难”之事压根就没有发生过？没有人能够回答我。

三、“会晤之谜”：“竟日长谈”，还是“半日会谈”？

二〇〇七年春，著名拍卖师、古籍善本专家彭震尧根据一九四五年档案《参政员毛泽东在渝市之动态——一份有关重庆谈判的重要资料》撰文表示：一九四五年毛泽东重庆谈判期间，与赵超构并非“竟日长谈”，而是从下午三时谈至傍晚时分。此前学术界及舆论界一直认为，毛赵“重庆会晤”“从上午九点直谈至晚饭后”。而该文物档案的出现，直接推翻了原先的结论。

该档案九月二十一日就此事的记述是这样的：“下午三时有新民报记者赵超构访王炳南，旋与王乘吉普车往上清寺方向。”（**意即前往毛泽东寓所——作者注**）纸质文物《参政员毛泽东在渝市之动态——一份有关重庆谈判的重要资料》，是重庆红岩革命历史博物馆以十七万元成交价，从北京海王村拍卖公司拍得的一份从台湾征集到的有关重庆谈判的重要资料。据说，该报告共计十份四十页，合订为一册，牛皮纸包装，封面上除墨笔书写报告名外，还写有“民国三十四年八月二十日至九月卅日”字样。每份报告上均钤有“宪兵司令”方形阳文朱色印章，报告首页下部钤有长方形阳文蓝色“军政部部长办公室”收发印章。此文物源自国民党二号人物陈诚家属，它完整详细地记录了一九四五年八月二十八日至九月三十日，毛泽东在重庆谈判期间的活动，时间记录详细到天、时、分，人员记录详细至每个人，甚至连毛泽东所乘的车辆、车号都不落下。

那么，此前“从上午九点直谈至晚饭后”的说法又是从何而来的呢？此说法最早出现在赵超构撰写的回忆毛泽东的文章《终身难忘毛主席的关怀》，此文首发于一九七七年三月十二日《文汇报》副刊《学习》。次年在毛泽东逝世二周年之际，赵超构又增加一些内容改题为《天大恩情难补报，殷切教诲从头习》和《毛主席教育了我》，分别刊发于这一年的九月十一日《文汇报》和一月号《新闻战线》杂志上。文物档案与赵超构本人的回忆录为何出现偏差，“重庆会晤”到底是“竟日长谈”还是“半日会谈”？

众所周知，赵超构一生受毛泽东七次接见。从接见的人数及场合来看，单独接见两次，即一九四五年“重庆会晤”，还有就是一九五七年六月二十九日那一次，当时毛泽东在中南海游泳池边接见他，还与他共进午餐，吃饺子。也正是这次接见，使赵超构在“反右”中逃过一劫。不容置疑，“重庆会晤”是比较重要的一次会面。抗战胜利后的一九四五年，中国向何处去、国共两党是战是和，成为国人、世人注目的焦点。在“重庆谈判”这样一个关键时刻，毛泽东居然还有空会见《新民报》记者赵超构，现在想来简直有点不可思议，但在当时的情形下也属正常：毛泽东与赵超构于一九四四年在延安认识，现到了重庆，便找几个老相识见个面叙谈一下呗！倒是赵超构，感到有几分“唐突”。他从延安回来，只不过写了一本《延安一月》，在报上发了几篇带有“左”倾思想的文章，没想到毛泽东将他这个“小记者”当成老朋友了。

在这次晤谈中，赵超构很是为毛泽东身入虎穴的胆量所折服。他在回忆文章中说：

那天，主席给我讲解了国共谈判的几个关键性问题，如美蒋的阴谋，以及解放区周围的情势等。有句话我还记得很清楚，说是如果没有美国人帮助蒋介石运兵运枪炮，大片的“沦陷区”是会由人民收复的——因为八路军就在城门口。

但是那天更多的时间，是在了解重庆各方面的情况。主席详细地询问了重庆新闻界的情况。我同重庆的上层人物是很少接触的，对于中下层的所谓“公教人员”则来往较多。主席很细心地问了这些人的生活、思想以及情绪和他们对蒋介石、国共谈判的看法。我是尽我所了解的，不管大事小事都讲了。最后，主席沉吟了一会儿说，死跟蒋介石的人只是少数，有的人不满现状，但对美蒋还有幻想，绝大多数的人是可以转变过来的。

赵超构知道毛泽东很忙，怕耽误他的公务，中间曾数次起身告辞，但毛泽东谈兴不减，一再挽留，让他继续谈下去。一直到了吃晚饭的时候。毛泽东留赵超构一起吃饭，赵超构也不推辞。那么，他们的见面是从上午九时开始，还是从下午三点开始的呢？这正是我们需要探讨的问题。

造成史料档案与当事人回忆出现偏差，无非是两种可能：一是档案材料有假，二是当事人记忆有误。彭震尧在《参政员毛泽东在渝市之动态——一份有关重庆谈判的重要资料》文中，用四点理由，来说明“介绍赵先生生平的文章有误”：一是报告中有关此次活动的时间、地点、人物记录均极为清楚；二是在这三十四天的记录中毛泽东上午办公或会见客人仅有一次，即八月三十一日上午九时许会晤沈钧儒、张澜等人，可以说毛泽东在重庆谈判期间仍按自己习惯上午休息、下午和晚上办公的方式工作和生活；三是在毛泽东会见诸多客人中，均未有长达数小时的谈话记录；四是从报告中可以看出毛泽东在重庆期间的工作十分紧张，抽出近十小时同赵交谈的可能性也不大。

如果彭震尧分析准确的话，那么就是当事人赵超构“记忆有误”了。

赵超构是一个十分谨慎的人，更是一个有“先见之明”的人。多少年来，对于与毛泽东的交往，赵超构一直保持沉默，缄口不提。他为什么不提？他曾经透露过自己不愿多说的想法，他说，因为这些接见大多只两个人在场，没有第三人做证，也没有记录。如果凭他个人所说，会引起不必要的误解。（唐宁《生逢其时——新民晚报复刊十六年纪实》）一直到毛泽东逝世，组织上安排他进京瞻仰毛泽东遗容，他才应组织的要求第一次写下了怀念毛泽东的回忆文章。

赵超构一生从来不写日记，也不记笔记。一九四四年到延安采访也不带采访本，全靠脑记。俗话说，好记性不如烂笔头，可赵超构硬是凭记忆写出了传世之作《延安一月》。赵超构在回忆文章中写到“重庆会晤”时，到底还是忘了具体的日期，只好用“抗日战争胜利后”代之。

老报人张林岚在《赵超构传》（文汇出版社一九九九年八月版）中谈及此，说：“毛泽东约见赵超构是哪一天？这个历史问题连赵超构自己也已记不起来，别人也无法回答。我问过他多次，他说没有记日记的习惯，无从查考。还说：‘很抱歉，当时也没有像后来的人那样把毛主席接见看得那么重要，几十年前的事了，谁还记得。’”

赵超构经历了现当代中国政治上两个最激烈动荡的年代，所谓的三大“人生谜团”，只不过是他波澜壮阔人生场景中的三朵小浪花。历史总像一团乱麻，随着时间的侵蚀，它越发变得扑朔迷离而又难见分晓。正如《三国演义》开篇所说的，“古今多少事，都付笑谈中”，不管当年的情形如何，它都无损于赵超构在中国新闻史上的重要地位。

后记

编撰完案头这部书稿，瓯江南北已悄然进入隆冬季节。万物凋谢，然而书房窗台上几枝傲然挺立的蜡梅却在寒风中独自开放，让我在这个肃杀的冬日感受到一丝特别的暖意。我知道，倘若赵超构还健在的话，不管以何种说辞，他老人家都是不会同意出版这本书的。

且不说赵超构不喜张扬，重要的是他对自己写的字从来不以为然，甚至还犯忌。他曾经对大学的同学缪天华说过，他父亲老骂他的字是“短命字”，是“不敢拿出来给人家看”的。在给孙辈的信函中，赵超构告诫：“你们的字也写得不好。以后要写得整齐一些。不要像爷爷这样，一辈子都写不好，吃了不少亏。”

本书的汇集，有一个经年月积、集腋成裘的过程。数十年来，我将自己的业余精力花费在搜寻赵超构文化遗存上。每一幅手迹的背后，都有一个寻找的故事。有的是“千年等一回”，费大把大把的光阴硬生生给等来的；有的是“一掷千金”，用省吃俭用的真金白银淘回来的；有的是“众里寻她千百度”，靠勤耕细作从文山书海中无意间发现的。在很大程度上，我只不过是个四处吆喝，特别肯卖力气的“收纳员”。在我的周围，聚集着那么多怀揣同样爱好的旧雨新知，不吝提供线索或馈赠……

我不是收藏家，也没有收藏的习惯，但我绝对是以一个收藏家的情怀来做这件事的。在我心里，总有一种无形的力量在召唤着我，驱使我去努力。因为我一直相信，我所搜寻和收藏的一切，总有一天会用到。我相信文化的力量，相信文化对一个地方，对一座城市，尤其是对未来的作用和影响。

本书汇集了赵超构一生中目前能找到的手迹，特别是林放杂文手稿和起草的关于晚报改革的方案，可谓绝无仅有。全书分为四辑：一是题词，二是手稿，三是信函，四是其他。共收入赵超构或与他有关的手迹一百三十二件，其中题词四十八件，手稿二十一篇，信函四十四封，其他十九件。按内容归类，再按时间顺序排列；对涉及的人物及疑惑之处，做了一些必要的注释或解读；对一些主要的事件或过往，还专门做了延伸解读。有一点必须说明的是，手迹和手稿中除了明显的谬误之处用注释或括号予以更正外，其余的内容均不做修改。如此一来，有助于还原历史的本来面貌，让读者更加准确地理解赵超构当时的真实想法和表达。

赵超构留下的手迹都不长，除手稿之外（其实手稿也不长），大都只有三言两语，一如他的林放式杂文，短小精悍。收入本书的手迹，最早的是一九三二年致大学业师刘秉麟函，此为目前发现的赵超构青少年时期唯一的手迹；最晚的是一九九二年二月临终前写下的四个字“吵闹得狠（很）”。

赵超构非书法家，字写得随便一点，倒也无妨；无损于他办报大家和杂文大手笔之形象。看他的字不在于写得好或不好，关键在于窥见他字里行间贯穿半个世纪的新闻生涯及起伏跌宕的人生过往，还有那穿透纸背无意流露的人间至情和家国情怀……

每一本书的出版，都离不开背后一如既往无数默默的助推者，是他们的担当与无私的帮助，让我再一次完成了心愿中的又一件大事。赵超构小女儿刘芭姐身患恶疾，但她一直惦记着我，将家里留有她父亲手迹的书籍赠我做纪念；在她弥留之际，还交代夫君陈舜胜教授将家里的图片资料交付我，希望我能帮她去完成未竟的心愿。

刘芭姐生前为家乡做了很多事。她将赵超构藏书和老人生前用过的家具以及生活用品捐赠给文成县，还多次嘱咐我：“晓春，你一定要多写我父亲，你写的每一行字、每一篇文章，所做的每一件事，都是在为我父亲回家铺路。他老人家年少离家，直到晚年也没能回家。现在他‘闲’了，可以回家了。家乡，永远是他老人家最好的归宿。”

二〇一九年清明，我和赵超构孙、高级工程师赵丰兄受邀接受中央电视台《中国影像方志》摄制组采访。其间，我与摄制组一行陪同赵丰走访了赵超构故居和出生地。当他获知我正在撰写《赵超构书信往事》时，他说家里还收藏着十多封爷爷写给他的亲笔信，并与我分享了隐藏在信件背后的亲情故事，使我第一次感受到了“一位外表冷酷而内心温热的文化长者最柔软的一面”。

从此，我与赵丰一直保持着联系，经常在微信上聊天。前年春节，当我们再一次聊到他的爷爷时，他与刘芭姐的想法不谋而合：让爷爷回文成老家“安家落户”。他表示，要将手头收藏了三四十年的爷爷写给他的十多封书信无偿捐献给文成县。当他就此事向年逾八旬的老母亲——李其美女士征求意见时，这位写过《小象要回家》等名篇，作品多次被幼儿教材收录的老人家，二话没说，像个老小孩一样举起双手表示赞同。

到了二〇二二年年底，这本书的编撰基本完成。然而，后续的出版工作却异常艰难。文成县社科联的赵雪微主席，是我早年在文成报社的同事，也是在赵超构故乡龙川土生土长的文化人，她为此书的出版奔走呼号，始终不轻言放弃。在赵雪微和社科联有关人员的敦促下，我向文成县、温州市社科联申报了课题，并得到了文成县宣传部和温州市社科联领导的重视和支持。课题评审组的专家慧眼识珠，将此书稿先后列入文成县文化精品创作扶持项目和温州市社科学术著作重点资助出版项目。本著作在温州市社会科学界联合会、温州学研究联合会的指导下，纳入“温州文化研究工程（温州学）成果文库”。

值得一提的是，赵超构女婿陈舜胜教授和温州大学的张小燕教授在百忙中审阅了书稿，并欣然写下了热情而中肯的推荐信。陈舜胜教授说：“这是近年来赵超构研究领域的又一成果，它必将对今后赵超构文化研究起到深入与推动的作用。”张小燕教授说：“书稿以两代文化人的隔空‘对话’，使孤本不‘孤’，私信不‘私’，以半部中国新闻史的浓缩，讲述了一代报人赵超构及其周围的群体故事。”对此，我深感不安，但也无形中增添了我做好赵超构文化研究的信心和勇气。

本书涉及的图片和手迹（稿）都已经取得了家属和相关单位的同意。感谢温州市社科联、新民晚报社、上海市档案馆、中共文成县委宣传部、文成县社科联、赵超构研究会等有关单位对我的大力支持。在此，我还要特别感谢著名作家、诗人、《新民晚报》总编辑缪克构先生不吝为本书拨冗写序，感谢《新民晚报》高级编辑、报人李天扬，温州市图书馆研究馆员卢礼阳二兄审读书稿并提出中肯意见，以及严建平、马向东、南航、叶孝华等师友给予的无私帮助。感谢爱人林晓萍对我事业上的支持，尤其是本书交稿前的三个月，她几乎包揽了家里的一切，让我安心完成书稿。

宋朝大文豪苏洵《太玄论上》曰："君子之为书，犹工人之作器也，见其形以知其用。"学人著作，不管其学术有多深奥，其内容有多专业，实用功能应该都是第一位的。本书不是严格意义上的学术论著，它是一部关于地方文化名人遗存，融收藏、诠释、传播、利用为一体的综合性著作。有鉴于此，笔者在编撰过程中，严格遵循两条原则：一是保持原汁原味，尽量保留原生状态；二是坚持通俗易懂，摆脱以往学术类著作冷峻的一面，尽量做到雅俗共赏。书中有关"延伸解读"的篇章，均已在报刊上发表过，这是需要予以说明的。

每天在赵超构构筑的书山中行走游弋，追寻他无意丢弃的纸片断章消磨时光，人也变得怪异了，看不见现实的世界。英国作家毛姆在《月亮与六便士》一书中说过，"要记得在庸常的物质生活之上，还有更为迷人的精神世界"。这本书的诞生，便是我挣脱庸常的日子，在逼仄的空间暂且喘息之余，仰视"夜空中的月亮"惊鸿的一瞥。它虽然不耀眼，却"散发着宁静又平和的光芒"。

我坚信，在今后的日子里，它还会像头顶上一盏指引的灯，照耀着我前方的路，激励我继续求索，踽踽前行。

富晓春

初稿于癸卯冬月

乙巳春改定于温州半晚斋